U0908852

RELIGION AND AMERICAN SOCIETY

宗教与美国社会

——宗教与美国对外关系

（第七辑）

主编 徐以骅 涂怡超 刘骞

时事出版社

本研究得到教育部哲学社会科学研究重大课题攻关项目“宗教与中国国家安全研究”(项目批准号：06JZD0005)、复旦大学美国研究国家哲学社会科学创新基地项目“后冷战时期的宗教与美国外交”(项目批准号：05FCZD0015)、复旦大学美国研究中心教育部人文社会科学重点研究基地项目“美国的宗教非政府组织研究”(项目批准号：06JJDGJW001)、复旦大学“985工程”三期整体推进社会科学研究项目“全球化时代的宗教与中国国家建设”的资助

《宗教与美国社会》编委会成员

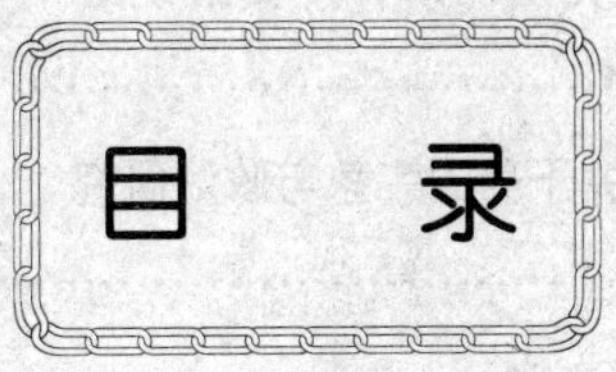

目 录

重视宗教与美国对外关系的研究（代序）

• 徐以骅

宗教因素在中美关系史上具有重要意义，被喻为中美关系的温度计或风向标，研究美国宗教以及宗教对两国关系的影响，是国内美国研究中的一项既具基础性又有现实意义的课题。笔者曾指出："包括基督教在内的中美宗教交流是中美之间在思想文化、价值观和情感层面的互动，当然要比经贸等交往更为深刻、更具基础性和长期性。"①。

然而，无论在中国还是在美国，对两国关系中宗教因素的研究，却远不如对政治、经济、军事、社会、文化等因素的研究那样得到应有的重视，而且研究水准也难以望上述诸研究之项背。美国的中国基督教史研究的殿堂级学者、笔者称之为美

① 单渭祥："访美归来的期盼——专访复旦大学美国研究中心教授徐以骅博士，"《天风》，2011 年第 12 期，第 49 页。

国“宗教知华派”代表人物的裴士丹（Daniel Bays）教授在其新著《中国基督宗教新史》[①] 以及此前其他论著中多次指出，长期以来美国关注以及辩论中国基督教问题的个人和团体，绝大多数对中国所知甚少，因此直到目前美国有关中国基督教的“公共话语”或讨论水准仍十分粗浅，更多在发泄情绪而不是发布事实信息，而且趋于两极化。其实美国对中国基督教的此种可被称为“高情绪化的低水准认知”在对中国其他宗教以及宗教政策的总体认识上也普遍存在。推而广之，即使是美国许多社会精英和决策圈人士对当前中国社会发展的一般情况也所知不多，更何况普通民众了。近年来美国一些民调表明大多数美国民众认为中国是世界领先的经济强国就是一个经典实例。不过，由于在经济、政治和其他领域的中美频繁交往以及各种利益的驱动，在这些领域中的“知华派”在美国社会舆论和政治决策中还可成为某种具有牵制性甚至主导性的力量。但美国的“宗教知华派”却势单力薄，很难冲破由传统偏见、以偏盖全的思维定式、意识形态桎梏、利益团体政治乃至冷战心态等等所编织的重重迷雾而影响美国社会舆论和政治决策，在宗教领域塑造中国正面形象的巨大阻力与诋毁中国言行的畅通无阻形成了极大反差，更何况即使“宗教知华派”一般也并不能对中国的宗教政策和发展状况秉持内外一致的积极正面态度，当然“知华反共”或“知华不友华”在其他领域也是常见的现象。套用一句基督教宣教学的术语来说，目前美国基本上还是中国宗教全面真实信息的“未及之地”。

---

① *A New History of Christianity in China*（West Sussex，UK：John Wiley & Sons Ltd.，2012）.

反观中国，对美国宗教以及宗教因素在中美关系中的作用无论在社会层面还是在政（府）教（会）学（术）三界都未得到足够的重视，关于这些议题的“公共话语”和民间议论通常也比较简单化，并且同样存在着误解、分歧乃至对立。一般来说，中国民众对于美国社会的了解往往多于美国民众对于中国社会的了解，但宗教领域却可能是一个例外。就学界而言，尽管近10多年来一些论著陆续问世，有的学术期刊如中国社科院世界宗教研究所主办的《世界宗教文化》还推出美国宗教研究专栏，但与美国研究的其他领域相比，仍存在着较大的差距。由于资讯不够发达、实地或田野研究付之阙如，以及对宗教研究的诸种束缚，学界的美国宗教研究除少数例外实际上还处在偏重历史（主要是美国在华传教史）、文献综述和译介的阶段。就基督教而言，实际上“中国教牧领袖对美国基督教的实际情况，比如对水晶大教堂、柳溪教会和马鞍峰教会等著名教堂和教牧的了解，要远胜于许多学者”。[①] 因此国内学界对美国宗教以及当前中美关系中宗教因素的研究，较之于宗教在美国社会和中美两国关系中的地位和重要性也是极不相称的。可以说宗教是目前中美之间相互认知水准最低、信任赤字最大、分歧最为严重和研究最不充分的一个领域。推动国内学界对美国宗教尤其是美国对外关系中的宗教因素的研究，减少各种猜疑和误判，尤其是减少过于政治化的解读，对于中美关系的稳定和持续发展具有深远的意义。

本辑收录的论文比较集中地讨论宗教与美国对外关系。其内容主要分两部分：一部分主要从历史和现实的角度讨论宗教

① 见前引《访美归来的期盼》，第49页。

和宗教团体在美国外交及其中美关系中的地位和作用；另一部分则主要讨论宗教在美国社会中的地位以及宗教与当前国际关系等问题。在本辑的编辑出版过程中，复旦大学美国研究中心、复旦大学国际关系和公共事务学院、复旦大学外事处等均给予了一贯的支持，教育部哲学社会科学研究重大课题攻关项目“宗教与中国国家安全研究”（项目批准号：06JZD0005）、复旦大学美国研究国家哲学社会科学创新基地项目“后冷战时期的宗教与美国外交”（项目批准号：05FCZD0015）、复旦大学美国研究中心教育部人文社会科学重点研究基地项目“美国的宗教非政府组织研究”（项目批准号：06JJDGJW001）以及复旦大学“985 工程”三期整体推进社会科学研究项目“全球化时代的宗教与中国国家建设”等项目为本辑的出版和撰稿者的研究提供了经费资助，北京大学历史系彭小瑜教授、英国伦敦经济学院戴维·马丁（David Martin）教授、美国普林斯顿大学宗教系约翰·F. 威尔逊（John F. Wilson）教授等惠赐本辑专稿，本刊编委会的涂怡超博士和刘骞博士协助编辑了部分稿件，对于上述单位和学者本人在此深表感谢。由于本辑作者大部分为青年学者，研究功力还较稚嫩，加上本刊编委会和本人编辑能力有限，不足之处在所难免，祈望读者批评指正。

后冷战时期的美国天主教会与美国外交政策

——历史语境和现实挑战*

• 彭小瑜

[内容提要] 罗马天主教会处理国际关系问题的基调在教宗约翰二十三世就职以后发生重大变化。中世纪和近代早期的基督宗教权利思想在20世纪后半期的语境中不仅再度成为天主教社会思想的主流，而且也直接影响到教会对和平和国际事务的见解。这同时也意味着1648年《威斯特伐利亚和约》所确立的地缘政治和国家利益至上准则开始遭受严重的挑战。美国天主教会在后冷战时期对美国对外政策

* 本文是笔者参与徐以骅教授所主持课题“后冷战时期的宗教与美国外交”（项目批准号：05FCZD0015）的研究成果，主要内容曾经作为阶段性成果分别发表于《国际论坛》（2010年第1期）和《首都师范大学学报》（2010年第6期）。这里是该项研究成果的全文。

的看法是在这样的历史背景下形成的，是《和平的挑战》和《正义的收成》两部和平牧函的自然延伸，其中关于人权的讨论构成美国对外政策道德话语的一个重要侧面。美国的主教和神学家们清楚地意识到，规避人权、单纯考虑地缘政治和国家利益是帝国主义时代自私恶俗的话语特色，已经无法适应后冷战时期的国际社会格局。

后冷战时期复杂的国际形势以及“9·11”事件以后的反恐行动成为美国主教团在新的外交政策背景下讨论战争与和平问题的关注焦点。无论是美国主教团，还是信仰天主教的美国教士和平信徒，在思考和讨论和平问题的时候，都将罗马天主教的思想传统与美国政治、文化和外交政策做了紧密联系。他们就战争与和平问题提出的见解，既体现罗马天主教的传统，也具有鲜明的美国特色。

针对后冷战时期美国天主教会对国际问题的看法，我们在这里所做的讨论将偏重在其思想渊源的探讨上，因此有相当一部分内容会集中在对《和平的挑战》的评估上。后冷战时期美国天主教会就政府外交政策提出的意见，在很大程度上，是约翰二十三世以来罗马天主教会调整其社会思想的结果，是由人权和人的尊严等新观念塑造而成的，是对传统的国家主权理念的修正和挑战。这些意见与美国政府实际采纳的政策建议并不完全一致，有时甚至相左，但是它们所体现的道德准则以复杂的形态、在不同的程度上参与了政府的决策过程。更为重要的是，这些道德说教，与美国思想和文化领域其他的因素结合在一起，有助于美国在后冷战时期的国际社会占据道德制高点，最终构成当前美国世界性影响力的一个关键和不可或缺的方面。

一、对《和平的挑战》的注解与批评

美国主教团在1983年就世界和平问题发布牧函《和平的挑战》，在综合罗马天主教的社会训导与美国文化和政策传统的基础上，对20世纪后半期的战争与和平问题提出了自己的见解，批评美苏争霸，反对核军备竞赛。该文件在本国和国际社会引起巨大的反响，被当时的芝加哥枢机大主教约瑟夫·贝尔纳丁（1928—1996年）称为美国主教团有史以来发表的“最重要和及时”的牧函。到1993年，在《和平的挑战》发表10年之后，美国主教团又就战争与和平问题发布牧函（《在和平中播种正义的收成》，以下简称《正义的收成》），在后冷战的语境中继续倡导天主教的和平理念。

理解美国天主教会及其主教团对战争与和平以及其他国际问题的看法，必须注意到他们对教宗有关通谕的阐释和应用。利奥十三世（1878—1903年在位）在1891年就社会问题发表的《劳工通谕》（*Rerum Novarum*）开始了教宗对工资、私有财产和劳资关系等现代经济关系诸方面的讨论。但是随着第一次世界大战的爆发，教宗社会通谕的关注点也逐渐转向国际关系，转向战争与和平问题。

（一）对“正义战争”的修正

由庇护十一世纪念《劳工通谕》的通谕开始，教宗们对社会经济问题的看法逐渐地与他们对国际问题的看法联系起来，他们的这一倾向最终在约翰·保罗二世的一系列社会通谕里面得到了系统和深度的展开。约翰·保罗二世（1978—2007 年在位）对保罗六世（1963—1978 年在位）社会思想的概括——“发展是和平的新名称”——集中地体现了罗马天主教会将社会经济问题和国际关系问题结合起来考虑的思维特点：无论是一个特定社会内部穷人与富人的差距，还是国际社会穷国与富国之间的鸿沟，都是不符合人类公益的发展缺陷。健康的社会经济和世界经济的发展必须考虑到人权和人的尊严，考虑到天主造物用诸全人类的恩典，这样才能创造和谐国际关系以及真正世界和平所必要的条件。①

庇护十一世（1922—1939 年在位）在《劳工通谕》四十周年时发表社会通谕（*Quadragesimo Anno*），更清楚地阐释了基督教爱德在建立和谐劳资关系以及推进公益方面的关键意义，他在这里关注的重点是特定民族国家内部的社会关系。②到庇护十二世在位时期（1939—1958 年在位），由于核武器的出现和冷战的严峻局势，教宗必须正面应对与和平问题紧密关联的国际关系问题，并使用天主教传统和道德的力量来处理之。庇护十二世意识到，现代的国际争端不可能用武装冲突的方式来解决，“一点火花就可能触发巨大的火焰”，导致“众

---

① *Populorum Progressio* 87; *Sollicitudo Rei Socialis* 10. 本文所使用的教宗通谕，如果没有特别注明，均出自 David J. O’Brien and Thomas A. Shannon, ed., *Catholic Social Thought: The Documentary Heritage* (Maryknoll, New York: Orbis Books, 1992)。

② *Quadragesimo Anno* 137.

多人的死亡”。国际社会的公益和永久的和平不可能通过战争来取得，只有通过“理性、法律、审慎和正义”来取得。①

具体而言，教宗将“正义战争”的概念界定为严格意义上的反侵略防卫性战争，拒绝承认战争是回应其他形式的伤害和不正义行为的合法手段，从而使得“正文战争”概念更加狭窄了。在教宗看来，即使是拥有主权的民族国家也不得使用战争手段来维护自己的合法权利和正当利益。这一观点与现代流行的战争伦理道德是不同的，也是对天主教传统的“正义战争”理论的修正，预示着天主教关于战争与和平理论的发展趋势。但是在两个问题上，庇护十二世的意见与美国主教发表的《和平的挑战》是不同的。首先，他明确反对天主教徒以良心为理由在一场正义战争中拒绝服兵役。按照约翰·考特尼·默里的解释，教宗意见的主要意图是支持北约民主国家的防卫。其次，他没有明确地提出，核武器在任何情况下都不能使用。默里对此解释说，在认可单纯防御性战争的时候，教宗不仅承认了常规武器使用的合法性，也有条件地承认了使用核武器可能是正当的，但是他对核武器合法性的认可有着极其苛刻的限制，并且注意到，如果核武器的使用失去控制，威胁到人类的生存，那么在任何情况下使用之都是不道德的、必须避免的。默里认同庇护十二世对“多愁善感”的绝对和平主义的批评，因为他们都认为，在战争的悲剧之外可能还有更大的邪恶。他们的见解是，如果否定有限度战争的防御作用，也就是说，如果将西方阵营的策略局限在要么在全面核战争中毁

① *Luctuosissimi Eventus* 3；*Laetamur Admodum* 8 - 10. 出自 Claudia Carlen, ed. , *Papal Encyclicals* 1939 - 1958（Ann Arbor, Michigan: Pierian Press, 1990）。

灭、要么向苏联投降这两种绝望的选择之间，那将是一种极端危险的错误思维。①

默里写道：天主教会“正义战争”理论所“培育的唯一的内在的态度，是追求和平的意志，而这一意志在极端的情况下也包含着不惜以武力来实现和平的意志。这一使用武力的意志是符合道德的，其实等同于追求正义的意志”。默里指出，“政策的位置在权力领域和道德领域的交汇之处”。在他看来，如何将天主教战争与和平理论所蕴涵的道德理念贯彻于政府的政策，构成维护世界和平的关键。在新的科技和大规模杀伤性武器的挑战面前，军事理论的更新固然重要，但是更加紧迫的是建立相应的关于武力使用的“政治—道德理论”，因为“道德的功用恰恰在于控制、禁止和限制武器的使用，或者更一般地说，在于界定武力可以为什么目的而使用以及判定可以使用武力的情景”。②

（二）乐观的约翰二十三世

如果说庇护十二世的战争与和平观点还带有浓厚的冷战和亲西方色彩，那么约翰二十三世（1958—1963 年在位）对国际局势的看法却意味着罗马天主教会开始逐渐走出东西方阵营对峙的阴影，开始超越当时国际政治中严重的意识形态对立氛

---

① Lisa Sowie Cahill, *Love Your Enemies: Discipleship, Pacifism, and Just War Theory*（Minneapolis: Fortress Press, 1994）, p. 207. 默里对庇护十二世的战争与和平观念的阐释，见 John Courtney Murray, “Remarks on the Moral Problem of War,” *Theological Studies* 20（1959）, pp. 40－61。

② John Courtney Murray, “Remarks on the Moral Problem of War,” pp. 56－61.

围。1962年10月正是古巴导弹危机发生的时刻，苏美之间的冷战达到了高峰。此时也正是第二次梵蒂冈会议召开之际。教廷一度考虑暂停会议，让各地主教回国应对可能即将发生的大规模战争。在这样严峻的国际形势面前，也正是被一些人认为“天真”、“空想”、甚至被看做“愚钝”的约翰二十三世，超越了看似机巧和善于谋略的政治家们的手腕和运作，通过他充满对世人真爱的宗教思想缓和了紧张和分裂的世界格局。他在古巴导弹危机期间，扮演了美苏之间调停者的角色。赫鲁晓夫在危机之后曾经说：“说到约翰教宗为和平所做的贡献，他富有人道主义精神的协助将被载入史册。教宗和我在许多问题上有不同的见解，但是在渴望和平这一点上，我们是站在一起的。”危机结束以后不久，约翰二十三世被诊断出患有癌症，他决定将他对世界和平的想法总结在他最后的一部通谕里。这就是教宗1963年4月11日就世界和平问题发布的《和平于世》通谕（*Pacem in Terris*）。该文件集中阐发了他对世界和平的期望和计划。[①] 尽管这部通谕是按照约翰二十三世个人起草的大纲编写的，其主要的执笔者是意大利的神学家彼得罗·帕万。作为自由派教士的中坚分子，帕万对民主、自由和人权的大力推崇使得他与意大利神职人员里面的保守派有不小的分歧，尤其是在与共产主义者和社会主义者进行合作这一问题上。保守派试图坚持强硬的反共立场，反对与社会主义阵营的

① 关于这部通谕的背景，参见 Drew Christiansen, “Commentary on *Pacem in Terries*,” in Kenneth R. Himes, ed., *Modern Catholic Social Teaching: Commentaries and Interpretations* (Washington D.C.: Georgetown University Press, 2005), pp. 217－243，此处 pp. 217－222。

任何妥协。[1] 约翰二十三世此时采取了明确支持帕万的态度，提出要注意区别人和他所信仰的意识形态。也就是说，尽管教会并不认同作为一种思想体系的共产主义，但是教会并不一定拒绝与共产党人的合作，而且承认他们的实际工作也可能具有积极的社会意义。教宗指出，一种“错误的哲学思想”与这一思想影响下产生的社会运动是需要区分开来的，后者随着历史环境和条件的变化会经历相应的演变，而且其本身也可能包含着一些“积极和值得赞许的因素”。因此，天主教徒可以通过与共产主义者审慎的合作在经济、社会、文化和政治领域取得“可敬佩和有益的成就”。[2] 约翰二十三世对待社会主义阵营的上述态度，对西方社会以及西方国家的教会人士改变强硬的冷战态势有着不小的影响。应该说，从思想渊源上讲，二十年之后美国主教的牧函《和平的挑战》可以追溯到教宗的这部通谕。

从他自己的思想渊源和活动经历来判断，约翰二十三世其实相当贴近 20 世纪意大利和欧洲的历史演变以及当时错综复杂的国际关系，而且他本人也是其中相当活跃的参与者。作为青年神父，在利奥十三世思想的影响下，他在担任意大利主教拉迪尼—泰代斯基的秘书期间，与积极关注劳工福利的这位主教一起组织过乡村和城市的民众，试图以基督宗教的精神来推行改善民众生活的社会改革运动。他们甚至成立了天主教政党来参加议会的选举。教宗晚年对左翼思潮和运动的理解和同情以及对帕万的支持并不是偶然的。他对劳工状况深切的关心奠

① Drew Christiansen, “Commentary on *Pacem in Terries*,” pp. 222 - 223.

② *Pacem in Terris* 158 - 160.

定了他与各种左派人士的沟通基础。教宗在就读神学院期间还曾经被征召入伍，并在第一次世界大战期间加入意大利武装力量的医护部队。因为在一战后与墨索里尼发生尖锐政治冲突，他被迫离开意大利，先后担任教廷驻保加利亚、土耳其的使节，并在二战后的法国担任教廷使节，成为熟悉国际政治的教会外交家，并积累了与东正教和伊斯兰教文化国家交流的丰富经验。在意大利、保加利亚和法国，他与当地的共产党人以及苏联的外交人员也有接触。他早年反对共产主义的立场是众所周知的，但是他很清楚地知道共产主义运动的社会背景。[①] 这样的经历应该有助于教宗后来对共产主义运动历史正当性的认识和理解。在冷战的大环境中，约翰二十三世之所以能够超越西方阵营的狭隘利益和顽固偏见，推进东西方的相互谅解与缓和，与他对社会主义和共产主义比较客观公允的看法是密不可分的。将人权、公益和国家主权相对化等观念引入国际关系问题的处理，却是教宗持久的遗产，对后冷战时期的世界有着深刻的影响。他对国际问题的看法富有理想和道德色彩，同时与变化的历史环境有着紧密的呼应关系，绝非是天真和空想的。

除了淡化冷战中弥漫世界的意识形态对抗氛围，约翰二十三世对世界和平的见解还可以概括到如下两个方面：首先，人的尊严和权利被确定为正义社会关系和国际关系的基础，近代民族国家的权威在得到尊重的同时被相应地淡化了。“没有正

① 关于约翰二十三世的生平，可参见 Giacomo Lercaro and Gabriele de Rosa, *John XXIII Simpleton or Saint?* Translated by Dorothy White (Chicago: Franciscan Herald Press, 1965); Roy MacGregor-Hastie, *Pope John XXIII* (New York: Criterion Books, 1962)。

义就没有和平，没有宽恕就没有正义”（约翰·保罗二世语），构成现代罗马天主教对和平问题见解的关键词。[1] 这一观念，在约翰二十三世的通谕里，已经得到了系统的阐释。在中世纪晚期和近代早期的天主教思想传统里，人的权利一度是很重要的原则，但是在19世纪欧洲的政治风云中，特别是在1848年革命的冲击下，罗马教廷对西方自由主义思潮开始采取敌视的保守主义态度，人权的呼吁一度沉寂。由利奥十三世的《劳工通谕》到庇护十一四世十年以后纪念该通谕的又一重要社会通谕（*Quandragesimo Anno*），罗马天主教会又逐渐恢复对人权问题的讨论，并以自己的人权思想影响西方社会对人权问题的认识，包括联合国1948年颁布的《人权宣言》。当时驻法国的教廷使节，也就是后来的教宗约翰二十三世，曾经积极鼓励参与该宣言讨论和起草的法国律师列南·卡森。教宗1963年关于和平问题的通谕开始使用“权利”作为谈论社会问题的主要角度并不是偶然的，反映出前述的思想史演变情况。[2] 将国际关系问题放到人权的语境中来考察，具有革命性的意义。这一新思维的一个关键方面就是重新审视近代以来被看做是神圣不可侵犯的民族国家权威。在《和平于世》通谕的第一句话里，教宗就说：

① 约翰·保罗二世为2002年世界和平日发表的声明就以此为标题。John Paul II, “No Peace without Justice, No Justice without Forgiveness,” Message for World Peace Day for 2002, *America*, 7 - 14 January 2002, pp. 7 - 11。

② Mary Ann Glendon, “The Sources of ‘Rights Talk’,” *Commonweal*, 12 October 2001, pp. 11 - 13; Drew Christiansen, “Commentary on *Pacem in Terris*,” pp. 224, 235 - 236.

各个时代的人民都渴望世上的和平。除非天主所设定的秩序被人们认真地遵守，和平才可能被牢固地建立起来。

也就是说，基督教的道德观念被认定为和平的世界秩序的前提。更具体地说，由这部通谕下面的内容我们可以看到，教宗认为，天主教关于人以及人权的看法是正确处理人权与国家权威之间关系的重要前提，也是处理国家之间关系的重要前提。在阐释了从思想自由、宗教自由到财产权、结社权以及政治民主权利等现代人权观念的诸方面之后，教宗指出，国家政体依照历史和文化背景的不同可以有不同的形态，但是立法、司法和行政权力应该有所区分和相互制衡。在根本的意义上，国家权威本身是为社会公益服务的，而现代社会对公益的理解就是维护个人的权利和义务，“因此公共权威的主要职责必须是保证人的这些权利得到承认、尊重、捍卫和推进，并与其他权利相协调，从而使得人们能够更好地履行自己的义务。”① 显然，约翰二十三世在处理个人与国家关系时，除了支持西方式的议会民主模式之外，还进一步强调维护人权是国家的最高使命。关键是，教宗在这部通谕里，同时也期望各国政府处理国际关系的准则也同样是认可、捍卫和推进人权。他呼吁各国政府能够超越民族国家狭隘的地缘政治利益，将人权作为更高的、控制国际行为的准则。②

其次，在国际关系的领域中，《和平于世》通谕将维护和推

---

① *Pacem in Terris* 11 –38, 60 –73, 引语见 p. 60。

② *Pacem in Terris* 139.

进人权提升到指导原则的地位，与“普世公益”这一新概念有密切关系，其结果不仅强调了人权相对于特定国家的政府权威的重要性，同时也突出了人权相对于民族国家主权的重要性，也就是以人权的普世性淡化了自从 1648 年威斯特伐利亚和约以来被看作神圣不可侵犯的国家主权。由于认定国家权威的存在理由来自政府对人权的保护，任何违反人权的政府也就失去了它的合法性。如果国家主权成为捍卫人权的障碍，那么主权不得受到外来干预的原则也不是不可以退居次要地位的，因为按照约翰二十三世的理解，“就其本质而言，国家权威的存在目的并不是将各国的人民禁锢在边界之内，而首先是保护整个人类家庭的公共利益。”而不论是在一个国家的内部还是在国际社会，公益的核心内容就是人权和人的尊严。[①] 这样的想法塑造了教宗在上述通谕中对一系列国际问题的看法。譬如他认为，强国和富国不应该控制和统治弱国，而应该承担帮助他国的义务；天主面前人人平等的理念也意味着国家之间的平等，意味着一国的发展不得以损害他国为前提，意味着移民和少数族群的利益应该得到恰当的保护。[②] 总之，狭隘的民族国家利益应该服从全人类的共同利益。约翰二十三世的这一思想在他对军备竞赛和国际组织这两大问题的处理上得到了进一步的发展。

再次，恐惧必须被爱所取代，地缘政治的利害权衡必须被道德考量所取代。教宗注意到冷战时期最荒唐、同时也被许多人看成是最“正常”的思维方式，就是发展核武器，以武力的威慑力量来遏制敌对方发动战争和动用核武器的意图。他指

---

① *Pacem in Terris* 53－60，80－98，引语见 p. 98。

② *Pacem in Terris* 86－108.

出，以这样一种心理为前提所制定的政策不仅浪费了原本可以造福人民生活的物质资源，迫使敌对方做同样愚蠢和有害的事情，而且实际上是将和平的期望置放于恐惧的基础之上。在核威慑的政策下，人们生活在与日俱增的对世界毁灭的恐惧之中。这种以暴力和恐惧遏制暴力的政策绝对不可能保证永久的和平，而是绑架了和平，其后果不仅对经济和社会发展造成巨大损害，而且也促成现代社会道德的进一步沦落。真正的和平不可能“来自军备的均衡，而只可能来自相互的信任”。教宗引用自己的前任庇护十二世的话说，“有了和平，任何事情都不会受损；如果发生战争，一切都可能被破坏。”真正避免战争和拥有持久的和平，是不可能依赖利害的权衡的，必须依赖能够维护人的尊严的政策和政治努力。① 换句话说，一个国家的政府，特别是富有和强大国家的政府，对待别国的政策和对待本国社会弱小群体的政策在原则上和精神上应该是一致的，也就是尊重他国的独立，协助弱国和穷国的发展，在国际事务中与其他国家进行善意的合作。② 但是，对教宗来说，尊重他国的独立并不是简单地重申威斯特伐利亚和约所提出的传统主权原则。他指出，在国际交往日益广泛、频繁和深入的现代世界，主权国家的政府不足以维护普世的公益，需要有一个世界性的公共权威来履行该职责。这一世界性公共权威存在的目的不是取代和限制任何国家的政府权威，而是“在世界范围内创造一个保证各国政府、公民以及政府和公民之间的各种组织能够工作的环境，保证他们能够履行自己的职责，能够更有保

① *Pacem in Terris* 109－119.

② *Pacem in Terris* 120－129.

障地实现自己的权利”。教宗指出，有些经济、社会、政治和文化问题，不是单个国家的政府能够解决的。这些就需要联合国这样的世界性公共权威来处理。教宗赞成加强联合国在国际事务中的地位。①

约翰·保罗二世后来更透彻地阐述了主权与人权的关系。西方文化对国家以及近代国家主权的看法，远远不是威斯特伐利亚和约的基本原则所能囊括的。从奥古斯丁、阿奎那到现代教宗，国家权威的合法性都得到认可，但是国家从来不被等同于人的生存和发展本身，国家主权的概念在这个意义上总是有特定意义和受到限制的。用约翰·保罗二世的话说，“国际生活的中心与其说是国家，不如说是人。”人是天主按照自己的形象所创造的，每个人和所有人因此有团结和互相关心的道德义务，这种相互的关心不能仅仅是“在他人所遭遇的不幸面前流露出模糊的同情和肤浅的悲伤”，而必须是“为公益奉献自己一切的坚定和持久决心”。在人权遭受严重侵犯的情况下，“国家主权和不干涉内政的原则尽管是有效的，却不能合法地构成一道允许拷打和谋杀在其背后进行的屏障”②。换言之，“以政治现实主义的名义将法律和道德由政治领域中排除掉”，是违背福音和天主教导的。③

---

① *Pacem in Terris* 132 – 135, 140 – 141.

② Kenneth R. Himes, “Catholic Social Thought and Humanitarian Intervention,” in Gerard F. Powers, Drew Christiansen, and Robert T. Hennemeyer, ed., *Peacemaking: Moral and Policy Challenges for a New World* (Washington D. C.: United States Catholic Conference, 1994), pp. 215 – 228; *Sollicitudo Rei Socialis* 38 – 40.

③ *Centesimus Annus* 25.

（三）《和平的挑战》与美国天主教会

尽管美国天主教徒对战争与和平的看法不可能完全脱离美国新教徒思想传统来评估，但是其主要的发展脉络是与罗马天主教社会思想的影响息息相关的。约翰二十三世最具有特点的思想之一，是将社会公益的概念扩展到民族国家之外，发展为普世和全人类公益的概念。《和平的挑战》以及在后冷战时期美国天主教会对国际问题的看法基本上是在约翰二十三世以及约翰·保罗二世等教宗的思想指导下形成的，其中还综合了美国社会自身的一些社会、政治和文化因素。从历史的角度来考察，《和平的挑战》通常被看成是美国天主教会在战争与和平问题上经历了两大变化的产物。

首先，美国主教团不仅改变了他们过去偏重于训导天主教徒要爱国的倾向，还对美国政府的外交政策提出不同意见，包括按照“正义战争”的思想对战争与和平问题提出自己的见解。在两次大战期间，主教团对政府的外交政策以及所发动的战争都采取明确的支持立场，宣布美国的天主教徒将为国家利益奉献自己的一切，包括自己的财产和生命。譬如在美国决定参加一战的时候，美国主教团的首领、巴尔的摩大主教吉本斯就对媒体发表声明说：“公民的首要义务是对国家的忠诚。”在他的领导下，美国主教团在国会宣战以后通过决议，宣誓“我们的信徒会像以往一样，在奋起为祖国服务的时候团结得像一个人一样”①。二战期间，主教团的基本立场与一战时期比较并无大

① Dorothy Dohen, *Nationalism and American Catholicism* (New York: Sheed and Ward, 1967), pp. 147－149.

的变化。珍珠港事件之后，担任全美天主教福利会议（National Catholic Welfare Conference）主席的底特律大主教穆尼立刻代表天主教徒写信给罗斯福总统，保证全力支持政府对日本等国的战争。但是在同一封信里，穆尼已经在原则上提出，这样做的目的不是为了“复仇”，而是为了“公益”，为了建立一个能够保护每个人的人权的国际环境。① 不过美国主教团并没有明确批评二战期间美英等国对城市和平民的轰炸以及原子弹的使用。对人权的关怀和考虑，经过约翰二十三世的推动，成为第二次梵蒂冈会议的纲领性内容之一。该会议通过了《论教会在现代世界牧职宪章》（*Gaudium et Spes*）。该文件就战争与和平问题所提出的观点在原则上与约翰二十三世的有关思想也是一致的，对美国主教们如何思考世界和平有着很大的影响。② 这部宪章的第5章（77—90）所处理的正是国际关系和战争与和平问题，对《和平的挑战》的任何评估都需要比照这部文献，其中一段关键的话语是关于和平的性质的：

> 和平不仅仅是无战事。和平也不应该仅仅被理解成敌对方之间能够维持力量的平衡。和平更不是独裁的产物。相反，对和平的合适与正确的理解是，它是“正义的功效”（《以赛亚书》第32章第17节）。和平出自神圣造物主赋予人类社会

① Hugh J. Nolan, ed., *Pastoral Letters of the United States Catholic Bishops*, vol. 2 (Washington D. C.: National Conference of Catholic Bishops/ United States Catholic Conference, 1984), pp. 36－37.

② *Gaudium et Spes*: *Pastoral Constitution on the Church in the Modern World* (*Second Vatican Council*, 1965), in David J. O' Brien and Thomas A. Shannon, ed., *Catholic Social Thought*: *The Documentary Heritage*, pp. 164－237.

的和谐，和平的实现是人们渴望正义与日俱增的结果。①

以非暴力手段抵抗不正义，被认为是符合基督教和平的真义的，在这部宪章中得到大力的赞扬。尽管使用武力来保卫国家被认为是合法的，但是正当的武力使用一定要在一切和平途径被穷尽以后。公民因为“良心”理由拒绝服兵役也在这里被看成是值得尊重的行为。在考虑了核武器等现代兵器大规模杀伤平民的危害之后，这部具有里程碑意义的教会文献毫无保留地谴责“任何目的是无区分地破坏整座城市或广阔地区及其所有居民的战争行为”，认为这是一项冒犯上帝的罪行。②《和平的挑战》对美国政府外交政策的批评是在《牧职宪章》确立的这些原则的基础上提出的。

美国主教在 1966 年、1967 年和 1968 年连续就越战问题发表的声明已经预示了他们在《和平的挑战》中的立场。此时，在总体上，他们还支持政府在越南的政策，但是已经表示，国家应该给予出于“良心”的考虑（譬如，因为宗教信仰的影响）拒绝服兵役者合法的地位。这样的态度已经和他们以往强硬的爱国主义基调有很大的不同。③ 在 1968 年的一封牧函里，主教们开始明确批评“过度的民族主义”，对以“爱国”的名义支持越南战争在原则上开始有一种怀疑的态

① *Gaudium et Spes* 78.

② *Gaudium et Spes* 78 – 80.

③ Hugh J. Nolan, ed., *Pastoral Letters of the United States Catholic Bishops*, vol. 3 (Washington D. C.: National Conference of Catholic Bishops/United States Catholic Conference, 1983), pp. 74 – 77, 90, 161.

度，对以军事手段解决印度支那问题表示异议，并且以更加热忱的语言支持拒绝为越战服兵役的美国青年。这封牧函的核心内容完全是在梵二会议的影响下写成的，已经在一定程度上脱离了美国天主教会传统上激进的“爱国主义”精神，标志着教会对政府的外交政策开始采取一种依照基督教道德标准进行审视和批评的态度。[①] 由于《和平的挑战》的基本思考是以基督教的“正义战争”理论来推进和平、约束战争，美国主教并不否认国家以武力进行正当防卫的权利和必要性。具体来说，他们试图用“正义战争”理论来讨论核武器的制造和使用问题。这一讨论是在冷战的背景下进行的，不过其中有些观点仍然构成教会处理后冷战时期国际问题的基础，说明“正义战争”理论在现代语境中得到了修补和发展。这些新的见解有一个核心的内容，即强调和突出“正义战争”理论维护和推进和平的含义。在这些美国主教们看来，基督教赋予战争正当性与合法性的用意是反对战争、珍惜和平。正因为如此，在认可国家正当使用武力的同时，主教们大力支持个人的反战和非暴力和平主义行为。不仅如此，对“正义战争”思想传统里面的基督教道德规范，譬如不伤害平民、避免过度使用武力，主教们给予了特别突出的强调。在具体的战争规范上，他们明确反对针对平民的“饱和轰炸”，反对率先使用核武器。他们认为，即使是在遭受核武器攻击后，反击的一方也必须克制，只能进行必要和有限的回击；即使是对核武器威慑作用的

---

① Hugh J. Nolan, ed., *Pastoral Letters of the United States Catholic Bishops*, vol. 3 (Washington D. C.: National Conference of Catholic Bishops/ United States Catholic Conference, 1983), pp. 182 – 194.

认可也必须“受到严格道德规范的限制”。《和平的挑战》将“正义战争”传统中的和平、人权内容理解为该理论的核心，从而避免片面地将该理论理解为基督教文化对武力使用之合法性的认可（一个在西方历史上曾经和至今频繁出现的问题）。对“正义战争”传统这种新的理解和阐释成为美国天主教会此后处理国际问题的一大特点。

透过《和平的挑战》，我们可以看出，美国主教团在战争与和平问题上的第二个大的变化，即他们的注意力更多地由“正义战争”传统转移到和平主义立场。从内容的分量上看，这部文献的重头是在“正义战争”理论。主教们对非暴力的讨论比较简短，但是却预告了他们后来日益偏重和平主义的立场。

这里所涉及的问题与该文件的神学内容有密切关系。人类的分裂不是政治和地理的，而是精神和道德的。所以，对《和平的挑战》这部主教牧函的批评通常也来自对基督教神学和道德理解上的差异。主教们一方面被天主教新保守主义者指责为过度倾向和平主义，提出脱离国际政治现实的政策建议。另一方面，他们又受到更为激进的教会人士的指责，后者认为主教们依然因为尊奉美国和美国政府而弱化他们作为天主教徒的道德立场。

这些分歧在后冷战时期日益彰显。

二、人权与和平：在后冷战语境中探索和平之路

的确，评估《和平的挑战》不仅要从它的思想传统背景

入手，也需要注意到它的社会和历史背景。但是，理解天主教社会思想的又一个关键在于如何阐释《圣经》的有关内容。

（一）韦格尔质疑《和平的挑战》

无论是正义战争理论还是非暴力的和平主义都可以在经文里找到依据。但是基督宗教福音的根本信息是什么？是肯定正义战争的合法性还是传播爱和非暴力？基督徒应该将信仰政治化还是以自己的宗教道德来抵制和改造社会秩序？乔治·韦格尔选择的是前者，他对《和平的挑战》的评价是一种现实主义的政治批评，通常被认为是天主教新保守主义在战争与和平问题上典型的观点。[①] 他的思想有复杂深厚的天主教神学传统背景。在这里，我们不仅需要注意韦格尔以及他所批评的布赖恩·赫尔神父，还需要注意到批评韦格尔的大卫·霍伦巴克神父等人。[②] 他们的神学和道德观点均有鲜明的政策建议性质。当然，它们并不总是对美国的外交政策形成即时和直接的影响。

在进入后冷战时期的前夕，韦格尔对《和平的挑战》的

---

① 关于天主教徒中的新保守主义者，可参见 Patrick Allitt, *Catholic Intellectuals and Conservative Politics in America*, 1950 – 1985（Ithaca: Cornell University Press, 1993）。

② David Hollenbach, “War and Peace in American Catholic Thought,” *Theological Studies* 48（1987）, pp. 711 – 726; WilliamT. Cavanaugh, “At Odds with the Pope: Legitimate Authority and Just Wars,” *Commonweal*, 23 May 2003, pp. 11 – 13; Peter Dula, “The War in Iraq: How Catholic Conservatives Got It Wrong,” *Commonweal*, 3 December 2004, pp. 12 – 21.

批评以及针对他的反批评构成美国天主教会讨论外交政策问题的重要语境。

《和平的挑战》最终定稿发表以后，韦格尔对之进行了尖锐的批评，他的笔锋同时也直指该牧函的起草人赫尔神父。在天主教神职人员和学者里面，像赫尔这样在教会领导层和美国主流学术界两边同时受到青睐和重用的宠儿并不多见。他接受的是典型的美国神父训练，不过其博士学位却得自哈佛大学神学院，现任哈佛大学肯尼迪政府学院教授。他长期在波士顿从事堂区神父的工作，同时担任华盛顿美国天主教主教会议的社会政策和外交政策顾问。从 1984 年开始，他先后在乔治敦大学和哈佛大学任教，并曾担任美国天主教慈善总会的主席（2001—2003 年）。在美国天主教神学界，赫尔其实代表着约翰·考特尼·默里以后试图继承这位伟大神学家思想遗产的一个杰出群体，其中包括查尔斯·柯伦、肯尼斯·海姆斯和大卫·霍伦巴克等人。他们继承了美国天主教会长期的传统，追求所谓“公共教会”的理想，试图在教会与国家和社会之间找出合作互动的途径，同时又谨慎维持福音与世俗价值观之间的张力，避免独立的宗教道德立场被尘世的喧嚣所淹没。他们本着一种乐观主义的态度来处理基督宗教与社会的关系，希望基督的榜样能够成为社会发展的指南。

赫尔所起草的《和平的挑战》显然是按照这样的思路来写作的。但是韦格尔却指责说，这一文件为了参与美国主流社会对战争与和平问题的探讨而丢失了天主教自己的宗教和道德传统，并最终丢失了美国以民主立国、以民主理想立足于国际社会的政治传统。韦格尔在 1987 年出版《秩序的安定》一书，系统批评美国主教们的和平牧函及其起草者赫尔神父。[①]按照韦格尔所提炼的新保守主义的国际政治纲领，美国所面临的不仅是“和平的挑战”，而且是“和平与自由的挑战”，因为现代世界真正稳固的和平必须是以人权、自由、正义、安全为前提的，而民主政治乃是这一切的制度性保障。所以美国外交政策的核心必须是以推动民主来维护和平。在他看来，赫尔的失败恰恰在于背离了天主教关于和平的经典传统，在神学、政治和伦理三个方面背离了默里的思想。在神学上，《和平的挑战》以“末世的人道主义”（eschatological humanism）取代了“道成肉身的人道主义”（incarnational humanism），悲观地估计基督教影响文化、政治和社会经济问题的可能性。这一神学立场导致了主教们低估政治活动的积极意义，模糊极权政体和民主政体之间的本质差别以及这一差别的重要性，使他们不再大力支持美国作为民主国家所从事的崇高政治事业，也使得他们对苏联所代表的极权政治的反对立场不再鲜明和坚定。在伦理道德的评价方面，天主教“正义战争”传统也被主教们1983年的和平牧函所曲解了。美国作为民主和自由世界领袖在对抗苏联阵营的活动中的正义性是不容置疑的，包括这一活动一旦转变为军事行动后所具备的“正义战争”的性质。基

① George Weigel, *Tranquillitas Ordinis: The Present Failure and Future Promise of American Catholic Thought on War and Peace* (Oxford: Oxford University Press, 1987). 对赫尔的批评散见全书，并集中在第314-324页。这部书的标题出自奥古斯丁《上帝之城》，也是现代教宗经常使用的一个词语，其含义展开来翻译应该是“以正当的社会和政治秩序为基础的安定与和平”。天主教社会思想认为，持久和平有赖于正义的实现。这种将和平与正义联系起来的观念，可以追溯到奥古斯丁所讨论的“秩序的安定”（tranquillitas ordinis）。

于这样的认识，韦格尔认为，对天主教社会思想的正确理解应该引导出与《和平的挑战》完全不同的结论。他对美国对外政策的建议性看法可以概括如下：

1. 在极权主义的威胁面前，西方必须捍卫自己的自由和民主制度。第一次世界大战以来，世界上不仅开始出现具有大规模杀伤力的现代化武器和所谓的“整体战争”，而且还出现了现代极权主义政权。二战以后的冷战还导致人们将国际问题简化为：或者认可苏联的统治地位或者不惜毁灭人类的危险而进行核战。韦格尔不赞成这样的简单化思维，但是他强硬地反对与苏联妥协，坚信退让的政策是不可取的。他认为东西方之间的对峙是全方位的，涉及到精神、道德和政治上不可调和的分歧，西方必须动用一切力量来捍卫民主和自由，使用外交、经济和军事以及其他手段来抗衡苏联及其卫星国。作为最后的手段，军事力量的动用是合法的，对这一合法性的认可必须包括对极权政体危险性的充分估计。和平固然重要，西方的自由和民主也必须坚决捍卫。

2. 世界的一体化与国际干预是相辅相成的，接受一体化而拒绝干预的必要性不仅在理论上不合逻辑，而且将会导致美国外交走向孤立主义。问题是：美国进行国际干预的目标是什么？什么是妨害实现这些目标的障碍？什么是达成这些目标的手段？如何来评估这些目标和手段。《和平于世》提出的“普世公益”应该是国际干预的首要目标，所以美国所进行的对外干预不仅要为自己、也要为国际社会获得“和平、自由和安全”。在当时，韦格尔认定“普世公益”的主要障碍是“苏联和极权主义国家”，而美国的干预手段需要包括有分寸和有限度地使用军事力量。军事力量威慑、在地区冲突中进行局部战争、使用军事手段抗衡恐怖主义和骚乱都是需要考虑的可能性。天主教会应该使用自己的思想传统，譬如“正义战争”理论，来支持美国政府的上述对外政策，并尽可能推动非军事的国际干预手段，包括推动经济和社会改革、倡导政治民主以及人员和思想的更多交流。对国际恐怖主义及其支持者进行有力打击是“走近和平，而不是离弃和平”。

3. 在美苏对峙以外的世界其他地区，譬如在拉丁美洲，美国政府的核心任务依然必须是推进民主制度的生成和发展。韦格尔在原则上赞成天主教会关于和平的主流意见，即和平不等于无战争状态，和平必须以发展和建设社会公平和正义为基础。但是他坚信，基本的人权、自由、法治和正义是经济和社会发展的保障。没有民主政治所维护的自由，就不可能有长久和稳定的经济发展，因为在这种情况下，经济发展的成果也不可能为所有社会成员分享。所以，按照韦格尔的见解，美国针对发展中国家的外交政策依然是倡导议会民主政治，对不符合这一标准的左派和社会主义的力量要予以压制，特别是要打击有马克思主义思想背景的武装斗争。所以他支持里根政府援助萨尔瓦多军队和尼加拉瓜反政府武装的政策。

韦格尔对拉美问题的看法与美国天主教会的主流意见完全不同。许多主教和神学家同情尼加拉瓜的桑地诺政权和萨尔瓦多的反政府游击队，反对美国的军事干预，认为在拉美极端的贫富分化和尖锐的阶级矛盾面前，建设西方式的议会民主制度并不是唯一的任务，保障基本的经济权利和保障民主权利是同等重要的。韦格尔夸大地将美国主教和神学家对尼加拉瓜和萨尔瓦多问题的认识看做是他们背离美国民主自由传统的典型范例，看做是他们接受“解放神学”影响和同情共产主义的结果。在他看来，这些主教和神学家的错误在于认为经济平等比政治自由更重要，他们实际上认可了“以自由来交换面包”这一谬误，并因此反对美国政府在拉美对抗苏联—古巴影响和推进政治民主的政策。

为了驳斥韦格尔，霍伦巴赫神父在《秩序的安定》出版的同一年（1987年）就写了长篇书评。他说，他并不反对美国以“自由和人权”作为外交政策的核心，但是如何“慎重地支持当代世界的自由和民主”则是一个值得讨论的问题。在这个问题上他与韦格尔有很大的分歧。霍伦巴赫的意见是：其一，经济发展和军备竞赛等其他问题的讨论和解决在有些情况下对促进民主和人权也可能是关键的步骤，单纯关注民主以及把政治民主作为处理一切问题的前提反倒可能起反作用。其二，将共产主义看做是西方所面临的唯一挑战完全是脱离实际和危险的。在这里，霍伦巴赫已经注意到伊斯兰教力量正在对国际格局形成有重大影响。[①] 韦格尔将美国政治理想与基督教信仰等同的倾向，使得他对政府的对外政策采取全力支持的态度，失去了必要和重要的批评能力。这一缺陷，正如我们在下面会谈到的，也将在他后来对伊拉克战争的意见上反映出来。

（二）后冷战时期的国际合作安全体系

在《和平的挑战》发表10周年之际，美国天主教主教

① David Hollenbach, "War and Peace in American Catholic Thought," pp. 717 – 726.

团发表了牧函《正义的收成》，希望借此更新他们对后冷战时期国际形势的看法。美国天主教会议（全美天主教主教会议的秘书处和协调机构）为此还出版了《创造和平》这部纪念文集，讨论和阐释这部新的关于世界和平的文件。韦格尔和当年主持《和平的挑战》起草工作的芝加哥枢机大主教约瑟夫·贝尔纳丁都在该文集发表了文章。韦格尔宣布说，冷战的结束标志着一战以来西方抗衡现代极权主义斗争的胜利。他问道，在这一背景下，美国在21世纪国际舞台上的使命是什么？美国天主教会在国家的对外政策中能够提供的道德指导又是什么呢？韦格尔提出三方面的可能性。首先，罗马天主教会的社会思想传统和国际性背景有助于帮助美国民众克服后冷战时期的孤立主义倾向，因为一旦美国放弃自己在世界政治中的领导地位，严重损害人权的局面就会出现，譬如非洲国家秩序解体和前南斯拉夫分裂所造成的动乱。其次，即使在所谓政治现实的层面上，天主教道德原则并不排斥国家利益，而是反对将国家利益非道德化。将国家利益和道德诉求对立起来的对外政策，即俾斯麦“铁血政策”所体现的所谓“现实主义政治”，并非没有道德内涵，只不过是道德败坏和道德低下的政策。符合天主教道德原则的国家利益与建设正义的国际秩序是有着内在联系的。这一秩序的核心是各国的民主自由政治的建设，民主的成长最终将保证世界和平的实现，也就保障了美国的国家利益。最后，世界和平是有着确定的政治内容的，因为和谐国际关系的最重要基础是包括宗教自由在内的人类自由。一个能够保障自由的政治和法律环境，也就是议会民主制度和三权分立，还将为自由经济的发展创造外部条件。韦格尔认为，在以上三个方面，美国天主教会及其神学家能够以自己的思想传统和智慧，教育和引导美国民众和政治家。

韦格尔在此时依然继续他对《和平的挑战》直截了当的批评。他提出，在参与讨论后冷战时期的美国外交政策时，教会需要纠正三个方面的偏差。首先，教会和梵蒂冈要放弃对联合国等国际组织的幻想。联合国的官员有不少来自非民主的国家，联合国的政治效率低下，甚至腐败。美国可以与联合国合作，但是不可能将自己的外交政策和军事力量置于这样一个机构的控制之下。其次，美国的主教们应该放弃对第三世界“腐败、威权主义和专制独裁”政府的幻想，不再将发展的期望过度寄托在发达国家对贫穷国家和地区的援助上，而应该重视自由市场经济在东亚的成功，重视自由民主与经济发展的关联。最后，教会应该重新认识到绝对否定武力使用合法性的和平主义只可能是一种个人的美德，认真思考后冷战时期的复杂国际形势，并为了应对新的形势重视和发展“正义战争”理论。比如说，教会应该从自己的道德标准出发来论证：先发制人的打击是否构成对侵略的抵抗，因而是正义的；在军事上打击威胁到全球经济稳定的行为，是否符合正义战争的标准。韦格尔的思想是有比较严密逻辑性的，所以在“9·11”事件之后以及在伊拉克战争前后，他就美国对外政策所提出的建议基本上还是一种“鹰派”见解，倾向于支持政府在必要的时候对外使用武力。在这里，虽然使用了“鹰派”一语，但全无否定韦格尔及其同道的道德和理想追求的意思。在神学和道德的层面上，他始终倚重他所理解的天主教道统，始终将推进民主自由的政治纲领作为美国外交政策的核心，成为天主教新保守主义在战争与和平问题上的发言人。①

如果说韦格尔对人权和自由的重视导致了他的“鹰派”立场，在芝加哥枢机大主教约瑟夫·贝尔纳丁那里，人权的政策寓意就要更加丰富深厚一些。他试图将人权和政治民主问题放到更加具体的社会和历史条件下去处理。贝尔纳丁与韦格尔一样强调，尽管天主教会并不直接参与制定美国政府的对外政策，教会的领袖和普通的信徒在道德和宗教的层面上有义务和权利参与政策的讨论。如果对后冷战时期的世界格局缺少道德和宗教信仰考量，人们不可能建设起正义的世界新秩序。与韦格尔重视“正义战争”理论的看法相反，他认为，尽管军事力量的作用在后冷战时期并非不重要，教会对国际问题的道德关注应该将重点转移到非军事的层面，从三个方面来构筑指导美国外交政策的政治道德原则：（1）和平的内涵；（2）和平的制度性保障；（3）国际合作安全体系的道德准则。和平必须在追求正义和伸张人权的框架中得到实现。贝尔纳丁在这里提到了美国在后冷战时期的特殊地位，要求美国不仅考虑自己的“民族利益”，而且要从国际社会的公益角度、以推进人权和民主为核心来制定和执行自己的外交政策，努力避免孤立主义。他还批评了美国自身的社会问题。他指出，美国要注意改善国内的社会道德和风气，消除严重的暴力犯罪，克服过度的个人主义和物质崇

① George Weigel, “Back to Basics: Moral Reasoning and Foreign Policy ‘After Containment,’” in Gerard F. Power, Drew Christiansen, and Robert T. Hennemeyer, eds., *Peacemaking: Moral and Policy Challenges for a New World* (Washington D. C.: United Catholic Conference, 1994), pp. 57 – 69.

拜，使自己能够成为国际社会合格的道德表率。在贝尔纳丁看来，联合国应该在维护世界和平方面扮演更重要的角色，美国应该协助联合国的维和工作。他和其他一些美国主教对联合国的重视，恰恰是韦格尔所不赞成的取向。

国际合作安全体系是《正义的收成》的核心内容，使得这部牧函与后冷战时期的国际新格局建立起密切的联系。美国天主教主教们的意见并不意味着教会试图直接参与政策的制定。他们的意图是在探索天主教思想传统的基础上，倡导一种切合后冷战时期世界格局的政治道德，一种指导战略思维的新道德，一种新的和平建设道德。正如贝尔纳丁所阐释的，建成国际合作安全体系需要一种新政治道德的指导，而以人权和人的尊严、社会和经济发展，以及以各民族和国家的和谐团结为内涵的普世公益则是这一政治道德的基础。在这一道德的引导下，军事力量将不再是国际安全体系里核心的角色。即便是在冲突的化解上，非军事的手段也将成为主导的政策选择。对外政策既要注意预防军事冲突的发生，譬如重视经济利益冲突引发的国际矛盾，也要优先使用经济和政治制裁等非军事的手段来回应国际关系中的非正义和侵略行为，而军事力量的运用不仅是最后的手段，而且应该与人道主义救助、避难区域的建设和防卫、解除冲突各方的武装以及强制实行和平的政治解决等项目标明确结合起来。20 世纪 90 年代索马里和波斯尼亚等地发生的动乱向国际社会提出了使用武力进行人道主义干预的问题，也促使美国主教们注意到民族主义和宗教信仰在冲突中所扮演的角色。正如《正义的收成》所展示的，这类新的国际问题成为他们关注的重点。尽管核裁军和防止核武器扩散仍然吸引他们一部分注意力，然而核军备竞赛已不再是他们所讨论的中心问题。①

应该说，《正义的收成》所谈论的不仅是20世纪90年代的国际问题，也包含了后冷战时期美国天主教会人士对未来世界和平的展望。在多年以后的今天，这部牧函曾经触及的问题仍然是国际关系中最困难的要害问题。美国主教在该牧函中就这些问题所提出的见解也仍然对我们有参考价值。他们在现实的世界政治面前做出的道德回应提醒我们，策略和政治手段的思考，一旦缺失道德的内涵，将是十分危险的。这些见解可以概括为以下四个方面：

（1）倡导人权与民主。韦格尔在他对《和平于世》的批评中曾经说，约翰教宗没有处理好和平与正义的关系问题，因为他对苏联的友好与信任模糊了自由世界与共产主义国家在意识形态和政治制度上难以调和的对立。与约翰的立场相反，韦格尔悲观地认为，西方与苏联在人权和民主等关键问题上的分歧是不可能通过“天真”的互信来化解的。② 在后冷战的语境中，美国主教在《正义的收成》里对人权与民主问题的态度耐人寻味，应该也值得我们借鉴，但是似乎还没有成为美国政府政策的稳定成分。首先，在这里，民主被置于人权、公益和发展的语境中来处理，而不是被赋予主导其他一切因素的优先位置。人权被理解成包括法律、政治、社会、宗教、文化和经济等各方面的权利。只有“一个以尊重人的生命、尊严和权

---

① Joseph Bernardin, “The New Challenge of Peace,” in Gerard F. Power, Drew Christiansen, and Robert T. Hennemeyer, eds., *Peacemaking: Moral and Policy Challenges for a New World*, pp. 17 – 26.

② *Tranquillitas Ordinis*, pp. 91 – 92, 103.

利的世界才可能是一个和平的世界。维护人权必须是寻求和平的美国和世界一贯并持久的首要任务”①。这意味着冷战思维被抛弃，后冷战思维被引入到对美国外交政策的思考。将人权，而不是民主，作为对外政策的首要道德原则，显然扩大了美国与世界其他国家的对话基础。当然，这丝毫不意味着主教们放弃了对民主自由重要性的认可，而是意味着民主被作为全方位的人权的一个组成部分来处理。这就为探讨民主的多样性留下了空间。

（2）注重经济和社会发展。可持续的、公平的经济发展以及经济发展成果所保障和推进的人权，是世界和平的坚实基础。数亿人遭受着饥饿，穷国和富国之间的差距日益扩大，环境污染和能源浪费带来许多难以控制的社会问题。美国主教们认为，解决这些难题不仅意味着世界经济和金融秩序必须得到改变，也意味着美国的对外援助目的，需要由偏重军事和安全的考虑转向支持贫穷国家的发展和社会建设，因为支持发展意味着维护和平。主教们认识到，健康的经济发展对民主政治的成长是有利的，也是必要的。②

（3）支持国际机构与人道主义干预。《正义的收成》明确提出，“联合国应该是国际新秩序的中心”，而“美国应该扮演一个建设性的角色，使得联合国和其他国际组织更加有效、更负责任、更好地回应危机”，减轻自己处理国际问题的负担，避免做“世界警察”。主教们在这里还注意到各类非政府

① *The Harvest of Justice*, pp. 316 – 317, 326 – 327.

② *The Harvest of Justice*, pp. 327 – 329.

组织在国际社会的重要性。[①] 在后冷战时期，由于经济制裁和人道主义干预成为国际社会更经常使用的应对冲突的手段，联合国等国际组织协调这类行动的作用变得十分关键，有助于防止它们变成新形式的帝国主义。美国主教们指出，冷战以后在海地、波斯尼亚、利比里亚、索马里等地出现的国家权力解体和严重族群冲突的情况，造就了国际社会进行人道主义干预的必要性，其目的是保障生命和基本人权。这种超越主权国家权力介入他国内部事务的军事行动是例外的、非常的处置措施。教会在道义上肯定其必要性，因为主权和不干涉他国内政的原则不能够成为允许种族灭绝等惨剧发生的借口，人权在这类例外的情形下超越了主权。从长时段的效果上看，建设民主和正义的政治和经济秩序是保证一个国家内部和平安稳定的根本条件。我们在这里可以看出，主教们并不否定民主自由与和平的关系，但是与韦格尔的立场不同的是，他们并不傲慢地以西方式的民主政治作为单一的灵丹妙药。他们同时也承认，尊重国家主权和不干涉他国内政的原则仍然是当前维护世界和平所必需的。人道主义干预的目的应该是明确和有限的，作为例外和非常的举措，需要在国际法、政治学和伦理学上得到更清楚的界定。[②]

（4）评估宗教民族主义与民族自决。后冷战时期的区域性冲突大多与族群关系的恶化以及以宗教名义进行暴力活动有关。在《正义的收成》里，美国主教们对此现象十分担忧，并严厉谴责以宗教为借口散布仇恨、诉诸暴力和分裂人民的活

① *The Harvest of Justice*, pp. 324 – 326.

② *The Harvest of Justice*, pp. 335 – 338.

动。但是他们尤其在意的是指出宗教本身的和平性质，认为真正的信仰应该是促进和平，而不是成为暴力的温床。他们提出，在复杂的族群和宗教问题出现的时候，有三点值得特别注意。首先，主教们并不在原则上否认民族自决的合法性，但是他们认为民族自决所造就的完全政治独立并不是“绝对的权利”，并不总是导致正面的结果，也可能是分裂和内战的根源。基本人权和少数族群权益得到保障，拥有一定程度的政治和文化自治，或者实行联邦和邦联制度，这些都可以是实现自决的方式。其次，少数族群的权益一旦得到保障，他们必须尊重他人的权利，为自己所加入的民族国家的公共利益做出积极的贡献。最后，族群、宗教和文化的多样性是健康的，宽容态度和丰富的多样性可以、也应该成为建设统一民族的基础。主教们还检讨了美国社会在尊重少数族群、防止极端民族主义和克服种族歧视方面的不足，并希望宗教信仰在建设正义与和平的社会中发挥积极的作用。①

大卫·利特尔以乌克兰、苏丹和斯里兰卡三国的情况为例阐释了美国主教们对民族、宗教与和平问题的上述意见。在他看来，这些国家的问题恰恰是宗教被政治利用，而且与民族主义情绪结合，成为极不稳定、具有很大分裂性的因素，导致不同宗教的信徒和各族群之间的冲突。② 而琼·贝思克·埃尔斯顿则指出，在冷战后出现的新兴民族主义运动面前，区分公民的爱国主义与极端民族主义成为一项急迫的任务，而主教们在

---

① *The Harvest of Justice*, pp. 329 – 331.

② David Little, “Religious Nationalism and Human Rights,” in *Peacemaking*, pp. 85 – 95.

《正义的收成》里面确立的原则有助于进行这一区分。这一原则就是：是否有利于建立一个正义和稳定的政治秩序，是否能够对国际社会的公益做出积极的贡献。以民族自决为借口来行使暴力和其他形式的人权侵犯是完全不可取的，以民族自决为借口来追逐族裔、文化和宗教单一性的不宽容态度更是极其危险、严重伤害人权的选择。埃尔斯顿提到教宗约翰·保罗二世1993年9月访问立陶宛之事。立陶宛在历史上曾经是波兰的一部分，而且其境内有30万波兰裔居民，但是身为波兰人的教宗坚持使用立陶宛语，用立陶宛语的地名维尔纽斯称呼该国首都，并号召波兰裔国民彻底认同立陶宛为自己的祖国。[①] 此事提醒人们，在基本人权得到安全保障的前提下，公民应该履行维护主权国家统一和社会安定的责任义务，否则就有可能走向危险的分离主义和极端民族主义。

（三）主权、人权与人道主义干预

在2001年的“9·11”事件以前，美国天主教主教和神学家对国际问题相当一部分的注意力集中在人道主义干预问题上。海姆斯在阐释牧函《正义的收成》的这一部分内容时，提出了一些很透彻到位的意见。他对这里所涉及的主权问题的理解包括两个方面：第一，威斯特伐利亚条约（1648年）所确立的国家主权和互不干涉内政原则并不是绝对的，现代国家并不应该是霍布斯所描述的权力无所不包的庞然大物。国家的政治和法律权威是至上的，但并不是无所不包和全无限制的。

① Jean Bethke Elshtain, “Identity, Sovereignty, and Self-Determination,” in *Peacemaking*, pp. 97－104.

譬如说，按照天主教传统和美国宪法的传统，国家在宗教领域就不得干涉教会和公民个人的自由。第二，晚近西方以及国际社会对人权和人的尊严的强调、对普世公益的重视由另一个角度对国家主权进行了限制性的界定。一个极端和例外的案例是，如果一个国家不愿或者不能阻止自己境内的种族清洗和屠杀，其他国家就不能回避自己进行干预（包括使用军事力量进行干预）的道德责任和义务。否认这一点，人们就陷入了不道德的孤立主义的谬误。但是承认这一点并不是否认国家主权的合法性和有效性，而是认识到改造旧国际关系和建立一个新世界秩序的必要性，即以尊重人权、反对侵略、重视发展和推进民主参与为基础的社会秩序和世界秩序。在种族屠杀这样的极端案例之外，以人权受到侵犯为理由诉诸人道主义干预很难获得合法性。原因是，要决定在人权受到何种程度的侵犯时，对一个主权国家进行人道主义干预才是必要与合法的，是一项非常困难的工作。海姆斯的结论是，人道主义干预本身是适合后冷战时期一些情景的举措，但是在采用这一手段来维护人权时需要非常的慎重和小心。①

在传统的“正义战争”理论中，捍卫国家主权和反侵略是赋予战争合法性、正义性的典型论据。在人道主义干预的理念和实践中，正义战争是维护人权的军事行动，人权在这里成为了使用武力的正当理由。海姆斯强调和系统阐释了现代天主教社会思想一个关键要素，即认为国家主权是以尊重每一单个人的人权为基础的。个人、家庭以及社会文化和经济组织各自

① Kenneth R. Himes, “Catholic Social Thought and Humanitarian Intervention,” in *Peacemaking*, pp. 215 – 228.

都有国家不得侵犯的权利，对这些权利的尊重是国家主权的正当性得到公民和国际社会认可的前提。也就是说，即使国际关系的中心也不应该是国家，而是活生生的个人，有血有肉的真人的利益不应该以国家主权的名义被践踏。用我们前面引用过的约翰·保罗二世的话来说，“国家主权和不干涉内政的原则尽管是有效的，却不能合法地构成一道允许拷打和谋杀在其背后进行的屏障”。主教们在《正义的收成》里也引用了这段话。[①] 海姆斯自己则就人权和国家主权的性质做了这样的表述：“个人的人权不能够被贬低为某一个国家政权所管辖的事务，因为人的这些基本权利不仅是国家必须保护的，而且构成超越国家的价值标准。主权具有相对性和受限制的特性。”他还引用了主教们1992年就美国对外政策发布的声明，其中包括了如下的言论：“异国他乡的人民并不是抽象的麻烦问题，而是我们的姐妹和兄弟。我们在道义上有责任保护他们的生命、维护他们的尊严和捍卫他们的权利。”主教们认为，“营造和平、促成民主、应对贫穷和绝望以及保护人权，不仅在道德上势在必行，也是美国在政策上必须优先考虑的”。也就是说，天主教社会学说以及晚近的国际法和政治学学说都对主权的相对性有了清楚的认识，并因此在道德上认可人道主义干预的合法性，但是最困难的任务是在政策建议的层面提出指导这一新的国际政治行为的具体道德标准。[②]

需要明确的是，美国基督宗教的各派，包括罗马天主教

① *The Harvest of Justice*, p. 337.

② Kenneth R. Himes, “The Morality of Humanitarian Intervention,” *Theological Studies* 55 (1994), pp. 82 – 105.

会，并不直接参与政策的设计，他们所做的，是在思想和道德上影响政府的政策。

在教宗和美国主教们看来，人权高于主权的原则并不是否定主权，而是界定和限定主权，进而在道德上为国家的外交政策提供适合新时代的建议和思想指导。海姆斯曾经在《美利坚》杂志发表一篇文章，更清楚地从政策建议和设计的角度谈论了人道主义干预的道德问题。国家主权的绝对性受到质疑，在一定程度上是国际政治和世界经济变化的结果。美苏两国对峙局面的结束，市场、生产和贸易日益彻底的全球化，环境和能源问题对发展形成的严重压力，所有这些都在挑战传统的主权观念。在精神和道德的层面，成为全人类共识的人权观念也在改变人们对主权的理解，并通过人道主义干预这一政治和军事行动直接介入到特定国家的内政和领土。这一发展与天主教社会思想传统有密切联系，并得到当代天主教主教和神学家的高度重视。结合天主教传统的“正义战争”理论，海姆斯从以下六个方面探讨了人道主义干预：①

（1）正义的理由。人权受到侵犯固然提供了进行人道主义干预需要的基本理由，但是在实际操作的层面，由于国家主权提供了保障社会秩序和国际关系稳定的基本结构，由于国际社会不可能干预所有侵犯人权的罪行，很难决定的问题是，在什么情况下侵犯人权的行为必须通过人道主义干预的手段来应对。国际社会的共识为，种族屠杀无疑构成进行人道主义干预的正义理由。在这一共识之外，决定干预与否的门槛是一项难

① Kenneth R. Himes, “Just War, Pacifism and Humanitarian Intervention,” *America*, 14 August 1993, pp. 10 - 15, 28 - 31.

度和挑战性很大的工作。有些评论者认为，除了种族屠杀这样严重的罪行，人道主义干预难以获得充分的正义理由。海姆斯提醒说，无论是设立过高的门槛还是相反的思维可能都是错误的。

（2）最后的手段。在人权受到严重侵犯的情况下，只有在尝试外交压力、经济援助或者制裁等手段并且失败以后，军事干预才可以作为最后的手段来使用。

（3）正当的意图。维护受到侵犯的人权是人道主义干预的唯一正当意图。进行干预的国家不应该谋取自己的利益，因此对干预的目的和战略应该审慎地进行考察和评估。

（4）成功的可能。人道主义干预应该有成功的现实可能性。

（5）利害的权衡。人道主义干预的目的是减轻人们所受到的伤害，因此在决定是否干预之前人们必须考虑进行干预的代价和干预可能引发的伤害是否过大，军事行动是否会升级，如何在使命结束的时候及时地撤出军事力量，以及干预对国际法和联合国等国际组织有无可能造成负面影响。

（6）合法的权威。多边的参与以及国际组织的支持有利于保证人道主义干预正当目的的实现。不过海姆斯没有排除单独一个国家进行干预的可能性与合法性，而且强调了美国重要的领导作用和克服孤立主义倾向的重要性。

正如海姆斯在该文章的结尾所说的，论证人道主义干预的道德合法性并不困难，难的是将有力的道德论证发展到明智的外交政策。在“9·11”事件发生以后，美国的民众、政府和宗教组织所面临的也是同样的困难。

三、新的挑战：应对恐怖主义的威胁

对发表《正义的收成》的美国主教而言，“9·11”事件不仅构成了对美国外交政策的巨大挑战，对他们所倡导新的和平建设道德也是严重的考验。

（一）激进的天主教反战立场

2001年8月号的《美国天主教徒》杂志发表了编者采访迈克尔·巴克斯特神父的谈话记录。与美国主教在《和平的挑战》和《正义的收成》里表现出的立场不同，巴克斯特不赞成教会以这种方式直接介入国家政策的讨论，并且怀疑这种讨论影响政策的效果。他认为教会最重要的工作甚至不是介入政策的讨论，而是教育信徒根据信仰和良知来决定自己的行为，决定自己是否参与国家的对外战争。与韦格尔一样，他与主教们在战争与和平问题上也有分歧，但是他不是批评主教们过于理想主义，而是批评他们以及海姆斯这样的神学家太容易接受武力和其他形式强制力的使用，譬如对伊拉克的经济制裁。[1]“9·11”事件以后，巴克斯特明确反对以军事手段来解决恐怖主义问题。他指出，天主教徒在哀悼死者和伤者的同时要注意避免复仇心态，要区分爱国主义和极端民族主义情绪。在反恐的阿富汗战争开始以后，芝加哥大主教法兰西斯·乔治

① Michael Baxter, “In the World but Not of It,” *U. S. Catholic* 66: 8 (August 2001), pp. 24 – 28.

宣布这是一场符合教会道德标准的正义战争。巴克斯特神父批评说，教会简单地宣布这是正义战争是不够的，因为教会的牧民使命是教育信徒按照基督的榜样来生活，教育他们拒绝做邪恶的事情，教育他们避免将美国的国家利益和基督教的道德要求混淆起来，避免以正义战争和爱国主义的名义张扬极端民族主义。[①] 也就是说，巴克斯特鄙视默里神父和赫尔神父那种过于直接介入国家外交政策讨论的思路，认为这是以政策和政治的思考取代宗教道德的考量，使得天主教信仰和道德的认同为美国公民意识所完全取代，最终可能蜕变为对现代美国国家权力的崇拜。赫尔神父就科索沃问题写过一篇被誉为经典的文章，发表于《美利坚》杂志。他运用"正义战争"理论所提供的伦理道德标准分析了美国和西方的政策，而这种政治分析尽管依稀可见天主教价值观念的指导作用，与单纯的政策研究并没有明显的差别。[②] 问题是，信仰和道德对政策的这一含蓄隐晦的（而不是具有尖锐批判性的）影响是否是一件坏事呢？在对柯伦和海姆斯的批评里，巴克斯特在一定程度上回答了这一问题。

查尔斯·柯伦和肯尼斯·海姆斯（与其兄弟迈克尔合作）都出版过阐释"公共教会"概念的著作。[③] 马丁·马蒂在

---

① Lisa Sowle Cahill and Michael Baxter, "Is This Just War," *U. S. Catholic* 66: 12 (December 2001), pp. 12 – 16.

② J. Bryan Hehir, "Kosovo: A War of Values and the Values of War," *America*, 15 May 1999, pp. 7 – 12.

③ Charles E. Curran, *The Church and Morality: An Ecumenical and Catholic Approach* (Minneapolis: Fortress, 1993); Michael J. Himes and Kenneth R. Himes, *Fullness of Faith: The Public Significance of Theology* (Mahwah, New Jersey: Paulist Press, 1993).

1981 年提出这个概念，希望纠正将基督教信仰私人化的倾向，将基督教信仰的社会意义充分发扬于社会改革运动。[①] 在巴克斯特看来，柯伦和海姆斯对“公共”这一限定词的理解过于狭隘，基本上局限于美国的立法和政策的层面，试图将罗马天主教的信仰和道德与美国社会的政治理念和实践相协调，其结果不是以信仰影响和改造了公共政策和社会本身，而是让美国社会的常规弱化了教会激进的道德示范作用。他指出，柯伦使用“正义”、“自由”、“和平”等价值观念来体现基督教道德的社会影响，实际上是按照西方民主社会文化标准来剪裁天主教会的道德神学。而海姆斯则提出，允许宗教直接影响政治往往是危险的，现代社会的政教分离有益于一个民主自由社会的形成和发展，也是由于这一健康的分离，天主教“公共神学”对政治和社会政策的影响需要间接地通过社会伦理来进行。海姆斯所谈论的社会伦理是美国社会的主流价值观念，譬如推崇科学、民主、教育和市场经济的思想。巴克斯特在这里举例说，在灭绝美洲印第安人、维持黑奴制度和制造并使用大规模杀伤性武器等方面，西方的科学、商业和教育的理念曾经背离和严重挑战过基督教道德。他批评海姆斯将天主教伦理等同于美国主流社会的伦理道德，将天主教教徒的身份等同于美国公民的身份。他总结说，海姆斯的“公共神学”实际上“对美国政治的对话和进程没有任何触动”，甚至可能还强化之。巴克斯特的信念是，如果正确地理解神恩与自然的关系，基督教信仰和伦理道德对社会和政治的影响并不需要借助美国民主政治这一中介，而只有这样，教会神学家才能对美国政治和政府

① Martin Marty, *The Public Church* (New York: Crossroad, 1981).

的政策提出足够尖锐深刻的批评和批判。[①]

在战争与和平问题上，巴克斯特的看法也因此与赫尔、海姆斯等人完全不同。他注意到美国主教们在《和平的挑战》里赞扬了多萝西·戴的非暴力和平主义立场，但是在面临"9·11"事件的时刻却未能追随戴的榜样，仍然支持阿富汗战争，为政府的对外政策呐喊。巴克斯特认为，作为天主教徒，在面对暴力和暴力威胁的时候，回应的手段不应该是战争，而是仁慈的服务：给饥饿者吃，给干渴者喝，款待陌生的旅人，照顾病人和囚徒。他谈到多萝西·戴在珍珠港事件后坚持和平立场，反对美国对日宣战，又在美国向广岛投掷原子弹以后提出强烈的抗议，并因此受到众多美国人和众多美国天主教徒的排斥和非议。面对爱国主义情绪激扬的大众，戴从不放弃自己的非暴力主张，即使是在似乎正义性质无可置疑的对日战争期间。巴克斯特另外又举特拉伯修会在阿尔及利亚建立的一所修院为例，那里的天主教修士的医疗诊所自1938年以来一直为当地穆斯林服务。从1993年开始，极端的武装分子不断要求修士们撤走。修士们不仅拒绝撤退，也谢绝阿尔及利亚政府的军事保护。1996年，七名修士被武装分子绑架，并以砍头的残忍方式杀害。巴克斯特认为，在"9·11"事件的悲剧面前，以"我们都是美国人"的心态团结起来并以武力回击侵略，是民主国家常规的处理方式，而且似乎是无可非议的。而真正基督宗教的回应方式，应该是戴的方式，应该是这

① Michael J. Baxter, "Review Essay: The Non-Catholic Character of the 'Public Church'," *Modern Theology* 11 (1995), pp. 243–258.

些阿尔及利亚天主教修士们的方式。①

（二）发展“正义战争”理论

其实，赫尔、海姆斯等人，作为神职人员，在美国的国际关系问题研究领域取得如此突出的地位，本身就是一个值得我们深思的现象。宗教信仰和以信仰为基础的伦理道德的确是很深入地介入了美国的外交政策讨论，尽管这类政策讨论与直接的政策制定和执行保持着必要的距离。他们所做的外交政策分析在技术层面与一般的国际政治研究并无二致，但是他们的出发点从来都是天主教的伦理道德，而他们的结论则是具体的政策建议，没有明显的宗教性质，往往诉诸美国的国家力量，甚至给予武力的使用以合法性。如前所述，他们的思路和方法是巴克斯特所反感和批评的，却为美国天主教会参与外交政策的讨论提供了渠道。

赫尔与海姆斯评论和试图修正美国及其西方盟友的外交政策，但是很少完全否定之或者以对抗的态势批评之。譬如对冷战以后经常使用的经济制裁，海姆斯曾经撰文肯定其合法性，同时又从教会的道德立场强调，国际社会需要设置一系列标准来规范这一强硬外交手段的使用。他所建议的标准来自于天主教的“正义战争”传统。按照这样的标准，海姆斯认为，美国对古巴的封锁就缺乏足够的正当性。制裁应该得到国际社会的广泛认可和支持，通常应该得到联合国等国际组织授权，应

---

① Michael J. Baxter, “Dispelling the ‘We’ Fallacy from the Body of Christ: The Task of Catholics in a Time of War,” *The South Atlantic Quarterly* 101 (2002), pp. 361 – 373.

该有明确的政治目标，并尽可能减小制裁对平民的伤害。虽然经济制裁对平民的生活将造成相当程度的影响，与军事冲突相比较，其破坏力还是要小得多。[①] 赫尔赞成北约因为科索沃危机对前南斯拉夫实施的轰炸，认为这是符合“正义战争”标准的军事行动。他驳斥了亨利·基辛格以主权为理由反对轰炸的观点，认为塞尔维亚在波斯尼亚和科索沃的政策严重威胁了那里民众的生命安全，北约以军事手段进行人道主义干预是必要的，有取得成功的现实可能性，也尽量做到了最大限度减小对平民的连带伤害。值得注意的是，赫尔在这里还以天主教神父的身份婉转地提出了和教宗约翰·保罗二世不同的意见。后者不赞成北约在科索沃使用武力的政策。[②]

2001 年“9·11”事件之后，美国社会群情激奋，有 70% 的民众在民调中表示支持政府以武力还击恐怖主义分子（需要注意的是，1941 年珍珠港事件以后支持对日宣战的美国人几乎是 100%。这 60 年当中，美国的社会和文化的确发生了巨大变化）。在 2003 年美国发动伊拉克战争的时候，2001 年纽约和五角大楼所遭受的袭击仍然是民众支持小布什政策的一个重要心理原因。[③] 赫尔与海姆斯等主流的美国天主教神学家对“9·11”事件以后针对恐怖主义使用武力这一原则，基本上没有异议（这是他们与巴克斯特等人的重要分歧所在）。在“正义战

① Kenneth R. Himes, “War by Other Means: Criteria for the Use of Economic Sanctions,” *America*, 28 February 1997, pp. 13 – 15.

② J. Bryan Hehir, “Kosovo: A War of Values and the Values of War,” pp. 8 – 9.

③ George A. Lopez, “After September 11: How Ethics Can Help,” *America*, 8 October 2001, pp. 20 – 24, 此处 p. 21; Editors, “War and Partisan Politics,” *Commonweal*, 9 May 2003, p. 5.

争”理论的框架内，他们提倡有限度地、有分寸地打击恐怖主义分子和支持他们的国家，希望将军事行动造成的伤亡和破坏减小到最低限度，并且认为政治、经济和外交的全方位治理才是打击恐怖主义和维护世界和平的真正有效方法。在《能够做什么？应该做什么?》一文中，赫尔探讨了“9·11”事件以后美国应该采取的对策。虽然他没有像珍珠港事件以后的多萝西·戴那样坚持完全的和平主义立场，赫尔的态度还是与1941年几乎所有的美国人对待日本的情绪很不一样。他首先想到的是，在团结美国全民族一致对敌的时候，要特别注意避免歧视阿拉伯和伊斯兰教背景的美国人，避免削弱美国自由和多元化的传统。圣母大学的乔治·洛佩斯的文章发表在同一期的《美利坚》杂志上。他提醒读者，复仇的心态以及将回应“9·11”事件的对策主要限定在进行反击恐怖主义的战争，将是十分危险的，容易模糊美国符合道义、符合国际法准则的政策目标，并造成过大的平民伤亡。洛佩斯指出，假设以2003年为期限，美国的后“9·11”事件对策的目标应该是捕获并惩治袭击的罪犯，防止任何主权国家支持和庇护恐怖主义分子，最终能够更好地保护美国免遭恐怖主义袭击。他认为，在任何情况下，对“9·11”事件牺牲者最好的纪念，是美国人民和政府在回应袭击的时候能够遵循最严格的道德标准——严格地解释和运用“正义战争”的理论。① 美国政府在2003年显然没有达成这样理想的目标，而且通过伊拉克战争将军事回应扩大了。其实，无

① J. Bryan Hehir, “What Can Be Done? What Should Be Done?” *America*, 8 October 2001, pp. 9 – 12; George A. Lopez, “After September 11: How Ethics Can Help,” pp. 22 – 24.

论是赫尔、海姆斯等主流神学家，还是韦格尔等新保守主义神学家，都肯定伊拉克战争的合法性。他们的分歧在于，前者的态度是迟疑和极度谨慎的，而后者对小布什政府的政策给予了毫无保留的支持。他们有一个根本的、完全一致的共同目的，那就是通过道德说教和政策建议，努力帮助美国设计符合普世道德规范、能够为国际社会尽可能多的人所接受的外交政策，在教育美国人民和政治家的同时也帮助美国占领国际社会的道德制高点。他们共享的核心价值观是人权、自由和民主。新保守主义者对政治自由和议会民主制度的高度重视使得他们与主流派神学家的立场经常发生策略性的分歧，后者通常反对美国在对外关系中过于直接和急切地移植西方式政治制度。

1996 年 9 月 9 日，克林顿总统给芝加哥枢机大主教贝尔纳丁颁发了“自由勋章”，表彰他对美国社会的杰出贡献。贝尔纳丁在白宫的授勋仪式上致辞说，美国的宪法肯定了教会与国家的分离，但是绝没有肯定宗教与社会的分离，公共道德的健康有赖于宗教价值观的支持，宗教组织的教化作用促成了美国社会的爱心和正义感。最后，已经身患晚期癌症的大主教对克林顿以及在场的贵宾们说，他每天不仅在为美国祈祷，也在为整个人类祈祷，希望美国努力与其他国家人民建立以和解与相互尊重为特征的对话关系，并为世界的自由与和平做出贡献。[①] 这一年的 11 月 14 日，贝尔纳丁大主教去世。这位在

---

① Joseph Bernardin, “Reception of the Medal of Freedom,” Address, the White House, Washington D. C., 9 September 1996, in Alphonse P. Spilly, ed., *Selected Works of Joseph Cardinal Bernardin*, 2 vols. (Collegeville, Minnesota: The Liturgical Press, 2000), vol. 2, pp. 195 - 196.

《和平的挑战》和《正义的收成》起草工作中发挥重要领导作用的美国天主教领袖，这位追求人类社会正义和反对美国孤立主义传统的仁者和慈悲者，没有看到“9·11”事件以后美国面临的复杂国际关系。而赫尔、海姆斯等神父，作为学者和神学家，是否在他们对2001年以来的国际政治的分析中，也同样蕴藏和展示了贝尔纳丁的爱人情怀呢？

赫尔曾经专门讨论过以信仰为基础的伦理道德对世界政治的影响，认为地缘政治本来应该是与基督教爱人的品德密切联系起来的，而不是冰冷无情和缺乏道德内涵。他指出，威斯特伐利亚和约所建立的国家主权、互不干涉内政、宗教与政治分离三大原则，与亨利·基辛格等传统地缘政治信奉者的理解不同，并不是无条件和绝对不可修正的。国家主权不可剥夺个人的尊严，互不干涉的原则不可阻止救助生命和保护人权的人道主义行动，而宗教传统对国际政治建设性的影响也越来越难以忽视，且需要一个系统的理解、阐释和倡导。莱因霍尔德·尼布尔（1892—1970年）的基督教现实主义、教宗约翰二十三世和美国神学家默里所代表的天主教自然法传统、晚近的美国福音派的保守主义倾向，尽管在神学和哲学基础上有深刻的分歧，却都以各自的道德见解参与美国外交政策的讨论，对政策的制定产生间接的、同时又是重大的影响。第二次世界大战以后，联合国的基本文件传递了一个带有内在张力的信息。《联合国宪章》对主权国家的地位给予充分的肯定，而《反种族屠杀公约》和《人权宣言》却追究违反人权国家的责任，对主权和互不干涉原则的绝对性提出挑战。20世纪90年代波斯尼亚、科索沃等地发生的严重危机以及国际组织的干预，引发了对人道主义军事干预的反思。在这里，赫尔的看法是，基督教以及其他信仰和道德传统中的全人类大家庭观念成为了冲击主权这一政治和法律概念的思想基础，而在具体操作的层面，基督教“正义战争”理论被发展和修订了，构成了认可人道主义干预和其他类型的军事干预的主要标准，譬如我们前面谈到的海姆斯对人道主义干预的系统论证。赫尔、海姆斯都意识到，由于人道主义干预的需要、恐怖主义问题以及防止大规模杀伤性武器扩散的紧迫性，“正义战争”的界定标准已经不再简单是自卫和反侵略了。①

赫尔本人认为，“9·11”事件以后，美国和其他国家在阿富汗和伊拉克的军事行动也可以用“正义战争”的标准来评判。这类干预不能用人道主义干预的范畴来界定，但是在这些情景下使用武力仍然可能是正义的（也可能是非正义的），关键和困难的问题是如何建立可操作的道德标准来限制武力的滥用。只有在干预能够被界定为正义的前提下，互不干涉内政的原则才可以被暂时搁置。在阻遏种族清洗和屠杀的人道主义干预之外，赫尔提到被讨论的三种军事干预的可能情况。第一是直接回应恐怖主义袭击，例如美国等国在“9·11”事件后在阿富汗的行动。它得到国际社会的广泛支持。第二是为推进人权和民主而使用武力。赫尔不赞成这一过于宽泛地论证军事干预合法性的思路，认为美国需要有应对人权问题的有力政

① J. Bryan Hehir, “The New National Security Strategy,” *America*, 7 April 2002, pp. 8 – 12; “Religion, Realism, and Intervention,” in E. J. Dionne, Jr., Jean Bethek Elishtain, and Kayla M. Drogosz, eds., *Liberty and Power: A Dialogue on Religion and U. S. Foreign Policy in an Unjust World* (Washington D. C.: Brookings Institute, 2004), pp. 11 – 33; Kenneth R. Himes, “Intervention, Just, and U. S. National Security,” *Theological Studies* 65 (2004), pp. 141 – 157.

策，但是除非出现种族清洗这样的严峻局势，政策的选项不应该包括军事干预。第三是防止大规模杀伤性武器扩散，例如2003年美国对伊拉克的战争。确认这类军事行动的正义性比较困难，与之有关的争论也很激烈。2002年9月小布什政府发布《美国国家安全战略》，该文件为论证先发制人战争的合法性，将三个国际政治的因素联系在一起：大规模杀伤性武器，恐怖主义分子，着意取得大规模杀伤性武器和支持、援助恐怖主义分子的“流氓国家”。在这样的思维框架里，大规模杀伤性武器扩散的威胁就异常突出。赫尔承认这一威胁的存在，认为不能绝对排除为遏制核武器和生化武器扩散而诉诸军事干预手段，但是只能给予这类干预“勉强的可能性”，因为小布什政府提议的这一新的军事干预思维会给予国际关系错误的导向和导致更频繁地使用武力。①

海姆斯不仅认同赫尔的上述见解，还从基督教非暴力的角度指出，作为最后不得已的维护正义的手段，战争还不能够从各项选择中被完全排除掉，不过现代战争日益增大的破坏力使得和平反战的立场对人类社会越来越重要。从基督教的伦理道德出发，他还提醒美国民众和政府注意，在应对新的复杂国际形势的时候，一些新的思维和策略具有潜在的危险性，譬如考虑使用精确和小型的核武器来打击恐怖主义分子、无节制地使用精确制导武器来破坏水电、交通和医疗卫生设施。西方在前南斯拉夫和伊拉克的空袭已经证明，精确制导武器对民用设施的系统破坏，尽管主观上没有直接攻击非战斗人员，在客观上却造成平民生活的极大困难，并可能间接造成相当数量的平民

① J. Bryan Hehir, “Religion, Realism, and Intervention,” pp. 26 – 31.

伤亡，譬如因为卫生条件恶化导致儿童、老人和伤病人员的死亡。①

赫尔、海姆斯等人，作为美国天主教会关注国际问题的主流派道德神学家，通常与美国主教团的立场保持一致，不过他们对教会政策性观点的阐释会更加学理化一些。他们对“9·11”事件以后美国对外政策的评论与主教团在事件后发布的牧函有着同样的思路和见解，主要在“正义战争”的框架内讨论如何应对恐怖主义的威胁，在原则上认可军事手段的合法性，但是力图以基督教的伦理来影响政府政策，期望尽可能避免战争。一旦战争爆发，他们期望尽可能减少对生命和财产的的破坏。②

（三）教廷与美国天主教会

教宗和梵蒂冈在“9·11”事件之后以及伊拉克战争前夕，采取了更加强硬的反战立场。约翰·保罗二世很难讲是绝对的和平主义者。他坚决反对美国发动伊拉克战争的思路包含了两方面的因素。其一，他并不认为当时的局势已经到必须用战争解决问题的地步，和平并非完全没有希望，因此小布什的开战并不符合“正义战争”的标准。其二，他不再将“正义战争”理论看成是观察和评价国际危机的主要规范，希望美国政府和人民能够领会和发扬约翰二十三世所阐发的现代基督

---

① Kenneth R. Himes, “Intervention, Just, and U.S. National Security,” pp. 150 – 154.

② U.S. Catholic Bishops, “A Pastoral Message: Living with Faith and Hope after Sept. 11,” *Origins*, 29 November 2002. Available at http://origins plus. catholicnews. com (downloaded May 3, 2009).

教人道主义精神，更多地从维护人权和人的尊严的立场，从全人类皆兄弟的立场，来处理“9·11”事件以后复杂的国际关系问题，将正义与和平作为自己的追求目标。他在四个场合谈到了他对美国人民的这一希望。2001年9月13日，袭击发生后的第三天，教宗接见了美国驻梵蒂冈新大使，并发表了讲话。教宗严厉谴责恐怖主义的残暴行径，但是他的讲话主要谈论的是如何在世界上消除贫困、疾病和暴力，使得“人类精神的春天”能够在21世纪到来。在全球化的时代，富人和富国与穷人和穷国之间的分野是人们不能不急迫面对的道德困境，是与基督教的伦理完全对立的。教宗期望美国在建设全球正义与和平的活动中扮演领导者的角色，不仅关注民主政治，而且重视推进世界社会经济秩序的改革，使得所有人和所有国家都能够分享全球化发展的成果。他提醒美国和西方国家，它们的领导作用必须建立在基督教的道德原则之上，即自由、自决、机会平等、珍惜生命之神圣以及人的尊严，而且它们应该努力与其他国家的人民分享天主所创造世界的自然资源。教宗认为，美国传统价值观念具有深厚的宗教（基督宗教）根源，并因此尊重人权，追求以正义为“不可替代条件的真正自由与永久和平”。他还指出，西方民主国家所面临的危机同样有着宗教和精神的根源，即很多人轻视自己的宗教传统，崇尚物质主义和实用主义，并最终蔑视人的生命和尊严。① 当年的12月8日，教宗发布了2002年世界和平日的讲话，再次强烈谴责策划“9·11”事件的恐怖主义者，并认可针对恐怖主义的

① John Paul II, “Pope's Address to New U. S. Ambassador to the Holy See,” *America*, 8 October 2001, pp. 6–7.

自卫权利。与约翰二十三世一样，约翰·保罗二世在这里诉诸天主教世界观的乐观主义传统，坚信邪恶在人世间不能战胜善良，天主的恩典最终将触动最顽固的心灵。在暴行面前，持久的世界和平不仅需要正义的秩序，不仅需要尊重人权和实践社会公平，而且需要爱。符合正义的秩序必须建立在宽恕的基础上，因为没有爱和宽恕，人世间的裂痕与伤痛就不可能愈合，个人之间和国家之间的敌意就不可能停止。这位教宗历来重视发展的关键作用和公平社会经济秩序对人类福利的意义，他在这里也坚持了这一观点：“和平是发展的基本条件，而真正的和平只有通过宽恕才可能实现。”①

以上这两个文件里的思想，教宗在2003年伊拉克战争前夕又予以重复和强调。在2003年世界和平日的讲话里，他表示人权、自由和民主制度不仅对一个国家社会秩序的安定至关重要，也是国际和平的基础。教宗还在这里将人权的理解扩展到贫穷地区人民的生存权利，包括他们获得食物和饮水等必需品的权利。他呼吁各国领袖在危机时刻保持对和平的乐观主义态度，努力通过对话来化解矛盾和分歧。这一乐观主义，他指出，正如约翰二十三世的榜样所昭示的，不仅来自于对天主的信任，也来自对人的信任，因为每一个人的心灵上都有天主的形象。②2003年1月，在他对梵蒂冈外交使团的新年贺词里，约翰·保

① John Paul II, “No Peace without Justice, No Justice without Forgiveness,” Message for World Peace Day for 2002, *America*, 7 - 14 January 2002, pp. 7 - 11.

② John Paul II, “Pacem in Terris: A Permanent Commitment,” Message for World Peace Day for 2003, *Origins*, 2 January 2003. Available at http://originsplus. catholicnews. com (downloaded May 3, 2009).

罗二世直接批评美国领导人丢弃基督徒应有的信心和乐观主义态度，过早放弃和平的希望，轻视联合国的协调作用和领导权威，试图用战争来解决伊拉克问题。他大声疾呼道："拒绝战争！战争并不总是不可避免的，而战争永远是人类的失败。"① 教宗此后一直保持坚定的反战立场，并为和平努力到伊拉克战争爆发的最后一刻。②

很显然，巴克斯特神父试图比赫尔、海姆斯神父以及他们所代言的美国主教团更激进地贯彻教宗对战争与和平问题的训导，与美国的现实政治保持一个更遥远的距离。而韦格尔等新保守主义的美国天主教徒则在伊拉克战争问题上采取了与教宗针锋相对的立场，尽管他们与教宗都对人权和民主有着坚定的信念。

2003 年美国对伊拉克采取军事行动之前，美国政府曾经派遣新保守主义的代表人物之一、天主教徒迈克尔·诺瓦克前往梵蒂冈陈述开战的理由，试图说服教廷改变反战的立

---

① John Paul II, "Interdependence and the International Situation," Address to Diplomatic Corp, January 14, 2003, *Origins*, 30 January 2003. *Origins*, 20 February 2003. Available at http://originsplus. catholicnews. com (downloaded May 3, 2009).

② 2003 年 3 月 17 日，布什总统对伊拉克发出 48 小时的最后通牒。3 月 18 日，梵蒂冈发言人就此评论说："任何人如果判定国际法所允许的所有和平手段都已经穷尽了，他在天主面前承担了巨大的责任，他对自己的良知、对历史也承担了巨大的责任。" 直到 3 月 16 日，约翰·保罗二世仍然呼吁人们在伊拉克问题上不要轻易放弃和平的努力："我对所有人说，现在依然有时间谈判，现在依然有和平的空间。尝试建立相互的理解和继续努力来解决问题，是从来不会太晚的事情。" Catholic News Service, "Papal Envoy Meets Bush," *America*, 17 March 2003, p. 4; "U. S. – Vatican Rift on Iraq," *America*, 17 March 2003, pp. 4 – 5; "Vatican: Those Whos Give Up on Peace Must Answer to God," *America*, 31 March 2003, p. 5.

场。乔治·韦格尔和迈克尔·诺瓦克，作为天主教徒中的新保守主义者，不赞同教宗以及美国主教团在战争与和平问题上日益明显的和平主义倾向。在他们看来，后冷战时期的国际形势和恐怖主义问题并不构成在根本上改变“正义战争”理论理解和应用范式的充足理由。这一点，在他们两位支持2003年伊拉克战争的态度中得到了清楚的表现。诺瓦克对伊拉克战争的支持与他对恐怖主义活动的评估，特别是与他对“9·11”事件性质的解释，有着密切关联。他认为，恐怖袭击是一种新的战争方式，“9·11”事件意味着敌人已经向美国宣战。但是，这次敌人所发动的战争有一些以往战争所没有的特点。诺瓦克称之为“不对称战争”：尽管恐怖主义分子可能得到某些国家的秘密支持，但是他们并不对任何公共权威负责，他们所攻击的经常不是对方的武装力量，而是毫无顾忌地攻击对方无武装的平民，而且他们袭击的效果却严重威胁到合法政权的根基。萨达姆独裁政权对美国以及世界和平的威胁，在诺瓦克看来，必须置于“9·11”事件的语境中来评估和应对。他认为，美国进行伊拉克战争的动机并不是石油，而是一些完全正义的考虑。尽管恐怖主义者没有常规军队，他们发动的“9·11”事件意味着他们实际上已经向美国、整个西方乃至整个文明世界宣战，后者只有以正义的武力回击侵略，实施反恐的军事行动。萨达姆拒绝与联合国合作，并拒绝交出大规模杀伤性武器，他有使用这些武器和蔑视国际法准则的前科，他与恐怖主义分子有这样那样的联系。在这样的情况下，在反恐正义战争的框架中，对萨达姆的战争是美国和其他国家政府的道德义务；不进行这场战争意味着将和平的希望抵押在萨达姆的健全心智和善良愿望上，是极端不负责任的态度。在美国和世界其他地区面对恐怖主义袭击的前景下，“萨达姆具有极大杀伤力的武器有可能会落入乐于使用它们的‘基地’组织的手中。这种可能性可能是零，也可能是百分之百。”问题是，如果低估了这种可能性，并且因此允许萨达姆继续当政，一旦发生最坏的可能，那么有关的公共权威将承担可怕的责任，为可怕的生命和财产损失负责。也就是说，如果萨达姆不与联合国在解除伊拉克武装这一问题上合作，美国没有别的选择，只有诉诸武力，以武力消除萨达姆所构成的威胁。①

与诺瓦克一样，韦格尔反对许多天主教人士对“正义战争”的新解释。后者将反战作为“正义战争”理论的基本原则。也就是说，按照他们的理解，尽管该理论认可战争的合法性，但是其基本的核心的内涵是反战的。韦格尔不这么看。他引用和认同教宗约翰·保罗二世的名言：“战争永远是人类的失败。”但是韦格尔认为，“正义战争”理论不是和平主义，不能成为拒绝正义和必要军事行动的借口。作为“最后不得已的选择”，针对萨达姆的战争是赢得和平的代价，是重建一个“新的、自由的和稳定的伊拉克”所必须支付的代价。在这里，韦格尔所谈论的应该是在伊拉克建立民主政治制度的问题。在韦格尔的意识中，伊拉克问题是一个符合经典“正义战争”理论的案例：美国对伊拉克开战有正当的理由，依据的是合法的权威，会有积极意义大于消极意义的结果，并且是

---

① George Novak, “An Argument That War Against Iraq is Just,” *Origins*, 20 February 2003. Available at http://originsplus.catholicnews.com (downloaded May 3, 2009).

在一切和平的手段都已经穷尽以后的不得已举措。首先，萨达姆政权拥有化学和生物武器，正在试图获得核武器和更先进的运载工具，并且与恐怖主义组织有着长期的联系。萨达姆长期拒绝联合国让他解除武装的要求，而且他对国内政治的强有力控制使得他的独裁统治不可能由内部来推翻。在这样的情势下，考虑到“9·11”事件所代表的新的侵略方式，萨达姆的行为已经构成实际的、正在进行中的对外侵略（正当理由）。其次，联合国安理会的一系列决议，譬如2002年11月通过的1441号决议，已经表示：如果萨达姆拒绝解除武装，他将承担“严重后果”。韦格尔认为，合乎逻辑的结论是，这里的“严重后果”就是使用武力来强迫伊拉克放弃大规模杀伤性武器，也就是说，安理会的决议已经授权美国等国开战的权利（合法权威）。再次，如果听任萨达姆肆意妄为，世界和平秩序和国际法准则将失去尊严和权威，会使他以及恐怖主义分子更加猖狂。这样的绥靖政策的害处比对萨达姆开战要大得多（开战的积极意义大于消极意义）。最后，由于联合国对萨达姆武器项目的监督一直没有效果，一旦萨达姆获得核武器，他就可能反过来威慑联合国和美国，伊拉克人民将因此遭受更大的苦难。如果联合国和美国继续使用和平的（无效的）手段来试图解除萨达姆武装，其后果将不堪设想。对伊拉克开战已经到了不得不进行的时候（已经是最后不得已的维护世界和平的手段）。[1]

其实，诺瓦克和韦格尔对新的世界局势有敏锐和相当

---

① George Weigel, “The Just War Case for the War,” *America*, 31 March 2003, pp. 7 - 10.

透彻的观察，并且借助“正义战争”理论这一基督教传统来表述自己的见解。他们深信人权、自由和民主这些教会所提倡的观念，并以它们论证伊拉克战争的合法性。但是他们对美国外交政策的阐释在本质上还是陈旧的地缘政治思维，还是以美国国家利益为至高无上利益。他们试图给予国家过大的自主权，将基督教伦理道德在战争与和平问题上的真正影响边缘化。最关键的是，他们也遗忘或者背弃了约翰二十三世以来的各位教宗在社会问题和国际问题上的乐观主义精神。与新保守主义者几乎无条件支持小布什政府政策的立场形成鲜明对照的是，大多数美国主教以及主教会议正式的声明与教宗在和平问题上保持一致，试图通过道德呼吁改变政府准备开战的态势。他们的见解是他们对社会发展和社会公正的总体看法的一个有机组成部分。与巴克斯特神父激进的和平主义立场相比较，主教们还是要更多考虑现实政治，更多在国家利益面前做出让步和妥协。也就是说，在伊拉克战争这一问题上，人们可以听到天主教会内部不同的声音。尽管声音不同，这些声音的一个共同特点和共同效果是，帮助美国在国际社会博取一个开放和道德领先的形象。新保守主义者对人权、民主和自由的推崇，尽管有其特立独行之处，在美国和国际社会也有相当大的接受程度。

在发表韦格尔文章的同一期《美利坚》上，编辑部（主办刊物的美国耶稣会教士）发表了社论，其标题是：“选择上帝还是选择国家?”该篇社论采取的是完全不同于韦格尔的立场，认为伊拉克战争是一场“傲慢、不必要和愚蠢”的战争。作者并不否认萨达姆是对世界和平的严重威胁，并且认为他必须被解除武装。但是作者以及美国大多数宗教人士反对这场战争的原因是，他们认为武力还不是消除萨达姆这一威胁的最后不得已手段。他们和小布什的分歧在于，他们并不认为一定要在当时发动对伊拉克的战争。他们觉得应当给和平谈判更多的时间和更多的机会，认为以和平手段遏制萨达姆的政策并没有失败。该社论的作者指出，这场战争会加剧国际上的反美情绪和来自恐怖主义的威胁，对美国的安全并没有益处，因此反对伊拉克战争的美国主教和教徒们并不是在反对美国的国家利益，而是在维护美国的利益。他们选择了上帝，以基督教的伦理道德作为处理国际问题的准则，同时也更好地维护了自己的国家。作者认为，约翰·保罗二世明确反对伊拉克战争的立场显示了教宗所扮演的“先知”角色，也就是他以天主教信仰和道德影响国际和平进程的作用。①

美国主教团的官方立场，与教廷的态度相比较，还是要更明显地向“正义战争”理论倾斜。在发表诺瓦克支持伊拉克战争文章的同一期《起源》杂志上，华盛顿的枢机主教西奥多·麦卡里克谈论了教会应该如何促进和平与正义。他说，美国主教团对待战争与和平问题的基本思路还是用传统的“正义战争”标准来衡量军事行动的性质，反对非正义的战争。在他们看来，阿富汗的反恐战争是正义的。② 主教们对伊拉克战争的反对态度体现在他们发表的

① The Editors, “God or Country?” *America*, 31 March 2003, p. 3.

② Theodore McCarrick, “How Religious Bodies Can Advance a World of Peace and Justice,” *Origins*, 20 February 2003. Available at http: //originsplus. catholicnews. com (downloaded May 3, 2009).

三个文件上。2002 年 9 月 16 日，时任主教会议主席的威尔顿·格雷戈里呈交给国务卿赖斯一封他代表主教们就伊拉克局势写给布什总统的信，反对将反恐战争由阿富汗扩展到伊拉克。他指出，“正义战争”理论的用意不是为暴力寻求合法性，而是尽可能阻止战争的爆发。基于这样的认识，并借助“正义战争”理论的常用范畴，格雷戈里由四个方面质疑了对伊拉克开战的合法性：萨达姆与“9·11”事件之间的联系并无确凿证据，也没有证据表明他将立即发动攻击，因此对伊拉克战争缺乏正当的理由；美国通过战争手段推翻萨达姆政权尚没有得到联合国的批准，而只有联合国才有发动此类军事行动的权威；伊拉克和中东极端复杂的政治、经济和民族矛盾使得美国完成既定的战略目标十分困难；尽管可以使用精确制导武器，误伤平民和严重破坏民众正常生活仍然是不可避免的。[①] 11 月 3 日，美国主教团再度发表反战声明，并对小布什政府的“先发制人”战略表示担忧和怀疑。然而在战争爆发的时候，主教们还是承认，和平与战争的选择并非可以轻松决定，允许萨达姆继续执政也可能有很大危险，因此他们理解和尊重政治领导人的决策，只是希望在战争进行过程中，平民的生命和生活能够尽量得到保护，美国能够认真关注

---

① Wilton Gregory, "Letter to President Bush on the Iraq Situation," *Origins*, 26 September 2002. Available at http://originsplus.catholicnews.com (downloaded May 3, 2009).

战后的重建工作。①

（四）和平与美国生活方式

在发表乔治·诺瓦克支持伊拉克战争文章的同一期《起源》杂志上，马辛盖尔神父发表了与新保守主义人士以及主教都有所不同的意见，更加系统地将巴克斯特神父的激进立场运用于探讨战争与和平问题，严厉批评小布什政府的《美国国家安全战略》。他指出，美国的“国土安全”概念与《圣经》所提倡的“安全”是有所不同的，要克服对短期利益的担忧、为长期和稳定的世界和平做出贡献是需要很大勇气的。他认为，萨达姆政权、“9·11”事件以及恐怖主义的威胁使得美国人倾向于将这些麻烦看成是破坏国家安全的主要和根本的问题，而真正深度威胁美国安全的问题是美国人的生活方式和美国社会的一些结构性缺陷。马辛盖尔神父分析了美国政府2002年7月发布的《国土安全国家战略》和2002年9月发布的《美国国家安全战略》。他首先质疑的是这些文件所流露的恐慌感和感觉到自己易受攻击的那种不安情绪。在这两部文件里，“威胁”和“敌人”是不断出现的字眼，而且敌人被描写成“不可见的”和“邪恶”的，“狡诈和意志坚决的”，“隐藏在阴影中”。马辛盖尔神父还注意到，这两部关于安全战略的文件都将国土安全与美国的全球战略联系起来，将国土安全作为执行美国全球战略的基础。这里的原因，他指出，在于美

---

① U. S. Catholic Bishops, “Statement on Iraq,” *Origins*, 21 November 2002; Wilton Gregory, “Statement March 19 on U. S. -Iraq War,” 27 March 2003. Available at http://originsplus.catholicnews.com (downloaded May 3, 2009).

国现今的国家利益和生活方式已经与世界经济发展紧密相联。他的疑问是，保护美国的国家安全是否就应该是保护美国的既定生活方式。由于美国现在的生活方式完全是以繁荣的经济和国际贸易为基础的，高消费和能源的“自由贸易”被看做是国家安全的最重要方面之一。在弥漫于全社会的消费主义氛围下，在美国政府看来，“安全被界定成维护美国消费者的生活方式以及维持用于保护这种生活方式所必需的军事优势”。这样一种对国家安全的理解与基督教价值观是不符合的。基督教的和平观念是与特定的社会和谐范式联系在一起的：和平意味着尊重所有的人和每一个人，意味着大家一起分享物质繁荣，而不是少数人享有特权和过着比其他人优裕的生活。和平是不可能建立在对他人的恐惧和自己的严重不安全感的基础之上的。

马辛盖尔神父认为，真正的安全来自基督教对和平的理解，也就是来自于对正义的追求。“和平与安全，如果是推进正义的结果，是由所有人一起共享的，否则任何人都不可能享有。”他进一步指出，在天主教社会训导的传统里，和平不是被看成是没有战争，而是被理解为实现正义。在国际社会的范围内，正义不仅意味着促进人权，消除特定国家内部的贫富分化，也意味着消除富国和穷国之间严重的发展不平衡状态。“安全自然生成，当所有的人都享有食品、住所、衣物、医疗、社会保险、教育、良好的环境和公平工资。安全自然会到来，当人们意识到过度追逐私利必然导致社会灾难。”马辛盖尔神父的激进观点是，美国人民必须改变他们的消费主义习惯才能帮助世界建立一个和平的秩序。在他看来，在基督教价值观的语境中才能获得真正的和平，而这一和平的代价是美国人修正他们对国家利益的看法和改变自己的生活方式。认同美国生活方式与认同基督教价值观之间是有张力的，美国人民不应该将国家安全理解为自己的消费主义生活方式获得了保障。①按照马辛盖尔神父的理解，不仅即将发生的伊拉克战争，已经进行的阿富汗战争也同样是错误的，是美国文化和消费主义弊病的结果。事实上，在阿富汗战争爆发以后，美国天主教会有七十几位修会、传教团体和其他社团的领袖联合发表了反战声明，要求停止在那里的军事行动，拒绝用战争来解决恐怖主义问题。他们同样认为解决冲突的根本办法在于消除世界上的严重的贫穷现象和改变非正义的全球经济体制。②

---

① Bryan Massingale, "From Homeland to Biblical Security," *Origins*, 20 February 2003. Available at http://originsplus.catholicnews.com (downloaded May 3, 2009). 海姆斯在2007年系统探讨了消费主义与基督教伦理的关系。尽管他没有像马辛盖尔那样将消费主义直接和美国的对外政策联系起来，但他注意到了过度追逐财富占有和富裕生活的倾向会破坏美国社会健康、负责任的公民意识。他也呼吁人们注意教宗的有关社会训导。保罗六世和约翰·保罗二世都曾经指出，消费主义是贫困的孪生兄弟，因为一部分人和一些国家的奢华生活往往是以另一部分人和另一些国家的极端贫困为代价的，是以富人和富裕国家漠视贫穷邻人的道德沦丧为代价的。海姆斯没有在这里谈到，教宗也将国际社会的贫富差距与国际关系问题直接联系起来，认为更加均衡和公平的世界经济发展和财富分配是稳定持久和平的条件和保障。正如约翰·保罗二世所说的，"和平的另一个名称是发展"。Kenneth R. Himes, "Consumerism and Christian Ethics," *Theological Studies* 68 (2007), pp. 132–153; Pontifical Council for Justice and Peace, *Compendium of the Social Doctrine of the Church*, p. 217.

② U. S. Catholic Leaders, "The War Against Afghanistan Must Stop," *Origins*, 10 January 2002. Available at http://originsplus.catholicnews.com (downloaded May 3, 2009); Catholic New Service, "War on Terrorism Unjustifiable, Says Some Catholic Leaders," *America*, 10–14 January 2002, p. 4.

虽然巴克斯特神父和马辛盖尔神父的见解至今还没有成为美国天主教徒中间主流的意见，也还不是主教团正式的立场，但是他们在平信徒、神职人员和教会领导层中拥有日益众多的支持者。在《和平的挑战》发表25周年之际，扎瓦拉主教兼“基督的和平”组织美国分支（PCUSA）主席，发表演讲，在很大程度上认同了巴克斯特的激进和平主义。① 奥巴马在竞选的时候曾经说，增加美军在阿富汗的力量才是打击恐怖主义分子的正确策略。扎瓦拉批评说，伊拉克战争的教训恰恰是暴力只会造就更多的暴力，“我们的紧迫任务是，我们必须为我们国家的政策指出一个全新的方向，这个方向将是崇尚非暴力，追求正义，为天主的所有子民的福利和尊严而不懈努力”。他强调说，选择和平而不是战争，对美国来说是可能的，“另一个世界是可能的，另一条道路是可能的，而且是必要的”。他警告说，冷战时期，美国以共产主义威胁为理由放弃基督教的非暴力精神，现在再不能以反击恐怖主义为借口重蹈覆辙。

---

① “9·11”事件以后，世界天主教“基督的和平”（Pax Christi）运动在美国的分支有了相当规模的发展，其成员由1.4万人增加到2万人，包括120名主教，800个堂区，650个修道团体，320个地方分会，100所高等院校。资料出处见 Kristin E. Heyer, *Prophetic and Public*: *The Social Witness of U. S. Catholicism* (Washington D. C.: Georgetown University Press, 2007), p. 129。扎瓦拉的讲话，见 Gabino Zavala, “Living with Faith and Hope: The 25th Anniversary of the U. S. Bishops' Peace Pastoral,” *Origins*, 30 October 2008, pp. 325 – 331。

四 结语：难以规避的人权

在冷战的高峰时期，默里曾经就共产主义在西方造成的恐慌进行了描述。他指出，在冷战的巨大压力下，“人们也许会以某种方式鼓吹‘预防性’战争或者‘先发制人’战争。或许人们会找到理由来声称，由于对手完全不讲原则，由于我们自己面对这一对手的职责是成功地捍卫文明本身，我们必须舍弃文明战争的传统，准备使用任何能够保证我们胜利的传统。”默里强调说，“所有这些结论在道德上都是不可接受的。”① 宗教信仰对美国天主教徒的一个重要影响就在于，他们因此能够依据普世的道德准则与国家利益保持一个健康的距离，避免以国家利益的名义摒弃道德高地。这样的道德诉求和批评的声音帮助美国在国际社会获得更大的主动权，不仅改善整体的国家形象，也促成美国采纳更明智、更符合世界和平的外交政策，最终也对美国的长远利益更加有利。

对美国宗教人士和政治家的道德诉求，我们切不可轻视，切不可简单看做是宣传而随意贬低。虽然威斯特伐利亚条约以来的民族国家主权自决以及互不干涉内政的国际关系准则依然有效，其局限性在21世纪的世界格局面前已经十分明显，需要我们正视和认真对待。作为一个经济、军事实力和国际政治影响快速增长的大国，我们调整和重新建构我们自己的国际活

① John Courtney Murray, "Remarks on the Moral Problem of War," p. 41.

动道德准则的任务已经刻不容缓。是否应该将人权和人的尊严作为我们外交活动的核心价值观念呢？如果答案是否定的，我们需要有说服力地向国际社会解释我们拒绝的理由是什么，我们有什么其他感染力、号召力足够的核心价值观念能够取代之，以及我们将凭借什么在国际社会占领道德制高点。主权和互不干涉的原则现在依然有效，但是其道德地位已经受到不可逆转的严重挑战。

总结后冷战时期美国天主教会对本国外交政策的思考和建议，我们可以得出如下的结论：任何一个不能在国际社会建立自己道德制高点的实力大国，都有可能蜕变为真正的“纸老虎”。这样的危险性值得任何一个国家的政府和民众给予高度的重视，事实上美国在越战时期就曾经陷入那样的困境。从长时段的情况看，美国恰恰是最擅长在国际社会占领道德高地的国家，并且在这方面拥有雄厚的宗教资源和其他思想文化资源。目前的格局是，由于人权已经成为国际社会普遍接受的价值观念，一旦对话的重心由政治民主转移到包含民主和发展在内的人权，非西方国家与美国和其他西方国家在沟通方面的空间将得到实质性的扩展。而在道义上，我们本来就绝对不可以规避人权。

如果说人权已经是21世纪国际社会的道德制高点，那么人权也将是21世纪外交的核心话语，难以规避，也不应该规避，规避则处处被动。

后传教时代的宗教与中美关系*

• 徐以骅

［内容提要］　在西方基督教会全面撤离中国的60多年后的今天，宗教再度成为中西尤其是中美关系中的重要因素。就中美关系而言，由于种种原因，两国之间的“精神中介”和“文化桥梁”也不再是传教士和差会，中美宗教交流和互动显然已进入“后传教时代”。本文主要讨论“后传教时代”中美宗教互动的基本特征、当前中美宗教互动的若干领域、宗教对当前中美关系的影响，以及中美两国在宗教问题上的认知和实践的异同。

---

* 本文的部分内容曾以《宗教与当前中美关系》为题，发表于《国际问题研究》（2011年第3期），系国家哲学社会科学创新基地项目“后冷战时期的宗教与美国外交”（项目批准号：05FCZD0015）的中期成果。

美国在华传教运动是中美关系史上十分重要的一页。① 西方尤其是美国的基督教差会通过在华举办大量教育、医疗和慈善等机构，产生了巨大的社会影响，为中美关系奠定了文化和社会基础，传教士也因此成为中美之间的精神纽带。然而，西方教会和传教士在20世纪40年代末和50年代初全面撤离中国大陆，也在中美关系上投下了阴影。基督教传教运动使宗教成为中外关系上的经常性和情感性因素。

宗教在中美关系上极具象征意义，被喻为中美关系的温度计或风向标。就其象征意义而言，没有一位宗教人物比前燕京大学校长和美国驻华大使司徒雷登（John Leighton Stuart）更能作为中美关系的一个符号。1949年全国解放前夕毛泽东主席著名的《别了，司徒雷登》一文宣告了美国政府“扶蒋反共”政策的破产；而2008年11月17日司徒雷登归葬其出生地杭州，又标志了中美关系正处于一个新的不远不近的时期：即这种关系近得使司徒雷登在身后得以“归来”与父母合葬；但又远得难以实现其在未名湖畔与亡妻同眠的夙愿。②

在西方基督教会全面撤离中国的60多年后的今天，宗教再度成为中西尤其是中美关系中的重要因素。就中美关系而言，两国之间的“精神中介”和“文化桥梁”已不再局

---

① 关于基督教传教运动与中美关系可参见卓新平：“基督教与中美关系”，徐以骅主编：《宗教与美国社会——宗教与国际关系》（第4辑下），时事出版社，2007年版，第455－471页。

② 司徒雷登归葬其出生地杭州已由各类媒体大量报道。另可参见沈建中、许俭著：《司徒雷登与西湖》，杭州出版社，2007年版。

限于传教士，或者说传教士的作用已大为下降，而且此种互动和交流的直接目的主要也不在传播基督教福音。目前在世界范围内，全面禁止基督宗教传教活动的国家和地区在20个上下，其中大部分为伊斯兰国家和共产党执政的国家和地区。在20世纪上半叶中国大陆一度是世界上接受基督教传教士最多的国家，而在过去60多年中已由西方尤其是美国基督教传教运动的“福地”变为“禁区”，中西或中美宗教交流和互动显然已进入“后传教时代”，然而其内容却比以往任何时候都更加丰富和多样化。本文共分三部分：第一部分指出后传教时代中美宗教互动的一些基本特征；第二部分分析当前中美宗教互动的若干领域；第三部分扼要阐述宗教对当前中美关系的影响以及中美两国在宗教问题上的若干认知和实践的异同。

一、后传教时代的中美宗教互动

后传教时代中美宗教互动呈现出如下特点：

首先，后传教时代意味着传教士不再是中美两国之间的主要精神纽带，派遣传教士也不再是西方差会的主要传教方式，这是传教运动在中国特有的处境，因为我国政府明令禁止外国差会来华传教。美国基督教会并未放弃对中国大陆的传教活动，只是由于受中国国情限制从台前转向幕后，其传教方式也由直接转为间接。因此早期作为中美两国之间主要精神中介的传教运动已被现在多样化的宗教接触和交流所取代。

其次，与传教时代不同，后传教时代的中美宗教互动不仅限于民间接触或公共外交，而且涉及政府层面，包括宗教反恐、政府间宗教对话以及关于“宗教自由”问题的立法等。美国政府推进以宗教为目标的外交出于以下原因：冷战结束以来宗教、民族等问题的非疆域化、美国内外政策的界限模糊、外交政策的社会关怀倾向以及美国国内宗教因素的外溢（包括宗教议题外溢和宗教势力外溢）等。与民间宗教交流一样，中美政府间或半官方的宗教互动对中美关系既有促进也有妨碍作用。

第三，中国是宗教大国，但目前还不是宗教强国，而美国是超级大国，美国在宗教上的超级大国地位也极为突出。尽管在后传教时代中国在宗教领域已不再是被动的接受者，而是积极的输出者，比如由联合圣经协会资助的南京爱德基金会的印刷厂就有年生产2000万册全本《圣经》的产能，目前不仅已经印刷了8种民族语言、50多种不同规格版本的5500万册圣经以满足国内信徒和其他民众的需要，而且为世界上70多个国家印刷了70多种语言的2600多万册《圣经》，[①] 使中国成为世界上最大的《圣经》生产国和输出国。但这基本上还是精神产品

---

① 《南京爱德印刷圣经达8000万册》，2010年1月9日，中国新闻网，http：//www. chinanews. com/cul/2010/11 -09/2642324. shtml（登陆时间：2011年10月18日）；《芝加哥市长致信祝贺我圣经事工展开幕》（2011年10月11日），参阅国家宗教事务局，http：//www. sara. gov. cn//xwzx/tplb/10413. htm（登录时间：2011年10月18日）。南京爱德印刷有限公司印刷《圣经》的各种数字一直在变化，现年产近1200万册《圣经》，其中2/3用于出口。感谢基督教全国两会和南京爱德基金会的有关人员多次接受本人的采访。我国“文革”后从1980年开始印刷《圣经》。1987年在联合圣经公会的帮助下中国基督教会在南京成立隶属于爱德基金会的爱德印刷有限公司，主要承担印刷《圣经》的工作。可参见爱德基金会网站：http：//www. amityfoundation. org. cn。

的“物化”,[①] 中美宗教交流仍不平衡；在贸易领域，中国是美国最大的出超国，而在宗教领域中国对美交流则存在较大入超。

第四，后传教时代中美宗教交流的不平衡还表现为美国的“宗教知华派”为数寥寥。尽管宗教是所谓中国人权问题中唯一在美国“能够引起任何值得关注的公众兴趣并因此而经常出现在公共话域中”的议题，但根据美国学者裴士丹（Daniel Bays）的观察，长期以来美国关注以及辩论中国基督教问题的个人和团体，绝大多数对中国所知甚少，因此直到目前美国有关中国基督教的“公共话语”或讨论水准仍十分粗浅，更多在发泄情绪而不是发布事实信息，而且趋于两极化。[②] 美国对中国基督教的此种可被称为“高情绪化的低水准认知”在对中国其他宗教以及宗教政策的总体认识上也普遍存在。美国有关团体和个人对中国宗教政策和状况的过于政治化和意识形态化的解读、基

---

① 另一类事例就是中国一些地区如广东东莞、福建泉州和浙江义乌等已成为从印度神像和俄国圣像到圣诞节礼品等与宗教有关产品的国际主要生产基地。这方面的新闻报道很多，如《印报：印度神像让中国工厂生意兴隆》，新华网 2009 年 6 月 28 日，http：//www. news. qq. com/a/20090609/000775. htm。另可查关于国内神像、圣像和圣诞节礼品的产品搜索网站。

② Daniel H. Bays, “American Public Discourse on the Church in China,” *The China Review*, vol. 9, no. 2（Fall 2009）, pp. 1 - 16. 裴士丹，美国著名中国近代史学者，现为美国加尔文学院历史学教授，是目前美国的中国基督教史研究的领军人物，其关于中国基督教史的学术著作包括 Daniel Bays, ed., *Christianity in China: from the eighteenth century to the present*（Stanford, CA: Standford University Press, 1996），以及 Daniel H. Bays and Ellen Widmer, eds., *China's Christian Colleges: Transpacific Connections*, 1900 - 1950（Stanford, CA: Stanford University Press, 2009）；Daniel H. Bays, *A New History of Christianity in China*（West Sussex, UK: John Wiley & Sons Ltd., 2012）等。

于神学传统的先入之见、出于筹款目的和政治操控等权益之计的做法均构成中美宗教交流的障碍。基督教宣教学上有“福音未及之地”和“福音未及之民”的说法。就中美宗教交流而言，美国确实还有许多“中国宗教真实信息未及之地和未得之民”。[①]

第五，后传教时代的中美宗教互动不限于基督宗教。此前其他宗教交流与基督宗教相比影响甚微，但在后传教时代尤其是中国改革开放以来，佛教、道教、犹太教、摩门教等宗教均在较大程度上参与互动，这不仅体现了中国社会开放的广度，也反映了美国宗教格局多元化的深度。具有摩门教背景并曾在中国台湾地区担任该教会传教士的洪博培（Jon Huntsman）出任奥巴马政府的驻华大使，在某种程度上就是此种宗教互动多元化的生动写照。

第六，对中国来说，美国的宗教输入最大的影响之一就是形成了中国人看待宗教问题（如政教关系问题）的外在对立物或参照系。这不仅发生于学术界，也发生在民间层面。美国在许多方面已成为中国社会的参照系，目前在宗教领域也是如此。基于本国经验对美国宗教的研究，以及基于本国立场对美国对华宗教政策的分析和评判，是我国的美国研究需要关注的课题。

二、当前中美互动的若干领域

我们可以从以下领域来考察后传教时代的中美宗教互动：

---

① 可参见单渭祥：“访美归来的期盼——专访复旦大学美国研究中心教授徐以骅，”《天风》，2011年第12期，第49页。

宗教出版物：宗教出版界是目前中美宗教互动相当活跃的领域。一方面越来越多的国内学者关于宗教研究的学术论著在美国发表；更多的情况则是美国的宗教出版物在中国翻译出版，其中主要为学术论著，这使美国一些宗教学者如彼得·伯杰（Peter L. Berger）、罗德尼·斯达克（Rodney Stark）、J. 米尔顿·英格（J. Milton Yinger）、[①] 裴士丹等成为中国宗教学界耳熟能详的名字；此外还包括美国宗教人士的著作（包括传记和自传），如美国著名福音派领袖葛培理（Billy Graham）[②]、詹姆

① 彼得·伯杰，著名宗教社会学家、美国波士顿大学教授，其多部著作包括《神圣的帷幕：宗教社会学理论之要素》（高师宁译，上海人民出版社，1991 年）等被译成中文出版；罗德尼·斯达克，著名宗教社会学家、美国贝勒大学教授，其被译成中文出版的著作包括《信仰的法则——解释宗教之人的方面》［与罗杰尔·芬克（Roger Finke）合著，杨凤岗译，中国人民大学出版社，2004 年版］、《宗教的未来》［与威廉姆·希姆斯·本布里奇（William Sims Bainbridge）合著，高师宁等译，中国人民大学出版社，2006 年版］、《基督教的兴起：一个社会学家对历史的再思》（黄剑波、高民贵译，上海古籍出版社，2005 年版）；J. 米尔顿·英格，美国著名社会学家，其被译为中文出版的重要宗教学术著作包括《宗教的科学研究》（上、下册，金泽译，中国社会科学出版社，2009 年版）。

② 葛培理，美国当代最具影响力的福音派布道家，甚至被美国《时代》周刊称为"新教教宗"。除了在美国出版的《葛培理讲章集》（顾柏岩译，西雅图东门国际，1999 年版）外，其译成中文出版的著作还有《幸福的秘密》（王恩慧译，上海三联书店，2010 年版）。国内关于葛培理的学术研究，可参见涂怡超：《美国基督教福音派及其对国际关系的影响——以葛培理为中心的考察》，上海人民出版社，2010 年版；关于葛培理与中美关系，可参见 Nathan D. Showalter and Yichao Tu, "Billy Graham, American Evangelicals, and Sino-American Relations," *Missiology*, vol. 38, no. 4 (October 2010), pp. 444 – 459.

斯·杜布森（James Dobson）[①]、查尔斯·寇尔森（Charles W. Colson）[②] 和金贝克（Jim Bakker）[③] 等人的著作和传记。詹姆斯·杜布森创办的美国爱家协会（Focus on the Family）还在中国多个省市举办关于青少年性教育的“今生无悔”拓展培训项目，使用其所编《今生无悔》教材。[④] 一些宗教畅销书，如在美国发行量达3000多万册的美国著名福音派牧师华

---

① 詹姆斯·杜布森，当前美国基督教福音派主要领袖之一、爱家协会创始人，在国内正式翻译出版的有其传记《家庭决定未来——杜博士传》（鹿永建译，中国轻工业出版社，2007年版）以及其本人所撰的《勇于管教》、《杜博士孩子管理法则》、《应对婚外情：爱必须自尊》、《破茧期：生命蜕变的关键十年》、《女人要你懂她：丈夫必知的女人10种情况》等至少五部著作。

② ［美］查尔斯·寇尔森、哈罗德·费科特（Harold Fickett）著，钟昊译：《人生观的故事》，西藏人民出版社，2008年版。查尔斯·寇尔森为尼克松总统的特别顾问，曾因水门事件而入狱。出狱后建立“监狱团契”，成为美国基督教保守福音派最重要的领袖人物之一。

③ ［美］金贝克著，杨香芸译：《我错了——罪魁的悔改》，宁夏人民出版社，2007年版。金贝克是美国著名福音派电视布道家，“赞美主电视网”和“赞美主主题公园”创办人。20世纪80年代和90年代初因性丑闻和财务丑闻而声名狼藉，并锒铛入狱。

④ 据香港《基督日报》报道，国内有21个省、市、区引用《今生无悔》教材。2010年秋季新学年起，云南省大、中学校必修课“三生教育”（即“生命教育”、“生活教育”和“生存教育”）也使用美国爱家协会要求“婚期守贞”的教材《今生无悔》。可参见《21省市区引用〈今生无悔〉已半年　爱家协会助力直面性教育》，2011年2月14日。该报道所说的是“云南网”上一则《“婚前守贞”写进三生教育课程》报道。后该网又发一则题为《〈今生无悔〉为教师用书，云南否认“守贞”入教材》的更正声明，称“从云南教育厅了解到，‘婚前守贞’等内容源于美国爱家协会的教材《今生无悔》，并非我省‘三生教育’课程教材内容。而《今生无悔》是作为省教育厅主办的‘三生教育’骨干教师研修班用书，并非学生用书。也就是说，该教材与学生教材没有任何关系，也不会成为我省大、中学生的教材。”http：//edu.nen.com.cn/jiaoyu/91/4=3586091.shtml（2011年3月21日查阅）。

理克（Rich Warren）的著作《标杆人生》[1] 与《直奔标杆》[2] 和《华理克读经法》[3]，以及号称全球第二大畅销小说的《末世迷踪》系列的头四部，也作为励志类书籍在国内出版。[4]

宗教研究：宗教学术研究是近 10 多年来中美宗教交流的主要领域之一。中国大陆宗教研究尤其是各高校的宗教科研和教学近年来的快速发展，在一定程度上借助了来自美国高校和学者的外力。目前国内举办的各种类型的宗教会议、讲座、讲习班、工作坊等不少有美国机构和学者的参与，中美联合宗教研究计划近年来也有所发展，这些都在较大程度上推动了国内开展较晚的宗教学研究，缩短了与国际学术的差距，提高了国内高校和相关研究机构国际宗教对话的能力，甚至在某些领域如基督教在华高等教育史研究领域改变了国内外学术力量的对比，实现了“中国基督教大学史学研究上的中国化”，或者说

---

① 《标杆人生》（*The Purpose Driven Life*）在中国大陆有三个版本，即中国基督教三自会版、上海三联书店 2006 年版（PC 翻译组译，原译者杨高俐理）以及上海三联书店 2008 年中英文对照版。其中后两个版本经多次印刷，印量超过 27 万册（数据根据对该书三联书店版编辑的访谈）。

② 杨高俐理译：《直奔标杆》（*The Purpose Driven Church*），上海三联书店，2010 年版。

③ 傅湘雯译：《华理克读经法》，上海三联书店，2011 年版。

④ 该宗教系列丛书的作者是美国基督教福音派作家蒂姆·莱希（Tim LaHaye）和杰里·詹金斯（Jerry B. Jenkins）。共 15 部的《末世迷踪》的头三部（《末世迷踪》、《颠覆之神》、《混世魔王》）的中文版由工人出版社于 2001 年出版，2006 年中央编译出版社开始另出《末世迷踪》新版，目前已出第 4 部《夺灵大战》。此外蒂姆·莱希（Tim LaHaye）的灵修学名著《属灵的气质》也由香港天道出版社于 1981 年出版（邝保罗译）。中央人民广播电台文艺之声根据“末世迷踪”系列改编的同名广播剧也于 2007 年元月播出。

促使在华教会大会研究进入了以中国学者为主的第三阶段。[①]目前国内重点高校的宗教研究水准渐次攀升，在课程、研究项目和其他学术活动的数量上与美国私立综合性大学相比甚至有过之而无不及，当然更超过美国吃皇粮的州立大学。这在某种程度上意味着在全球宗教复兴的时代，中国高校和相关研究机构具有相当的前瞻性和适应性，并且具有为中国对外战略提供学术支撑的潜力。与此同时，宗教学术交流也为中美在宗教领域的互相深度认知提供了较可信和畅通的管道。

宗教团体互访：尽管此前中美宗教团体已有各种形式的互访，但 1997 年 11 月 2 日江泽民主席在访美期间会见葛培理牧师以及由克林顿总统遴选、江泽民主席邀请的，分别代表新教、天主教和犹太教的三位美国宗教界领袖唐·阿格（Don Argue，美国全国福音派协会主席）、西奥多·麦卡里克（Theodore E. McCarrick，美国天主教纽瓦克教区大主教）和阿瑟·施奈尔（Arthur Schneier，美国良知基金会主席）在 1998 年 2 月对中国进行的访问则更受两国媒体以及政府的关注，并且在某种程度上使两国宗教界人士的接触和互访常态化，并且使此类互访带有某种旨在“加深美国与中国关于宗教政策和宗教实践的对话”的准官方色彩。此后中美宗教界的高层互访络

① Jessie G. Lutz, “The Signification of Historiography of the China Christian Colleges,” in Peter Chen-main Wang, ed., *Contextualization of Christianity in China, An Evaluation in Modern Perspective* (Sankt Augustin, Germany: Institute of Monumenta Serica, 2007), pp. 119 – 149. General Introduction, in Daniel H. Bays and Ellen Widmer, eds., *China's Christian Colleges: Transpacific Connections, 1900 – 1950* (California: Stanford University Press, 2009).

绎不绝，如美国基督教福音派领袖先后访华的就有葛培理[①]、帕特·罗伯逊（Pat Robertson，著名福音派布道家、美国基督教广播网董事会主席）、华理克（著名福音派牧师，美国马鞍峰教会主任牧师）、路易斯·帕劳（Luis Palau，著名福音派布道家、美国路易斯帕劳联合会主席）[②] 等。这些著名基督教人士的多次访华都伴随着紧凑的宗教和其他领域的交流活动，如2000年华理克第二次访华时就在北京举办了“标杆教会”培训班。[③] 而中国基督教两会多次组团或随团访美，[④] 参加包

① 葛培理夫妇在1988年就曾访华。

② 帕劳与中国国务院前新闻办公室主任赵启正还合著《江边对话——一位无神论者和一位基督徒的友好交流》（*Riverside talks: a friendly dialogue between an atheist and a Christian*）一书，该书中、英文版均由新世界出版社于2006年出版。

③ 余国良编著：《拆毁了中间隔断的墙——中美基督教交流十五年回顾与思考》，宗教文化出版社，2007年版，第12－13页。

④ 1990年以来中国基督教两会组织或参与的访美活动主要有：中国基督教访美代表团（1999年）、中国神学院访美代表团（1995年）、中国国务院宗教事务局访美代表团（1997年）、中国国务院宗教事务局访美代表团（1998年）、中国基督教两会访美代表团（第一届中国教会事工研讨会，1999年）、中国基督教两会访美代表团（第三届中国教会事工研讨会，2000年）、中国宗教领袖代表团访美并出席宗教领袖千年大会（2000年）、中国基督教两会访美代表团（第二届中国教会事工研讨会，2001年）、研讨宗教自由访美代表团（2001年）、中国基督教两会访美代表团（第四届中国教会事工研讨会，2002年）、中国神学院访美暑期英语班（2002年）、中国基督教两会访美代表团（第五届中国教会事工研讨会，2003年）、中国基督教两会访美代表团（第六届中国教会事工研讨会，2004年）、中国基督教两会访美代表团（第七届中国教会事工研讨会，2005年）、中国神学院访美英语培训班（2005年）、中国基督教两会“中国教会圣经事工展”访美代表团（2006年）、中国浙江省宗教事务访美代表团（2006年）、中国基督教两会访美代表团（第八届中国神学教育事工研讨会，2007年）、中国中青年宗教

括年度中国教会事工研讨会在内的各种活动，2006 年在美国三所城市（洛杉矶、亚特兰大、纽约）举办“中国教会圣经事工展”，[①]2011 年 9 - 11 月在美国四所城市（华盛顿特区、芝加哥、达拉斯、夏洛特）再次举办“中国教会圣经事工展”，并且与中华宗教文化交流协会以及葛培理布道团（the Billy Graham Evangelistic Association）合作，于 2011 年 9 月 26 - 27 日在华盛顿特区著名的五月花大饭店联合举办了首次由中美双方基督教各界领袖以及少数政界和学界人士参加的“中美基督教领袖论坛”。[②]这些互访的作用之一，就是使中国各大宗教团体对外更加开放，为全球化时代中美宗教界尤其是基督教界在包括慈善救济、社会服务、事工培训、神学教育等

（接上页）领袖代表团访美（2008 年）、中国宗教领袖代表团访美（2008 年）、中国基督教全国两会代表团访美（2010 年）以及中国基督教代表团访美（2011 年）等。上述访问活动情况 2007 年前主要参照上引《拆毁了中间隔断的墙——中美基督教交流十五年回顾与思考》第 26 页所载“中国基督教两会与宗教界人士访美团与在美国举行的历届中国教会事工研讨会”一览；2008 年后情况可参见中国基督教两会网站以及《基督日报》网站等。

① 担任“中国教会圣经事工展”顾问的有 60 余人，其中包括任最高荣誉顾问的美国前总统吉米·卡特（Jimmy Carter）和葛培理夫人钟路得（Ruth Bell Graham）。可参见曹圣洁：《中国基督教对外交往的硕果——在基督教全国两会纪念改革开放三十周年座谈会上的发言》，见 http：//www. ccctspm. org/quanguoliang-hui/zhongyaowenjian_ jianghua_ 5. html（2011 年 1 月 11 日浏览）。

② 笔者应中国基督教两会邀请，作为中国基督教访美代表团成员参加了这次“中美基督教领袖论坛”以及第二届“中国教会圣经事工展”的开幕式，并随后访问了美国一些城市的教会机构和神学院校。有关观感可参见单渭祥：《访美归来的期盼——专访复旦大学美国研究中心教授徐以骅》，第 49 - 51 页；另参阅：顾梦飞、孙琪：“在大洋彼岸的成功交流——记中美基督教领袖论坛和中国圣经事工展开幕式，”《天风》，2011 年第 11 期，第 22 - 24 页。

多个领域的交流合作的基层化和常态化铺平了道路，并且使宗教成为促进一般中美交流的渠道和中国社会建设的资源。在这一交流过程中，不少美国宗教机构，如良知基金会（the Appeal of Conscience Foundation）[①]、葛培理布道团以及主要由旅美华裔组成的基督教人士交流协进会（Christian Leadership Exchange）[②] 和中国布道会（Evangelize China Fellowship）等，起了牵线搭桥的作用。中国基督教会近年来开展与美国基督教福音派教会、“主流”教会和华人教会的全方位交流，扩大了与美国基督教基层教会以及基督教学术界的接触面，[③] 展现了基督教会作为中美民间交流载体的活力。

宗教非政府组织：尽管美国教会被禁止在华传教，但一些

① 良知基金会1965年由阿瑟·施奈尔拉比创建，是企业和宗教领袖的跨信仰联盟，该联盟在世界范围促进和平、宽容和解决种族冲突。见该组织网站：http：//www. appealofconscience. org/about-us. cfm。

② 基督教人士交流协进会1992年由美国华裔基督教领袖和牧师余国良、彭永宁、黎彼得等人创建，旨在推动基督教领袖的中外交流。可参见上引《拆毁了中间隔断的墙——中美基督教交流十五年回顾与思考》以及该组织网站：http：//www. ChristianityinChina. org。

③ 据《天风》2010年第5期《刊中新闻》栏目的报道，仅2011年3月间中美基督教界的交流就包括：2010年3月17日，美国富勒神学院毛瑞琪（Richard Mouw）院长首次率领代表团14位成员访问上海基督教两会；美国归正宗教会访问团一行3人于2010年3月19—21日访问厦门市基督教会；2010年3月20—21日美国路易斯柏劳联合会主席路易斯·帕劳牧师夫妇和同工以及美国芝加哥基督教沙龙浸信会主任牧师米克斯及弟兄姊妹一行60余人访问杭州基督教崇一堂；2010月3月24日上海市基督教两会邀请美国富勒神学院心理学教授杜克（Alvin Dueck）博士携夫人及该院在读博士生来沪举办心理学讲座并进行交流活动。以上新闻参阅该期第34－36页。

宗教非政府组织则获准在中国大陆开展活动，其中包括在宗教领域的活动，如美国东门国际获得中国政府和全国基督教三自会的批准，在中国边远贫困地区派发中国出版的《圣经》等。① 一些大型的宗教组织如世界宣明会、安泽国际（中国）救援协会、美国公谊服务会、美国人类家园国际机构、美国国际小母牛项目组织、美国浩德中国儿童服务中心等亦获准在北京设立办事处，或与中国机构合作在中国内地开展扶贫、救援、环保、发展等项目。参与 2008 年四川汶川地震救援活动的就有一些美国以信仰为基础的组织，如由葛福临（Franklin Graham）主持的撒马利亚救援会等。葛福临牧师本人在 2008 年 5 月 5 日—16 日访华期间曾专门为汶川地震灾区祷告并捐款人民币 200 万元，此后不久（5 月 24 日）还租用波音 747 飞机把价值 100 万美元的救灾物资运往四川灾区，这是当时在政府渠道之外运送救灾物资到四川灾区的首架国外民间包机。② 宗教非政府组织和由美国侨民组成的国际教会目前代表着美国宗教在中国大陆的主要的机构性存在。

非政府组织作为当前国际关系的“第三者”和“新组合”，代表着现行国际关系的“权势转移”。尽管非政府组织不具备民族国家所享有的传统合法性资源，但它们可通过诉诸

---

① 东门国际情况除其官网外，还可见 *East Gates Connection*：*Seeing Beyong the Impossible*（15th Anniversary Issue，2005）；*East Gates International*：*Seeing Beyong the Impossible*（20th Anniversary Issue，2010）。

② “葛福临牧师来访期间为汶川地震灾区祷告、捐款，”《天风》，2008 年第 11 期；“国际布道家葛福林牧师为四川地震灾区捐款 200 万元人民币，”《福音时报》，2008 年 5 月 15 日，http：//www. gospeltimes. cn/news/2008_05_15/2426. htm，另参见当时新华社和中央电视台的有关报道。

经济制裁以及“人道主义干预”等手段来实现其主张,[①] 甚至具有“为达目的不择手段”的倾向，其国际作用通常颇受争议。[②] 但在我国，由于“强国弱宗教”的社会政治结构和政府的严格监控，国际宗教非政府组织在我国基本上被“福利化”，即被纳入福利慈善事业的轨道，因此对所在社区具有较高的适应性。

传教新手段：由于政府法规的限制，我国显然已不再是传统西方差会以及新兴东方差会的主要派遣地,[③] 尽管中国作为世界上“未得之民”最多的国家，处于世界性基督教传教运动的所谓重点地区，即“北纬 10/40 之窗”。事实上目前国际基督教差会对该地区的人力投入并不多，被批做表面文章。[④]

---

① Laurence Jarvik, “NGOs: A ‘New Class’ in International Relations,” *Orbis*, vol. 51, no. 2, Spring 2007, p. 217.

② 徐以骅：“宗教与冷战后美国外交政策——以美国宗教团体的‘苏丹运动’为例,”《中国社会科学》(2011 年第 5 期)，第 199 - 218 页。

③ 如目前美国每周做礼拜信徒人数超过 2000 人的巨型教会的 10 大传教地就依次为：墨西哥、危地马拉、洪都拉斯、多米尼加共和国、尼加拉瓜、巴西、南非、肯尼亚、乌干达和海地。Robert J. Priest, Douglas Wilson, and Adelle Johnson, “U. S. Magachurches and New Patterns of Global Mission,” *International Bulletin of Missionary Research*, vol. 34, no. 2, April 2010, p. 98.

④ 舆论批评国际基督教对所谓“北纬 10/40 之窗”地区“未得之民”的人力投入不到派遣传教士总数的 10%。最近有资料表明美国 2001—2008 年间派遣到“北纬 10/40 之窗”地区的美国籍全职传教士也只占美国籍全职传教士的 20.9% (2001 年)、21.1% (2005 年) 和 21.6% (2008 年)。不过加上美国差会系统的非美国籍传教士，该比例便大大提高，2008 年占美国所有全职传教士人数的 42.6%。可参见 A. Scott Moreau, “A Current Snapshot of North American Protestant Missions,” *International Bulletin of Missionary Research*, vol. 35, no. 1, Jan. 2011, pp. 13 - 14。

然而，短宣队、宗教旅游者、宗教互联网等仍为美国基督教会提供了另类的传教方式。照美国联合卫理公会的著名牧师迈克尔·斯劳特（Michael Slaughter）的话来说：“电子媒体之于21世纪的宗教改革有如谷登堡的活字印刷之于16和17世纪的宗教改革。”[①] 网络“世界性”与宗教“普世性”的契合，使网络宗教具有比以往任何传教方式更有力的穿越疆域国界的能力。由于互联网和其他现代通讯方式的发展，传统基督教差会属地化的“在华传教”已经被跨国境的“对华传教”所取代，并且“以华传华”的新传教策略也开始改变“西教东传”的形象。网络宗教的开放性、虚拟性、跨国性和渗透性也使我国现行的把宗教活动和出版物限于有形空间和实体形式的大部分宗教法律/法规处于滞后状态，并且对我国政府的宗教以及网络管理工作形成挑战。[②]

宗教调查：中美宗教互动或合作的另一领域是关于中国宗教调查问题。近年来关于中国宗教尤其是基督宗教的调查层出不穷。国内有当代中国人精神生活研究、[③] 三省二市基督教调查、中国基督教入户问卷调查等；[④] 美国则有2005和2006年

---

① 引自 Norman E. Thomas, “Radical Mission in a Post－9/11 World: Creative Dissonances,” *International Bulletin of Missionary Research*, Jan. 2005, p. 4。

② 徐以骅：“当代国际传教运动研究的新趋势”，徐以骅：《中国基督教教育史论》，广西师大出版社，2010年版，第269－271页。

③ 童世骏等著：《当代中国人精神生活研究》，经济科学出版社，2009年版，第五章。

④ 中国社会科学院世界宗教研究所课题组：《中国基督教入户问卷调查报告》；金泽、邱永辉主编：《宗教蓝皮书：中国宗教报告（2010）》，社会科学文献出版社，2010年版。

皮尤全球态度项目中国基督教调查以及2007年美国百人会中国基督教调查、[①] 2008年美国贝勒大学中国宗教调查、2010年美国普渡大学中国基督教调查（这些调查均委托中国零点咨询公司进行）等。这些调查不是由中国学者主持就是由中国民调机构参与，实际上缩小了两国学界对中国宗教的“统计差距”和“方法论差距”，推翻了长期以来国外尤其是美国一些关于中国基督教的不实之词。事实上宗教调查也成为中美关系中的一个涉教因素。

与其他领域的民意调查相比，美国的宗教民调发展较迟，美国机构进行的跨国宗教民调也相对滞后，原因之一就是西方的宗教概念在他国“水土不服”，故跨国宗教民调被认为不及跨国价值观调查有效。美国的宗教民调有政治性，如常被用来为政治选举服务，但却无意识形态性。而在中国由于宗教民调有可能被曲解为意识形态问题，因此需要有在该领域支持我国话语权的权威调查，上述国内宗教调查便代表了这一努力方向。

宗教反恐：尽管后传教时代的中美宗教互动不限于政府间交往，但此种官方接触却往往成为直接影响双边关系的要素。反对暴力性宗教极端和恐怖主义无疑是中美之间最重要的涉教问题之一。中美两国都受到（宗教）国际恐怖主义的威胁，但美国是世界范围（宗教）恐怖主义的最大受害者之一，宗教恐怖主义被美国政府列为对其国家安全最大的威胁之一，而中国则是世界上最不可能在宗教领域对美国国家安

---

① 对此三次宗教调查的归纳可参见 Brian J. Grim, “Religion in China on the Eve of the 2008 Beijing Olympics,” http://perforum.org/does/? DocID = 301 (Feb. 15, 2009)。

全造成危害或提出挑战的国家之一。在“后‘9·11’时代”，反恐已成为美国政府划定敌我的主要标准，反恐在某种程度上促进了中美接近及合作，美国还将“东伊运”恐怖组织列为制裁对象，并曾打击藏匿于巴基斯坦的“东突”分子，因此在国家安全层面反宗教极端和恐怖主义已成为两国的利益共同点。在客观上，“9·11”事件后的反恐战争拖延了美国“重返亚洲”的时间表，并且在某种程度上为中国的和平发展赢得了战略机遇期。在另一方面，由于美国政府借“反恐”之名在全球尤其在战略和资源要地重新部署军事力量，并且在针对涉华恐怖主义的问题上实行双重标准，这当然也引起我国政府的关注和反对。因此宗教反恐无疑是中美关系中既合作又冲突的领域。

“宗教自由”问题：所谓宗教自由问题是中美关系中最敏感的问题之一。目前该问题已频繁出现在中美议程甚至峰会上，尤其在把宗教视为美国外交政策“指导原则”的小布什总统任期；而所谓中国因素在美国“1998 年国际宗教自由法”通过的过程中也十分明显，中国被根据该法成立的美国国务院宗教自由办公室以及跨党派半政府的国际宗教自由委员会无端指责为严重侵犯宗教自由的国家，在所谓宗教自由领域成为美国的“特别关注国”以及该法的主要制裁对象。美国主要基督教右翼组织“家庭研究会”的领导人加里·鲍尔（Gary Bauer）甚至称“无神的”共产党中国“在美国外交政策来看是一无是处的国家”。[①]

① Christopher Marsh, “Kings of the East, American Evangelists and U.S. China Policy,” *The National Interest*, Fall 2005, p. 96.

长期以来美国的一些私人和政府机构一直在对我国的宗教状况说三道四，诬称我国为世界上宗教最不自由的国家之一，[①] 但现在此种情况已有所改变，如美国皮尤宗教与公共生活论坛2009年12月16日发布的对198个国家和地区在2006—2008年间的情况所作的研究报告。[②] 该研究报告的特点之一，就是把对宗教的限制分为政府限制（横轴）和社会限制（纵轴）两大类，在限制程度上又分为高度（严重）、非常高度（严重）、温和、低度等四个级别，就某些国家的宗教受限程度而言，可以出现政府较高度限制、社会较低度限制，或社会较高度限制、政府较低度限制等多种情形。报告指出，如果综合考量两类限制，世界上宗教最受限制的国家是沙特、巴基斯坦、印度、埃及、印度尼西亚和伊朗等国而非中国。该报告也承认，其局限性在于只是处理宗教受限的一面，而未计入“各国的宗教活力、多样性和表达的总体情况”。如考虑这些因素，按该报告的标准，中国的宗教情况当更为宽松。该研究报告所依据的是美国国务院、美国国

① 西方机构炮制的关于国际宗教自由和歧视的所谓科学数据可说是不胜枚举，可参见 Paul A. Marshall, ed., *Religious freedom in the world: a global report on freedom and persecution Religious Freedom in the World* (Nashville, Tenn.: Broadman & Holman Publishers, 2000)；“2002年宗教歧视的打分表”（Scores on Religious Discrimination for 2002), in Jonathan Fox, “Religious Discrimination: A World Survey,” *Journal of International Affaires*, *vol.* 61. *no.* 1 (Fall/Winter, 2007), pp. 66–67. 另参见“自由之家”（Freedom House）和“殉道者之声”（the Voice of the Martyrs）等组织的网站。

② 关于该72页的报告（The Pew Research Center's Forum on Religion & Public Life, “Global Restrictions on Religion,” 参见 http://pewforum.org/Government/Global-Restrictions-on-Religion.aspx?（Dec. 17, 2009）。

际宗教自由委员会、联合国宗教或信仰自由问题特别报告员、欧盟理事会、英国外交部、人权观察、国际危机集团、赫德逊研究所和大赦国际等西方组织机构提供的资料，其公信力受到影响。此外，该研究报告虽表明西方主流学界对非西方国家宗教状况的认识有所深化，比如从国家和社会两个层面来看待所谓宗教自由问题，但并未深究两者之间的关系。其实在现实社会中很难同时出现政府高度限制而社会低度限制宗教的状况。此类横向性报告当然也就更不能反映改革开放以来中国宗教状况的历史性进步。

西藏问题无疑是中美结构性冲突的焦点问题之一。西藏问题完全是中国的内政问题，但美国国内始终有人将其曲解为所谓“宗教自由问题”。美国政府的涉藏政策也具有相当大的政治盘算和工具性，在冷战期间美国政府就曾前后两度“抛弃”达赖集团，使之陷于“冷战孤儿”的境地。[①] 事实上西藏流亡政府所奉行的神权政治式的政教关系模式即使在美国也无法持久，也根本无从产生美国所标榜的“宗教自由”。

三、宗教与当前中美关系

目前，宗教对美国外交政策的影响仍受到各种传统因素的制约，如受美国政教分离的传统、美国外交建制的现实主义传统、亲企业的共和党传统、宗教团体内部纷争的传统以及国内

① 见 John Kenneth Knaus, *Orphans of the Cold War: America and the Tibetan Struggle for Survival* (New York: Public Affairs, 1999)。

外环境因素的制约等。一般来说，正常国家的国家利益都是多元的，并且均试图对与之相关的外交政策的多种目标统筹兼顾，以取得某种政策平衡，美国自然也不能例外。不过在如对外战争、恐怖主义威胁以及经济危机等特殊情况下，包括美国在内的任何国家都会对其对外政策目标作出相应调整，某种政策目标如国家安全或经济复苏，则可能取得压倒一切的地位。由于国内外重大事件尤其是对外战争的频仍，纵观 20 世纪的美国外交，其政策目标在大部分时间里均处于不平衡的状态，[①] 安全和地缘政治目标往往成为首要目标，这在冷战期间尤为明显。

冷战结束以来，尽管宗教作为对外政策的因素地位有所上升，而且与战争和反恐等目标多有关联，但美国在阿富汗和伊拉克的三场战争以及由美国领导的国际反恐运动，已使美国在顾及宗教目标时力不从心。与此同时，在双边关系上，目前美国对外政策中的宗教目标也不是通行无阻的，亦需受到地缘政治、经济、军事以及其他“人权问题”等多种利益的平衡，比如在处于全球性和本国经济危机的情况下，民主党奥巴马政府即使有意在宗教问题上对中国继续施压，但鉴于中美经济“同舟共济”或“互相确保的发展”关系，不可能像小布什政府所宣称的那样，要把宗教议题经营为中美关系的某种前提。[②] 对美国政治、外交中“宗教话语”的忽冷忽热，普林斯

① H. W. Brands, “Idea of the National Interest,” *Diplomatic History*, vol. 23, no. 2 (Spring 1999), pp. 239 – 261.

② 关于美国对华宗教政策，可参见徐以骅：“宗教在当前美国政治与外交中的影响，”《国际问题研究》，2009 年第 2 期，第 38 页。

顿大学的美国宗教史学者约翰·F. 威尔逊（John F. Wilson）曾这样评论说："运用宗教语言和概念来阐述国家政治行动的可能性一直存在于整部美国历史。当美国人的认同和使命看来受到威胁时，宗教措辞就会被用来解释战争之根本目的。在另一方面，当这样的挑战似乎减弱甚或不复存在时，宗教的此种职能便云消雾散。"①

就对华政策而言，目前美国朝野已形成两个比较明显的共识或意见一致：一种共识可称为"价值观共识"，即两党共同推进所谓海外宗教自由。在目前美国宗教的基本面以及宗教影响美国外交的现行机制未发生重大变化的情况下，无论是共和党还是民主党当政，美国在所谓宗教自由议题上对华施压会减少小布什政府时期的个人色彩但不会发生根本性改变。事实上，民主党奥巴马政府的上台加强了目前国会已经形成的贸易保护主义与宗教人权联合体，这使中国在宗教人权和经贸问题上受到来自美国政府的双重压力，其中经贸问题将更为突出，这一点与其内部有足够强大的企业利益来平衡其宗教利益的共和党政府会有所不同；另一种可称为"中国问题共识"，即基于美国国家利益和中国当前国际地位、把美中关系视为当前美国最重要的双边关系之一的两党共识以及此种共识的日益机制化，尽管此种中美关系两党共识通常采取在野与在朝前后不一的方式。就上述两种共识而言，在一般情况下，后者即中美关系两党共识对前者即所谓宗教自由两党共识形成牵制，使之成为中美关系中的搅局而

① John F. Wilson, Fudan University lecture Series on Religion in Contemporary America (April 2007), chapter 8, p. 97, to be published.

非决定性因素，但在特殊情况下，宗教团体通过诉诸被美国社会普遍接受的价值观并结成广泛的政治联盟，仍可能在某种程度上改变中美关系的现状并且对美国对华政策的某些方面产生有效和实质性的影响。①

在对宗教与国家利益和对外政策的关系问题上，中美两国实际上均具有若干通常以相互冲突和牵制的方式表现出来的认知和实践。这些认知和实践主要表现在以下领域：

国家安全：全球宗教复兴对美国的挑战大于对中国的挑战。由于宗教在美国历史上所扮演的“身份赋予者”角色以及美国政教分离的传统，宗教认同不被认为具有威胁性，或宗教归属不直接挑战现有的权力结构，曾经是美国社会生活的一个主要特点。② 然而从 20 世纪 90 年代以来尤其是“9·11”事件以来，宗教问题尤其是国际宗教问题在美国已上升为国家安全或“国土安全”问题，推进所谓“民主和宗教自由”从“道义目标变为国家安全目标”，③ 成为国家安全战略的主要考量之一，朝野均有人将宗教问题与传统安全问题等量齐观，④

---

① 徐以骅：“宗教在当前美国政治与外交中的影响，”《国际问题研究》，2009 年第 2 期，第 38 页。

② John F. Wilson, Fudan University lecture Series on Religion in Contemporary America (April 2007), chapter 8, p. 97, chapter 5, p. 62.

③ Peter Waldman, “Evangelicals give U. S. foreign policy an activist tings,” *Wall Street Journal*, May 26, 2004.

④ 徐以骅：“宗教与当前美国外交，”徐以骅、秦倩、范丽珠主编：《宗教与美国社会——宗教非政府组织》（第 5 辑），时事出版社，2008 年版，第 495－497 页。

甚至直言“美国国家安全的中心议题是伊斯兰恐怖主义”。[①] 而在中国，宗教问题向来被视为安全问题，事实上安全与统战构成新中国成立60多年来我国宗教政策的两条主线。[②] 不过近年来宗教问题在中国越来越以非传统安全的形式表现出来。两国在某种程度上均诉诸安全化手段来处理宗教问题，尤其在反恐问题上。

国家利益：中美两国均认为宗教事关国家利益，尽管路径不同。美国向来认为宗教关系到美国国家的发展方向甚至是美国的“国魂”，[③] 现在则把推进所谓国际宗教自由作为维护美国国家利益的重要途径；而我国政府也一贯要求宗教与社会主义社会相适应，目前还把宗教关系视为当前国家需要正确协调

① Thomas F. Farr, “Diplomacy in an Age of Faith, Religious Freedom and National Security,” in *Foreign Affairs* (March/April 2008), pp. 111, 112. 另参见 Thomas F. Farr, *World of Faith and Freedom: Why International Religious Liberty Is Vital to American National Security* (New York: Oxford University Press, 2008), p. 35。在该书中托马斯·F. 法尔再次表示“跨国伊斯兰恐怖主义的致命威胁造成了美国国家安全最重要的时刻”。

② 徐以骅、刘骞：“安全与统战——新中国宗教政策的双重解读，”《世界宗教研究》，2011年第6期，第1-8页。

③ 类似说法很多，用美国著名宗教社会学家罗伯特·N. 贝拉的话来说，美国是“上帝的国度之观念”甚至“至今未衰”。见 Robert N. Bellah, Phillip E. Hammond, *Varieties of Civil Religion* (New York: Happer & Row, 1980), p. xiii。美国著名宗教史学家西德尼·E. 米德（Sydney E. Mead）曾引用20世纪初美国著名作家和神学家 G. K. 切斯特顿（G. K. Chesterton）关于美国是“有教会魂之国”的论断作为其关于美国宗教论文及专著的标题。可参见 Sydney E. Mead, “The Nation with the Soul of a Church,” in *Church History*, vol. 36, no. 3 (September 1967), pp. 262-283; Sydney E. Mead, *The Nation with the Soul of a Church* (New York: Harper & Row, 1975)。

和处理的五大关系之一。由于改革开放以来我国国家利益的多元化，处理好宗教问题亦成为促进国家统一、促进经济和社会发展以及提升国家形象的要素。然而宗教因涉及到两国国家利益的若干底线，因此成为中美关系中较缺乏弹性的领域。

人权位序：宗教自由是美国政治的“图腾”，宗教自由在美国被视为“第一自由”，是美国人权考量中的“重中之重”，这不仅因为宗教自由在美国历史上的重要地位，而且宗教自由是“宪法第一修正案”的主要内容；① 而在中国，宪法保护包括宗教自由在内的各种人权，但鉴于我国社会的发展水平以及社会需求的轻重缓急，目前我国政府把解决民生问题看做是实现最基本人权的手段。由此可见，中美两国的人权位序具有差异但可调节，尤其是随着中国社会发展程度的提高，此种位序差异势必缩小。美国有人把在人权问题上的这种位序差异说成是原则之争，在保护宗教自由问题上把中美政府曲解为对立的双方，这显然不符事实。

独特性：“独特性”是普世情结，各国概莫能外。就美国而言，从殖民地时代起，那种认为美利坚民族是“上帝选民族”的清教理念就逐步发展为“山上的城”和“奉差旷野”这一静一动两个早期美国最显著的形象，并通过从基督教“千禧年论”到“世俗千禧年论”的转换而构成后来的美国

① ［美］艾伦·D. 赫茨克、凯文·R. 邓达克：“‘第一自由’与美国政教关系，”徐以骅主编：《宗教与美国社会——宗教与国际关系》（第4辑（下）），第526－556页。实际上关于宗教自由的宪法修正案作为权利法案的第一修正案纯属偶然，因涉及国会开会时间及议员薪俸的头两项修正案未获通过，它才成为最早获批准的宪法修正案。

“例外论”、民族主义和单边主义的主要来源。用著名宗教社会学家 N. J. 德马拉斯三世（N. J. Demerath III）的话来说，“美国宗教是长期以来使美国有别于其他国家的洋洋自得的例外论的一个主要组成部分”。[①] 美国“例外论”实际上是外向型的，通常是透过所谓普世主义或霸权主义来加以表达的，即认为美国价值观具有普世性和超越性，具体到人权领域即是用美国标准来诠释甚至取代国际准则。作为发展中国家，我国亦强调国情差异，认为西方价值观不适合中国国情，更反对西方将其价值观强加给他国，并利用所谓人权和宗教自由议题干涉他国内政。然而中国的“特殊国情论”是内敛型的，通常是透过某种反霸权主义和反干涉主义来加以表达的。因此两国对本国特殊性的强调又演化为霸权主义和反霸权主义、干涉主义与反干涉主义之争，从而加剧了中美在宗教、人权等领域的冲突。

外交建制：传统外交建制或政府部门对宗教的忽视是除少数“以信仰为基础的国家”外东西方各国普遍存在的现象。受启蒙主义和世俗现实主义的影响，各国在不同程度上都信奉某种“外交唯物主义”，将外交政策实体化。冷战结束尤其是“9·11”事件以来美国最高决策层尽管发生“宗教觉醒”，并在基督教福音派的鼓动和压力下试图在其外交政策中塞入某种宗教议程，但在被批患有“避教综合症”的传统外交建制内遭遇较大阻力，所谓推进国际宗教自由在美国国务院中亦被“矮化”和“部门化”，仍偏离美国外交实践的“主流”。因

① N. J. Demerath III, “Excepting Exceptionalism: American Religion in Comparative Relief,” *Annals*, *Aapss*, 558 (July 1998), p. 28.

此照批评者来看，美国的所谓国际宗教自由政策“并未与美国的民主计划、公共外交、反恐怖主义或者多边外交和国际法结合起来”,[①] 美国外交政策还存在着需要加以消弭的“宗教赤字”和“宗教差距”。[②] 我国政府及其有关宗教管理部门亦需设有应对国际宗教问题的相应建制，以对全球宗教复兴、国际关系的“宗教回归”以及具有宗教因素甚至由宗教驱动的世界性事务作出更充分的回应。

我国领导人指出，中美两国的共同利益要大于相互分歧，和则两利，斗则俱伤。因此加强对话和沟通，增进战略互信，尊重彼此对发展道路的选择以及妥善处理彼此的重大关切，是处理两国矛盾和分歧的基本原则。中美关系是不断发展的动态关系，两国的合作不会停留在现有领域，而将不断深入新的领域并探索双方新的利益交汇点，即使在一些通常并认为是两国关系的“问题”或“结构性分歧”领域，加强交流和互动以及管控冲突和分歧对促进中美关系也具有积极作用。中国前国家宗教事务局局长叶小文早已指出，“中美应进行更直接的宗教交流，以消除彼此间的误解”[③]。“后传教时代”的中美宗教

① Thomas F. Farr and Dennis R. Hoover, *The Future of U. S. International Religious Freedom Policy*: *Recommendations for the Obama Administration* (Washington: 2009).

② Thomas F. Farr, *World of Faith and Freedom*: *Why International Religious Liberty Is Vital to American National Security* (New York: Oxford University Press, 2008)；徐以骅：“宗教与当前美国政治，”徐以骅等主编：《宗教与美国社会——宗教非政府组织》(第5辑)，时事出版社，2008年版，第512－520页。

③ 叶鹏飞：“中国国家宗教事务局局长叶小文：中美应进行更直接宗教交流”,《联合早报》，2006年5月22日，第6页。

互动不仅有助于“把中国宗教的真实情况告诉美国人民”,[①] 而且也有助于把中国宗教的真实情况展现给美国人民,[②] 拓宽双方民意沟通的渠道，缩短两国在宗教问题上的认知差距，减少横亘在两国之间的消极宗教因素，同样有可能成为中美增强互信的领域。

---

① 《叶小文答问录：把中国宗教的真实情况告诉美国人民》，宗教文化出版社，1999 年版。

② 事实上，1997 年 11 月 2 月江泽民主席在洛杉矶会见葛培理牧师时就引用了“百闻不如一见”的“古语”，并欢迎葛培理牧师经常来中国访问，看看在中国所发生的变化。见“江泽民会见葛培理牧师，”《人民日报》1997 年 11 月 4 日第 6 版。国家宗教事务局局长叶小文在《把中国宗教的真实情况告诉美国人民》一书中也多次提到欢迎美国以及国际人士到中国“走一走，看一看”，实地了解中国宗教的真实情况，并引用了“百闻不如一见”的谚语，表示“宗教应成为（中美——引者加）两国人民联系的纽带、沟通的桥梁和友好的使者”。可见该书第 18、103、183、219、251 等页。

从基督教社会活动家到国务活动家*

——贺川丰彦与美国影响下的战后世界

• 陶 波

[内容提要] 贺川丰彦（1888—1960 年）是 20 世纪日本最著名的基督教领袖人物之一，在国际社会享有盛誉，被称为“日本的甘地”和“日本的史怀哲”。面对日本战后复兴和重返国际社会的困难局面，贺川利用其基督教社会活动家和民间组织代表的身份，试图影响其他国家的决策者、民众和社会舆论，以纠正日本过于依靠美国的外交偏向，并积极推动国际合作与世界和平运动。本文试图从这一角度出

* 笔者在《基督教学术》第 9 辑（上海三联书店，2011 年）上已发表过关于贺川丰彦在太平洋战争时期的研究论文，题为《贺川丰彦与罗斯福总统——一位日本基督教领袖的对美和平工作》。本文的考察范围以贺川在战后的活动为主，并适当追溯其早年的思想信仰以及在战前从事的主要社会活动。

发，利用日文和英文的第一手史料，探讨贺川作为一代基督教领袖在日本战后重建以及重返国际社会的过程中所起的作用。

引　言

贺川丰彦（1888—1960年）为20世纪日本的著名基督教布道家、社会活动家和民间外交家。他以在神户贫民窟的宣教工作为开端，在日本国内先后发起规模最大的劳工运动、农民运动以及合作社运动等，并大力推广他基于基督教信仰的友爱思想及和平思想。与此同时，他还经常应邀去海外布道，因此在国际社会享有盛誉，被称为“日本的甘地”、“日本的史怀哲”。他在战后更是声名鹊起，于1947年和1948年两次获得诺贝尔文学奖提名，又先后于1954年、1955年和1956年三次获得诺贝尔和平奖提名。

面对日本战后复兴和重返国际社会的艰难课题，贺川利用其基督教社会活动家身份，与外国政要接触，并作为民间组织的代表，积极推动了国际合作与世界和平运动。这一时期的日本政治和社会生活都与美国密切相关。战后初期的日本被置于盟军占领之下，受到了由美国主导的长达7年的统治。日本于1951年签订旧金山和约和日美安保条约，恢复国家主权并与美国形成战略伙伴关系。但日美结盟也给冷战体制下的日本带来了负面影响，包括加入联合国和领土纠纷等问题。通过他的民间外交以及和平活动，贺川试图影响其他国家的决策者、民众和社会舆论，以纠正日本过于依靠美国的外交偏向。

从这个意义上而言，贺川颇类似以穆德（1865—1955年）、舍伍德·艾迪（G. Sherwood Eddy，1871－1963年）[①]和莱因霍尔德·尼布尔（Reinhold Niebuhr，1892－1971年）[②]等人为代表的所谓“基督教国务活动家”（Christian statesman）。[③]这些基督教领导人利用他们的领袖身份，不但在宗教领域，而且对国际事务产生了一定的影响。相比之下，贺川战后的活动重点从国内社会活动转移到国际事务上，使其作为“基督教国务活动家”的作用更为突出。本文试图从这一角度出发，利用日文和英文的第一手史料，探讨贺川在日本战后重建以及重返国际社会的过程中所作的贡献。

一、早年的思想信仰和社会活动

（一）16岁接受美国长老会牧师的洗礼

贺川的信仰意识和价值观，后来影响了他参与的各种社会

---

① 艾迪为美国传教士，与穆德在基督教青年会（Young Men's Christian Association，简称YMCA）和学生志愿国外传教运动（Student Volunteer Movement，简称SVM）等组织中密切合作。作为YMCA的巡回布道者，他从1896年至1911年在印度、从1911年至1931年在亚洲各地从事学生的传教事业。

② 莱因霍尔德·尼布尔为20世纪美国著名的神学家、思想家，是基督教现实主义的奠基人。他所倡导的现实主义伦理学影响了一代神学家和政治家，后来更是成为冷战时期美国对外政策的哲学依据。

③ 徐以骅：《教育与宗教：作为传教媒介的圣约翰大学》，珠海出版社，1999年版，第276－279页。

活动，使他能够成为世界著名的基督教领袖。为了更深入地理解他的理念和实践，有必要首先回顾贺川的成长历程和教育背景。从某种程度上而言，贺川是他所生活的时代的产物——其思想和信仰得到日本传统文化（其中包括源自中国和印度的因素，如儒学和佛教）与西方基督教文化两方面的熏陶和滋养。

贺川可以说是日本从封建时代一跃而进入“近代”世界所经历的那种转型和动荡时期的产物。17 世纪中期，德川幕府实行“锁国”政策，取缔天主教的传教活动，只允许朝鲜和琉球的使节来访，以及荷兰东印度公司和中国民间商人从事对日贸易，禁止任何人到国外游历，连漂流国外的渔民也不许归国。但 200 年后，美国用“炮舰外交”打开日本国门，使日本人认识到他们不得不适应这种世界变局，否则就要被征服。[①] 于是，日本在 1868 年起实行明治维新，以“富国强兵”、“殖产兴业”和“文明开化”为目标迅速崛起，通过学习西方，跻身列强，摆脱了民族危机。

从 19 世纪 80 年代后期开始，明治政府效法德国的国家主义教育政策，改变了 19 世纪 70 年代注重自由和实用的教育方针。在森有礼、井上毅等[②]文部大臣的领导下，文部省

---

① ［美］罗伯特·施尔德根著，刘家峰、刘莉译：《贺川丰彦：爱与社会正义的圣徒》，天津人民出版社，2009 年版，第 7 页。

② 森有礼（1847—1889 年），出身萨摩藩武士，曾任驻英国和清国的公使，1885 年至 1889 年间出任日本第一任文部大臣。井上毅（1843—1895 年），出身熊本藩武士，1893 年至 1894 年担任文部大臣，在伊藤博文领导下负责起草《大日本帝国宪法》、《皇室典范》、《教育敕语》和《军人敕谕》等敕令。文部省为负责教育的最高行政机关。

建立了系统的教育制度，强化了对学校的指导，在公立学校引进军事训练，还试图通过德育课程培养学生的道德情操，包括忠孝观念。1890 年 10 月 30 日以天皇名义颁布的《教育敕语》虽有鼓励好学、友爱和守法的一面，但其基调是要求学生相信天皇传统的神圣性，并在发生战争的时候“义勇奉公”，为天皇献身。虽然不同官员在如何服务国家的问题上看法不尽相同，但《教育敕语》作为圣旨，有着至高无上的权威。在全国每一所学校里，写有《教育敕语》的卷轴被置放在天皇肖像一侧；凡是举行节庆仪式，[①] 校长都要对集会学生加以宣讲，而学生也必须学会背诵。[②] 这就是贺川出生和成长的时代。

贺川丰彦 1888 年 7 月 10 日生于神户。贺川的父亲纯一（幼名：传次郎）是个优秀的学生，曾参与过自由民权运动，后来开办了一家轮船运输公司，在事业上取得成功。但因为其正妻不能生育，纯一娶艺妓益荣为妾，益荣为他生了四男一女，贺川丰彦是其中第三个孩子。小时候的贺川受到父母的宠爱，但由于 4 岁时双亲去世，他被迫背井离乡到一个“没有爱的大房子”里与继母家一起生活，度过了忧郁的童年时代。家人把他提早送入当地小学，这对他而言是个天赐良机。为了逃离备受压抑的家庭环境，也出于对知识的渴求，书籍成了他

---

① 在典礼上，每个教师都要站到《教育敕语》前面行 90 度鞠躬的“最敬礼”。著名基督教思想家内村鉴三（1860—1930 年）因为于 1891 年 1 月 9 日在他当时所工作的东京第一高等中学的“教育敕语奉读仪式”上行“最敬礼”时有些踌躇而受到同事及学生的谴责，成为有名的“不敬事件”。

② ［美］安德鲁 · 戈登著，李朝津译：《日本的起起落落：从德川幕府到现在》，广西师范大学出版社，2008 年版，第 127－128 页、第 136－137 页。

一生的避难所。常常被村里孩子嘲笑为“妾之子”的贺川很多时候是独自一人，很容易哭泣和自悲。但正是因为孩提时代的这种经历，他对于别人的痛苦怀有异乎寻常的强烈同情。贺川后来对穷人和流浪者的极度同情，可以说是来源于这种早期的感受，以及他后来对“基督之爱”的发现。[①]

贺川与基督教的相遇改变了他一生的命运。贺川最早接触的宗教信仰是东方的，他 9 岁时在家附近的一个寺庙开始接受儒学和佛教的训练。这些理念引起了贺川的好奇心，但同时也让他更加困惑。因为就他所见到的周围的人，没有一个能真正实践儒教和佛教所提倡的人类美德。因此，他 12 岁时入读德岛中学，第一次接触外国基督徒——即梅雅斯（Harry W. Myers）和洛根（Charles A. Logan）两位博士——给他留下深刻的印象。梅雅斯和洛根都是来自美国南部的长老会传教士，当时在德岛开设圣经班，有一次听到贺川在课堂上用英语流畅地背诵了一则故事，马上喜欢上他，并邀请贺川去其家中，让梅雅斯太太（Grace F. Myers）和洛根太太（Patty Logan）予以盛情款待。[②] 这两位传教士的仁慈打动了贺川，让他感到《圣经》上的教导是能够在现实生活中实践的。在二人的感化下，贺川于 1904 年受洗入教，成为南长老会的基督徒。[③]

---

① ［美］罗伯特·施尔德根：《贺川丰彦》，第 8 – 11 页。

② 洛根的太太帕蒂是梅雅斯的姐姐，而当时四个人在德岛共同生活。参见林啓介『時代を超えた思想家—賀川豊彦』阿波銀行，2000 年，第 50 – 56 页。

③ ［美］罗伯特·施尔德根：《贺川丰彦》，第 13 页；刘莉：《贺川丰彦与二十世纪中国基督教思潮》，华中师范大学硕士论文，2008 年，第 8 页。

图1　青年时代的贺川

贺川的和平主义是从这时候就开始萌芽生根的。当时的教育方针强调爱国精神和军国主义，贺川所在的德岛中学也不例外。学生都要穿军服上学，行军和战争游戏等军事训练则成为正规课程的一部分。有一天，当学生们正拿着枪进行军事练习时，贺川扔下他的武器，宣布他是个和平主义者，不愿持有杀人工具。老师命令他捡起枪，对他拳打脚踢，但贺川不愿屈服。令人感佩的是，这件事导致了一个非常适合贺川的结局：由于严重违反校纪，贺川被带到校领导面前接受惩罚，那时他当场就引用《马太福音》的一句话——“凡拿剑的人都会死在剑下”——让身为基督徒的副校长目瞪口呆。[①] 不仅如此，自从受洗之后，贺川反复熟读《圣经》中的“登山宝训”[②] 以及托尔斯泰的著作，吸取了不少和平主义的思想。此后，贺川于 1906 年 8 月在《德岛每日新闻》（『德島毎日新聞』）上分六次连载《世界和平论》（「世界平和論」）一文。作为年仅 18 岁的青年，他第一次发表了解答这个难题的初步构想。在以后的数十年中，他继续上下求索以得其解。[③]

青春期的贺川先后就读于明治学院和神户神学校，从事基督教以及西方文化的学习和研究。在恩师梅雅斯的资金支持下，16 岁的贺川入读日本最早的教会学校——东京的明治学

① ［美］罗伯特・施尔德根：《贺川丰彦》，第 19—20 页；雨宮栄一『青春の賀川豊彦』新教出版社，2003 年，第 156 - 157 页。

② “登山宝训”为耶稣基督在山上向其使徒所颁布的教条，后被看做基督徒言行的准则，也是基督教和平主义思想的主要来源。参见雨宮栄一『青春の賀川豊彦』，第 160 - 161 页。

③ ［日］河島幸夫『賀川豊彦と太平洋戦争—戦争・平和・罪責告白—』中川書店，1994 年，第 6 - 7 页。

院。明治学院的源流可追溯到美国长老会传教士赫伯恩(James Curtis Hepburn，1815—1911)[①]与其夫人于1863年在横滨创办的“赫伯恩私塾”（ヘボン塾）。美国长老教会、美国荷兰改革教会（Dutch Reformed Church in America）和苏格兰一致长老教会（United Presbyterian Church of Scotland）于1877年联合创立了“东京一致神学院”，将原属各传教机构的神学塾归并为一。1886年明治学院创立时，“东京一致神学院”成为其日语神学部。明治学院的教育理念“Do for Others”继承了创始人赫伯恩的终生信念。它的历届毕业生包括高桥是清（历任日本银行总裁、大藏大臣和首相）、林董(历任驻英公使、外务大臣和递信大臣)、益田孝（三井物产创始人）和岛崎藤村（著名作家）等人。

在明治学院期间，贺川如饥似渴地读书，几乎读遍了图书馆里的所有藏书。他兴趣广泛，对哲学、科学、文学、历史、神学、农学和艺术都有钻研，连马克思主义在他的思想养分中也占有一席之地。一方面，他将马克思主义看做解剖社会制度弊病的病理学，认同马克思对资本主义的批判、对社会问题的分析以及对工人阶级的关心。但另一方面，他不赞同马克思主

① 赫伯恩是一位著名的在华和在日医学传教士。他于1831年进入以培养长老会教职人员而建立的普林斯顿大学，获硕士学位，此后于1836年从宾夕法尼亚大学获医学博士。赫伯恩于1841年前往中国，但由于鸦片战争的爆发，被迫逗留在新加坡，于1843年才得以进入厦门从事传教事业。1845年回国一段时间后，赫伯恩于1859年抵达日本，开展了医疗和教育事业。他一边进行治疗，一边热心于日语研究和词汇收集，于1867年编纂了日本最早的日英、英日辞典，即《日英语林集成》。他在其中所设计的赫伯恩式罗马字拼法，在100多年后的今天，仍然被广泛使用。

义强调暴力和阶级斗争作为解决工人阶级痛苦的手段。[①] 对于贺川这样一个痴迷于宗教的和平主义者而言，马克思的无神论和对宗教的蔑视是无法接受的。[②] 贺川最注重的社会改革方法，与江户后期的著名农政家二宫尊德所提倡的、基于至诚和勤劳的互助社实践相仿。

（二）留学美国以及早期社会活动

贺川作为基督教领袖的最大特点就是他的活动能力。贺川之所以具有如此巨大的影响力，是因为他敢于将其理论及神学应用到现实世界当中，有时甚至为之发起社会运动，正是这些在国内的社会活动使得贺川后来闻名世界。

贺川的社会实践的第一步是最具代表性的。贺川在神户神学校期间先后得了两次大病，甚至病危。病重时，他经历过一种濒死的神秘体验，让他领悟到上帝的意义，体验了将要“越过死亡线”的真实感觉。[③] 在此濒临死亡的关头，他与上帝订了契约：“我告诉上帝，如果他能让我活，我将为他在贫

---

① ［日］黑田四郎著，邱信典译：《贺川丰彦传》，台北：人光出版社，1990年版，第19页。

② 贺川于1907年3月从明治学院毕业之后、神户神学校于同年9月开学之前，患上了严重的肺结核，因此没能在那里度过满意的学生生活。参见［美］罗伯特·施尔德根：《贺川丰彦》，第20－36页。

③ 贺川根据这个体验写了一本自传体小说《越过死亡线》（改造社，1920年），上中下三本总共卖出了400万本，成为大正时代的最畅销书，创造了日本出版史上的新纪录。他将其巨额（以现在的价格计算，大约10亿日元）版税都用来支持他所从事的劳工、合作社等社会运动。参见［日］贺川豊彦『復刻版 死線を越えて』PHP研究所，2009年，第3－5页。

民窟里的孩子服务”。于是，在康复后，他就告别神户神学校的宿舍，于1909年圣诞夜搬进新川区的贫民窟。这个贫民窟环境十分恶劣，被人们视为“城市地狱”。但贺川毫不在意，与贫民同吃同住，将自己的收入乃至衣物捐给他们。在街头传教的同时，他还广泛开展教育、医疗、保育院等救济事业。[①] 这也许是贺川一生中最有名，最令人钦佩的一系列工作。这次走进贫民窟的意义之重大，体现于他在此后的生涯中反复作出的类似“走进贫民窟”的决断。[②]

图2　在神户新川贫民窟（1910年）

① ［美］罗伯特·施尔德根：《贺川丰彦》，第28—30页；刘莉：《贺川丰彦与二十世纪中国基督教思潮》，第9页。

② ［日］雨宮栄一『青春の賀川豊彦』，第238页。

贺川从事贫民救济事业，为他后来参与劳工运动提供了契机。1914年，贺川在贫民窟里呆了5年之后，发现很多社会问题和心灵问题依然存在，而他所做的工作对于解决这些问题的作用微乎其微。为了扩大眼界，他决定去美国普林斯顿神学院深造。在普林斯顿期间，因为贺川原有的神学训练已经过关，他学得更多的是生物学，尤其是进化论方面的课程。他最终以一篇有关实验心理学的论文从普林斯顿大学获得硕士学位（Master of Arts），后来还从神学院获得神学学士（Bachelor of Divinity）。[①] 毕业之后，他在纽约遍访贫民窟时，碰巧目睹了服装裁缝职工会的大规模游行。6万人整齐有序在街上游行的壮观场景使他感受到工人团结的力量，并增强了他返回日本后推动劳工运动的决心。[②]

贺川从美国回国以后，成为日本劳工运动的旗手。1917年他再次入住新川，发现贫民窟依然存在，下层工人的生活每况愈下，由此重新确认了发起运动的必要性。这从他于1919年11月所发表的《劳动者崇拜论》（『労働者崇拝論』）中也能看出："崇拜劳动者…他如造物主一般每天不停地为人做面包…所有人之所以能够生存是沾了他们的光。"[③] 大约这个时

① 普林斯顿神学院与普林斯顿大学相邻，但两所院校是相互独立的。贺川正式入学的是神学院，但也获得了旁听普林斯顿大学课程的资格。参见林啓介『時代を超えた思想家―賀川豊彦』，第136－139页。

② ［美］罗伯特·施尔德根：《贺川丰彦》，第57－61页。

③ 此书由于涉及敏感的政治问题，在出版后几天之内就被禁售。参见［日］武田清子『土着と背教』新教出版社，1967年，第238—240页；『賀川豊彦全集 第10卷』キリスト新聞社，1983年，第4页。

候起，贺川与工会组织“友爱会”[①] 的干部开始交往，被任命为友爱会的神户支部长和神户联合会评议员，通过协调劳资关系为工人阶级争取权益。第一次世界大战导致日本空前的战时繁荣，但战火一停，由制造军火军需和民用物资繁盛起来的庞大的产业结构便发生了产能过剩、无法支撑的问题。在整个20世纪20年代，日本出现一次又一次经济危机，而由此产生的损失全都被转嫁到劳动者身上。[②]

1921年7月10日，川崎和三菱这两家位于神户的造船厂的工人为改善工作条件而与厂方发生争执，因此决定罢工，贺川作为参谋，带领3.5万人游行。虽然这次历时一个多月的罢工最终以工人的失败而告终，但贺川在日本劳工运动史上首次大型示威游行中所做的贡献不容忽视。在这次战前日本最大的劳资纠纷过程上，他强调了劳工爱好和平的重要性，也证明了游行示威可以是非暴力的。

如果说贺川为劳工运动所做的工作是他在国内最为引人注目的社会活动，那么合作社运动则是使他蜚声世界的一项事业。现代日本的合作社运动主要来源于西方的先驱性理念，但实际上也有其本土源流。日本合作社的本土模式可以追溯到13世纪，它是一种叫做“无尽”（Mujin）或“赖母子讲”（Tanomoshi Kō）的小型信用组织。“无尽”最早是一种纯粹

① 友爱会是由基督徒铃木文治等15人于1912年成立的劳动者组织，后发展成全国性组织。1919年改名为大日本劳动总同盟友爱会，1921年再次改名为日本劳动总同盟。参见［日］米沢和一郎『賀川豊彦 II』日外アソシエーツ，2006年，第601－602页。

② ［美］安德鲁·戈登：《日本的起起落落》，第171－172页。

图3　带领神户川崎、三菱两大造船厂的联合罢工游行（1921年）

的互助融资组织，它常常是为筹集维修寺庙、进行朝圣所需的临时费用而设立的。简单而言，“无尽”规定一定的人数和借贷金额，让入会者定期交纳会费，用抽签或投标的方式轮流借钱给会员，在所有的钱都用于偿还贷款后，组织本身就被解散了。[①] 一个更接近现代的模式则是由著名农业改革家二宫尊德(1787－1856 年)[②] 于 1843 年创立的“报德社”。它也是一种相互融资机构，为了获取借贷资金，会员需要根据收入比例在社里存储一定额度的钱，由贷款所产生的利息则也归社里，以表示“感谢恩惠”，这就是“报德”的含义。这种方法反映了合作社的中心理念——自助、互助、互相依存的价值观。到 19 世纪末，日本有 900 多个乡村都成立了此类合作社。[③] 贺川非常重视二宫尊德以及报德社的理念，这在很大程度上影响了他所推行的合作社运动。[④]

贺川心目中的合作社理想具有制度改革和精神改造的双重目的。19 世纪末，通过与西方的交往，日本学到了在欧洲发展的各种形式的合作事业。这包括英国社会改革家罗伯特·欧文（Robert Owen，1771－1858 年）的思想，以及罗奇代尔的

---

① Kiyoshi Ogata, *The Co-operative Movement in Japan*, London: P. S. King & Son, 1923, pp. 9－13；［美］罗伯特·施尔德根：《贺川丰彦》，第 132 页。

② 二宫尊德，名金次郎，是日本江户后期的农政家。他所倡导的道德、勤俭思想和活动，通过报德社运动等在其死后仍影响后人。明治以后，其事迹出现在日本国定教科书中。参见［日］見城悌治『近代報徳思想と日本社会』ぺりかん社、2009 年。

③ Ogata, *The Co-operative Movement in Japan*, pp. 25－41；［美］罗伯特·施尔德根：《贺川丰彦》，第 132 页。

④ ［日］山折哲雄「抑圧された賀川思想の回帰」『季刊 at［あっと］』15 号，2009 年，第 28 页。

公平先锋社（Rochdale Society of Equitable Pioneers）、德国舒尔策·德力克（Franz Hermann Schulze-Delitzsch，1808－1883年）的信用合作社和莱夫艾森（Friedrich Wilhelm Raiffeisen，1818－1888年）的农业合作社等先驱性实践所积累的经验及教训。日本于1900年通过《产业组合法》，奠定了合作社的合法地位，加快了其发展速度：到20世纪30年代，日本有超过1.4万个合作社，成员有480万人，存款金额总共有3.07亿日元。但在某种程度上，政府也在利用合作社的发展来缓解乡村的不满情绪和赤贫农民的激进行为。这一点让贺川心情矛盾，因为他坚信合作社的精神教育作用。一个合作社如果仅仅致力于商业目的，就会失去和平、公正和普遍的道德以及宗教意义。贺川认为合作社的互助理念就是强调“彼此爱护”的福音的充分体现：它既可以通过和平方式改革资本主义经济的根本缺陷，同时也能体现出民主、友爱、教育和共同管理等重要原则。①

因此，贺川着手合作社的组织建设，以发起社会改造的运动。为此，他首先于1919年建立了购买组合“共益社”，它作为生产者与消费者的合作社迎合了时代需要，拥有1300多名会员，但常常面临经营困难。接下去贺川于1921年创立“神户购买组合”（1924年后改称“神户消费组合”）。其前身是由川崎造船厂职工青柿善一郎等人建立的“奸商征伐期成同盟会”，后来由贺川接手，成为一个合作社组织。神户消费

① ［美］罗伯特·施尔德根：《贺川丰彦》，第130－133页；［日］小南浩一「賀川豊彦と協同組合運動：『社会改造』の視点から」『法政論叢』第36卷2号、2000年，第202－204页。

图 4　与神户消费合作社的同仁在一起（1920 年）

组合有五大特色：第一，市价主义；第二，现金主义；第三，不卖烟酒；第四，鼓励妇女参与合作社；第五，为合作社精神的普及作出努力。其中第一点和第二点是学英国罗奇代尔合作社的做法，模仿其为对抗市场机制而故意排除廉价主义和赊购等营利模式，以期唤起"改善生活"、"改造社会"的意识。第三点的"不卖烟酒"是出于基督教的原则，明显反映了贺川的思想及其在贫民窟目睹恶习的亲身体验。[①] 值得一提的

① ［日］林啓介『時代を超えた思想家—賀川豊彦』，第 171－173 页；［日］小南浩一「賀川豊彦と協同組合運動：『社会改造』の視点から」，第 200－202 页；［日］奥谷松治『〔改定増補〕日本生活協同組合史』民衆社，1973 年，第 130－138 页、第 168－170 页。

是，“神户消费组合”从战前至今一直存在，它现在改名为“Coop Kobe”（コープこうべ），拥有140多万名会员和429.5亿日元资金，到2009年为止一直保持着世界上最大规模的单一合作社的地位。①

（三）国内外的布道活动及美国传教士的后援

劳工争议的失败以及社会主义的左右两极分化，使得贺川从社会运动转向宗教运动。贺川之所以能在劳工运动中具有影响力，最大原因之一是他的资金援助。他将从《越过死亡线》（『死線を越えて』）和《射日者》（『太陽を射る者』）等著作获得的大量版税投入到缺乏资金的劳工运动上。② 但罢工失败之后，主张暴力革命的左倾“激进派”在运动中占了上风，而属于非暴力“稳健派”的贺川则被排除在外。正在此时，一个宗教团体的成立给他以退出劳工运动、“回归本行”的契机。

当时的日本基督教会中存在一种试图将基督教限定为精神运动的倾向。而贺川强调社会参与，并认为灵魂解救和生活解

① 「コープこうべの紹介」http：//www.kobe.coop.or.jp/about/about.html，accessed March 3，2011. 据《日本经济新闻》2011年6月17日第35版（近畿经济B）的报道，北海道的Coop Sapporo（コープ札幌）的2010年度销售额超过了Coop Kobe（コープ神戸），首次取代了后者的龙头老大地位。

② 譬如，《越过死亡线》的10万日元版税的用途分为如下：神户劳动争议的事后处理费用（3.5万日元）、日本农民组合费用（2万日元）、矿山劳动运动费用（5000日元）、友爱经济所基本金（1.5万元）、消费组合设立费用（1万日元）、劳动学校基金（5000日元）、其他社会事业费用（1万日元）。参见［日］隅谷三喜男『賀川豊彦』日本基督团出版局，1972年，第123－124页。

放是不可分割的，因而对此倾向加以批评，结果被保守派的教会人士视为异端。于是，贺川等 14 个忧虑日本教会现状的年轻牧师和教师于 1921 年 10 月 5 日在奈良菊水楼召开“日本基督教会教职者会”，成立了“耶稣之友会”（イエスの友会）。其五条纲领为：第一，对耶稣虔诚；第二，做穷人的朋友、爱护劳动；第三，为世界和平努力；第四，尊崇纯洁生活；第五，以社会奉献为旨。在神户的许多亲戚和同仁的帮助下，耶稣之友会成为他以后宗教和慈善工作的中心，并是给他的事业提供全面支持的核心团体。它的运行模式融合了天主教修道会以及新教平信徒的方法，会员数在一年中就发展到 900 人，活动内容包括定期聚会祷告，聚集各自收入为活动资金，利用闲暇时间开展社会改革、慈善救济、医疗和教育活动等。贺川还创办了一个名为《云之柱》（『雲の柱』）的杂志，以宣扬耶稣之友会的理念。①

耶稣之友会给贺川提供了在持续宗教活动的同时灵活扩展事业的平台。1923 年 9 月 1 日正午，以东京为中心的关东地区突然发生罕见的大地震，整个城市成为一片废墟，10 万多人死亡，许多人无家可归。听到这一消息之后，贺川迅速着手震后救济工作。他从神户乘坐“山城丸”号轮船驶向横滨，作为首批对受灾地区做出评估的领导人之一，建议在东京 YMCA 设置救护本部，与其他教会团体携手成立“基督教震灾救护团”。② 此外，他于 10 月 19 日在受灾最严重的东京东端的

① 日本キリスト教歴史大事典編集委員会編『日本キリスト教歴史大事典』教文館、1988 年，第 89 页。

② 『日本キリスト教歴史大事典』，第 348－349 页。

贫穷地区本所建立名为“本所基督教产业青年会”（简称IYMCA）的救济设施，以耶稣之友会的会员为基础，开展赈灾救护活动。其实，耶稣之友会于同年8月25日至29日在位于富士山麓的御殿场东山庄召开过“第一次修养会”，这使他们得以熟悉当地情况，能够及时应对救援活动中所出现的种种问题。

贺川重返宗教活动，在时间上恰巧是与教会联合的动向重合的。日本的普世教会运动（Ecumenical Movement，又译“教会合一运动”）可以追溯到1859年德川幕府正式开放通商口岸后第一批来日本的基督教传教士。当时的许多传教士都受到在欧美所盛行的福音派复兴运动（Evangelical Revivalism）的影响，从而把教会的合作与联合的思想带进日本。日本基督教会在1910年参加爱丁堡世界宣教大会象征着它走进世界基督教会的第一步，加强了它对教会统一的意识，并在该会主席穆德的指导下，于1923年成立了日本基督教联盟。[①] 日本参加1928年耶路撒冷世界宣教大会后，以此次会议报告为基调，展开了为期1年的“全国协同传道”。

1925年7月30日，耶稣之友会召开“第三次修养会”，采纳“将百万灵魂献给上帝”的决议，于1926年11月11日开始“百万人救灵运动”。贺川认为日本基督教需要至少100

① 这条发展路径正如中国基督教会所走的道路：中国也在爱丁堡会议之后的1922年，也就是日本基督教联盟所成立的一年前，在穆德的指导下成立了中华全国基督教协进会。中日两国的基督教会领袖在1920年代一直保持密切的关系，经常互派代表出席对方的年度大会。参见［日］都田恒太郎『日本キリスト教合同史稿』教文館，1967年，第93－95页。

万个信徒才能成为一股社会势力，鉴于当时日本的基督教信徒的人数只有16万人，他的目标可以说是非常大胆的。为此，他主张超越宗派，对农民、工人、渔民、矿工等以往被忽视的社会群体进行布道，还参加了1928年的“全国协同传道”。1929年，穆德再次访日之际，贺川在镰仓召开的全国基督教协议会（4月9—10日）上，提出了将上一年的传道运动（即“全国协同传道”）加以组织化，发起纪念日本宣教70周年的“神之国”运动的提案，并获得采纳。①

神之国运动得到了国内基督教组织的全面支持，成为到当时为止日本国内规模最大的一次传道活动。在1929年以后的3年半中，贺川在1800多次场合，向78万以上的人宣教。通过散发《神之国新闻》（『神の国新聞』）周刊和小册子等，他获得了许多皈依者，最终有6.5万人在表示皈依基督教的志愿卡上签了名。② 作为处于大萧条后的非常时期、在反宗教运动和国粹主义左右两股势力夹攻之下的布道活动，神之国运动提倡宗教的入世观念，致力于将基督教福音带入以往被教会所忽视的劳农阶级之中，可以说是取得了引人注目的成果。

具有如此规模和成效的社会实践和宗教布道，使贺川的名字在国际社会也广为人知，这从当时在国外出版的大量贺川传记以及译著中就能看出。譬如，阿克斯林（William Axling）于1932年发表的《贺川》（*Kagawa*）一书，在随后几年里由埃曲

① ［日］都田恒太郎『日本キリスト教合同史稿』，第101页。

② 『日本キリスト教歴史大事典』，第322－323页；Ota，“Kagawa Toyohiko，a Pacifist?”，p. 172.

耶（Herman Ecuyer）和瓦赫纳尔（I. Wagenaar）分别译成法语和荷兰语。其他传记类书籍包括挪威人温特（J. M. T. Winther）的《贺川》（*Kagawa*）、鲍曼（Margaret Baumann）的《日本的使徒贺川》（*Kagawa: An Apostle of Japan*, New York: The MacMillan Company, 1936）、马里奥特（Victor E. Marriott）的《贺川与合作社》（*Kagawa and Cooperatives*, Chicago: The Kingdom of God Fellowship, 1935）、托平（Helen Faville Topping）的《介绍贺川》（*Introducing Kagawa*, Chicago: Willet, Clark & Co., 1935）等著作。译著方面数量更多，到1936年为止，贺川的著作被译成以下各国文字：《越过死亡线》（英、德、挪威文）、《一粒麦子》（英、瑞典文）、《由上帝获得新生》（英、荷兰文）、《爱的科学》（英、中文）、《耶稣的宗教及其真理》（英、瑞典文）、《射日者》（英文）、《石榴的半片》（德文）、《世界和平的经济性基础》（英文）、《眼泪的二等分》（英文）、《关于上帝的冥想》（英文）、《贫民窟诗歌》（英文）等等。[①] 以上书籍的出版年之所以集中在1935年前后，其一是因为神之国运动（1929年至1932年）结束不久，其二是因为贺川在大萧条的余波中，于1935年至1936年应邀赴美进行了一次大规模的巡回讲演活动。

由此可见，当时的外国——尤其欧美国家——民众对贺川抱有非同一般的兴趣，这在很大程度上归功于他的支持者经常

① 『神の国新聞』第925号，1936年9月23日。《贫民窟诗歌》为贺川所写诗歌的英译汇编，著名美国传教士和国际活动家艾迪为此书作序，参见 Toyohiko Kagawa, *Songs from the Slums*, trans. Lois J. Erickson (New York: Cokesbury Press, 1935).

将他的信息传给美国的教会组织。[①] 贺川的耶稣之友会与日本其他本土化基督教运动的最大区别在于，[②] 它不主张完全脱离外国差会的影响，而与传教士保持合作关系，从而得到了广泛的国际支持。[③] 除了恩师梅雅斯和洛根的悉心关照之外，贺川的海外事业在很大程度上依赖于两位“贺川秘书”的功劳，即海伦·托平（Helen F. Topping，1889—1981 年）和杜哲斯（Jessie M. Trout，1895—1990 年）。[④] 托平为美国浸礼会传教士，从 1925 年直到太平洋战争前夕担任贺川的文书助手，与她的传教士家人共同从事《耶稣之友》（*Friends of Jesus*）和《贺川日历》（*Kagawa Calendar*）等英文刊物的编辑出版工作。[⑤] 托平从东京樱上水的贺川团体本部（Kagawa Fellowship House）向美国发布这些信息，于 1928 年还与美国的“贺川

① 明治学院大学基督教学生会编『Kagawa：二十世紀の開拓者』教文館，1960 年，第 154 页。

② 譬如，著名本土基督教领袖内村鉴三所提倡的“无教会主义”批判由西方传教士带来的宗派主义，强调以圣经为中心的个人信仰，将其余的一切教会、教职制度以及圣礼都视为非本质的事物。

③ 1928、1929 两年期间，贺川收到 43 位传教士的资金援助，参见 Mark R. Mullins，“Christianity as a Transnational Social Movement：Kagawa Toyohiko and the Friends of Jesus，” *Japanese Religions* 32，no. 1&2（2007）：69 - 87.

④ 贺川的秘书除了托平和杜哲斯之外，还有德雷珀（Marion R. Draper）等人，但关于她们的记载比较少。

⑤ 1930 年代末起，托平的父母甚至将其所有养老金用于支持托平帮助贺川的事业。贺川于 1960 年逝世后，托平继续为他的事业进行筹款。Dana L. Robert，“Cross-Cultural Friendship in the Creation of Twentieth-Century World Christianity，” *International Bulletin of Missionary Research*，vol. 35，no. 2（April 2011）：pp. 104 - 105.

委员会”（Kagawa Committee）建立了联系，负责协调安排贺川的国外布道活动。[①] 杜哲斯为加拿大基督会传教士，1935—1940年担任贺川的秘书，翻译了贺川的多篇著作，并撰写了一本篇幅较短的传记，书名为《日本的先知贺川丰彦》（*Kagawa*，*Japanese Prophet*，London：Lutterworth Press，1959）。[②]

贺川的事业也得益于欧美的基督教网络所拥有的国际联系和组织力量。传教士支持者帮他与海外基督教网络保持联系，并通过基督教杂志和教会通讯等方式提高他的知名度。贺川本人也经常赴国外巡回布道，他的主要海外出行和讲演活动包括美国（1924—1925年、1931年、1935—1936年、1941年）、欧洲（1925年、1936年）、中国（1927年、1928年、1930年、1931年、1934年、1940年）、菲律宾（1934年）、澳大利亚（1935年）、印度（1938—1939年）等。[③] 从当时的大量译著来看，贺川似乎成为一个“宗教明星”。这反映了西方人对这一来自日本的宗教领袖的高度评价，为他战后的国际外交活动打下了基础。[④]

① “贺川委员会”美国支部于1925年1月16日在洛杉矶成立，旨在给贺川事业以资金援助。［美］施尔德根：《贺川丰彦》，第109页；米沢和一郎『賀川豊彦の海外資料—光と影の交錯を読み取るために—』明治学院大学キリスト教研究所，2006年，第12－13页、第30－33页。

② 此书有中文译本。参见［日］杜哲斯著，許純欣譯：《日本的先知贺川丰彦》，香港：基督教文藝出版社，1967年。

③ Mullins，“Christianity as a Transnational Social Movement：Kagawa Toyohiko and the Friends of Jesus，” pp. 78－80.

④ 当然，我们应该注意到这件事情的另一个因素，即外国差会试图将由美国传教士施洗入教的日本基督徒贺川引为成功案例，来宣传和证明其传教事业的有效性。

二、贺川与麦克阿瑟在占领时期的合作

（一）应对战后初期的生活危机

1945年8月15日，日本宣布投降之后，贺川立即开始行动。为了克服战败给国家和民众所带来的物质和精神上的危机，他与日本政府以及盟军总司令部携手，全副身心投入到战后的重建工作中。

此前更多是在民间活动的贺川，在战后初期先后担任了不少官职。战争尚未结束的1945年3月，贺川就成为日本基督教团战时救济委员会委员长，4月16日又受厚生省委托担任健民局事务经办人，[①] 承担遭受美军大规模轰炸的东京市民的救护工作。[②] 太平洋战争结束后不久，战后第一任首相东久迩稔彦（1887—1990年）在前陆军中将石原莞尔的推荐之下，于8月26日任命贺川为内阁顾问。东久迩首相给贺川的两个任务是：（1）从基督教的角度拯救日本国民的道德颓废；（2）促进日本回归国际社会，对世界和平做出贡献。[③] 为了实现这些目标，贺川从几个不同的渠道着手

---

① 厚生省是负责医疗卫生和社会保障的日本政府部门，贺川后来于1945年9月24日成为该省顾问。参见米沢和一郎『賀川豊彦 II』，第638页。

② 「厚生省顧問賀川豊彦と『神戸失業者共済組合』」，http://www.kagawa100.com/otakara/090710.htm，賀川豊彦献身100年記念事業，2011年1月6日。

③ ［日］小南浩一「賀川豊彦と世界連邦運動」『法政論叢』44（2），2008年，第70页。

工作。

首先，贺川试图调解因日本主权移交至美国所产生的矛盾。驻日盟军最高司令（Supreme Commander of Allied Powers，简称SCAP）① 道格拉斯·麦克阿瑟将军（Douglas MacArthur，1880—1964年）抵达厚木机场的8月30日那天，东久迩首相在《朝日新闻》以及《读卖新闻》等重要报纸上提出由全体日本国民分担战争责任的“一亿人总忏悔”论。② 这一举动其实是来源于贺川的建议，贺川对天皇十分崇敬，认为天皇应免于追究战争责任，且认为天皇制是日本国家体制所不可或缺的精神支柱，需要加以维护。另外，他也想通过基督教式的“忏悔”表示不再重演战争惨祸的决心，从而给刚到日本不久的美军及其首领麦克阿瑟留下了好印象。

贺川还在8月30日的《读卖报知》报纸上发表了写给麦克阿瑟将军的公开信。这封长信表达了贺川对美国的占领政策的意见，也反应了他对麦克阿瑟的信任。贺川在这份信中的主张大致上可以分成4个部分。第一，指出昭和天皇亲自宣读并录音的《终战诏书》于8月15日首次向日本普通公众播出，起到了促使日本军队放下武器转向和平的关键作用，并强调天

---

① 麦克阿瑟指挥下的统治机关，即盟军总司令部，在日本通称为“GHQ”（General Headquarters）。

② 由于“一亿人总忏悔”论被看做把战争责任转嫁到1亿国民的身上，以掩盖昭和天皇以及部分政府首脑的战争责任，因此受到日本社会各界的抵制和批判，导致东久迩内阁不到两个月就下台。参见米沢『賀川豊彦 II』，第638页；王希亮：《评“一亿总忏悔”与“天皇退位论”》，《抗日战争研究》，2003年第1期，第192－207页。

皇是日本国体的不可或缺的一部分，应该加以维护。第二，谈到1945年4月25日至6月26日在旧金山召开的联合国制宪会议，认为新的联合国是否能够实现真正的世界和平，取决于它能否纠正“富国”和“穷国”之间的经济差距，并提供解决贫困以及失业等根本问题的制度性保障。① 第三，以瑞典为例，强调积极推进合作社的益处，并倡导国际合作社的成立。第四，提出战胜国应该宽容对待战败国，如果得不到这样的帮助，日本将会落后于世界。

此时的贺川与麦克阿瑟的交往主要是围绕战后日本的重建、尤其对民众的物质救援等问题。战争刚结束后不久的日本因为政治动乱和经济衰退，处于严重的粮食危机之中。到1945年中期，盟军的接连反攻和“经济扼杀”政策已经使绝大部分日本海军舰只与商业船队葬身海底，切断日本通往后方和战争前线的运输线。日本本土的粮食供应，严重依赖于朝鲜、台湾和中国大陆。在偷袭珍珠港之前，从上述地区进口的物资分别占日本稻米消费的31%、食糖的92%、大豆的58%以及食盐的45%。战败一下子切断了这些基本生活物资的供给。②

由于战争造成的后果和政府的错误政策，民众的生活变得十分艰难。从战败到1945年10月的两个月期间，413万人被解雇（包括被征用者），如果将退伍军人和从国外遣返的士兵也计算在内，日本的战败一共产生了大约1300万名失业者。

① ［日］小南浩一「賀川豊彦と世界連邦運動」，第75页。

② ［美］约翰·W·道尔著，胡博译：《拥抱战败：第二次世界大战后的日本》，北京：三联书店，2008年版，第62页。

在职人员也往往因工资不足而难以维持最基本的日常生活。加之，1945 年的主要农作物受到气候异常以及收获期的风灾水害，收成比常年减少了三成。战灾还造成严重的住房不足，全国大约有 420 万户，除了京都之外的五大城市中，五至八成家庭遭遇住房不足问题。在此紧要关头，东久迩内阁却不顾民众的生活需要，将大量军用储备物资以廉价卖给以往从事军需工业的独占资本。

这一系列灾难激怒了民众，以至在 1946 年 5 月 19 日形成“粮食五一节”（日文:「食糧メーデー」、「飯米獲得人民大会」）的全国性运动。当天有大约 25 万人在东京皇居前[①]参加示威游行，抗议政府延误了粮食配给。4 天后即 5 月 23 日的报纸在宣布吉田茂内阁成立的同时，刊登了一则题为“被战争侵蚀的孩子们”的消息，显示了初中二、三年级学生的体重在 1937 年至 1945 年之间减少了 3. 2 公斤，并报道东京都内某国民学校的 450 个学生中，79% 每天只能吃到两碗粥。同年 5 月在东京、横滨地区每天平均有 9 个人饿死，半官方的日本广播协会（NHK[②]）的街头采访节目的首次题目是“你每天是怎么解决吃饭问题的?”[③]

贺川对国民生活困难的反应与政府截然不同。麦克阿瑟抵达日本之后，贺川积极地与总司令部进行交涉。1945 年 9 月 9

① 皇居为日本天皇平时居住之所。

② NHK 为 National Hōsō Kyōkai，即“日本广播协会”的缩写。

③ 『〔岩波講座〕日本歴史 22 現代 1』岩波書店，1977 年，第 130 – 131 页、222 – 232 页、243 – 250 页。

日，经过与邦纳·费勒斯（Bonner Fellers，1896—1973年）准将[①]等5名幕僚的谈判，贺川赢得了麦克阿瑟的同意，由总司令部向民众提供粮食、衣服类、木材等必需品。[②] 贺川在此后不久的9月24日被任命为厚生省顾问，于10月22日以“基督教团救济委员长”名义致函麦克阿瑟，请求总司令部解除日本政府被联合国所没收的“价值大约3亿美元的金、银和白金”的一部分，将之用于进口战灾者所需的粮食以及日常必需品。[③]

贺川在战后写给麦克阿瑟的两封信都是为了吁请占领军对日本民众进行物质援助的，两人在精神上也有不少共同点。首先，麦克阿瑟向来崇拜林肯的人道主义精神，而贺川也对林肯怀有崇敬之情，于1936年访美时特意拜访了林肯故乡伊利诺伊州斯普林菲尔德（Springfield，Illinois）以及位于印第安纳州林肯城（Lincoln City，Indiana）的林肯童年纪念馆等地。[④] 麦克阿瑟有很强的基督教信仰，以防止共产主义思想在全世界

---

① 费勒斯准将为麦克阿瑟的军事秘书和心理战行动的负责人。他早年是日本人心理分析专家，1934年至1935年以上尉衔进入莱文沃思堡（Fort Leavenworth）司令部和总参谋部的幕僚学校，完成了一份名为《日本兵的心理》（*The Psychology of the Japanese Soldier*）的研究报告。参见［美］道尔：《拥抱战败》，第255－261页。

② Emerson Bradshaw, *Unconquerable Kagawa* (St. Paul: MacCalester Park, 1952), p. 140;「賀川先生の横顔」『火の柱』第4号（1945年9月），第5页。

③ ［日］賀川豊彦「マッカーサー元帥へ」（松沢資料館 中間目録I：資料番号A310—00042）。

④ ［日］米沢和一郎「賀川豊彦の戦後」『明治学院大学キリスト教研究所紀要』第40号，2007年，第239页；Emerson O. Bradshaw, Charles E. Shike, and Helen F. Topping, eds., *Kagawa in Lincoln's Land* (New York: National Kagawa Co-ordinating Committee, 1936).

的蔓延为自己的使命之一。作为圣公会派的教徒，他虽不常去教堂，但在演说中经常使用“God（上帝）”一词，还将自己和罗马教皇看做是当时世界上基督教领袖的代表者。[①] 麦克阿瑟认为基督教和民主主义是有内在联系的，要使民主主义扎根于日本，需要一个“精神核心”，因而他将基督教的普及作为占领政策的重要一环，投入了大量的人力和资金。

正因为如此，麦克阿瑟也非常信任贺川。贺川于1946年3月12日被天皇任命为贵族院议员，却因此成了占领当局（即SCAP）的审查对象，受到暂停出席议会的处罚。当时美国国务院对贺川的看法比较严厉，把贺川在战时的反美言论视为重大问题。但因为麦克阿瑟需要贺川来扮演他所推出的基督教传教运动的中心角色，便禁止此类新闻的刊登，并采取既往不咎的方针，帮助贺川度过了战后整肃的难关。从中不难看出麦克阿瑟对贺川在普及日本基督教事业上的期待。

（二）解救战后初期的精神危机

贺川不仅在克服当时的物质危机方面，也在应对当时的精神危机方面起到了重要作用。1945年9月24日，贺川通过日本广播协会的电台发表了一次题为“道义与和平之道”的演讲，其中引用古代印度两大史诗《摩诃婆罗多》和《罗摩衍那》以及西方古典文学中的故事来阐述忏悔和反省对国家复兴的道德意义，同时再次强调瑞典的科学技术以及政治经济制

① John Gunther, *The Riddle of MacArthur: Japan, Korea, and the Far East* (New York: Harper & Brothers, 1951), pp. 75 - 76.

度之高明，以指示战后日本应该遵行的方向。[①] 为此，他于1945年9月创办了一个名为“道义新生会”的民间组织，并制定了五条纲领：第一，尊崇皇室，捍卫国体；第二，通过忏悔和反省来发扬道义；第三，以世界友好为宗旨，期望建立和平国家；第四，尊重勤劳生活，热爱科学，建设新日本；第五，以社会服务为宗旨，弘扬博爱精神。[②]

贺川的这些观点在其他媒体中也得到表述。日本的一份综合性杂志《希望》（《HOPE》）于1946年1月出版了创刊号，在首页上刊登了贺川的《新生日本的使命》一文。该文主张日本战败并非是件坏事，相反，它给日本提供了一次脱胎换骨的机会。贺川指出西方的文艺复兴和宗教改革都发生在十字军东征失败之后，所以日本的这次败北也应被视为进行彻底改革、以创建和平世界秩序的难得机遇。他所提出的改革观非常宏大，不限于日本国内，而是从全球的角度设想一个世界共同体的构建。其中他最强调的一点是上帝之国（世界和平）存在于精神生活，因此它的实现必须基于全世界人们心灵之间的联系。[③]

值得一提的是，贺川于1945年8月至1946年2月的半年多时间里，与昭和天皇共会见了10次。[④] 这一方面是由于上

---

① ［日］贺川豊彦「道義と平和の道」『賀川豊彦全集』キリスト教新聞社，1983年，第24卷，第416－419页。

② ［日］小南浩一「賀川豊彦と世界連邦運動」，第70页。

③ ［日］贺川豊彦「新生日本の使命」『ホープ（HOPE）』1946年，第1卷1号。

④ 米沢和一郎「賀川豊彦の戦後」，第247页。

述贺川与麦克阿瑟的特殊关系，贺川以及植村环（1890—1982年）[1] 等承担了在皇宫内宣讲基督教的角色。

图5　贺川（左二）与天皇（右一）一起视察社会救济事业

日本皇室之所以愿意接受这样的安排，是因为它在战后受

① 植村环为日本第二个女牧师、妇女运动家，是植村正久（1858—1925）的三女儿。她长期担任日本基督教女子青年会（YWCA）会长以及世界YWCA会长职务。植村于1946年成为战后第一批访美的民间人士，与中国和菲律宾等国家的代表作为“和平使节”在各地进行演讲，并于1950年同著名妇女解放运动家平冢雷鸟（平塚らいてう）等人向同年访日的美国中央情报局长杜勒斯（Allen Welsh Dulles）提出要求全面媾和的《日本女性对和平的要求书》（「日本女性の平和への要望書」）。其父亲植村正久为著名基督教领袖和神学家，是日本新教三大源流之一的“横滨派”代表人物。

到各方面——尤其是来自国外——的压力，这也反映出在天皇制存废问题尚未定局的情况下，日本皇室为求生存而愿意迎合时代要求的心态。[①] 为了把天皇的形象从军国主义的偶像逐步转换成和平与民主的象征，昭和天皇于1946年元旦发表《关于新日本建设之诏书》（即所谓的“人间宣言”），否定了天皇的神格地位，并从同年2月19日开始为期8年半的全国巡幸，以表示他已经回到人间。[②] 贺川在1947年2月7日应邀到皇宫做了一次题为“日本社会事业的现在及未来”的演讲，其中介绍了他多年来的社会活动经验，论及战争灾难、自然灾害以及道德灾厄等因素对贫困的影响，提出有关社会福利政策、失业救济政策以及教育政策的建议，同时也指出了合作社事业在解决这些问题时所起的作用。[③] 有的学者认为，贺川在此次演讲中特别提到英国王室成员在伦敦的贫民窟所作的社会活动，是激励昭和天皇持续进行上述历史性巡幸的因素之一。[④]

作为占领政策的一环，麦克阿瑟将大量资金和人力投入到日本的基督教普及事业。他鼓励美国教会派传教士到日本，到达后也为其提供了很多方便。结果，1947年至1951年期间，共

---

① 因为波茨坦宣言中没有直接提及天皇以及天皇制的条款，使得战后天皇的地位变得非常微妙，极不稳定。参见吉田裕『アジア・太平洋戦争』（シリーズ日本近現代史⑥）岩波書店，2009年，第215页。关于当时各国各界对昭和天皇的战争责任以及天皇制存废问题的看法和主张，可以参见武田清子『天皇観の相剋』岩波書店，1993年。

② ［美］道尔：《拥抱战败》，第278－288页。

③ ［日］賀川豊彦「日本に於ける社会事業の現在及将来—天皇、皇后両陛下御進講時の草稿—」『賀川豊彦全集』第24卷，第422－429页。

④ ［日］米沢和一郎「賀川豊彦の戦後」，第248页。

计有2500名美国传教士赴日。除此之外，他还下令将战前每年平均14.5万部《圣经》分发量增加到1000万部。[①] 在此背景下，日本教会领袖于1946年宣布实行为期3年的“新日本建设基督运动”，贺川作为其核心讲员进行全国巡回演讲。在此期间，贺川花了500天以上的时间，走遍日本47个都道府县的几乎所有地方，向100万人以上的听众演讲，获得15万人以上的“决心者”。[②] 作为麦克阿瑟宣教政策的一环，贺川在秩序不稳的战后日本社会，为加强日本的基督教势力做出了贡献。

由此可见，战后初期的贺川通过他与政府以及盟军占领当局的合作关系，在战后日本的重建事业中发挥了无可替代的作用。1945年10月5日，《日本产业新闻》将币原喜重郎、吉田茂和贺川丰彦推举为继东久迩首相下台之后的接班候选人。[③] 有一个美国记者在其1946年初的日记中称贺川为“政界星座中一颗重要的星”，并指出盟军总司令部的不少干部也将贺川视为日本首相的最合适人选。[④] 无论结果如何，贺川为

---

① ［日］袖井林二郎『マッカーサーの二千日』中央公論社，2004年，第255－256页。

② “决心者”即皈依者。米沢和一郎『賀川豊彦 II』，第638－639页；Lawrence S. Wittner，“MacArthur and the Missionaries: God and Man in Occupied Japan,” *Pacific Historical Review* 40，no. 1（1971）: pp. 94－95.

③ ［日］林啓介編著『炎は消えず　賀川豊彦・再発見』井上書房，1982年，第113页。

④ マーク・ゲイン著，井本威夫訳『ニッポン日記』筑摩書房，1951年，第86－90页。由于鲁宾（Barnard Rubin）于1946年1月在美国军方报纸《星条旗》（*Stars and Stripes*）上发表了一篇题为“披着基督徒的外衣，这个日本人助长了战争氛围”（Under Christian Guise，This Jap Fostered War）的批判文章，贺川的名声受到严重打击，他作为首相的方案也因此被否定。

了配合麦克阿瑟将军的顺利接管，提出了一个具有基督教特色的“一亿人总忏悔”论，以事前协调各方的关系，这充分反映出贺川的政治手腕。贺川作为世界著名的基督教领袖，在新旧体制交替的过渡时期中，受到日美双方政要的器重，一度获得很大的周旋余地，享有了相当大的发言权。

三、以民间外交缓和冷战局势，促进世界和平

（一）世界联邦运动与联合国的关系

贺川在战后的活动范围不限于国内的重建事业。相反，他在战争结束时就开始思考世界新秩序以及日本在其中的定位，而这些问题意识是跟他在战前所作的和平工作有直接联系的。1941 年作为基督教和平使节团的成员赴美时，贺川得知美国贵格会[①]在其总会上采纳了《世界联邦决议案》，深受感动，从而开始研究建立世界国家的运动。

1945 年 8 月 19 日，在日本于 8 月 14 日接受波茨坦宣言后的第一次主日礼拜中，贺川在东京的松泽教堂做了一次有关“世界国家”的说教。[②] 他把同年在旧金山成立的联合国宪章解释为“把全世界的国家都汇集在一起”的决议，说它不但创立了世界的宪法，还为国际法院和国际警察的建立铺平了道路。贺川强调这样的世界联邦才是战后日本应该走的未来方

① 贵格会（Quaker，或称 Religious Society of Friends）为起源于 17 世纪英国的基督教新教派别，以其绝对和平主义的教条而闻名。

② ［日］小南浩一「賀川豊彦と世界連邦運動」，第 69 页。

向，并为推动这方面的活动创办了一个民间组织，即“国际和平协会”。①

图6　商谈建立国际和平协会　左侧人物为东久迩首相（1945年）

国际和平协会获得东久迩首相的认可，于1945年9月27日在首相官邸召开成立大会。贺川为此起草的四条纲领分别为：第一，秉承天皇诏书的精神，为世界和平做出贡献；第二，期待侵略战争的根绝，实现世界军备的彻底裁减；第三，在否定剥削和垄断的合作社精神之下，实现国际永久和平；第四，通过宗教、社会、政治、经济、教育、文化以及其他各方

① ［日］贺川豊彦「世界連邦制度の創設」『火の柱』第4号，1945年9月。

面的活动来实现人类相爱互助。[①]

该纲领在两个重要的方面反映了起草人贺川的思想特征。首先，第一条纲领中提到日本天皇的精神，这一点与前述道义新生会的头条纲领一样，反映了贺川对天皇尊重的程度。其次，第四条纲领中的以宗教事业来推动和平的想法凸显出贺川作为宗教家的独特的和平观。这个和平观在国际和平协会的有关“宗教部”的条款中得到详细阐述：（1）为促进和平，加强世界各国拥有和平信念的宗教之间的交流；（2）通过基于宗教的相爱互助确立世界和平。[②]

为了传播他的思想，贺川还创办了杂志。他于1947年购买了一份名为《国家和宗教》的杂志的版权，把它更名为《世界国家》，随后每期都刊登关于他的和平主义以及世界联邦理念的文章。[③] 这本杂志从此成为国际和平协会的机关刊物。

日本国内这些活动的进展是与当时的国际潮流相呼应的。世界联邦主义早在原子弹出现之前就已经存在，而其思想源流更可以追溯到康德的《永久和平论》（1795年）、H. G. 韦尔斯的《世界史纲》（1919年）、以及库登霍夫－卡勒基（Richard N. Coudenhove-Kalergi）的《泛欧洲》（1923年）等著作中

---

① 第一条纲领后来被改成“领受新宪法的精神”。参见米沢和一郎編『「世界国家」別冊 解説・総目次・索引』（賀川豊彦関係史料双書④）緑蔭書房，1992年，第8页；小南浩一「賀川豊彦と世界連邦運動」，第70页。

② 世界連邦建設同盟編『世界連邦運動二十年史』世界联邦建设同盟，1969年，第81页。

③ ［美］施尔德根：《贺川丰彦》，第206页。

所阐述的哲学思想。[①] 事实上，1937 年在美国就已经出现了世界联邦运动组织。但总体而言，战前的世界联邦运动主要是鉴于国际联盟的失败，为了促使其成为更具实效的国际治理机构而提出抽象的世界政府观念，并没有形成一个具有实际政治力量的运动。[②]

世界联邦运动在战后的蓬勃兴起，在很大程度上是由于二次大战期间核武器的开发使用所带来的强烈危机意识。埃默里·里夫斯（Emery Reves）于1945 年6 月出版的《和平的解剖学》（*The Anatomy of Peace*）可谓是战后该运动的开山之作。[③] 虽然这本书发表于太平洋战争结束之前，但它在广岛和长崎的原子弹爆炸后立即博得广泛响应和支持。这两个城市在一刹那间化为废墟的消息，令人深深地感觉到战争新时代的到来。如此应运而生的世界联邦运动，在“不再重演广岛悲剧”（No More Hiroshima）的口号下，呼吁建立一个能够克服国际体系的无政府状态的世界政府。[④]

该运动的初创期有两个具有代表性的事件。汇集了各国的

---

① 贺川尤其看重康德的《永久和平论》，在1952 年的《世界国家》上分三次连载阐述了其和平理论的核心观点。『世界国家』1952 年2 月号、同3 月号、同4 月号。

② 『世界連邦運動二十年史』，第54 -58 页、第78 页。

③ Emery Reves，*The Anatomy of Peace*（New York：Harper & Brothers，1945）. 这本书不仅在美国成为畅销书，它在全世界都具有很大的影响力，被译成20 种语言，先后在25 个国家出版。

④ 听到广岛原子弹爆炸的新闻以后的几周之内，美国就建立了25 个世界联邦团体。参见長掛芳介『国連を「世界連邦」体制へ—恒久平和確立へ歴史を通観する—』近代文芸社，2005 年，第66 页；『世界連邦運動二十年史』，第59 -60 页、第78 -80 页。

世界政府运动团体的联盟组织，即“世界联邦运动”（The World Movement for World Federal Government，简称 WMWFG），于1947年8月在瑞士蒙特勒（Montreux）召开第一次世界大会，来自14个国家的138名代表参加讨论，采纳了制定世界联邦的基本理念以及发展方针的《蒙特勒宣言》①。1948年3月22日，以芝加哥大学校长哈钦斯（Robert Maynard Hutchins）为首的世界宪法起草委员会发表了《世界宪法芝加哥草案》，该委员会在起草阶段向全世界大约200名有识之士征求了意见，其中日本的贺川和中国的胡适被选为亚洲地区的代表。②

在这么一个国际潮流中，贺川在与海外同志携手的同时，致力于发展日本国内的运动。1948年8月6日，即广岛原子弹爆炸3周年纪念日，日本成立“世界联邦建设同盟”。被誉为“日本议会政治之父”、“宪政之神”的尾崎行雄（1858—1954年）③ 出任总裁，贺川出任副总裁。④ 上任后不久，贺川被哈钦斯授予《世界宪法芝加哥草案》的日文版翻译权。他

---

① 『世界連邦運動二十年史』，第88-91页；田中正明『世界連邦　その思想と運動』平凡社，1974年，第365-367页。

② 『世界連邦運動二十年史』，第112-115页。除此之外，世界联邦运动的著名拥护者包括德裔美国物理学家爱因斯坦（Albert Einstein）、英国哲学家伯特兰·罗素（Bertrand Russell）、以及日本物理学家汤川秀树。

③ 尾崎行雄，号咢堂，是日本明治、大正、昭和时期政治家。从第一次大选开始，连续25次当选众议员，历任文部大臣、东京市长、法务大臣等。他是一位致力于将议会民主主义植根于日本、实现真正意义上的政党政治的政治家。

④ 总裁的人选一开始就瞄准尾崎和贺川两人，后来为了避免该运动给人以基督教为中心的印象，最后选了尾崎。但因为此时的尾崎年龄已高达88岁，故大部分的工作责任实际上落到贺川身上。

立即着手翻译工作，于同年 10 月 1 日便将其日文版刊登在机关刊物《世界国家》上。[①] 几乎在同一时间，刚刚在英国议会成功设立了世界联邦委员会的下院议员米林顿（Ernest R. Millington）通知贺川，鼓励包括日本在内的世界各国的同志在各自国家议会中设立一个支持世界联邦的议员组织。因此，贺川在 1949 年 3 月 29 日召开的国际和平协会总会上提出方案，将具体工作委托给由四人组成的“推进委员”，另外还争取时任众议院议长的松冈驹吉等政治家的赞助。“世界联邦日本国会委员会”于 1949 年 11 月 20 日得以成立。[②]

日本作为世界联邦运动在亚洲地区的领导国家，召开了首届世界联邦亚洲会议。第一次世界联邦亚洲会议于 1952 年 11 月 3 日至 7 日在广岛召开，在日本和平运动史以及世界联邦运动史上占有重要地位，而贺川担任了该次会议的议长。[③] 从全球分布来看，当时的世界联邦运动有几个不同的中心。前述的英国世界联邦国会委员会在欧洲发挥领导作用，提出过于 1950 年成立一个“世界人民会议”的计划。美国的 5 个世界联邦组织于 1947 年在北卡罗来纳州阿什维尔（Asheville, North Carolina）合并成立了“世界联邦联合”（United World Federalists，简称 UWF），形成了提倡在现有的联合国基础上推行渐进改革的“改组派”。与此相对应的北美势力是以上述

① 『世界連邦運動二十年史』，第 102－113 页。

② 其中一位是 1941 年促成贺川去美国进行和平调解的笕光显，其他三个人为都天恒太郎、岩间松太郎和小盐完次。参见『世界連邦運動二十年史』，第 108－112 页。

③ ［日］田中正明『世界連邦　その思想と運動』，第 172－178 页。

芝加哥委员会为中心的、倡导世界机构的根本性改革的“芝加哥派”。① 而在亚洲，除了日本、印度和菲律宾有世界联邦运动之外，其他地区都还是未开垦的“处女地”。因此，在世界联邦运动的“震源地”广岛召开第一次亚洲会议具有历史性的意义。

图 7　贺川在广岛召开的第一次世界联邦亚洲会议上担任议长（1952 年）

首届亚洲会议采纳“广岛宣言”，向联合国提出了 5 条“劝告”：第一，加强核武器的管理；第二，解决朝鲜等地区的局部纠纷；第三，促进未加入联合国的各个国家的加盟；第

① 『世界国家』1952 年 10 月号，第 4 - 9 页。

四，让更多亚洲国家参加联合国的安全理事会；第五，将 8 月 6 日定为世界和平运动的纪念日。此次会议的与会者包括 1949 年诺贝尔和平奖获得者博伊德-奥尔勋爵（John Boyd-Orr，1880—1971 年）、[①] “中华民国”联合国文教组织（UNESCO）驻日代表李熙谋（1896—1975 年）、[②] 以及“台湾民主独立党”主席廖文毅（1910—1986 年）[③] 等人。

世界联邦运动还与联合国建立了特殊关系。《蒙特勒宣言》的条文声明，联合国是继国际联盟之后，试图通过条约机构来维持和平的第二次尝试，但它未必能达到其目的。WM-WFG 联邦主义者批评日趋尖锐的美苏对立，主张人类的生存不取决于采用资本主义还是共产主义的意识形态斗争，而更在于能否废止滋生国际冲突的强权政治，因此需要建立一个世界联邦体制。此时，日本在国际社会上尚处于孤立状态，虽然连年申请加盟联合国，却总是遭到苏联行使否决权的干扰。反之亦然，东方阵营的国家也因为美国的否决权而被拒绝加盟，导

---

① 博伊德-奥尔勋爵为苏格兰医学博士、营养学家，第二次世界大战期间担任英国政府的粮食政策顾问，战后出任联合国粮食及农业组织（United Nations Food and Agriculture Organization，简称 FAO）的第一任总干事。

② 李熙谋，字振吾，浙江嘉善县人。早年毕业于上海工业专门学校电机专业，后考取浙江省官费留美，1918 年获麻省理工学院电机工程硕士。回国后先后在浙江大学、暨南大学任教。1947 年当选第一届国民代表大会的代表，1949 年出任联合国文教组织代表。

③ 廖文毅，台湾云林县人，台湾独立运动的先驱。1925 年赴日本就读于同志社中学，毕业后考进金陵大学工学院。1932 年毕业后，旋即入美国密西根大学，1933 年获工学硕士，1935 年获俄亥俄州立大学化学工程博士。1950 年成立“台湾民主独立党”，1955 年在东京成立“台湾临时国民会议”，自任“共和国大统领”。

致从1950年到1955年的5年之间，虽然有23个国家申请加盟，却没有一个国家能够成功加入联合国。① 于是，日本的世界联邦组织决定遵照《蒙特勒宣言》的第一条原则，为了促进包括日本在内的全世界国家加盟联合国，在东京召开一次“联合国未加盟国会议”。②

图8　贺川在东京旧赤坂离宫召开的联合国未加盟国会议上担任议长（1954年）

---

① ［日］田中正明『世界連邦　その思想と運動』，第200－204页；“United Nations member states-Growth in United Nations membership，1945-present，” UN，accessed February 6，2011，http：//www. un. org/en/members/growth. shtml.

② WMWFG试图以联合国的加盟国为基础建立世界联邦，因此主张需要所有的民族和国家加入联合国。参见『世界連邦運動二十年史』，第89页；世界連邦運動協会「世界連邦運動の歴史」http：//www. wfmjapan. org/006/index. html，accessed February 5，2011。

联合国未加盟国会议作为第二次世界联邦亚洲会议的一环，为了赶在1954年末召开的第9届联合国大会之前，并为了利用因同年3月1日发生的比基尼岛氢弹爆炸事件而唤起的舆论力量，[①] 比两年前的第一次会议提早半年时间，于1954年5月2日至4日召开。这次亚洲会议的会场在东京旧赤坂离宫（现为赤坂迎宾馆），来自17个国家的约150名代表参加了会议，其中有包括日本在内的9个未加盟国8个加盟国以及其他35名海外嘉宾。以加盟会员身份出席的国家与地区包括印度、中国台湾、印度尼西亚、以色列、美国、新西兰、波兰和南斯拉夫，未加盟联合国的出席国家包括德国、芬兰、匈牙利、柬埔寨、锡兰、韩国以及日本等国家。除此之外，意大利、英国、马来亚和越南等国家的代表还特意发来贺电，对会议的宗旨表示赞同。[②]

会议结束时，贺川作为议长发表了与会国家和地区一致采纳的四条宣言：（1）联合国的世界性：联合国应当包括世界上所有的国家，由于加盟国之间的对抗和分裂而拒绝其他国家的加入明显违反了联合国宪章的条款和精神；（2）裁军会议

① 1954年3月1日凌晨，日本渔船“第五福龙丸”在马绍尔群岛附近捕鱼时，遭遇美国在比基尼环礁试爆的氢弹的放射性污染，导致一名船员死亡。这次事件引发了战后日美关系的第一次危机，掀起了反美、反核武器的风潮。参见Roger Dingman, “Alliance in Crisis: The Lucky Dragon Incident and Japanese-American Relations,” in Warren I Cohen and AKira Iriye eds., *The Great Powers in East Asia*: 1953—1960年（New York: Columbia University Press, 1990）, pp. 187-214；郭培清：“福龙丸事件与美国对日政策的调整，”《东北师大学报：哲学社会科学版》，2001年第3期，第43-48页。

② 『世界国家』1954年6月号，第8-11页。

的召集：以彻底废除军备为终极目标，筹划全世界同时进行的裁军计划，并及时召集必要的世界裁军会议；（3）世界联邦的必要性：国际联盟失败的历史以及联合国的现状充分证明，光靠独立国家之间的联合是不足以维持和平的，要在世界范围内缩小乃至废除包括核武器在内的所有军备，只有通过世界联邦才能实现；（4）联合国宪章再审议会议：联合国的第10届大会应当认可宪章再审议会议的召集，从而为由联合国到世界联邦的转型奠定基础。①

事后看来，联合国未加盟国会议是一次颇有象征意义的事件。就规模而言，此会算不上大，主持单位只不过是两个民间组织（世界联邦建设同盟和世界联邦日本国会委员会），出席的代表多数来自于非政府组织，而且经费也是自理的。但若就其意义而论，一个当时处于联合国体制之外的国家，从民间层面对联合国提出挑战，可谓是前所未有的事情。其影响所及，1955年的第10届联合国大会上一下子认可了16个国家加入联合国，而日本也在1956年终于成为联合国的成员国。第10届联合国大会上还采纳了一个准备召开宪章再审议会议的决议。② 除此之外，未加盟国会议也在一定程度上预示了1955年4月18日—24日万隆会议的召开，并唤醒和加强了亚洲人民反对殖民主义和帝国主义的觉悟。

1958年9月28日，将贺川选为名誉牧师的松泽教会成为

---

① 『世界連邦運動二十年史』，第166－170页；『世界国家』1954年6月号，第3页。

② "Resolutions adopted by the General Assembly at its 10th session," UN, accessed February 8, 2011, http://www.un.org/depts/dhl/resguide/r10.htm.

日本国内第一个进行“世界联邦教会宣言”的教会，其宣言内容凝聚了贺川对和平的设想：要求被写入日本国宪法以及联合国宪章中的放弃战争的原则[①]被所有国家采纳；要求禁止原子弹和氢弹乃至废除世界上所有的军备，建立一个直属联合国的常置警察部队。贺川认为日本的安全保障必须放在世界联邦的体制中去考虑，如果其警察制度完整，日本的安全也能得到保证。1957 年 8 月，在海牙召开的世界联邦世界大会上，贺川还发表一个宣言，[②] 提及比基尼岛氢弹爆炸的影响使得日本人无法食用太平洋的鱼类，主张“大洋”、“光线”和“空气”都是属于世界上所有人的共同财产，其宣言被《产经新闻》英文版描述为“日本的声音”。[③] 在“全球化”一词尚未问世的时代，贺川已经从全球的眼光看待世界以及日本在其中的定位，并倡导全球资源的共有性，致力于为了实现世界政府的和平运动，其高瞻远瞩的视野非同小可。而在继美国三里岛、前苏联切尔诺贝利而发生的日本福岛的核电事故之后，贺川所主张的思想意义更是不可忽视，值得研究和深思。

（二）合作社运动与日苏、日中关系

日本的世界联邦运动为谋求世界统一和实施裁军而开展活动，而合作社运动则从另一个渠道推动国际和平交流，贺川在

---

① 《联合国宪章》要求其加盟国放弃发动侵略战争的权利。

② 事实上，贺川本人没能出席此次会议，因此派後藤安太郎为代理，代读他的宣言。

③ 明治学院大学基督教学生会編『Kagawa：二十世紀の開拓者』，第 125 - 141 页。

其中也起到了重要的作用。

1951 年 9 月，以吉田茂首相为首的日本政府代表团在旧金山与 48 个国家的代表签订和约，但该和约仍未解决一些重要问题，包括与苏联和中国等社会主义阵营国家的媾和。无论大陆或台湾，都要求以中国唯一的政府代表身份签署和约，但是两者都未被邀请参与和会。苏联与其他的欧洲共产主义国家则在会议中途退席，其最不满意的是在占领状态终止后，仍有大量美军驻守日本。日本在签订该和约的 2 小时之后，还与美国签订了争议颇大的《日美安全保障条约》，在恢复主权的同时正式进入美国的“核保护伞”下，奉行了美国一边倒的外交政策。[①] 通过以合作社组织为平台的国际交流，贺川帮助加强日本与苏联、中国的联系和双边关系，在一定程度上纠正了因 1951 年旧金山会议片面讲和而造成的日本外交的偏向。

贺川在战前就一直是合作社运动的热烈倡导者和实践者，战后也自然而然地成为该运动重新启动的关键人物。对他而言，合作社不仅仅是一个经济互助组织，还是实现社会正义和国际和平的重要途径。日本国内的各类合作社组织从 20 世纪 30 年代起受到战争体制之下的政府管制，失去了自主性，到了战争末期，许多农业合作社甚至变成为军队保证粮食供应的附庸组织。[②] 第二次世界大战结束后，日本的合作社运动引起

---

① ［美］戈登：《日本的起起落落》，第 297－298 页。

② Ruth Grubel, "The Consumer Co-op in Japan: Building Democratic Alternatives to State-Led Capitalism," in *Consumers Against Capitalism: Ellen Furlough and Carl Strikwerda eds.*, *Consumer Cooperation in Europe, North America, and Japan*, 1840 - 1990, ed. (Lanham, MD: Rowman & Littlefield Publishers, 1999), pp. 303 -330.

了占领当局的注意，从而在美国合作社成员的帮助下进行了整顿和重组。[①]

由于美国占领当局的优惠政策，新的合作社组织有如雨后春笋，蓬勃发展。集合了相当于战前的农业协同组合、渔业协同组合以及生活协同组合等产业合作社组织[②]的日本协同组合同盟（简称“日协同盟”）于1945年11月18日成立，贺川成为其会长，还为此捐献了100万日元（大约相当于今日的14亿日元）作为运作资金。[③] 在日协同盟的支持之下，有关合作社的法律先后问世：例如，1947年11月19日通过的《农业协同组合法》；1948年7月30日通过的《消费生活协同组合法》以及同年12月15日通过的《水产业协同组合法》。[④] 这些进展使得日本合作社组织的数目在战后最初几年达到高

① Jack Shaffer, *Historical Dictionary of the Cooperative Movement* (Lanham, MD: Scarecrow Press, 1999), pp. 272 - 273.

② “协同组合”是“合作社”的日文对等词。为了方便读者，本文在正式名称之外均统一使用“合作社”一词。

③ ［日］米沢『賀川豊彦 II』，第638页；日本生活協同組合連合会編『現代日本生協運動史・資料集』日本生活協同組合連合会，2001年，资料编号01 - 1 - 5 - 04。日元比价据週刊朝日编『値段史年表　明治大正昭和』（朝日新聞社、1986年）算出。

④ 法令データ提供システム e-Gov（法令数据系统），http://law.e-gov.go.jp/htmldata/S22/S22HO132.html，http://law.e-gov.go.jp/htmldata/S23/S23HO200.html，http://law.e-gov.go.jp/htmldata/S23/S23HO242.html。除此之外，战后的农民还得益于由总司令部发起的农地改革，它废除在外地主制度，并把农地再分配给佃户。参见 Grubel, "The Consumer Co-op in Japan," p. 307；雨宫昭一『占领と改革』（シリーズ日本近現代史⑦）岩波書店，2008年，第52 - 54页。

峰。有统计显示，东京地区的合作社总数至1946年1月为止只有6个，而两年半以后的1948年7月则激增到385个。[①]

但这并不意味着战后合作社运动的发展万事大吉，一帆风顺。日本生活合作社同盟（简称“日协同盟”）于1946年9月向盟军总司令部提交了一份请愿书，指出生活必需品的配给制度已经脱离其原来的目的，不仅给国民生活带来了极大的不便，还扩大了官僚势力，导致日本民主化的退步。[②] 日协同盟指控政府滥用警察权力以阻碍合作社组织的自由活动，因此请求总司令部帮助解决这个问题，并对配给制度提出一些建议。[③] 为了这件事情，日协同盟还向内务大臣大村清一提交了请求书，呼吁不能让警察一方面阻挠合作社事业，另一方面却默认黑市交易。[④]

合作社的国际活动的渊源可以上溯到1895年在伦敦召开的第一次国际合作社大会。此次大会的与会者包括英国、法国、意大利、比利时、荷兰、瑞士、匈牙利、丹麦、塞尔维亚等14个国家的135名代表。为了缓解19世纪末欧洲的产业发展及经济萧条所导致的劳工生活困难，各国的合作社组织决定互相协作，为此共同组建了国际合作社同盟（International Cooperative Alliance，以下简称ICA）。虽然ICA在战前的活动范围仅限于欧洲国家之间，但它从战后开始积极接纳亚洲、非洲以及美洲等

---

① 協同組合研究所編『生活協同組合便覧』時事通信社，1949年。

② 日本生活協同組合連合会編『現代日本生協運動史・資料集』，资料编号01－2－2－05。

③ 同上，资料编号01－2－3－03。

④ 同上，资料编号01－2－2－06。

地区的合作社组织，成为有近百个加盟国的大规模国际组织。日协同盟于 1946 年 7 月 5 日在战后的第一次国际合作节（International Day of Cooperatives）时承认 ICA 宣言，表示了通过合作社来增强与世界各国的国际协作以及和平的意愿。

战后的日本合作社运动一开始就带有很强的和平意识。日协同盟于 1951 年 3 月 20 日进行结构性调整，成为日本生活合作社联合会（简称“日协联”），贺川被任命为首任会长。① 日协联创立大会上通过了三条纲领：（1）加深合作社之间的相互交流，强化组织的全国统一；（2）建立一个无剥削社会，提高勤劳大众的生活水平；（3）支持国际合作社同盟，确立世界和平。此外，创立大会上还专门发表了一个“和平宣言”，指出原子弹投放等第二次世界大战所带来的惨痛教训告诫我们，在得不到和平保证的情况下，民众的基本生活权利就得不到保障，因此国际合作社同盟需要向全世界的合作社运动者说明维护和平的重要意义，并鼓励他们为此努力，以确立一个和平的经济体制。② 在此种情形下，日协联于 1952 年正式加盟 ICA。③

面对比基尼岛氢弹爆炸事件，日协联也向全世界发出了和平呼吁。1954 年 3 月 1 日，“第五福龙丸”上的 23 名渔民因上述美国氢弹试爆而受害，使日本成为——继广岛、长崎之后——世界上唯一的一个三度遭受核武器灾害的国家。面对这

---

① 日生協創立 50 周年記念歴史編纂委員会『現代日本生協運動史（上巻）』日本生活協同組合連合会，2002 年，第 13 页、第 378 页。

② 日本生活協同組合連合会編『現代日本生協運動史・資料集』，资料编号 02-1-1-05。

③ 株式会社 組合貿易編『組合貿易三十年史』組合貿易，1991 年，第31-33 页。

一难题，日协联于同年4月13日发布声明，除了诉说渔民的悲惨经历之外，还强调“死灰”所引起的恐怖心理对国民的日常生活所造成的影响，指出放射尘污染降低了人民对鱼虾贝类的购买欲，使其供给量减少了一半。贺川为此代表日协联提出了三个要求：（1）公开原子弹的秘密，将全世界人民从恐怖中拯救出来；（2）立即停止氢弹试验，废除核武器；（3）建立一个核能和平利用的国际管理制度。①

日本合作社运动在民间外交层面也起到了积极作用。日本于1951年9月8日签订《旧金山条约》，与美国等48个国家实现片面媾和。而此时的苏联和中国等社会主义国家并没有同日本恢复邦交，使之成为日本外交上的重大悬案。1954年6月，全苏消费合作社中央联络会（俄文名：Centrosoyus）主席克利莫夫（Alexander Klimov）致函贺川，邀请日本代表作为观察员出席该会的代表者会议。然而，由于日本外务省拒绝办理护照，致使此计划未能实现。后来日协联向苏联的代表者会议致贺电，后者于同年12月中旬再次给贺川寄来邀请函，欢迎日本代表访苏。对此，外务省表示，在“选出能够尽国民外交职责的人士、旅费也一切自理”的前提条件下，允许派遣代表团。与此同时，日协联向中华全国供销合作总社提出派遣访华代表团的愿望并获得了同意，由此诞生了日本合作社访苏、访华代表团。②

日协联派遣访苏、访华代表团体现了日本的民间与社会主

① 『現代日本生協運動史・資料集』，资料编号02-6-4-02。

② 『現代日本生協運動史（上卷）』，第201页；『現代日本生協運動史・資料集』，资料编号02-7-2-03。

义国家进行和平交流的意愿。1955年6月25日，在代表团出发之际，日协联副会长田中俊介对此项活动发表如下看法："去年在ICA总会上所讨论的中心问题是如何维护和平与保障生活……只有维护和平才能保障生活……合作社运动是自由圈、共产圈所共有的，所以能得到苏联和中国如此热情的邀请。此事为促进世界和平作出了极大贡献，这是毫无疑问的。"贺川则用更加现实主义的眼光来看这次代表团的意义：苏联是联合国的会员国，而且全苏消费合作社中央联络会是ICA的加盟组织，无论是从国民外交的立场还是从阻止的战争的立场出发，都应该接受这样的邀请。此外，贺川对代表团在恢复邦交、促进贸易方面的潜在作用也表示了肯定。[①]

日本合作社的国际交流为日苏经济合作留下了有形的成果。由15个人组成的日协联访苏、访华代表团的最初目的是视察苏中两国的合作社运动，并促进与两国的友好关系。结果，日本代表团在访问期间与全苏消费合作社中央联络会达成协议，决定日苏两国的合作社组织开始进行易货贸易。[②] 为此，日方建立了日本合作社贸易股份公司（日文名：日本協同組合貿易株式会社），为以后的日苏合作社贸易奠定了基础。另一方面，日协联始终与中国保持频繁交流，直到20世纪60年代中期。[③] 考虑到当时的日本政府严格限制与社会主

① 『現代日本生協運動史·資料集』，资料编号02-7-2-04。

② 同上，资料编号02-7-2-05。

③ 日本1956年与苏联、1972年与中国恢复邦交。1958年10月，日苏恢复邦交之后，日协联与全苏消费合作社中央联络会签订有效期长达5年的《日苏合作社长期贸易协定》。参见『現代日本生協運動史（上卷）』，第201-203页。

义国家的往来及贸易，贺川指导下的日协联能够在这么一个时代背景下，在与苏中两国的合作社组织的接触中积累丰富的民间交流经验，可以说，为纠正日本政府在旧金山会议上片面讲和而造成的美国一边倒的外交偏向作出了一定的贡献。总之，日本合作社运动体现了贺川进行交流并“抛开国家以及政治等框架、从两国民众的厨房出发开展和平运动”[①] 的理念。

（三）吁请李承晚总统改善日韩关系

如果说合作社从民间的社会运动层面试图促进日苏关系的积极发展，那么贺川还从个人角度为改善日韩关系作出过贡献。贺川作为世界知名的宗教领袖，直接对外国政府要人进行和平诉求，这从他与罗斯福以及麦克阿瑟的信任关系中也能看出来。面对20世纪50年代日韩领土争端的激化，贺川给韩国总统李承晚写公开信，也可以算作他在战后为了缔造和平世界而做的一次具有历史意义的尝试。

美国占领日本初期的1945年9月27日，驻日盟军总司令部制定了一条规定日本渔船作业区域，名为“麦克阿瑟分界线”的海域线。这条线在一定范围内恢复了同年9月2日发布的“一般命令”所禁止的舰船移动，同时将“竹岛”（韩国称“独岛”）的领土主权实质上归属于韩国。[②] 然而这只是临时措施，由联合国于1949年12月29日起草的《对日和平条约》的草案中包含废除麦克阿瑟分界线、将竹岛归

① 「人寸描　日ソ協組貿易に登場した賀川豊彦」『朝日新聞』1956年3月31日。

② 『新版 日本外交史辞典』，第242页。

为日本领土的条款。于是，韩国对美国政府提出抗议，主张保持麦克阿瑟分界线，并劝日本放弃对竹岛的领土要求。但这些要求于1951年8月10日被当时的美国助理国务卿腊斯克（Dean Rusk）驳回。[①]

1951年9月8日，日本签署《旧金山和平条约》，与以美国为首的西方阵营国家媾和并恢复邦交。然而，韩国却由于朝鲜半岛唯一合法政府的代表权问题，被美方认定为没有资格参加和平会议，也没能签署该和约。因此，李承晚总统赶在此条约生效的1952年4月28日之前发表“海洋主权宣言”，设置了一个将竹岛包括在韩国海域内的“李承晚分界线”（韩国称“和平线”）。李承晚分界线基本上继承了麦克阿瑟分界线的区域划分，禁止非韩国籍渔船在韩国周边的公海上作业，违反者则成为临检、捕获、监管的对象。结果，许多日本渔船及其船员被韩国当局扣留，其中也出现因炮击、枪击而沉船或身亡之事，使李承晚分界线问题成为当时日韩两国之间的主要争端。[②]

面对这样一种极为严峻的日韩关系，贺川决定借书信方式来缓解紧张局势。1955年12月8日的《每日新闻》以及12月13日的同一报纸英文版（*The Mainichi*）发表了贺川的《向李承晚总统呼吁》一文。在这封信中，贺川举出他和李承晚之间的两个共同点——即同样作为基督教徒以及普林斯顿大

---

① 这就是所谓的“腊斯克书简”（Rusk documents）。

② ［日］原喜美恵『サンフランシスコ平和条約の盲点』渓水社，2005年，第66－68页。

学校友①的身份——以营造共同基础，接着解释日方对李承晚分界线的观点，倡导构建一个更加友好的日韩关系。首先，贺川根据《日本书纪》中的记载，指出韩国人和日本人的民族同源性，并介绍《圣经》中的大卫与扫罗王之子的慈爱故事。其次，他对殖民地时代的日本对韩国所作的“迫害”表示道歉，说他当初就反对日韩合并，② 而且现在也支持韩国独立，并希望将来的日韩关系能同美国及其旧宗主国英国的关系一样友好。最后，贺川说明日本的300万渔民为了维持生计，不得不在李承晚分界线附近作业的情况，同时也提及蒋介石对战后日本所展示的“宽大精神”，呼吁韩国以基督教精神赦免日本的殖民主义罪过。③

两周之后，李承晚给贺川寄来一封较长的回信，其内容被刊登在1955年12月21日的《每日新闻》上。李承晚的信对贺川作为宗教领袖的活动表示敬意，并承认贺川所指出的日本人和韩国人之间的血缘关系。他一方面表明，据他所知，贺川的公开信是第一个由著名日本人对日本在朝鲜的殖民统治所作的道歉行为。另一方面，他又强调日韩的战后处理尚不完善，随后重申了日方的战利品归还、对韩财产请求权的放弃、李承晚分界线的认同、《日韩合并条约》的废除等外交上的要求。尤其是在李承晚分界线问题上，他认为从国家安全以及资源保

① 但两者的留学时间有所不同。贺川从1914—1916年就读于普林斯顿，而李承晚是从1908—1910年在普林斯顿读书。

② 1910年8月22日，日本与韩国签订《日韩合并条约》，开始了日本对朝鲜半岛的殖民统治。

③ 賀川豊彦「李承晩大統領に訴える」『毎日新聞』1955年12月8日；林啓介『時代を超えた思想家 賀川豊彦』阿波銀行，2000年，第251-254页。

护等角度出发，设置此线是“和平的最佳保证”，提出应该展现“宽大精神”的是日本而不是韩国。①

毎日新聞 The Mainichi （日刊） 昭和30年（1955年）12月21日 （水曜日）

日韓友好のために

李大統領 賀川氏に返書

日本の誠意を望む

李ラインは平和の最良の保証

我々の心配を取りのぞけ

寛大の精神こそ平和樹立の道

賀川豊彦さんへ

日本の財産要求途方もない

李大統領

毎日新聞

日韓

日本ノート

图9 报道李承晚总统给贺川回信的《每日新闻》

虽然贺川的信没能改变李承晚总统的基本立场，但贺川能从一个被媒体描绘成“固执已见”的仇日派的李承晚那里收到如此真心实意的长信，这是值得注意的。同一天的《每日新闻》报纸上有一则评论道：“以厌恶日本人著称的总统也对贺川甚为谦虚，该认错的地方就认错，相信贺川代为诉求300万渔民窘境的诚意，有条理地将韩国的主张写在一封信中，这对于日韩

① 李承晚「日韓友好のために」『毎日新聞』1955年12月21日，第1面。

问题的解决是一个良好的开端。”① 贺川本人也对李承晚的回信表示积极回应，事后于1955年12月22日以“中央贸易合资公司”（日文：中央贸易合资会社，Central Commercial Co.）的名义给李承晚寄了一封英文的致谢邮件，其中随函附有公司的内部报刊（Collective Bulletins）、有关“用泥土和稻壳灰制成的轻量砖”（Lightweight Building Brick Made from Soil and Rice Husks Ashes）的资料以及海苔罐头的礼品。②

与此同时，韩方也在关注贺川与李承晚的经由报纸的“书面对话”。1955年12月24日，韩国外交部致电李承晚总统，通知李承晚的亲电于12月20日顺利送达贺川手中，指出他的信息成为12月21日《每日新闻》的日英两版的头条新闻，并说明《每日新闻》是在政府和民间双方皆具影响力的、日发行量超过500万份的日本最大的报纸。这份电报还强调，李承晚的公开信成为使日本民间重新考虑日韩问题的契机，促使有些人甚至开始怀疑日本政府所公布的信息的可靠性，而这对韩方而言是十分有利的。③

---

① 李承晚「日韓友好のために」『毎日新聞』1955年12月21日，第1面。

② Chūō Bōeki Gōshi Kaisha（Central Commercial Co.），Letter to Dr. Syngman Rhee，Dec. 22，1955；Syngman Rhee Materials，Yonsei University；File 130：Unofficial Correspondences，in *The Syngman Rhee Presidential Papers：A Catalogue*，comp. Young Ick Lew and Sangchul Cha with Francesca Minah Hong（Seoul：Yonsei University Press，2005），p. 43. 发信人的住址为“P. O. Box 8 Ibaraki，Osaka，Japan”。

③ Minister Kim，Telegram to the Office of the President，Dec. 24，1955；Syngman Rhee Materials，Yonsei University；File 181：The Ministry of Foreign Affairs，in *The Syngman Rhee Presidential Papers*，p. 54.

总之，贺川的一封信之所以能产生这样的影响，与宗教因素有着深刻的关系。如上所述，贺川与李承晚都是基督教徒，而且都是普林斯顿大学的校友。少年时代的李承晚受过传统的儒家教育，但为了学习英语，他从19岁起就读于一个卫理工会的教会学校。其皈依基督教是在他因加入民族主义组织“独立协会”而被捕入狱之后的服役期间（1898—1904年），虽然一开始他对西方的基督教持怀疑态度，但随着时间的推移，开始接受《圣经》的教义，并在不久之后便开始对其他囚犯说教，在6年的监狱生活中获得了40多位皈依者。李承晚将宗教和政治视为不可分的东西，尤其认为在美国所发生的政治以及社会改革现象不通过基督教的教义就无法理解。[①] 李承晚的这种信仰与经历，使得他虽是强硬的反日派，但同时也对基督教社会活动家贺川的和平诉求表示敬意，因而诚恳地应对了其期盼日韩友好的书面呼吁。

结　语

（一）作为“基督教国际活动家”的贡献

贺川作为“基督教国务活动家”的角色在日本的战后复兴中变得更为突出。他以东久迩首相的内阁顾问身份，向盟军占领当局提出救援物资的请求，并组建了“国际和平协会”

① Robert T. Oliver, *Syngman Rhee: The Man Behind the Myth* (Westport, CT: Greenwood Press, 1973), pp. 60 - 65. 除此之外，李承晚还担任过韩国基督教青年会总务。参见『新版 日本外交史辞典』，第1045页。

和“道义新生会”等民间组织，以应对日本重建中的物质和精神两方面的需求。此外，贺川以其所领导的民间运动——即世界联邦运动和合作社运动——为交流平台，与国外的相关组织建立了联系。他一方面通过世界联邦运动，致力于树立世界政府，推动反核和平主义，并为日本加盟联合国而作出了努力。另一方面，他以合作社组织为平台的国际交流，表达了日本人民与苏联和中国等社会主义国家建立友好关系，以促进世界和平的意愿。

贺川还借助其宗教领袖身份，与外国政要进行了沟通。麦克阿瑟认为基督教和民主主义是有内在联系的，要使民主主义扎根于日本，需要一个“精神核心”，因此积极召回了在太平洋战争前夕被迫离开日本的美国传教士。而贺川也认同麦克阿瑟的想法，提出具有基督教色彩的“一亿人总忏悔”论，倡导日本的“精神复兴”和“精神革命”，亲自向天皇以及普通民众宣讲基督教，对占领当局的宗教政策作了配合。除此之外，当韩日领海纠纷爆发之际，贺川致函李承晚且在信中引用《圣经》的慈爱故事，试图与身为基督徒的韩国总统营造共同感情基础。结果，被视为“固执己见”的仇日派的李承晚给贺川回复了一封充满真情的长信，缓和了两国的紧张关系。

（二）贺川的宗教思想及活动的特征

与其同时代人相比，贺川在日本基督教界处于特殊地位。日本新教的起源可追溯到明治初期的三大源流：即“横滨派”（横浜バンド）、“熊本派”（熊本バンド）以及“札幌派”（札幌バンド）。横滨派为日本最早的新教团体，它们推行纯粹的福音主义信仰，继承了欧美的以教会为中心的新教传统。

熊本派则引进了德国的自由主义神学，倡导平民主义，并介绍了社会主义。札幌派强调的是平信徒在教会里的作用，同时也重视超宗派乃至宗派合作的立场。

从宗教思想角度而言，贺川比较倾向于熊本派的自由主义神学，同时也赞同札幌派的超宗派立场，但他自己并不属于哪一个派别。虽然贺川一直与日本的教会和牧师保持联系，也从未放弃过他作为长老会牧师的职责，但他始终对日本的教会持有强烈的批评态度。① 他认为教会里的神学思想过于抽象，离现实生活太远。由于当时日本的牧师和基督徒大多来自受过高等教育的上层社会，在贺川看来最需要福音化的贫民、工人、农民等下层社会的群体却被忽视，因此他积极投身社会运动，并致力于向平民传布福音。虽然贺川所主导的神之国运动得到日本基督教联盟的全面支持，使他成为日本第一个大规模自传布道家，但不少教会人士还是看不起他，并因其将基督教与社会改革混为一谈的宗教思想而把他视为异端。②

与日本国内相比，贺川在国外深受欢迎。他作为贫民窟的布道者以及一系列社会运动领导者的功劳，在海外尤其是在欧美国家得到了相当高的评价。譬如，19 世纪末至 20 世纪中期在美国传教界极具影响力的《教务杂志》（英文名为 *The Chinese Recorder*）中，经常能看到有人将贺川、甘地和孙中山或胡适评为“亚洲三大圣人”，但同时又叹息“在中国还没出现

① Mullins, “Christianity as a Transnational Social Movement: Kagawa Toyohiko and the Friends of Jesus,” pp. 76 – 77.

② ［日］久山康編『近代日本とキリスト教〔大正・昭和篇〕』基督教学徒兄弟团、1970 年，第 33 – 44 页。

能够像贺川一样引起西方教会人士的注目的基督徒”。[①] 由此可见，在西方宗教界的眼里，贺川是当时最为引人注目的亚洲基督徒。

从当时关于他的外文书籍以及来自国外的演讲邀请数量之多看来，贺川似乎成为了一个“宗教明星”。他不但受到传教士的资金援助，甚至还有差会组织专门派人去做他的秘书，协助其工作。当然，外国差会在这里也有自身利益的考量，因为通过宣传由美国传教士施洗入教的日本基督徒贺川的杰出成就，能够证明传教事业的重要性和有效性。有意思的是，“贺川秘书”之一的杜哲斯在分析他的魅力时曾经指出：“他虽然有机警的头脑，但算不上一个伟大的神学家，在神学思想方面没有什么创新。他也不是一个伟大的组织者。也许他的使命就是发起新的运动，然后将其发展的责任留给其他人：他负责播种，而让其他人培育和收获。”[②] 杜哲斯还指出，贺川的个人魅力来源于他对社会问题的关怀，基于基督徒的同情心，以及诗人般的表达能力。

贺川的同事也对其社会活动的重要性发表过类似的观点。在回想宣讲推广合作社的1935—1936年访美之旅时，有一个随从曾说过：“虽然有许多东方人——中国人、日本人等——都被邀请到美国做演讲，但他们大多是因为美国人对东方有好奇心，想了解东方而被邀请的。但是，这与贺川的情况迥然不

---

① M. R., “Whither Asia? by Kenneth Saunders (book review),” *The Chinese Recorder*, vol. 65 (Apr. 1934), p. 257.

② Jessie M. Trout, *Kagawa*, *Japanese Prophet*: *His Witness in Life and Word* (London: Lutterworth Press, 1959), pp. 7-8.

同，即美国人自身走进了社会、经济以及宗教问题上的死胡同，所以才找贺川来给他们引导，向贺川求教打破僵局的方法。美国人出于自己生活的需要，邀请东方人，这是非常难得的”。[①] 由此可见，贺川的宗教思想和社会活动虽然导致他在日本国内基督教界被边缘化，却使他在国外、特别是在美欧的基督教界赢得了巨大的感召力和影响力。

（三）贺川的社会事业的现代意义

贺川一生中所从事的社会事业和民间运动多数已成为历史，但也有一部分依然存在，在当今世界上焕发着青春，继续体现和传达着他的友爱与和平的理念。

在他广泛的社会实践中，合作社也许是最有持久影响的一项。贺川建立的神户消费组合从战前至今一直存在，它现在改名为“Coop Kobe”（コープこうべ），拥有140多万名会员和429.5亿日元资金，到2009年为止一直保持着世界上最大规模的单一合作社的地位。关于合作社组织的耐久性，有学者指出：“合作社运动所吸引的注目不如资本主义、社会主义和共产主义等更加野心勃勃的运动。而且，它的哲学观虽然是很乐观的，但比起上述其他意识形态则显得非常单调乏味。其实这样也许更好，因为这样能使合作社以各种不同形式发展并增加会员。这样它又可以得到更广泛的传播，在资本主义国家得以接受，经常在民主社会主义国家也得到推广，甚至在共产主义国家中也被容忍。虽然合作社运

① ［日］中山昌樹「欧米旅行所感」『雲の柱』第15卷9号（1936年9月），第12页。

动辞藻不甚华丽，但它一旦成立，却历久不衰。”① 尤其是在后金融海啸的现在，贺川的互助经济理念中是有相当值得借鉴的地方的。

在寻求国际和平方面，贺川曾扮演初期领导角色的世界联邦运动现在仍在活动之中。笔者在东京的松泽资料馆搜集资料时，有机会结识现在的日本世界联邦运动的第一线活动家。原来的“世界联邦建设同盟”现在改称“世界联邦运动协会”，以前日本首相海部俊树②为会长，主要从事宣传启发活动。最近的成果包括于2005年8月2日促成日本众议院采纳“探究实现世界联邦的道路”的决议，并促使日本政府于2007年加入国际刑事法庭（ICC）。世界联邦运动协会的相关组织（Association of Citizens for International Solidarity Taxes）（简称ACIST，日文名称为“国際連帯税を推進する市民の会”）正在推广实现国际互助税（又称“托宾税”，日文称“国际连带税”）的运动。国际互助税是一种国际税，通过对跨越国界的一些经济活动征税，从而试图解决贫困、环境、传染病等全球性问题。通过对外汇交易征税，也可以抑制投机行为。实际上，法国等十几个国家已经开始征收国际机票税，其税款用于对抗传染病。

另外，笔者还于2010年7月25日访问过日本第一个采纳

① Jon Woronoff, “Editor's Foreword,” in Jack Shaffer, *Historical Dictionary of the Cooperative Movement* (Lanham, MD: Scarecrow Press, 1999), pp. 7-8.

② 海部俊树1990年2月28日至1991年11月15日出任首相，是在1989年以后的西方对华制裁格局中，第一个对中国进行正式访问的发达国家首脑。

“世界联邦和平都市宣言”的京都府绫部市①，参加由世界联邦运动协会等组织筹备举行的“中东和平规划”（中東和平プロジェクト in 綾部）。该项目为绫部市纪念世界联邦都市宣言60周年活动的一环，邀请了以色列和巴勒斯坦共10位青少年访日，通过为期5天的寄宿家庭生活和与当地高中生的文化交流等活动，促进两国人民的和平友好。7月25日的活动为“市民大会”，来日的10位青少年在众多绫部市民面前，通过翻译讲述了他们在巴以冲突中的悲惨经历（他们都在中东纠纷中失去过至少一个亲人或亲戚），并呼吁对未来世界和平的祈愿。此次大会的来宾包括驻日以色列大使和驻日巴勒斯坦常驻总代表部代理大使等。由此可见，贺川为之作出努力的实现世界永久和平的事业后继有人。

谢词

作者在本文撰写过程中得到了导师徐以骅教授的悉心指导以及华中师范大学刘家峰教授的热情指点，谨在此表示衷心的感谢。本文中所使用的贺川照片，得到了日本“贺川丰彦纪念·松泽纪念馆”、“东京堂出版”、“井上书房”和林啓介先

① 绫部市为日本神道系统宗教之一、大本教的发祥地。大本教创立于1892年，教祖出口直（1837—1918年）神灵附体，在京都绫部开教，后来其女婿出口王仁三郎（1871—1948年）将该教义加以体系化。大本教在战争时期受到镇压，1935年被迫解散，于1946年以“爱善苑”为名恢复活动，提倡世界语和人类博爱，并于1950年10月14日促成绫部市采纳“世界联邦都市宣言”。参见『世界連邦運動二十年史』，第122－125页。

生的刊载许可，在此表示诚挚的谢意。

文中图片，除图 5 取自林啓介『炎は消えず—賀川豊彦再発見—』（井上書房，1982 年，第113 页）和图 9 取自『每日新聞』（1955 年 12 月 21 日，第 1 面）外，其余均取自賀川豊彦写真集刊行会編『賀川豊彦写真集』（東京堂出版，1988 年），页码分别为第 1 页（图 1）、19 页（图 2）、25 页（图 3）、140 页（图 4）、175 页（图 6）、65 页（图 7）、179 页（图 8）。

传教团体对美国东亚政策的影响

——以抗日战争期间赴华与赴日之美国传教士为例的比较分析

●袁 玚

[内容提要] 对美国传教士在抗日战争期间的研究过去常局限于美国传教士在华的活动与言论，本文尝试通过对赴华传教士团体与赴日传教士团体加以比较分析的方法，探讨美国传教士在此期间对美国东亚政策形成之影响。总体而言，赴华美国传教士及其子弟在中国和美国本土两线都积极而成功地制造了“同情中国”的舆论，促成了美中最终的结盟；而赴日美国传教士无论在日本还是在美国都相对低调而沉默，未能积极推动美日关系、阻止太平洋战争的爆发。最后，笔者就“间谍论”“人道论”“夹缝论”和“切换论”等四种理论模式对比较分析赴华与赴日两大美国传教士团体之学术可能性作了探讨。

美国传教士在抗日战争期间的作用，随着中国基督教史研究的兴起逐渐引起了人们的一些关注。但是研究范畴大多局限于美国传教士在中国的活动与言论，极少将其与美国传教士在日本的言行作深度比较，也鲜有涉及在华、在日两大传教士团体对美国远东政策的影响。学科分野固然是导致这类比较研究在中国尚未启动的主要原因之一，这一研究空白也反映了东亚基督教史研究的一个通病，即各国学者都将焦点置于本国基督教的发展，而对基督教在国际间的关联和影响缺乏学术研究。已有学者指出，“基督教作为一种普世性的宗教，在世界各地建立起传教网络，这种网络并不因国家或地区的政治界线而发生阻隔，从整体上看它是一个系统”[①]。基于以上两大原因，从事中日关系、中美关系和中国传教史研究的学者都忽略了这一颇富挑战性的学术领域。相对而言，作为向世界各地差派传教士的美国，在学术视野和文献材料等方面都占有优势。[②] 哈佛学者詹姆士·里德（James Reed）在《传教思想与美国东亚政策》一书中将美国的“集体心态”定义为“传教思维”（missionary mind），并犀利地指出：“美国对东亚与太平洋地区的政策，其成就不如其失败更值得一提。”[③] 他认为，美国

① 刘莉：《贺川丰彦与二十世纪中国基督教思潮》，华中师范大学2008年硕士论文，第1-2页。

② 已有中国学者注意到了这一研究方向，如徐以骅在《宗教新右翼与美国外交政策》（载徐以骅主编：《宗教与美国关系——美国宗教的“路线图”》（第一辑），时事出版社，2004年版，第100页）一文中便提到驻各国的传教士在促进美国与其所驻国关系时起到的作用，并引用多位海外学者的相关学术成果。

③ James Reed, *The Missionary Mind and American East Asia Policy* (Cambridge, Mass.: Harvard, 1983), p. 2.

国际事务的决策者始终未能正确把握该地区的实质，一而再、再而三地误读了日本的扩张主义、中国的民族主义以及整个亚洲的民族主义浪潮。惜乎该书的实证研究仅局限于（1911—1915年）民国成立初年美国传教士对美国大众与决策层的影响如何胜出美国商界在东亚问题上的看法，尚未有学者沿照这一研究脉络来分析太平洋战争前夕美国东亚政策的形成。对赴华与赴日的美国传教士作全面深入的比较分析绝非笔者所能胜任，本文意在结合前人的研究成果的基础上尝试分析以下问题：为何美国民众在中日战争过程中逐渐由“亲日”转向“亲华”，传教士在此期间起到什么作用？为何前往日本的美国传教士并不积极也未能成功在美国人中制造“同情日本”的舆论，而前来中国的美国传教士却积极而成功地制造了“同情中国”的舆论？

虽然本文的研究范畴仅限于美国基督教新教（Protestantism）的传教士（不包括天主教及其他差会）①，时间范畴为“九·一八”事件至太平洋战争结束，但在进入正题之前，极有必要先对中日两国基督教起源与发展做一简要回溯。而以传教士为主导时期的基督教会在中国和日本的发展，又必须和西方差传运动的发展结合起来评述。按徐以骅教授的断限（periodisation），美国海外传教运动大致可分为五个阶段：预备阶

① 研究天主教（Roman Catholic）和基督教新教（Protestantism）传教史的学者通常隶属于不同的学术传承，两大教派的历史也因而常被置于不同课题之下，这也是导致后进学者难以打破学术建制，将不同教派综合比较的主要原因。而梵蒂冈不顾民国政府反对率先承认满洲国，也使天主教传教士与中日信徒之间、天主教传教士与新教传教士之间的关系更趋复杂。本文限于篇幅，也基于传统，将研讨范围限定在新教传教士。

段（17世纪40年代—1810年）、开始阶段（1810—1890年）、全盛阶段（1890—1918年）、调整阶段（1918—1945年）、复兴阶段（1945年以后）[①]。美国首次差派前往中国的传教士[②]（1830年）和前往日本的传教士[③]（1859年）都是在草创的第二阶段，而抗日战争则处于调整的第四阶段。20世纪上半叶，世界格局不仅在政治经济等硬实力方面进入“美国世纪”，在海外差传等软实力方面美国也取代了英国跃居基督教国家的首位；而中国始终是北美新教差会最大的宣教区域。1890年北美新教差会共向中国差派了198名传教士，向日本差派了146人，两者相差不大，仅次于在印度传教士的人数（262人）。到1938年，北美传教士在中国的人数已增长到3090名，而在日本的人数仅为686名。[④]

1935年，新教传教士在华总人数为8250人，一年后降到

① 徐以骅：“美国新教海外传教运动史述评，”徐以骅主编：《宗教与美国关系——美国宗教的“路线图”》（第一辑），时事出版社，2004年版，第321页。

② 首位赴华美国传教士为裨治文（Elijah Coleman Bridgman，1801—1861年），宗派背景为公理会，隶属美部会（American Board of Commissioners for Foreign Missions，简称ABCFM），裨氏于1830年2月15日抵华。

③ 首位赴日美国传教士为里根斯（John Liggins），宗派背景为圣公会，原为赴华传教士，于1859年初前往日本疗养时，由差会改派为赴日传教士。

④ 数据引自W. Richie Hogg，“The Role of American Protestantism in World Mission，” in R. Pierce Beaver，Catherine L. Albanese，eds. *American Missions in Bicentennial Perspective*，（South Pasadena：William Carey Library，1977），p. 369。因不同作者统计的方法与原则不一，数据或与其他文献有出入。

6059 人，其中 60% 为美国传教士[①]。1936 年中国新教信徒人数为 536689 人[②]；1945 年第二次世界大战结束时，人数增加到 77 万左右[③]，较战前增长了 43.4%。中日两国信徒人数的绝对数字虽有差异，但比例上都在总人口的 1% 以下。综合美国学者桑德拉·泰勒（Sandra C. Taylor）的统计和《时代》周刊（*Time*）的报道，20 世纪 30 年代末，日本境内曾有近 900 名新教传教士，1940 年底仍有 640 名，到 1941 年 4 月剩 214 名。太平洋战争爆发之际，日本本土仅余 90 名传教士；而在中国日占区仅美国传教士便超过 2000 名。[④] 太平洋战争爆发后，所有在日军占领地区或国家的盟国传教士都被关入集中营，或被遣送回国；但在中国的大后方仍有不到 1000 名美国传教士可以自由活动。[⑤] 由这些数据可以得出以下结论：（1）基督徒在中国和日本都属少数群体；（2）抗日战争时期，在华和在日的美国传教士人数都处于逐渐递减的状态；（3）中国信徒的人数在战争期间增长迅速，但日本信徒人数没有明显变化，甚至还有减少的趋势。

---

① 顾长声：《传教士与近代中国》，上海人民出版社，2004 年版，第 306 页。

② 赵天恩：“从华人教会发展史看教会增长，”林治平主编：《近代中国与基督教论文集》，台北宇宙光出版社，1981 年版，355－356 页。

③ 顾长声：《传教士与近代中国》，第 367 页。

④ “Religion: Missionaries and Japan,” *Time*, Dec. 15, 1941 和 Sandra C. Taylor, “The Ineffectual Voice: Japan Missionaries and American Foreign Policy, 1870—1941,” *The Pacific Historical Review*, vol. 53, no. 1 (1984), p. 37.

⑤ 顾长声：《传教士与近代中国》，第 367 页。

一、美国赴华传教士对“中美结盟”的促进

由于抗日战争期间的美国赴华传教士基数庞大，他们对美国东亚政策的影响很难一言蔽之，也无法由某个传教士全面代表，因此笔者将从以下几个方面展开历史回顾、并各举一至两名传教士作为典型个案：（1）美国传教士在中国沦陷区的活动，以华群（Minnie Vautrin，1886—1941 年）为例；（2）美国传教士在“自由中国”的活动，以牧恩波（Rev. George W. Shepherd，1894—？年）为例；（3）美国传教士对中日关系的调解，以司徒雷登（John Leighton Stuart，1876—1962 年）为例；（4）美国传教士在美国的游说活动，以周以德（Dr. Walter Henry Judd，1898—1994 年）为例；（5）美国传教士在美国民间的宣传活动，以卢斯（Henry Robinson Luce，1898—1967 年）和赛珍珠（Pearl Buck，1892—1973 年）为例。

如果说外交是内政的延续，那么美国传教士对本国远东政策的影响则是他们在中日两大传教工场之经历（field experience）的折射。在深入了解美国传教士在美国的影响之前，极有必要回顾他们在中日两国的活动与感受。对抗日战争期间美国赴华传教士的研究，中国学者较侧重南京大屠杀这一时期，其中以章开沅教授的论述最为丰硕。[①] 据考证统计[②]，南京大

① 章开沅教授撰写、编译的相关文献、书籍及论文集包括：《天理难容——美国传教士眼中的南京大屠杀（1937—1938 年）》（1999 年）；《贝德士文献研究系列之一：南京大屠杀的历史见证》（1995 年）；《从耶鲁到东京：为南京大屠杀取证》（2003 年）等。

② 详见侵华日军南京大屠杀遇难同胞纪念馆馆长朱成山研究员著《亲历南京大屠杀的外籍人士数考》（《抗日战争研究》2005 年第 4 期）。

屠杀期间共有39名外侨留守，其中24人经历了全过程，在这24人中21人持美国国籍，含14名传教士，[①] 这一群体自发组成了“南京安全区国际委员会”和“国际红十字会南京委员会”两大救援机构，后来出席东京国际战犯法庭作证的贝德士（Miner Searle Bates）[②]、马吉（John Magee）[③]、费吴生（George Ashmore Fitch）[④] 和威尔逊（Robert O. Wilson）[⑤] 皆为两委员会成员中的传教士。美国传教士对南京大屠杀的书面见证以中、英、法、日、丹麦等文字出版后[⑥]，通过从日本撤离的传教士将书偷运到日本。日本参谋总长闲院宫读后，曾发布《告日本全体将士书》，承认日军在南京有“辱国行为”。[⑦] 此书也成为东京法庭对日本战犯定罪量刑的书面证据之一。

美国传教士在南京大屠杀期间的活动可谓美国以及大部分西方传教士在整个抗日战争期间在华言行的缩影。一方面，传教士在日占区的经历改变了他们对日本人的好感；另一方面，传教士为平民提供的避难、医疗、慈惠等服务也改变了中国民

---

① 包括6名担任牧职的传教士、4名金陵医院的医护人员和4名金陵大学以及金陵女大的教授，西方差会视医疗与教育为“福音的两个婢女”，这14名美侨从广义而言都是传教士。

② 贝德士为金陵大学的教授，而金陵大学是美国美以美会创办的教会大学。

③ 马吉为美圣公会南京道胜堂牧师。

④ 费吴生为南京基督教青年会（YMCA）总干事。

⑤ 威尔逊为金陵大学医院外科副主任医生。

⑥ 该书英文版（1938年）书名为 *The Japanese Terror in China*，伦敦版、纽约版各发行60000册，印度版10000册；中文版书名《外人目睹之日军暴行》（1938年）发行100000册，日文版书名《所谓战争》（1938年）发行10000册，法文版（1939年）、丹麦文版发行10000册。

⑦ 郭存孝：《中澳关系的流金岁月》，黑龙江人民出版社，2006年版，第45页。

众对他们的偏见。美国传教士不仅是整个中国苦难的见证人，他们本身也经受了很大的冲击，在一篇以《被忽视的受害者》[1] 为题的论文中，学者彭剑将之总结为财物损失、与家人离散、音信不通、行动受限、体力透支与精神崩溃。女传教士华群（又译作魏特琳）可谓展现了留守美籍传教士“保护者”和“受害者”两面性的典型个案。作为金陵女子文理学院的代理院长，华群曾在金陵女大的校园里救护过上万名妇孺，时人呼为“活菩萨”，后人誉之“中国的女辛德勒”，她所坚持笔录的日记，日后被当作重要史料及证词之一。[2] 1938 年 7 月 30 日，中国政府秘密授予她最高规格的采玉勋章表示感激；她去世后，又颁布褒奖令作为缅怀。而华群本人，却因严重的精神抑郁症而被送回美国接受治疗，并于离开南京一周年之际自杀。太平洋战争爆发后，留守在中国的盟国传教士还蒙受了被关集中营的经历，[3] 按顾长声先生之说，约有 1200 名英美

① 彭剑：“被忽视的受害者——南京大屠杀中美国传教士的另一面相，”《历史学研究》(2003 年第 8 期)。

② 《魏特琳日记》的中文版于 2000 年由江苏人民出版社出版，由笠原十九司教授解说、冈田良之助与伊原阳子合译的日文版，则由日本大月书店于 1999 年出版。

③ 关于盟国传教士在中国沦陷区之日军集中营的研究可参看：Norman Cliff（柯喜乐），*Prisoners of the Samurai*：*Japanese Civilian Campus in China*，1941—1945（Essex：Coutyard Publishers，1998）；C. D. Spink，An Oral History Case Study on the Co-Construction of Schooling at the Chefoo School and in Weihsien Internment Camp（Ph. D. Diss.，Widener University，2000）。传教士子弟戴绍曾（James Hudson Taylor III）和米大卫（David Michell）有关集中营的经历可参看两人所著回忆录 *God's Grace to Nine Generations*（OMF，1999 年）和 *A Boy's War*（Singapore：OMF IHQ，1988；中译本：张玫珊译：《战地童心》，香港：海外基督使团，2007 年版）。两人和柯喜乐关在同一集中营。

在华传教士被关进日本集中营，经日方两次遣返，到 1945 年 6 月，仍有 766 名在押。[①] 传教士在日占区被杀害的消息也屡有传出。

美国传教士也积极参与中国的后方建设。就教会教育而言，抗战期间，教会大学陆续西迁，在重庆、昆明、贵阳等地重新办学；在沦陷区，北平燕京大学和辅仁大学、上海复旦大学和圣约翰大学在传教士与日军斡旋下得以勉力维持，继续为中国培养高级知识分子。[②] 就传教事工而言，教会工作重心从沿海地区逐渐向西南诸省转移，增设新传教区进行拓荒植堂。[③] 战争引发民众对人生终极意义的思考、人心渴求宗教慰藉，教会虽然在人力与物力方面损失巨大，但信徒人数仍增长甚快。在民政建设方面，美国传教士的成就可以美部会的牧恩波[④]为代表。1935 年，牧恩波因在江西黎川实验区的工作卓有成效，被蒋介石聘请为"新生活运动"总干事，被视为政教

① 顾长声：《传教士与近代中国》，第 367 页，但作者未注明统计数据的出处。

② 顾长声：《传教士与近代中国》，第 374 页。

③ 例如：美国差会曾设立"西藏十字军"等新机构，美国传教士柯乐智（A. R. Crouch）曾协助孔祥熙主持中华基督教会下属之"边疆传道运动"，美国卫理公会会督力宣德（Bishop Cayleton Lacy）曾负责主持《大移民与华西教会》这一为后方传教而准备的调查报告。详见罗冠宗："抗日战争时期的外国差会和传教士，"罗冠宗主编：《前事不忘、后事之师——帝国主义利用基督教侵略中国史实述评》，宗教文化出版社，2003 年版，第 337－339 页。

④ 牧恩波原为新西兰弟兄会（Brethren）传教士，1918 年 7 月来华，在哈达、南昌等地传教，1925 年加入公理会宗的美部会（ABCFM），转往福建建宁传教。

合作的典型案例。[①] 作为一种官方精神动员，蒋介石也有意使该运动“基督教化”，成为“人格救国”的内涵之一。[②] 太平洋战争爆发后，美国传教士毕范宇（Frank W. Price，1895—1974 年）直接成为蒋介石政府的顾问[③]。

美国传教士在抗日期间所作的另一努力便是调解中日关系、促成中日媾和。当时各方势力都看重燕京大学校务长司徒雷登[④]的背景，希望通过他向美国政府传递消息，达到各自的目的，但因为日、蒋、汪、美四方利益各不相同，司徒雷登虽然于 1938 年至 1941 年间五度奔走于重庆政府和日本政府之间，却仍以失败告终。据民国外交史专家石源华教授分析，司徒雷登的和平之行反映了一个基本信念：“由美国介入中日和谈，是解决远东危机的有希望的方案”[⑤]。这一信念在当时的

① 国内相关学术研究请参见：刘家峰：“徘徊于政治与宗教之间——基督教江西黎川实验区研究”，《浙江学刊》，2005 年第 4 期；国外相关学术研究可参：Brenda A. Ericson，The Making of an Ally：Chiang Kai-shek and American Foreign Policy，1936—1941，Ph. D. Diss.，University of New Mexico，2004，第三章“The Private Sector：Missionaries，Bankers and the Press”中的相关内容。

② 梁冠霆：“处境选择或信仰决志——抗战前后北美中国基督教学生运动评析，”徐以骅主编：《宗教与美国关系——宗教与国际关系》（第四辑）（下），时事出版社，2007 年版，第 754 页。

③ 关于毕范宇与蒋介石的关系，参见 Stephen G. Craft，“American Isaiah in China：Frank W. Price，Chiang Kai-Shek and Reforming China，1941—1949，” *Journal of Presbyterian History*，vol. 82，no. 3（Fall 2004），pp. 180 - 203.

④ 司徒雷登，美南长老会传教士司徒尔（John Linton Stuart，1840—1913 年）之子，1904 年返华传教，后为燕京大学首任校长，国共内战时期出任美国驻华大使（1946 年 7 月 11 日至 1949 年 8 月 2 日）。

⑤ 石源华：《中华民国外交史》，上海人民出版社，1994 年版，第 566 页。

很多美国传教士中具有代表性。

传教士在中国的经历与传教士在美国的影响乃是一个不可分割的连续体。总体而言，中国学者对美国传教士于中美关系影响的研究，过去只集中于若干名由传教士转业为驻华外交官的美国人（比如伯驾[①]、卫三畏[②]和司徒雷登），而传教士与美国东亚政策的关系远较此更为广泛与深入。王立新教授指出，在很长一个时期，中美经贸关系在美国对外经济结构中微不足道，因而传教士可谓美国卷入远东国际政治之前“美中关系的主要塑造者”。[③] 19世纪末，传教士和外交官的步调是一致的；20世纪20年代以后，传教士对美国对华政策的直接影响已渐趋式微。[④] 尽管如此，传教士与美国政府官员之间仍保持着持久的人脉网络。除了直接担任对华外交职务外，美国赴华传教士通过正式与非正式的政治游说间接左右了美中关系。美国学者特兰尼（Eugene P. Trani）撰专文论述美国总统威尔逊（Woodrow Wilson，1856—1924年）与美国赴华传教士之间的交往以及传

① 伯驾（Peter Parker，1804—1888年），美部会传教士，1834年10月来华，为基督教新教赴华首位医疗传教士，参与鸦片战争之后多项中美外交事务，并于1855—1857年出任美国驻华公使。

② 卫三畏（Samuel W. Williams，1812—1884年），美部会传教士，1833年来华，在华43年，前23年为传教士，后20年为外交官，7次代理馆务。

③ 王立新：“美国在华传教运动与美中关系：一个初步的阐释框架，”徐以骅主编：《宗教与美国关系——多元一体的美国宗教》（第二辑），时事出版社，2004年版，第303页。

④ ［美］D. P. C. Neils著，吴莺洲译：“美国传教士对美国对华政策之影响，”李本京主编：《美国基督教会对东亚之影响》，台北：正中书局，1999年版，第12、14页。

教士对其远东政策的影响。[①] 威尔逊曾任教的普林斯顿大学与中国很有渊源，他本人就有不少学生前往中国传教，并一直与他保持通讯。[②] 威尔逊对美国在中国所扮演角色的信念可浓缩为："传播民主理想、传授基督教品德、帮助中国人寻求稳定与发展。"同时他也深悉美国对华政策的底线，即"美国人民不会为中国人而支持一场战争"[③]。威尔逊心目中的驻华和驻日使节，便是具有基督徒品格的人才。这不仅是威尔逊时期美国对华方针，也是抗日战争时期，尤其是太平洋战争爆发前美中关系的定调。即便是今天，我们仍能从美国的"人权外交"和非政府组织的对外援助中看到这种"传教热情"式的理想主义。

据统计，二战期间，研究外国文化的专家中，约有半数为传教士后裔，[④] 东亚专家更是如此[⑤]。美国政府每年定期收到的大批美国东亚政策的决议案和声明，相当一部分出自海外传教

① Eugene P. Trani, "Woodrow Wilson, China and the Missionaries (1913—1921)," *Journal of Presbyterian History*, vol. 49, no. 4 (Winter 1971)；中译版：陈茂华译："伍德罗·威尔逊、中国与传教士（1913—1921)，"徐以骅主编：《宗教与美国关系——网络时代的宗教》（第三辑），时事出版社，2005 年版。

② 文中所提到的与威尔逊书信往来的美国赴华传教士包括吴板桥（Samuel Isett Woodbridge）、史荩臣（Charles E. Scott）、艾迪（Sherwood Eddy）、柏赐福（J. W. Bashford）、司徒雷登等。

③ ［美］Trani 著：《伍德罗·威尔逊、中国与传教士（1913—1921)》，第 287 页。

④ 引自［美］Neils 著：《美国传教士对美国对华政策之影响》，第 7 页。

⑤ 例如，美国传教士鲍乃德（Eugene Epperson Barnett，1888—1970 年）的长子鲍华伦（Robert Warren Barnett）曾任美国国务院中国问题专家，次子鲍大可（Arthur Doak Barnett，1921—1999 年）曾任美国当代世界问题研究所研究员，1949 年之后改任美国国务院外交研究所研究员。

会议或其下属委员会和其他各宗派海外传教理事会、牧师协会的表决。[①] 抗日战争时期，美国传教士在母国的政治参与当以周以德为典型。周氏于1925—1931年间以及1934—1938年间两度来华，在华北以传教士的身份行医、教授音乐和英语，在国共合作期间，为包括林彪在内的中共领导人提供过医疗服务。抗日战争全面爆发后，他回到美国成立了“美国不参与日本侵略委员会”（the American Committee for Non-Participation in Japanese Aggregation），在1939—1941年短短几年间，在美国各地发表1400多场演讲，反对向日输运废铁等军用物资。他主持的多项全国广播节目，以及1939年4月在参院外交关系委员会听证会上的发言都具有很大的影响力。1942年，他被选为明尼苏达州众议员，在之后20年的从政生涯中继续影响中美关系。二战期间的在华传教士既有“援蒋抗日”的一面，也有“援蒋反共”的一面。[②] 这一倾向在开“中国游说”之先的周以德身上尤其明显，周的立场与其说是“亲华”，不如说是“亲蒋”，这一局限性导致其在1949年以后走上“反共援台”的道路，鼓吹“围堵政策”。但不可否认的是，无论是20世纪30年代反对美日贸易所表现出的不妥协精神，还是其日后众议员生涯中暴露出其不合时宜的执拗，都是周以德在华传教使命感在美国的延伸。[③]

---

① 引自［美］Neils著：《美国传教士对美国对华政策之影响》，第12页。

② 吴邦江：“中国抗日战争时期的西方传教士，”《史学集刊》（1997年第3期），第48页。

③ 周以德的生平，详见L. Edwards，*Missionary for Freedom*：*The Life and Times of Walter Judd*（New York：Paragon，1990）。

巡回演讲并非周以德的首创，按当时教会界的惯例，几乎每个传教士回国述职期间，都会受邀在公众场合作有关传教工场的演讲。以美国赴华传教士人次基数之大，每年在北美各地以中国为主题的传教士演讲势必数以万计，[①] 这一在美国民间的庞大“中国游说团”对美国大众的舆论取向之形成具有决定性的影响。除了回国述职的美国人以外，留守在中国各地的传教士也通过书信、年报等各种方式向母会和在美亲友报道中国见闻。[②] 他们在言论中尤其强调中国国力以及国民政府的不屈服性，并发出日本计划侵略菲律宾和英、法、美等国在南亚之殖民地的警告。中国基督教大学联合董事会纽约办公室常将数千份传教士信件油印后，寄发给美国知名人士和有影响的人物，美国国务院的官员也接受了在华传教士所传递的信息和对事态的评估。历史证明，传教士的观察是正确的。通过传教士的眼睛观察亚洲的美国政府，也在潜移默化中奠定了“援华制日”的东亚政策。

此外，美国赴华传教士及他们的子女，通过美国新闻传媒和文艺作品制造了有利于中国的大众文化。卢斯往往被中外学

---

① 按里德在书中的统计（第24－25页），即便在1912年，美国每年约有三百位赴华传教士回国度假述职，即使每人每周演讲两次，每年以中国为主题的演讲就约有三万场。而1938年美国赴华传教士的人数达到3090人时，每年在美国民间的“中国游说”的频率势必大幅增长。

② 例如：美国传教士对南京大屠杀的见证文字曾以中（《外人目睹之日军暴行》）、英（*The Japanese Terror in China*）、法、日（《所谓战争》）、丹麦等文字出版。其余文献详见章开沅教授的著述。仅张家宝等编译的《抗战时期美国传教士笔下日本侵华祸害录》（章开沅、马敏主编：《基督教与中国文化丛刊》第五辑，湖北教育出版社，2003年版）便包括由M. O. Williams Jr.，Evaline Gao，Coral Houston，Rev. Leland W. Holland（贺兰德），Dr. and Mrs. E. C. Perkins（裴敬思），Dr. Perkins 和 Margaret Seeck（谢克爱）等传教士所撰写的资料。

者列为最典型的个案①。身为传教士之子②，卢斯的出生地山东登州原为德国在华的租借地，在第一次世界大战和凡尔赛和会上，被日本接管。成年后，卢斯运用自己旗下的《时代》（*Time*）、《生活》（*Life*）、《财富》（*Fortune*）等杂志的影响力，将20世纪30年代的美国舆论转向了对中国的同情，形成了对美国政府改变东亚政策的公众压力。按美国学者基斯普森（T. Christopher Jespersen）的说法，卢斯在推销“一个美国式的中国”（an American China）③ 方面最不遗余力。④ 他不仅将中国与其基督教领袖（尤其是宋氏家族）联系在一起，为

① 例如：中国学者的相关研究包括代素娟、杨和平：“卢斯的援华宣传与1942—1943宋美龄访美，”《宜宾学院学报》（2006年第8期）；林红：“亨利·卢斯之中美相似论”，《江西教育学院学报》（2004年第2期）；日本学者的研究包括寺岛实郎著，徐静波、沈中琦译：《呼吸历史——对亚太区域的人文思考》（复旦大学出版社，2004年版）中“推进‘美国世纪’的亨利·卢斯”一节；美国学者的研究甚丰，无法一一列举，本文主要参考Brenda A. Ericson之博士论文The Making of an Ally第三章中的相关内容。

② 卢斯的父亲路思义（Henry Winters Luce，1868—1941年）为美国北长老会传教士，先后出任齐鲁大学和燕京大学的副校长。

③ 例如，《时代》和《财富》等杂志经常将中国大后方等同于美国西部，中国向后方撤退被喻为美国19世纪的西进运动，北京被称为“中国的波士顿”、上海为“中国的纽约”、南京为“中国的华盛顿”、汉口为“中国的芝加哥”、重庆为“中国的丹佛”、广州为“中国新奥尔良”，转引自王立新：“在龙的映衬下：对中国的想象与美国国家身份的建构”，李灵、尤西林、谢文郁主编：《中西文化交流：回顾与展望——纪念马礼逊来华两百周年国际学术研讨会论文集》，上海人民出版社，2009年版，第413－414页，该文作者甚至认为在如此语境中，抗战时期中国英雄般的形象简直是独立战争时期美国人自我形象的翻版。

④ T. Christopher Jespersen，*American Images of China*，1931—1949（Stanford，CA：Stanford University Press，1996），pp. 9，11－12.

“宋美龄旋风”营造声势，也成功地把蒋介石从一个独裁者“华丽转身”为一位政治家，甚至是民主主义者[①]。蒋介石个人信仰的改变（1930年）以及西安事变后（1936年）的国共合作可能是促成这一转变的客观因素。日本学者寺岛实郎曾将卢斯和出生在日本的赖肖尔（Edwin O. Reischauer，1910—1990年）[②]相比，并不无遗憾地论道：“也就是说，在20世纪初叶的同一个时期，卢斯的父亲和赖肖尔的父亲都作为长老会的传教士在中国和日本活动过。历史是无法有假设的，不过有人认为，要是假定传媒之王的卢斯出生在日本，成为学者的赖肖尔出生在中国的话，20世纪的日美中的关系恐怕就会不一样了吧。”[③]

赛珍珠是另外一个典型个案。1931年前，美国流传最广有关中国的著作，乃传教士明恩溥（Arthur Henderson Smith，1845—1932年）年于1892年出版的《中国人的特性》（*Chinese Characteristics*）；1931年后，变成赛珍珠的《大地》（*The Good Earth*）。[④] 而两本大众读物的作者都是传教士，而赛珍珠更是在中国出生长大的第二代传教士。[⑤] 美国学者米勒（Thomas Millar）认为赛珍珠的《大地》几乎一下子将美国人心中的中国人形象从“大体负面”转换为“亲切正面”

---

① Brenda A. Ericso, “The Making of an Ally,” p. 173.

② 美国历史学家，曾任驻日大使，著有《日本人》等有关中国和日本的著作多种。

③ ［日］寺岛实郎著：《呼吸历史》，第18页。

④ 刘禾（Lydia Liu）为《中国人的特性》英文2003年新版（密西根大学出版社）写的介绍。

⑤ 赛珍珠的父亲赛兆祥（Absalom Sydenstricker，1832—1931年）为美国长老会传教士。

(warmly positive)。① 当卢斯“改良”了中国执政当局（国民党）的公众形象时，赛珍珠“改良”了普通中国人民的形象。作为“中国的守望者”（China watchers），他们的观点受众面最广、流传最快、最容易被接受。

综上所述，“传教士外交”和“传教士媒体”的交错作用在教会界、政界、报界、文艺界等社会各层重组了美国大众对中国的解读。“九·一八”事件爆发之初，相当一部分国际舆论接受了日方的误导，倾向于相信是中国人“迫使”日本人在满洲采取“自卫行为”，中国军阀割据的局势也容易给外界造成口实。然而美国传教士从中国发出的一手消息，以及他们在美国本土的宣传，逐渐让美国人了解到中日之间这次战争的本质。

二、美国赴日传教士“美日和平之梦”的幻灭

与赴华美国传教士推动美中关系相比，赴日美国传教士在推动美日关系上低调消极得多。这一鲜明对比的不寻常处在于：自明治维新以来，日本一直是“全盘西化”的模范生，乃西方列强向东方老旧帝国推广现代化的“活广告”。日本的先进性甚至导致时人在界定世界地理时，无法确定日本究竟属

① Thomas J. Millar, Americans and the Issues of China: The Passion and Dispassion of American Opinions about China, 1930 – 1944 (Ph. D. Diss., University of California Los Angeles, 1998).

于欧洲，还是亚洲。甲午战争之后，在华传教士常常鼓励中国人向日本学习，并将日本的进步归因于基督教的传播。[①] 中日矛盾爆发之前以及战争早期，西方人普遍对日本的印象较中国好，这一偏向甚至在赴华的西方传教士中也不例外。[②] 从某种意义上而言，传教士可谓美国最早的“日本游说团”，以“亚洲潜在的基督教盟友”的定位向本国政府引介日本。[③] 但这些传教士说客主观上并不存在什么战略目的和政策意图，更未受日本政府的幕后驱使，与后来日本的“银弹委员会”雇用美国顾问与专家为其喉舌的“代理外交”具有本质上的区别。[④] 有关赴日美国传教士在抗日战争期间的活动与美国东亚政策的关系，美国学者泰勒作了较为系统深入的研究。她认为，自从19世纪末美国排华政策成功地削弱了华人在美的“可见度”，“日本人”便逐渐取代“中国人”成为“黄祸”的“形象代言人”，抗日战争期间，在“中美相似论”被越来越多人接受时，“日本威胁论”也逐渐盛行。太平洋战争的爆发，在一定程度上与赴日美国传教士在战前20年的时期中，由积极转为

① 详见孙广勇：“西方传教士对清末学习日本活动的引导和反应，”《河南师范大学学报》（哲社版）（第34卷第2期），第89－91页。

② 例如：彭剑在《仇日乎，反日乎——试析南京大屠杀期间美国传教士对日军之态度》（《南京社会科学》（2004年第6期））一文中将南京陷落前后传教士对日军态度的变化分为三个阶段：（1）陷落前对日军之信任（认为国民军撤离时造成的混乱反而可能是“最糟糕的事”）；（2）陷落之际对日军之欢迎；（3）目睹日军暴行后之极端失望。

③ Mindy Kotler, “Making Friends: A History of Japan's Lobby in Washington, D. C.,” *Venture Japan* 2 (1990), p. 2.

④ 赵可金：“论日本对美国的游说活动，”倪世雄、刘永涛主编：《美国问题研究》，时事出版社，2006年版，第239－240页。

低调，不再努力推进美日关系存在潜在的关系。

19 世纪 70—80 年代昙花一现的传教黄金期之后，基督教新教在日本始终被排拒在社会边缘。1914 年，“联邦教会委员会”（The Federal Council of Churches）聘请正在美国休假的古利克（Sidney Lewis Gulick，1860—1945 年）① 为“对日关系委员会”（the Commission on Relations with Japan）以及“国际公义与亲善理事会”（the Council on International Justice and Goodwill）的秘书。彼时，古利克以公理会传教士的身份在日本已居住了 25 年之久，被泰勒称为“日本唯一一位敢言且感人的传教士朋友和拥护者”。② 这位“日本的周以德”随即成立了“现行移民法规全国委员会”（the National Committee for Effective Immigration Legislation），1921 年改名为“美日关系全国委员会”（the National Committee on American-Japanese Relations），主要致力于修改、取消针对日本的排外法案。与其说古利克是赴日美国传教士的代表，不如说他是异数：因为除了他和另外一两位传教士外③，其他传教士都很少

① 古利克为在马歇尔群岛传教的传教士（L. H. Gulick）之子，1887 年以美部会传教士的身份前往日本，从事教育事工，25 年后返回美国，撰有多本介绍日本文化的论著。他曾发起过一个“洋娃娃大使”（doll envoys）项目，美国民间寄到日本的玩偶累计约 13000 个之多。详见：Sandra C. Taylor，*Advocate of Understanding：Sidney Gulick and the Search for Peace with Japan*（Kent，Ohio：Kent State University Press，1984）。

② Sandra C. Taylor，“The Ineffectual Voice，” p. 23.

③ 如传教士斯古达（Doremus Scudder）和浸信会传教士、日本基督教全国委员会（the National Christian Council of Japan）的荣誉秘书艾科斯林（William Axling）。

发表意见。这也许是因为，在20世纪20年代所有为日本公开辩护的美国人都会受到海军情报部门和调查局（the Bureau of Investigation）的监视，古利克也不例外，并一度被定性为日本政府的雇员。[①] 1924年美国《排外法案》（*Exclusion Act*）的通过，使在日美国传教士的处境更为尴尬。古利克所成立的"美日关系国家委员会"告解散，二战前美国唯一的"亲日"游说机构就此夭折。传教事工在日本的停滞，也使"日本正在成为一个基督教国家"之类的乐观主义缺乏市场。泰勒认为，在日本于远东之迅速扩张和日侨于美国本土之"不合群"的内外因夹攻下，打造一个"民主与和平"的"日本形象"对任何一个游说团体而言都是高难度的挑战，遑论孤军奋战的"传教士游说"（missionary lobby）。[②] 日本公理会信徒的"爱国狂热"也为古利克的"亲日"立场提供了另一种解释：传教士与信徒间的关系是双向互动而非单向灌输，传教士将基督教信仰传递给日本信徒的同时，也感染了日本信徒所笃信的"日本有理论"。

1895年以来，日本大约每十年进入一场战争，而在日的美国传教士大多选择站在日本这一边。"九·一八"事变后，仍有不少美国传教士相信日本的官方宣传，认为日本在"满洲"的行动虽然"不幸"（unfortunate）、"令人不快"（unpleasant）或"不够荣誉"（less than honorable），却仍是合情合理、有其正当的外交原因（legitimate, justifiable, diplomatically sound）。一方面，"如果中国不能有效地治理满洲，在满

① Sandra C. Taylor, "The Ineffectual Voice," pp. 25 - 26.

② *Ibid.*, pp. 27, 37.

洲有利益的日本有权接管”的观点较常出现在日本传教期刊上；[①] 另一方面，在日传教士也承认中国的主权需被尊重，呼吁美国的基督徒从双方的角度看问题。

随着日军在中国沿海的军事行动日益加剧，在日美国传教士就美国是否应该出兵保护本国在华财产与生命产生了分歧。有二十多名新教传教士联名写信给国务院，以对神之义务当高于对国家之义务的名义，反对美军向上海调兵，认为这样只会激怒日本的军国主义者，并增加具有开放思想的日本人寻求仲裁与合作的难度。[②] 当日本进一步陷入军国主义之手后，美国传教士的观点更加分化。日本当局开始禁止言论自由，超级国家主义者（ultranationalist）公开威胁异议分子的人身安全，日本著名基督教领袖、和平主义者贺川丰彦（Kagawa Toyohiko，1888—1960 年）的频频被捕，让在日传教士明白，他们眼前只有两个选择：一是留在日本而保持缄默；二是谴责战争与暴力而被驱逐出境。1936 年，美国驻日大使格卢（Joseph C. Grew）在向华盛顿提交的报告中，列举了近年发生的一系列针对传教士的反美活动。[③] 日本信徒组成基督教联会后，传

---

① 例如：“The Manchurian Question,” *Japan Christian Quarterly*, VII (1932), pp. 2–5。

② Resolution from the Japan Missionaries to Secretary of State Henry Stimson, Feb. 15, 1932, file 793. 94 P. C. /75, RG 59, 转引自 Sandra C. Taylor, “The Ineffectual Voice,” p. 30。

③ J. C. Grew to Secretary of State Cordell Hull, Nov. 12, 1923, file 711. 94/922, RG 59; “Suppression of Pacifism in Japan,” from the American Consul General in Tokyo to Secretary Hull, Dec. 10, 1936, file 394. 1124/Kenard, J. Spencer/6, *ibid*, 转引自 Sandra C. Taylor, “The Ineffectual Voice,” p. 32.

教士对日本教会和社会的影响早已江河日下。日本的基督教和佛教、神道教一起被“国家主义化”，加入了所谓的精神动员运动。日本政府视日本基督徒为半个叛徒，因为他们与帝国潜在的西方敌人过从甚密。很多传教士无奈地离开，选择留下来的人变成一个低调而沉默的群体，尽量回避提及战争问题，将活动范围缩小在福音事工和教会建设上。如何调解基督教信仰和所谓“非宗教性的”靖国神社参拜仪式之间的矛盾，成为他们最头疼的问题。在日传教士对身边日本信徒的同情也往往使他们无暇关注大海以西的中国民众。

随着日军侵华的血腥事实越来越多地被披露，即便是古利克这样的“亲日派”传教士也已很难再为他们的“第二故乡”直接辩护，他们的论述开始转向对美国以及西方的谴责：正是欧洲的帝国主义引发了日本的“泛亚帝国梦”，是西方教会了日本如何凭武力称霸，日本在华的行径实为西方在世界各地行径之翻版。日本在“满洲”的行为正如美国之于墨西哥一样，只是对已陷入混乱的邻国施以“门罗主义”而已。[①] 日本提出“把白人从亚洲赶出去”从而建立“亚洲人的亚洲”的主张正是以其人之道还治其人之身。大部分在日传教士呼吁西方“不应将其归类为如德国及意大利之法西斯主义”，[②] 并视中国为“腐败堕落、贪污颟顸、玩弄共产主义与法西斯主义的国

---

① ［美］泰勒（Sandra C. Taylor）著，梁秀榆译：“十字架与太阳旗：公理教会传教士与日本的扩张，”李本京主编：《美国基督教会对东亚之影响》，台北：正中书局，1999年版，第55、61页。

② 详见［美］Taylor著：《十字架与太阳旗》，第57页。

家”。[①] 极少数在日传教士无保留地支持日本的军事扩张，即便在国际舆论都在谴责军国主义时仍浑然不觉[②]。耐人寻味的是，此时传教士中有关“和平主义”的争论似乎只限于美日之间有可能、而未发生的军事冲突，而未涉及全面爆发、愈演愈烈的中日战争。

抗日战争期间，在华的美国传教士可以接触到大量日军，在日的美国传教士却很难接触到中国难民，因此，前者为中国的辩护较后者更令人信服。在日的美国传教士往往要到日占区旅行后才会改变对中国人的偏见，开始质疑“日本将对该地区中国人提供就业机会，使之成为天堂”[③] 的观点。他们一方面对战时惨状表示惊骇与失望，另一方面仍认为美国的压力只能适得其反。[④]

泰勒认为，与赴华美国传教士为促进美中关系相比，赴日美国传教士总体而言在改善美日关系方面的声音不仅是“缺乏效果”（ineffectual），而且是几乎“难以听到”（inaudible）[⑤]。虽然美国差派到中国的传教士在绝对人数上远远超过前往日本的人数，但愿意为日本说话的传教士仍然少得不成比例。当蒋介石夫妇的“信仰故事”以及他“为敌人祷告

① 引自［美］Taylor 著：《十字架与太阳旗》，第 61 页。

② 如，马立特（Merritt）曾发表一孤立声明，为日本的行为辩护甚至为日本轰炸上海怪罪中方，只有 85 岁的女传教士丹顿（Mary Flora Denton）在声明上签了字。（详见 Taylor 著：《十字架与太阳旗》，第 58 页。）

③ 此为美国公理会传教士 Frances Clapp 在信中流露的看法，引自［美］Taylor 著：《十字架与太阳旗》，第 55 页。

④ 引自［美］Taylor 著：《十字架与太阳旗》，第 59 页。

⑤ Sandra C. Taylor, “The Ineffectual Voice,” p. 38.

的事迹”[①]在全美以及其他基督教国家的报刊上不断被转载时，日本官方对基督教的仇视便形成了鲜明的对比。

珍珠港事件的突发，对长期观察美日关系的传教士而言已成意料中事。古利克在家信中推测：“我猜想日本人已至绝望，从而觉得与其被中国打败，不如被美国打败。兵败之际，她将从我们这里比从任何列强那里得到更好的条件。”[②]古利克死于太平洋战争结束之际，未能亲见传教士在战后美国的对日决策中所发挥的重要作用。早在1943年，另一位赴日传教士舍尔弗（Luman J. Schafer）便已邀请一批美国宗教领袖商讨战后对日处理问题。会议向美国政府提出的报告中，便警告美国政府撤销天皇制的危险性。[③]古利克于1944年接受采访时，也表达过同样的意见。[④]1945年对日占领开始后，杜鲁门政府召集了包括舍尔弗在内的四位赴日传教士组成特别代表团，通过与日本基督教领袖贺川丰彦等人的联络而成为麦克阿瑟与日本皇宫之间的联系人。麦克阿瑟最终的决议与传教士的建议非常接近。无论是美日关系、还是美国在日的传教事业，都在战后进入一个新的阶段。

---

① 在华北美人士曾见证蒋介石在每日例常祷告中为日军祈祷。

② Gulick to children, Dec. 8, 1941, cited in Taylor, *Advocate of Understanding*, p. 205.

③ Ray A. Moore and Donald L. Robinson, *Partners for Democracy: Crafting the New Japanese State under MacArthur* (New York: Oxford University Press, 2002), p. 37.

④ Guilck, “Treatment of Postwar Japan,” notes for an interview with *Honolulu Star-Bulletin* reporter, May 24, 1944, cited in Taylor, *Advocate of Understanding*, pp. 207–208.

三、历史评价：诸探讨模式的再检视

最后，本文将就赴华与赴日之美国传教士对美国东亚政策的影响作初步的理论探讨。最传统的理论模式莫过于“间谍论”。诚然，在日和在华的美国传教士都在不同时期被东道国视为外国间谍，但是在学术性的传教史研究在国内已蔚然可观的时代，批评传教士是军国主义为虎作伥的帮凶已嫌简单粗糙。通常近代史研究中，凡提及西方传教士在华的“情报功能”，都颇负面。限于篇幅与主题界定，本文无意对此做全面评述，只能指出，在抗日战争期间，包括美籍人士在内的西方传教士所披露的中国战况在客观上将国际舆论扭向了有利于中国的方向。传教史的争议性绝非中国仅有，各国研究都曾呈现过护教者的溢美之辞和新左派的过苛指责之两大极端。冷战之后，已有不少中西学者排除以往因意识形态不同而导致的偏见及预设立场，在严谨使用史料的基础上，尝试对现实中不断变化的人性做鞭辟入里的客观分析。对来自同一国家甚至同一差会的传教士在不同的特定时间与空间中如何徘徊于理想与现实之间作深入研究，对我们了解太平洋地区国际关系史增加了一个特别的窗口。

有关抗战期间美国在华传教士的学术出版物中，“人道主义”这一语词近年来频频出现。“人道论”固然在开拓学术视野方面迈了一步，但作为理论框架仍显单薄与片面。基督教信仰并非简单等同于“人道主义”，反之亦然。“人道主义”作为一种复杂的哲学思潮和伦理学说需要进一步的界定，不然则很难解释何以同样的“人道主义”，在不同的处境中有不同的表现？何以同为美国传教士，在华者可以为中国平民舍生忘死，而在日者对日军屠杀中国平民展现出普遍的冷漠？又为什么传教士所显示出的人道主义与国人所期待的不尽相同。[①] 由于从事近代史研究的学者通常忽略基督教理论方面的学术训练，在探讨美国传教士在华行为时，亦未能将“人道主义”这一复杂概念与20世纪初西方教会方兴未艾的“自由神学”和“社会福音”等神学及传教学（missiology）概念综合起来论述。对传教策略的忽视，容易使学者摸不准“传教士人道主义”的底线。不加鉴别地使用“人道主义”这一概念，也无助于区分基督教和其他宗教之“人道主义因素”的异同。

泰勒对赴日美国传教士的论述展示了一种“夹缝论”的模式，这一模式也可用来解释美国传教士在中日两国的某些言行。传教士的尴尬之处在于：如果他们远离政治，会被斥为虚伪与冷血、缺乏正义；而一旦他们积极参政，又会失去超然地位、被戴上政教勾结的帽子。传教士角色的复杂性还表现在如何调和不同的身份（identity）与认同（identification）。基督教向来有“入世”与“出世”的双面性，换言之，一个基督徒是某国公民的同时，又是天国子民。而作为一个海外传教士，在任何一个国家生活工作久了，都会对当地的文化与人民产生爱恨交织的情感。在“属地又属天”加

① 比如，南京大屠杀期间，持基督教信仰的安全区委员会成员因视生命高于民族主义而与国民军将领发生争执，为了保证安全区的“非军事性”又主动缴没国民军的枪械移交日军，给人以“协助日军杀俘”的印象。

上“属美国又属别国”的两种双重身份的交叉与对立下：抗日战争期间，旅居中国的美国传教士，比较倾向于利用自己“中立国”公民的有利身份帮助他所认同的中国人；而旅居日本的美国传教士，在美日战争一触即发的阴影下，则容易陷入一种“我究竟该认同谁？我究竟该帮谁？”的困窘。不仅如此，某个传教机构常常同时向中国和日本差派传教士（比如前文所提及的卢斯和赖肖尔的父亲都属于美国长老会，而周立德与古利克都属于美国公理会），而在同一份教会报刊[①]上也会同时刊登发自中国或日本的传教通讯，或者同一个教会或基督徒家庭会同时订阅有关中国或日本的传教期刊，[②] 来自敌对双方传教工场的文章往往会造成一种类似笔战的混乱印象。“夹缝论”正可协助梳理传教运动在不同地域和国家的特殊性与普遍性。具体而言，美籍传教士在华与在日“表相之不同”的背后却隐藏着“内在之一致”：他们都向美国民众呼吁对东方民族传扬基督教的积极意义和重要性，并向母国争取传教资源。当这些在两个敌对国工作的传教士返美期间，在制定教务方针、确定教会立场的讨论中调和不同观点时，势必会反思何为传教士的终极使命？拯救灵魂还是拯救肉体？但要深入研究这一学术命题，必须将当时北美差传界“自由派”和“基要派”之间存在的张力带入分析。泰勒每每不忘在结论处指出，宣传和外交皆非传教士

① 如 *Missionary Herald*, *Missionary Review*, *the Outlook*, *Presbyterian Survey*, *Christian Century* 等。

② 如以日本为主题的 *Japan Christian Quarterly* 和以中国为主题的 *China's Millions* 北美版。

(missionaries) 的使命 (mission),[①] 在一定程度上解释了为何赴华与赴日的美籍传教士在战争期间，为了能继续留在宣教工场，都选择过沉默；而为何大部分差会明知谁是谁非也只能持守“中立”的公开立场。[②]

最后一种理论模式或许可被冠以“切换论”。泰勒曾一针见血地指出：“只要日本仍是古色古香的、具有异国风情的、国弊民穷的，美国人就会为之倾倒。一旦她变得强大、开始像其他列强那样介入世界事务、按照符合她自身国家利益而采取必要行动时，日本便不复使人着迷而成为了恐惧的对象。”[③] 泰勒的分析带有建构主义 (constructivism) 和后殖民主义 (post-colonialism) 的色彩，不仅适用于解读美日关系，也适用于解读美中关系，以及欧美与亚洲之间的多边关系。包括美国在内的西方人头脑词典里有两种截然不同的“中国形象”，正如哈罗德·伊萨克斯 (Harold R. Isaacs) 所描绘的：“中国人被看作是优等民族和劣等民族；异常恼人的野蛮人和极具吸引力的人道主义者；贤明的哲人和虐待狂般的刽子手；勤俭而

---

① 如 Sandra C. Taylor, “The Ineffectual Voice,” p. 38；Taylor 著：《十字架与太阳旗》，第 60 页。

② 一度为威尔逊总统提名为中华民国首任驻华公使的基督教青年会 (YMCA) 领袖穆迪 (John R. Mott) 于 1939 年在 *The Japan Christian Quarterly* 上所登《我们当如何为日本和中国祷告》(How shall we pray for Japan and China) 一文，便流露出美国基督教界试图在理想与现实之间寻找平衡的“夹缝色彩”。

③ Sandra C. Taylor, “The Ineffectual Voice,” p. 38.

令人尊敬的人和狡猾而阴险的无赖；喜剧的战士和危险的斗士”，[①] 在不同时期以不同的“升级版”切换。王立新教授曾将美国的“中国形象”之更替归纳为三大阶段：（1）18 世纪晚期之“积极的他者”；（2）19 世纪之“劣等的他者”；（3）20 世纪上半叶之“可控制的他者”[②]。从这一角度来看，美国之所以在二战期间定下“援华抗日”的东亚政策，从某种程度上而言，正是因为日本之强大和中国之贫弱。王教授进一步指出，中国在战后迅速“变色”，脱离美国的扶持，使其帝国梦产生幻灭感。但美国很快从日本找回了信心，“战败后的日本扮演了中国的角色，中国和日本在美国心目中的形象也发生了置换”。[③] 六十多年后的今天，中国在逐渐崛起的过程，也见证了美国“中国威胁论”的逐渐升温。由此可见，美国人在意的既非中国，也非日本，而是任何一个“有助于证明美国国家身份的对象”。[④] 里德更是从美国“传教思想之集体心态”的角度作出类似的推演：“失去中国”在美国引起的极大震动，使得美国上下形成一种潜意识中的默契——美国不能再“失去”任何一个其他亚洲国家。无论是美日联盟、美韩联盟、朝鲜战争，还是越南战争，都反射出“失去中国”的心理后遗症。[⑤]

---

① Harold R. Isaacs 著，于殿利、陆日宇译：《美国的中国形象》，时事出版社，1999 年版，第 86 页；该中译本为该作者 Scratches *on Our Minds*：*American Images of China and India*（New York：John Day，1958）一书有关中国部分的摘译。

② 详见王立新《在龙的映衬下》一文。

③ 王立新：《在龙的映衬下》，第 419 页。

④ 同上。

⑤ Reed，*The Missionary Mind and American East Asia Policy*，p. 2.

从费正清到米德（W. R. Mead）[①]，已有不少从事美国外交政策研究的学者都曾感叹美国的传教活动是其中“被忘却的历史”。美国海外传教事业是一个包含了无数美国人在世界各个角落布道、医疗、救济、教育甚至政治活动的混合体。与一般的美国外交政策制定者不同，传教士常年侨居东道国，对当地人文与物理环境的掌握，以及建立关键人脉网络等方面具有明显优势，这些优势在被美国的外交政策所利用的同时，也产生了未能预测的后果。学界早有共识：政治和经济并不能完全左右外交政策。在制定与其他国家相处之道时，美国始终在寻求一个可以站得住脚的道德立场。王立新教授曾指出：“一个国家的人民普遍具有的对他国的情感肯定会影响两国关系……通过研究一个国家在另一个国家的形象就可以在相当程度上预测两国之间的关系。”[②] 抗日战争期间，在赢得美国大众情感这一方面，中国显然比日本占有绝对优势，而这一优势，与在两个国家从事传教事业的美国人的不同投入与付出成正比。大体而言，民教关系在抗日战争期间在中国得到改善，在日本得到恶化。在华的美国传教士促成了美中结盟，而在日的美国传教士却无法阻止美日交战。以抗日战争时期美国传教士为例的比较研究，为在思想史的架构中审视国际关系的演变提供了一个新视角，并为传教史和东亚史有机结合后的学术潜能作出了初步尝试。

---

① ［美］沃尔特·拉塞尔·米德（W. R. Mead）著，曹化银译：《美国外交政策及其如何影响了世界》（*Special Providence : American Foreign Policy and How it Changed the world*），中信出版社，2003 年版，第 149 页。

② 王立新：《美国在华传教运动与美中关系》，第 319 页。

信仰的机会：宗教非政府组织对美国外交政策之影响*

——以阿富汗和伊拉克的战后重建为例

• 朱晓黎

［内容提要］　20 世纪八九十年代，政治机会理论曾一度盛行于美国学界，该理论认为，政治机会结构的变动是导致社会运动兴起和发展的主要因素。近年来，宗教非政府组织对美国外交政策的影响愈发显著，尤其在 2001 年后美国的反恐战争及其战后重建过程中，宗教非政府组织与美国政府密切合作，发挥出越来越突出的作用。这一趋势，很大程度上应归因于小布什总统当选以来，美国社会政治环境中的种种变动，为宗教势力在政治舞台上的崛起提供了丰富的政治机会。这些政治机会不仅促使宗教非政府组织

* 本文系中央高校基本科研业务费专项资金“国家安全关系研究”（120002040302）中期成果。

在美国的阿富汗和伊拉克重建中表现活跃，更有可能在未来继续影响美国外交的理念和风向。

2006年春，一位名叫阿卜杜勒·拉赫曼（Abdul Rahman）的普通阿富汗人忽然成为美国媒体注目的焦点——这位曾经的穆斯林在美国宗教非政府组织“基督教救援会”（Christian Aid）工作期间，皈依了基督教，其父母得知此事后，报告阿富汗当局，拉赫曼因此被捕，并将以“叛教罪”处以极刑。

这本是一桩阿富汗国内的案件，但经由媒体报道，立刻在美国国内引起了轩然大波，许多宗教团体和人权组织纷纷对此案表示强烈关注。国务院最开始的态度仅是要求此案“在公开和透明的”原则下审理，但愤怒的宗教非政府组织和人权机构迅速涌向白宫和国会，要求政府拯救“遭受宗教迫害的基督徒”。在社会舆论的压力下，国会专门为此举办听证会，布什总统公开表示他为拉赫曼一案感到“十分困扰”，[①] 2006年3月23日，国务卿赖斯专程致电阿富汗总统哈米德·卡尔扎伊（Hamid Karazai），在美国政府的强力干预下，阿富汗当局不得不释放了拉赫曼。[②]

许多人将拉赫曼被释视为宗教非政府组织影响美国外交政策的一次胜利，是《国际宗教自由法案》得以成功实施的范

① “Rice Calls Karzai on Christian Convert's Fate,” Fox News, Mar. 23, 2006, http://www.foxnews.com/story/0, 2933, 188936, 00.html.

② Thomas F. Farr, *World of Faith and Freedom: Why International Religious Liberty is Vital to American National Security* (NY: Oxford University Press, 2008), pp. 3–4.

例，甚至被视为政府贯彻“以信仰为基础的外交”（faith-based diplomacy）的典型体现。然而，宗教势力在外交舞台上的崛起，也令许多政界精英忧心忡忡，一些人担心，一场基督教的“泛基督教正统主义”（ecumenism of orthodoxy）与“进步联盟”（progressive coalition）之间的“文化战争”（Culture War）正在分裂国家政治。2006年，美国共和党前战略专家凯文·菲利普斯（Kevin Phillips）在他的畅销书《美国的神权政治》中尖锐地指出，一股基督基要主义和宗教福音主义的浪潮将乔治·W. 布什和共和党右翼推上权力顶端，导致共和党越来越倾向以《圣经》的世界观来解读世界政治和制定公共政策，激进的宗教环境将严重威胁美国的国家利益和民众福祉。[①] 但也有学者认为，在政教分离的宪法原则前提下，宗教对美国公共政策的影响仍是有限的，个别案例并不能说明全部问题，“无论在社会正义还是在外交事务上，宗教政治都并未明显造成美国的分裂，人们在反映社会经济现实的经济问题上的分歧，比宗教分歧要大得多”。[②] 那么，作为宗教影响外交政策的组织载体——宗教非政府组织，究竟对美国的海外事务具有怎样的影响呢？学界对这个问题意见不一，笔者认为，美国宗教非政府组织对外交政策等公共事务的介入，既是受宗教

① 凯文·菲利普斯在《美国的神权政治》一书序言中指出，能源问题、宗教右翼和国内国际债务，将成为威胁美国民众的三大恶魔。详见 Kevin Phillips, *American Theocracy: The Peril and Politics of Radical Religion, Oil and Borrowed Money in the 21st Century* (Penguin Group, 2006), pp. 1-8.

② Kenneth D. Wald and Allison Calhoun-Brown, *Religion and Politics in the United States* (Lanham, Md.: Rowman & Littlefield Publishers, Inc., 2007), p. 201.

信仰和普世价值的推动，同时也是建立在所处政治场域中政治机会的扩展上的，政治机会结构（political opportunity structure）是宗教非政府组织能否拥有政治活动空间的决定因素。

一、宗教团体的政治机会

政治机会理论，是政治过程理论的分支，是一种将政治机会（political opportunity）作为解释性变量，通过观察其变化，来阐释社会运动“为何会在此时产生”和“为何以这样的方式发展”等问题的理论，它重视政治机会结构的变化对社会组织和社会运动发展的影响，认为导致抗争性社会运动兴起的原因，并不是人们心目中的相对愤恨感聚集，而是政治机会的扩大。“政治机会结构”一词最早由美国社会学家皮特·艾辛格（Peter Eisinger）在1973年发表的一篇探讨美国都市种族抗议的论文中提出。艾辛格将一般政治环境统称为政治机会结构，而政治机会结构开放与否，是决定社会群体是否开展抗争性运动的关键因素。[①] 这一概念在分析社会组织行为和效率方面，具有较强的解释力，因此，此后被广泛应用于社会运动的研究当中。查尔斯·蒂利（Charles Tilly）、道格·麦克亚当（Doug McAdam）、西德尼·泰罗（Sidney Tarrow）、柯理希（Hanspeter Kriesi）、路德·克普曼斯（Ruud Koopmans）、赫伯特·基茨凯尔特（Herbert

① Peter K. Eisinger, "The Condition of Protest Behavior in American Cities," *The American Political Science Review*, vol. 67, no. 1 (1973), pp. 11 - 28.

Kitschelt）等学者都对政治机会与社会运动之间的关系有过多方面的论述，以政治机会为旗号的经验研究也兴盛一时。从20世纪80年代后期到90年代中期，政治机会理论在美国政治学界占据统治地位。然而，正是这种广泛应用，引出了政治机会理论一个致命的缺陷，即对“政治机会”概念的界定过于模糊和宽泛，几乎所有社会政治的变化都可以被归入“政治机会”中，使其几乎成为一把可以涵盖一切的万能钥匙，反而稀释了其分析效力。正如泰罗所说：“政治机会一词，被向如此之多的方向引申，如此之多的方式解释，以至于与其说它是一个变量，不如说它是一群变量的集合——只不过是其中某些变量比其他的更加凸显。”①

为了应对这一问题，政治机会学说的代表人物之一麦克亚当在总结泰罗、柯理希、查理斯·布罗凯特（Charles D. Brockett）和迪特尔·鲁赫特（Dieter Rucht）研究的基础上，对“政治机会结构”作出具体的界定。麦克亚当强调政治机会是“政治结构的变化和权力的转移”，以将其与资源等其他社会因素区分开来。② 他归纳出政治机会结构的四个维度：（1）制度化政治体系是否具有开放性。许多学者认为开放的政治制度容易将抗争性社会运动吸纳到体制内的轨道之

① Sidney Tarrow, “National Politics and Collective Action: Recent Theory and Research in Western Europe and the United States,” *Annual Review of Sociology*, vol. 14（1988）, p. 430.

② Doug McAdam, “Conceptual Origins, Current Problems, Future Directions,” in Doug McAdam, John G. McCarthy and Mayer N. Zald, eds., *Comparative Perspective on Social Movement: Political Opportunities, Mobilizing Structure, and Cultural Framings*（NY: Cambridge University Press, 1996）, p. 25.

上，但如果政治制度完全处于封闭状态，则杜绝了抗议产生的可能性，一般国家的政治体制是有选择的开放性。（2）统治阶层中政治精英阶层的稳定性。稳固性高、凝聚力强的政治精英集团，能够对社会运动实施有效的控制，统治阶层精英联盟的变动，有可能为新的社会运动提供机会和空间。（3）社会运动组织是否能与政治精英结成联盟。（4）国家对运动采取镇压措施的能力和意向。[①] 在这四点中，麦克亚当尤其重视国家的核心地位，国家对待社会运动的政策和态度是社会运动兴起和发展的关键。在现代国家中，抗争性社会运动的主要针对对象即是国家（或政府），一国的政治结构和权力关系变化，如政制改革、政府改选、党派联盟的变动等，都会直接影响社会组织所拥有政治机会的多寡。

虽然争议不断，但政治机会理论凸显了政治机会对社会运动的重要性，形成了具有一定解释力的框架，因此被广泛运用于社会学和政治学的经验研究中。宗教非政府组织作为抗争性社会团体中的一种，在秉持宗教信仰、力图影响政府的公共政策、贯彻宗教的价值观和信念时，同样受到政治机会结构因素的制约。在当代美国的外交事务上，新保守主义势力的崛起，共和党与基督教福音派的联盟，以及“反恐战争”氛围下高举意识形态大旗的政治文化氛围，都为宗教非政府组织介入外交事务提供了政治机会。如本文开篇的案例所示，2001 年以来宗教非政府组织在外交政策上的影响日盛，除了受国内“宗教觉醒”动力的驱使外，美国政治机会结构的变化也是促

① Doug McAdam, “Conceptual Origins, Current Problems, Future Directions,” p. 27.

使宗教非政府组织影响提升的原因之一。但值得注意的是，长期以来，美国外交建制以现实主义为传统，尤其是冷战时期世俗主义理念占据统治地位，文化宗教非政府组织要想在外交事务中贯彻宗教价值理念，在很大程度上仍取决于这些理念能否被外交决策层接受和吸纳，以及宗教非政府组织能否采用“局内人”的方式成功游说。正如美国学者肯尼斯·沃尔德（Kenneth D. Wald）等人指出，政治机会结构不仅影响宗教团体在社会动员过程中对自身利益的总结和阐述，更影响其运作策略的制定和选择。[①] 沃尔德借政治机会理论的框架，提出决定宗教团体政治行动成败的政治机会结构主要由五大要素构成：第一，社会整体的宗教文化环境；第二，国家政治机制框架；第三，党派政治格局；第四，宗教非政府组织是否在体制内外拥有强力可靠的盟友；第五，宗教团体能否掌握公共政策建议的主导权。[②] 当这五项条件均有利于宗教团体时，它们的社会政治活动，才会有较大可能达到预期目的。沃尔德强调宗教价值理念与主流政治环境之间的互动，“几大因素影响政府的决策立场，包括它的财政预算、经济发展程度、政府能力水平、以往的计划以及党派政治等”。[③] 而这些因素，都可能改变政府对宗教事务的态度。宗教团体一方面通过舆论媒体、民众动员、精英游说等方式影响公共政策决策机构，另一方面，它们的理念能够贯彻与否，往往也取决于这些理念和目标与当

---

① Kenneth D. Wald and Allison Calhoun-Brown, *Religion and Politics in the United States*, p. 144.

② *Ibid.*, p. 145.

③ *Ibid.*, p. 149.

时时政背景的兼容性。

沃尔德的用政治机会理论阐释宗教性社会活动的发源条件，为研究宗教非政府组织对美国外交政策的影响模式提供了新的视角——宗教与政府决策的关系并不仅是单方面的渗透和制约，而是一个互动推进的过程。对于社会运动组织来说，政治机会结构不仅是达到目的的先决条件，同时也是可以自我建构的运作目标。正如美国学者甘姆森（William A. Gamson）和梅耶（David S. Meyer）所说，“政治机会为政治运动开辟道路，而这些运动又创造了新的机会”。① 在社会运动中，政治机会结构并非一成不变，而是不断被运动的领袖、成员、媒体等所创造出来的话语、修辞、意识形态和政治文化重新构建。迈耶·乍得（Meyer N. Zald）尤其强调社会运动和社会组织在构建文化和意识形态上的能力，“成功的社会运动被转化为公共政策，并成为主流文化的标语和符号，而失败的社会运动则被扫入历史的垃圾堆，并被边缘化”。② 而转变为主流文化、或被主流社会所认可的政策和文化，又进一步为社会运动继续发展提供了政治机会。在这一过程中，乍得十分强调媒体的作用，“社会运动的活动家们也许在咖啡馆、酒吧、会议厅里争

① William A. Gamson and David S. Meyer, “Framing Political Opportunity,” Doug McAdam, John G. McCarthy and Mayer N. Zald, eds. , *Comparative Perspective on Social Movement: Political Opportunities, Mobilizing Structure, and Cultural Framings*, p. 276.

② Meyer. N. Zald, “Culture, Ideology, and Strategic framing,” Doug McAdam, John G. McCarthy and Mayer N. Zald, eds. , *Comparative Perspective on Social Movement: Political Opportunities, Mobilizing Structure, and Cultural Framings*, p. 271.

论，但他们还需要动员一旁看热闹的公众们，要改变他们的立场，而许多公众是通过媒体描述才对这些政治运动有所理解的”。[1] 大众传媒并非简单的将运动的信息传播给公众，它们往往还带有各自的主观意见和立场，因此，争夺媒体舆论，又成为社会运动竞争的新焦点。

从“道德多数派”（Moral Majority）的创始人杰里·福尔韦尔（Jerry Falwell）到“基督教联盟”创始人帕特·罗伯逊（Pat Robertson），美国宗教团体的领袖们在运用现代媒体制造舆论、动员民众上，一直展现出高超而娴熟的技巧。20 世纪 80 年代以来，宗教保守主义在美国政坛的崛起，某种程度上也塑造了一种重视文化、道德和价值观的政治文化，即所谓的“道德政治”（Morality Political），一种“社会中某一部分人试图将他们的价值观通过政府政令强加给社会上其他人”[2] 的政治现象。在利用文化创造政治机会上，宗教非政府组织具有天然的优势，因为它们的“道德政治”是植根于美国基督教文化传统中，因此仅需要少量的信息传递，便能获得广泛的公众支持，国内政治如此，外交事务亦不例外。宗教非政府组织影响美国外交政策的过程可分为两个步骤：第一，把握政治机会，采取政治行动，促使外交政策体现信仰价值。第二，再利用已掌握的政治资源，进一步拓展自身活动的空间。

---

① Meyer. N. Zald, “Culture, Ideology, and Strategic framing,” p. 270.

② Kenneth J. Meier, *The Politics of Sin: Drugs, Alcohol and Public Policy* (NY: M. E. Sharpe Inc., 1994), p. 4.

二、美国外交中的“信仰的机会”

自2003年布什总统发动“反恐战争”开始，许多基督教非政府组织成为美国政府中东和阿富汗政策的忠实的支持者和合作伙伴。以阿富汗为例，自2001年起，美国政府投入大量资金对阿富汗进行军事和经济援助。2001—2009年期间，政府投入阿富汗的援助总额约达520亿美元，位居所有受援国之首，主要用于军事援助、经济发展、社会重建和民主化建设。[①] 美国对阿富汗的战后重建工作，吸引了诸多宗教非政府组织的关注和参与：2001年底，以美国教友会（American Friends Service Committee）、教会世界服务会（Church World Service）、门诺派中央委员会（Mennonite Central Committee）等著名宗教非政府组织发布倡议，号召美国宗教非政府组织给予阿富汗人道主义援助，以缓和当地弱势群体迫在眉睫的危机。天主教救援服务会、美慈团（Mercy Corp）和世界宣明会作为美国国际开发署（USAID）认可的“执行合作者”（Implement Partner），在政府的资助下承担重要的重建项目。基督教拯救儿童基金会（Christian Children's Fund）、卫理公会联合救济委员会（United Methodist Committee on Relief）、安泽国际（Adventist Development and Relief Agency）等宗教非政府组织

① Curt Tarnoff, "Afghanistan: U. S. Foreign Assistance," CRS Report for Congress, R40699, Aug. 12, 2010, p. 1.

也纷纷进入阿富汗进行医疗、教育、社区建设等人道主义援助工作。除了这些著名的大型宗教非政府组织外，还有诸如特里·劳尔世界关怀事工（World Compassion Terry Law Ministries）、晨星发展组织（Morning Star Development）等中小型宗教非政府组织在阿富汗广泛地开展教育、医疗等援助项目。宗教非政府组织的运作，配合美国的阿富汗重建战略，一方面缓解了当地的人道主义危机，促进社会经济发展，另一方面也带有稳定政治环境、推进“民主化进程”和“宗教自由”，甚至基督教宣教的色彩。如撒玛利亚人的钱袋（Samaritan's Purse）、基督徒互援会（Christian Aid）、大使命国际中心（Great Commission Center International）、普世丰盛生命中心（Global Life Enrichment Center）等，在实施人道援助的同时，也不同程度地进行传教。基督教非政府组织的传教活动相当活跃，以致于与当地穆斯林民众发生冲突，甚至造成流血事件，2010年8月7日，9名基督教传教士被塔利班杀害，其中就有6名美籍传教士。然而，宗教、民族冲突并未阻止美国宗教非政府组织对“未得之地”（unreached area）的继续介入，伊拉克战争后，伊拉克又成为宗教非政府组织积极活动的新目标。战争刚刚结束，“撒玛利亚人的钱袋”就立刻着手在伊拉克进行人道救援和宣教活动，世界宣明会、天主教救援服务会、美慈团等宗教非政府组织也迅速在喀布尔等地建立了分支机构，并获得美国国际开发署的项目资金支持。美国国际开发署承认，一些宗教非政府组织在获取政府资金后，将其用于宗教活动，但这并未阻止开发署继续资助宗教非政府组织在当地的援助项目。[①] 宗教非政府组织在当地的社会工作日益活跃，逐渐从扶贫、医疗等人道主义救助，进一步转向社会公益、人权自由乃至民主良治等社会发展建设。

美国政府虽然一再强调对外援助工作应遵循政教分离的原则，但对于宗教非政府组织在中东和近东地区的活动仍予以大力支持，这在很大程度上归功于“信仰为基础的”外交思维范式——即“美国若不能改变当地的宗教环境，又如何能在穆斯林国家建立稳定的自治政府呢?”[②] 在宗教保守主义的影响下，不少学、政精英将伊斯兰教视为民主进程的障碍和极端主义的滋生地，因此对中东和近东地区的“宗教人权”状况尤为关注。以上文提及的拉赫曼叛教案为例，宗教、人权组织在促使拉赫曼被释一事上之所以取得成功，应归功于美国政府对建立“民主自由的”阿富汗新政府的重视，正因为“信仰自由”理念是美国政府用于对抗所谓“伊斯兰极端主义”的意识形态工具之一，在现代传媒的信息放大效用下，拉赫曼这名普通的阿富汗人才得到布什总统和赖斯国务卿的特别关照。换言之，“反恐战争”和共和党政府的外交思维范式本身赋予宗教非政府组织丰富的政治机会和发展空间，使它们能够在外交事务中发挥重要影响。借鉴前文中沃尔德的分析，在美国的中东和阿富汗政策

① USAID, “Audit of USAID's Faith-Based and Community Initiatives,” Audit Report No. 9 - 000 - 09 - 009 - P (Jul. 17, 2009), p. 1, http://pdf.usaid.gov/pdf_docs/PDACS128.pdf.

② Thomas F. Farr, *World of Faith and Freedom: Why International Religious Liberty is Vital to American National Security*, p. 8.

中，有利于宗教非政府组织的政治机会结构，主要是由以下四个方面建构而成，即文化背景、政治体制、党派同盟和政策建议权。

（一）保守的文化背景

冷战结束后，新保守主义逐渐成为美国主流政治思潮，宗教保守主义作为新保守主义的一个重要组成部分，通过现代媒体的多种途径，深刻影响公众舆论，甚至形成了对外交政策和大选具有影响力的“民意”（public opinion）。在选举政治高度发达的美国，宗教价值观日益成为影响美国政治选举的重要力量，占美国人口1/4的白人福音派基督徒曾是乔治·W. 布什重要的选民集团。学界一般多强调福音派崛起对宗教保守主义形成的重要影响，但事实上，构建当前美国保守政治文化的宗教派别，并非只有福音派一家，美国各大教派中的“正统派”（traditionalists）势力，共同形成了新保守主义外交思潮的中坚力量。以2008年大选期间艾克朗大学（University of Akron）所做的美国宗教与政治民意调查（National Survey of Religion and Politics，NSRP）为例，在对于“好战的国际主义”（militant internationalism）[①] 外交政策持支持态度的宗教

① “好战的国际主义”（militant internationalism）是美国学者欧根·维特克普夫（Eugene Wittkopf）提出的概念，指的是一种在对外政策上黩武、好战、主张维持强大军备、视国际冲突为零和博弈的战略偏好。详见 Eugene R. Wittkopf, *Faces of Internationalism*: *Public Opinion and Foreign Policy*（Durham：Duke University Press，1990）。艾克朗大学在2008年调查问卷中列出了代表“好战的国际主义”的八个问题，包括“是否认为美国应当在国际政治中扮演积极角色”、“是否应将反恐战争列为首位”、“是否支持先发制人”、“是否赞成在伊拉克保留驻军”，以及“伊拉克战争是否是正义的”等等。

派别中，福音派的支持率高居榜首，约占66%，其次是主流基督教会和天主教徒，占53%，均高于全国总体平均水平（50%），相比之下，无确定宗教信仰（unaffiliated）的受调查者对“好战的国际主义”的支持率只有33%。其中，福音派、主流基督教会和天主教三大宗派中“正统派”的“好战支持率”分别高达76%、65%、57%。[①] 宗教教派整体的保守主义“民意”，造就了美国对外政策中“弥赛亚式黩武主义”（messianic militarism）的崛起，[②] 而这一崇尚武力、强调意识形态、主张对外干涉、带有强硬民族主义色彩的外交思维范式在中东和近东战略上尤其明显。美国宗教团体（尤其是正统派）普遍认为，美国对阿富汗和伊拉克的占领和重建，不仅合乎打击恐怖主义、维护国家安全的需要，而且也是正义和人道的“解放”之举。在此背景下，宗教非政府组织在中东和阿富汗的援助、发展、维和、人权乃至传教活动，都具有稳固的社会和政治基础。

---

① James L. Guth, “Militant and Cooperative Internationalism Among American Religion Publics, 2008,” Prepared for the Annual BISA Working Group Conference on US Foreign Policy, in the University of East Anglia, Norwich, UK, 17 - 18 Sept. 2009, Table 1. Religious Group Support for Militant Internationalism (MI) in 2008.

② “弥赛亚式的黩武主义”（messianic militarism）是贝克尔等人在2008年一篇论文中提出的概念，贝克尔等人认为，新基督教右翼正衍生出一种严重影响美国外交政策的政治文化，即崇尚强权、以宗教教条和意识形态为政策导向的“弥赛亚黩武主义”。详见，David C. Barler, Jon Hurwitz and Traci L. Nelson, “Of Crusades and Culture Wars: ‘Messianic’ Militarism and Political Conflict in the U. S.,” *The Journal of Politics*, vol. 70, issue2 (2008), pp. 307 - 322。

（二）开放的政治机制

美国政府对宗教非政府组织日益重视，并通过种种政策措施，使公共政治上层开始向宗教非政府组织开放。随着冷战后新自由主义的盛行和宗教公民社会的复兴，宗教非政府组织在公共政治中的作用也越来越得到政府的重视。据皮尤调查中心统计，自 2000 年乔治·W. 布什政府发起“信仰与社区倡议”（Faith-Based and Community Initiative）以来，美国共 36 个州成立了州立宗教团体事务办公室，修改了 16 条州法律以为它们获取政府资助扫清障碍，资助和培训了超过 10 万个宗教非政府组织，仅为帮助小型宗教团体进行能力建设，使其能够达到申请政府资助的标准，政府就投入了约 3 亿美元。[①] 在对外援助上，宗教非政府组织更是联邦政府的重要合作者，如世界宣明会、天主教救援服务会、撒玛利亚人的钱袋、救饥会（Food for Hungry）等著名国际宗教非政府组织，都得到联邦政府的大力资助，有些甚至直接参与政府外援政策的决策。在小布什总统发起的“总统防治艾滋病紧急救援计划”（President's Emergency Plan For Aids Relief，简称

① David J. Wright, "Taking Stock: the Bush Faith-Based Initiative and What's Lies Ahead," An Independent Research Project of The Nelson A. Rockefeller Institute of Government Sponsored by the Pew Charitable Trusts, pp. 3 – 4, http://pewforum. org/Social – Welfare/Government – Partnerships – With – Faith – Based – Organizations – Looking – Back – Moving – Forward. aspx.

PEPFAR）中[①]，政府也一再强调宗教非政府组织在全球艾滋病防治工作中的贡献，2006 年参与 PEPFAR 项目的非政府组织中，有 23% 是宗教非政府组织。[②] 布什任期结束后，其支持宗教非政府组织涉入公共事务的政策，继续得到奥巴马政府的认可。2009 年 5 月，奥巴马总统签署行政命令，成立"白宫信仰与街区合作关系办公室"（the White House Office of Faith-Based and Neighborhood Partnership），以继续促进宗教非政府组织为公共事业服务。种种措施和变革，打开了宗教非政府组织进一步介入公共政策的途径，它们除了关注家庭伦理、公共教育、社会福利等国内问题，更开始积极卷入外交政策的制定和执行过程中，在美国对阿富汗和伊拉克的战后重建援助中，国际宗教非政府组织是政府战略的重要合作者和推动者。自 2003 年起，上百个非政府组织从美国涌向伊拉克，其中不乏诸如美慈团、撒玛利亚人的钱袋、世界宣明会、门诺派中央委员会等宗教非政府组织，它们的活动不仅为当地带来了经济复苏的动力，也为新政府"民主化建设"铺设道路。

---

① "总统防治艾滋病紧急救援计划"（President's Emergency Plan for Aids Relief）是小布什政府在 2003 年提出的对外援助政策，即美国政府投入大量资金，在非洲开展大规模艾滋病、肺结核、疟疾等传染性瘟疫防治项目，其中，国际宗教非政府组织作为长期奋战在非洲艾滋病援助战线上的主力军，被政府视为重要合作对象，予以大力支持和巨额资助。

② John W. Dietrich, "The Politics of PEPFAR: The President's Emergency Plan for AIDS Relief," *Ethics & International Affairs*, vol. 23, issue 3 (Sept. 1, 2007), p. 289.

（三）强力的党派同盟

20世纪90年代以来，美国宗教保守主义势力就开始与共和党结为政治联盟，到2001年布什政府时期，宗教保守主义共和党化和共和党宗教保守化日益凸显，以至于有人惊呼，共和党是当今美国第一个宗教性政党。在2004年小布什总统再次当选过程中，宗教右翼作为小布什重要的选民集团，再次发挥了关键性作用。加拿大一家报纸评论道，美国人是在选举一位总统，而不是在选一位牧师和拉比，但信仰却成为影响美国总统选举的重要因素。[①] 宗教右翼与共和党的联盟，进一步促使宗教保守主义深刻影响到美国的外交战略，尤其是中东和阿富汗战略。2002年9月，布什在其国家安全战略报告中强调，努力推进宗教自由和良心，反对侵犯这些权利的政府，是美国国家安全战略的要求。[②] 2005年10月，布什再次重申，他决定发动对阿富汗与伊拉克的战争是上帝赋予的使命，[③] 并提出"大中东民主计划"（Greater Middle East Initiative），试图用美国式的民主改造中东伊斯兰国家。这一政策，正与宗教非政府组织的发展援助（development assistance）项目密切相关，在饱受战乱的中东地区，美国宗教非政府组织不仅予以食品、生活物资和医疗服务等人道主义援助，还积极开展扫盲、教

① 杨卫东：《信仰的构建与解读——宗教与美国外交》，中国社会科学出版社，2011年版，第208页。

② 同上书，第215页。

③ Matt Born, "God Told Me to Fight Terrorists," *Daily Mail* (London), October 7, 2005.

育、保护妇女儿童权益等发展项目，其目的在于“赋权”(empowerment) 于弱势群体，改变导致贫困的社会结构，甚至推广公民教育，进而促进自治、稳定的民主体制建立。如天主教救援服务会帮助阿富汗妇女建立自助小组，授以谋生技能并帮助她们自力更生，[①] 美慈团在阿富汗普及妇女儿童教育的同时还将促进“良治”(good-governance) 作为发展建设的目标。[②] 还有一些宗教人权组织，如美国—伊斯兰关系协会(Council on American-Islam Relation)、基要派浸信会信息服务部 (Fundamentalist Baptist Information Service) 等特别关注中东地区的宗教自由和人权状况，在保护当地皈依基督教的穆斯林等问题上积极运作，打着“信仰自由”的旗号，维护“宗教人权”和传教活动。在政府的鼓励下，国际宗教非政府组织往往自觉或不自觉地成为推进美国式民主的“软权力”工具，但与此同时，宗教非政府组织的目标和理念，也在政府支持下贯彻实施。

(四) 优先的政策议程

对外战略是由不同议题主导的政策领域，在美国传统的世俗主义外交建制下，宗教非政府组织对对外政策的影响是有限的，往往只能在特定的事件和议题上，对决策者某些方面的决策施加压力或提出建议。而在政策制定过程中，宗教团体需要与各种各样的其他利益集团和政治因素展开竞争，使自己关注的问题成为“优先议程”。正如利奥·里布福

① 天主教救援服务会网站：http：//crs. org/countries/afghanistan。

② 美慈团网站：http：//www. mercycorps. org/countries/iraq。

（Leo Ribuffo）所说，少数群体影响外交政策的程度，取决于它们能否在自身以外寻得盟友，从而使自己的目标与美国价值观和谐一致，并且，最重要的是，能否提出令美国总统和公众满意的、符合美国国家利益的计划。① 二战以后，将自身利益与美国国家利益协调融合最成功的外事游说案例当属犹太利益集团对美国中东政策的游说和推动。冷战期间美苏在中东的利益争夺以及石油战略资源的重要性，为犹太利益集团的成功提供了契机。而"9·11"事件和反恐战争的爆发，同样为宗教非政府组织影响美国的中东和阿富汗政策带来了机遇，重建阿富汗和伊拉克，成为美国对外政策的重中之重。而一些美国宗教非政府组织长期以来在近东和中东地区开展社会、经济发展活动，积累了较丰富的工作经验和社会资本，对阿富汗和伊拉克的战后重建问题更加熟悉，因此也更得到美国政府的青睐。如世界宣明会自 1956 年起就在阿富汗开展事工，天主教救援服务会于 1998 年开始在阿富汗开展慈善工作。自 1991 年海湾战争后，许多宗教非政府组织就开始向伊拉克提供人道援助。反恐战争爆发后，这些宗教非政府组织迅速成为美国政府战后重建项目的先锋军，在美国国际开发署的支持下进入阿富汗和伊拉克实施援助发展项目。2009 年 3 月，美国总统奥巴马宣称，美国对伊拉克"仍负有战略利益和道德责任"，美国给予伊拉克更多的援助。这一宣言，得到宗教非政府组织的热烈赞许，以天主教救援服务会、浸信会联盟（Alliance of Baptists）、教会

① Kenneth D. Wald and Allison Calhoun-Brown, *Religion and Politics in the United States*, p. 176.

世界服务会等宗教非政府组织为首的40多个民间救援机构联合向奥巴马总统致公开信，支持政府对伊拉克的援助政策，并呼吁政府继续保证对伊拉克予以长期、有效的支援。[①]简言之，决策者的政策偏好，使宗教非政府组织更容易得到国家支持，也更容易将自身目的，通过倡议和游说等途径，融入国家对外战略中。

由此可见，美国政府自身在中东和阿富汗问题上的政策目标，构建了宗教非政府组织的政治机会结构，如果没有保守主义的推动、法律政策的鼓励、共和党政府的利益偏好以及反恐战争的优先议程，宗教非政府组织的信仰和价值诉求也许很难引起美国外交决策层的共鸣。有利的政治机会结构，是宗教团体得以发挥政治影响的先决条件，比起在中东、近东、非洲等地区获得的重视，宗教非政府组织在美国对东亚、俄罗斯和西欧等地区政策的影响几乎可以被忽略，其原因就在于各问题领域的政治机会结构全然不同。

三、结语：新机会的建构

政治机会为宗教非政府组织的政治参与铺平了道路，而另一方面，宗教非政府组织的政治活动，又进一步构建了新的政治机会。甘姆森和梅耶曾指出，社会政治运动常常成为“自

① http://www. refintl. org/press - room/press - release/over - 40 - us - based - organizations - applaud - president - obamas - promise - help - iraqis .

我实现的预言”，[①] 因为社会运动组织有时能够通过构建话语、利用媒体、寻求盟友等方式从无到有地“创造”一些政治机会。宗教非政府组织在通过动员民众、高层游说和项目合作等方式影响美国政府的外交政策的同时，也在为进一步扩大自身影响，开展下一步行动创造新的机会。在许多情况下，政治机会结构本身并不稳固，党派格局的变动，精英盟友的倒戈，政治氛围的转向，都有可能使有利的政治机会结构变成不利，因此，宗教非政府组织的运作策略尤为重要。

宗教团体的“民意”对布什政府的外交政策造成相当大的影响，包括两次反恐战争、支持以色列和加大对外援助力度等。而2009年奥巴马总统上台后，宗教非政府组织面临新的政治机会建构：一方面，奥巴马政府依然需要宗教选民集团的支持，另一方面，新政府也力图使自己有别于带有强烈福音派色彩的共和党政府，而寻求更广泛的宗教联盟。奥巴马总统一面向福音派递送秋波，一面与美国天主教团和本尼迪克特教皇十六世保持热络，同时也努力加强与主流基督教会和黑人新教组织之间联系。[②] 对于宗教非政府组织而言，这并不意味着信仰在外交政策领域中的影响减退。恰恰相反，由于奥巴马政府在追求更为广泛的宗教选民的支持，宗教非政府组织的地位在未来将会得到更多重视。虽然民主党的宗教选民集团与共和党差别甚大，更倾向“温和派”（modernist）的立场，但如果奥

---

① William A. Gamson and David S. Meyer, “Framing Political Opportunity,” p. 290.

② James L. Guth, “Militant and Cooperative Internationalism Among American Religion Publics, 2008,” p. 24.

巴马政府试图巩固美国在中东和阿富汗地区的影响，则他也许仍将不得不寻求宗教保守主义的支持。与此同时，随着美军从伊拉克撤离，美国也将开始新的战略调整。这对于宗教非政府组织来说，既是挑战，也可能是新的政治机会。经过数年的运作，宗教团体在美国的外交政策领域已经取得了相当的经验和成就，在与政府长期合作的过程中建立了较稳定的互动机制。而在未来，它们也许将继续成为美国新外交战略的辅助和动力。

美国宗教非政府组织的“对抗政治”参与

——以“倡议国际”组织为个案

•张　珺

[内容提要]　在“跨国对抗”研究中，宗教一直是一个被“边缘化”的因素，然而宗教非政府组织的跨国集体行动使得他们对于国际关系的影响力日益显著，形成了“宗教性跨国对抗”。本文着眼于宗教非政府组织所关注的主要议题之一——“宗教人权”领域，以“倡议国际”组织为个案，对这一类型的组织参与“跨国对抗”的行为方式及其影响作初步探讨。

在“全球宗教复兴”[①] 背景下，形形色色的宗教非政府组织及宗教人权倡议网络纷纷对国际关系产生日益显著的影响，它们的行为通常不具有暴力性，但其影响范围更大或具有广泛的群众性。[②] 有学者认为，美国宗教非政府组织常以社会运动（social movement）的形式影响政治决策。[③] 尤其是一些宗教和人权团体发起的集体行动（collective action）可以被视为“对抗政治”（contentious politics）的一种形式。本文选取美国的宗教人权组织“倡议国际”作为典型案例，从组织构成及其参与“宗教性跨国对抗”的行为来解释这一类型的组织如何在国际关系中发挥影响。

一、何为“宗教性跨国对抗”

随着20世纪60年代西方社会运动的兴起，西方国家的国内政治由此发展出有别于常规制度、正式政治的独特政治形

① Scott M. Thomas, *The Global Resurgence of Religion and the Transformation of International Relations: Struggle for the Soul of the Twenty-first Century* (New York: Palgrave MacMillan, 2005).

② 徐以骅：“全球化时代的宗教与国际关系，”《世界经济与政治》（2011年第9期），第17页。

③ 孙炜、刘奕宏：“以信仰为基础非营利组织之探讨：美国与台湾经验，”徐以骅、秦倩、范丽珠主编：《宗教与美国社会——宗教非政府组织》（第五辑），时事出版社，2008年版，第251页。

态——对抗政治。[①]“对抗政治”在政治社会学领域并不是一个新鲜的术语，无论是集体行动、社会运动、还是倡议网络等，都被作为对抗政治的一种加以研究，且已具有大量的研究成果。西方学界对于“对抗政治”的研究经历了从国内到国际层面的转向以及从政治学向社会学、国际政治学的学科转向之后，由于学者们在术语上的宽泛选择以及分析层次上的不同，“对抗政治”在国际关系研究中特别是理论层面尚未得到充分的研究。值得注意的是，许多国际关系研究者从全球治理的角度来看待跨国倡议网络和跨国社会运动，而政治社会学者更为关心的主题是“民主化”、“民族主义浪潮”等一些带有明显政治学色彩的命题。这类有意无意忽视宗教因素的研究是社会科学理论的“通病”。事实上宗教从来没有在对抗政治中缺席，无论是宗教性还是非宗教性，如波兰的“团结工会”就是以波兰最具合法性且最为强有力的机构——天主教会——为基础而建立起来的，又成功地利用了天主教会这一巨大势力进行其声势浩大的社会

① Contentious politics 在国内学术界有多种译法，“争议政治”、“斗争政治”、“抗争政治”以及“对抗政治”等等。查尔斯·梯利（Charles Tilly）和西德尼·塔罗（Sidney Tarrow）提出“对抗政治”这一概念后受到一些批评时回应说，从“抗议”（protest）、“社会运动”（social movement）、“集体行动”（collective action）到“对抗政治”（contentious politics）等不同的术语都表明了研究者不同的方法、资料、解释和依据。他们使用“对抗政治”一词意在超越西方学界研究了几十年的社会运动理论和近十多年来广泛运用的倡议网络理论，同时弥合欧洲学派和美国学派对于社会“集体行动”研究的分歧。参见 Sidney Tarrow，“Transnational Politics: Contention and Institutions in International Politics,” *Annual Review of Political Science*, vol. 4（June 2001），pp. 1 – 20；Charles Tilly，“Contentious Choices,” *Theory and Society*, vol. 33，no. 3/4（Jun. – Aug. 2004），pp. 473 – 481。

运动。[①] 随着宗教在国际关系中的“回归”，“宗教性跨国对抗”也成为有待从新的视角加以研究的议题。

目前学界对于国际非政府组织的研究主要有三大范式：多元主义、跨国主义和集体行动。需要说明的是，三大研究范式都来源于西方学者，因此难免有“西方中心主义”的色彩，尤其在集体行动范式中，往往以社会运动推动“民主化”为最主流的研究议题，研究范围涉及到各个国家和地区，被冠以“对抗政治”的集体行动就是其最新的研究成果。[②] 本文认为，塔罗和蒂利在使用 contentious politics 一词时，他们针对定义较为宽泛的社会集体行动，就这类行动的基本性质即“对抗性”来进行政治社会学的阐释。一方面，它超越了社会运动和倡议网络理论，换一个视角对集体行动进行新的归类和理论整合；另一方面，它也继承了相当多的以往研究成果和观点。鉴于西方学者无论是从国际非政府组织研究的哪个范式入手，所选取的案例多半具有明显的政治倾向性，而使得“抗争”或是“斗争”这一译法在汉语语境中具有某种褒义，往往给予较为正面的评价。这对于学术研究的客观性和中立性来说有所欠缺。因此，本文在使用“对抗政治”时是基于对这类集体行动的客观描述，表明“提出要求者”和“要求对象”持相反的立场，双方的互动并不一定是冲突性的“对抗”，也有

① ［美］查尔斯·蒂利、西德尼·塔罗著，李义中译：《抗争政治》，上海：译林出版社，2010 年版，第 145 - 147 页。

② 李峰：“刍议国际非政府组织国际政治参与的研究范式，”《西南大学学报（社会科学版）》（2009 年第 1 期），第 103 - 106 页；谢岳、曹开雄：“集体行动理论化系谱：从社会运动理论到抗争政治理论，”《上海交通大学学报（哲学社会科学版）》（2009 年第 3 期），第 13 - 20 页。

可能是“对话”，且发起“对抗”的一方不一定代表公正或道德优势。

西方国家对于所谓“国际宗教自由”问题的关注由来已久，冷战期间，宗教一直起着隐性的推动作用。[①] 冷战结束后，“国际宗教自由”成为摆上国际政治议程的问题之一。从美国“皮尤宗教与公共生活论坛”（Pew Forum on Religion and Public Life）2009 年 12 月 16 日发布的对 198 个国家和地区在 2006 年到 2008 年间的所谓宗教自由情况所作的研究报告来看，该报告把对宗教的限制分为政府限制（横轴）和社会限制（纵轴）两大类，在限制程度上又分为高度（严重）、非常高度（严重）、温和、低度等级别，结果就某些国家的宗教受限度而言，可以出现政府较高度限制，社会较低度限制或社会较高度限制、政府较低度限制等多种情形。[②] 2011 年该论坛再度发布关于国际宗教自由状况的报告，指出和两年前相比，全球约有 1/3 的人生活在政府对宗教限制或社会敌意正在增加的国家。约有百分之一的人生活在政府限制或社会敌意有所下降的国家和地区。并且，前者是本身已限制和敌意指数很高的国家，而后者则是限制和敌意指数很低的国家。换句话说，在皮尤论坛的调查报告看来，宗教自由状况的两极分化趋势愈加

① Dianne Kirby, ed. , *Religion and the Cold War*（New York：Palgrave Macmillan, 2002）.

② 徐以骅：“宗教与当前中美关系，”《国际问题研究》（2011 年第 3 期）。另可参见皮尤宗教与公共生活论坛关于“国际宗教自由”2009 年的报告 *Global Restrictions on Religion*, http：//pewforum. org/Government/Global－Restrictions－on－Religion. aspx（2012 年 2 月 20 日查阅）。

显著。[①] 发布类似报告或清单的机构不只皮尤论坛一家，世界范围内宗教的复兴使得宗教人权的概念脱离了一般的人权概念，以宗教人权为议题的宗教或世俗非政府组织应运而生，有着“远距离受难情结”[②] 的西方宗教人权组织不仅根据自己的标准列出所谓宗教受限国家，更重要的是它们的政治参与直接造就了“宗教性跨国对抗”。它们往往充当了西方外交政策的非正式执行者，成为在西方国家具有广泛群众基础的国际宗教自由运动的主要领导者和组织者，并推动了跨国宗教倡议网络和国际宗教人权机制的形成。国际宗教非政府组织作为国际政治的行为体与主权国家、政府间国际组织以及其他非政府组织之间的互动，已成为国际关系中不可忽视的现实。[③] 如前文所

---

① 皮尤宗教与公共生活论坛关于“国际宗教自由”2011 年的报告 *Rising Restrictions on Religion*, http://pewforum.org/Government/Rising-Restrictions-on-Religion-GRI.aspx（2012 年 2 月 20 日查阅）。皮尤论坛向来以非政府的、非倡议性（non-advocacy）的独立调查机构闻名，因此其研究报告往往被学界所广泛引用，在美国乃至世界范围具有一定的影响力。从其近两年连续发布关于所谓“宗教限制”，特别是政府对宗教的“限制”的报告来看，他们的这一调查结果被一些关注“国际宗教自由”的组织所采用。

② 此处“远距离受难情结”（本文认为对应的英语可以是 long-distance suffering/persecution complex）借用本尼迪克特·安德森（Benedict Anderson）的“远距离民族主义”（long-distance nationalism）的概念，安德森用这一概念指在西方移民社会，一部分移民选择以其所由来的民族国家的话语来自我界定，这也是“认同政治”的表现之一。参见 Benedict Anderson, *Long-distance nationalism: World capitalism and the rise of identity politics* (Working paper), Center for German and European Studies, University of California (1992), http://213.207.98.211/asia/wertheim/lectures/WL_Anderson.pdf（2012 年 2 月 25 日查阅）。

③ 徐以骅：“宗教与当代国际关系，”《国际问题研究》(2010 年第 2 期)，第 46 页。

述，这些互动中的一部分就可归为“宗教性跨国对抗”，它包含了对话和对抗两个向度，即互动的进程有可能朝着两个方向发展。这一对抗政治的进程包含了两大要素：一是引发对抗的议题关涉宗教；二是参与对抗的三方中有宗教行为体，即作为对抗主体（提出要求者）的（非政府）宗教人权组织，其余两个行为体是作为对抗客体的外国政府以及作为第三方的支持者（通常是拥有权势的组织或政府）。因此，本文是在“对抗政治”的一般概念基础上细分出“宗教性跨国对抗”，以突出宗教因素在国际事务中的作用。

从社会运动的角度来看，宗教性跨国对抗接近于“新社会运动”。首先，人们加入传统社会运动一般是因为某种物质需求。但新社会运动的主要动机往往是为了实现一些非物质性的价值，而通常不是因为经济上的受剥削和受压迫；第二，传统社会运动的背后往往有一个宏大的意识形态，而新社会运动想要改变的仅仅是社会上的某一主流价值观和行事方式，所以新社会运动又被称为“单议题运动”，其成员聚合往往基于对一种共同身份的认同，因此有时又被称为认同政治（identity politics）；第三，传统社会运动的对象一般是统治阶级以及使社会运动参与者处于被剥削被压迫地位的经济和政治结构，而新社会运动并不追求打破国家机器和建立新政权，其对象往往是公民社会本身；第四，传统社会运动的组织形态是分层的，而许多新社会运动采用了一种大民主式的、平等的组织形态。在某些情况下，新社会运动的核心只是少数专业人才。而在更多的场合，其核心成员来自各种小规模的社交圈和社会运动网络，他们通过现代通讯手段迅速联络，形成协调的行动。目前西方社会已经进入所谓“社会运动社会”，伴随各式新社会运动的是大量右翼社会运动的兴起和宗教势力的增长，而保守派、精英层的参与也一改以往社会运动的左派和草根倾向。一些对抗政治的形式经过多年发展亦逐渐制度化，被纳入常规政治的轨道。

现代通讯手段和社会网络的重新组合连接使得社会运动形成了一种外在式的动员结构。在这种结构模式下，我们见到的不是几个等级分明的社会运动组织，而是众多小型的、互相没有隶属关系的社会运动组织和网络。这些组织和网络的核心成员为数不多，他们中有些人是一些社会运动组织的专职人员，平时只有松散的联系，一旦出现某些重大社会议题，这些有着相似理念和利益诉求的核心分子就构成了社会运动的过渡性团队（transitory team），每个团队都通过自己的网络来动员参加者，不同团队之间又通过现代通讯手段迅速进行联系和协调，于是一个具有一定规模的社会运动便能在很短时间内发动起来。但运动过后这些组织又各自归位，通常并不会形成内部结构和等级森严的社会运动组织。大量过渡性团队的存在以及它们有效的组织和通讯能力，是社会运动社会得以产生的一个原因。而宗教群体运动便具有这些新社会运动的特征。[①]

二、“倡议国际”组织概况

宗教人权组织的一般目标是通过改善“国际宗教自由状况”间接促进传教。由诸多宗教人权组织构建起来的国际倡

① 赵鼎新著：《社会与政治运动讲义》，社会科学文献出版社，2006 年版。第 290－293 页。

议网络也是继承了其“历史先驱”——19 世纪西方传教士在反缠足、反妇女割礼等跨国运动的运动方式，[①] 并且在现代社会中运用新的信息手段以实现其多重目的。艾伦·D. 赫兹克等美国学者已对美国基督教组织参与所谓国际宗教自由问题的跨国政治行动进行过研究，从历史、社会、宗教/神学、政治等方面来描述美国基督教组织及个人介入国际事务的动因、过程及结果，得出了一些颇具启发性的成果。[②]

（一）基本目标和理念

“倡议国际”组织成立于 1991 年，总部设在美国弗吉尼亚州，成立“倡议国际”组织的创意直接来自于美国颇具影响力的“基督徒法律协会”组织（Christian Legal Society）的前后两位领导人，因而在组织和理念上两者有着千丝万缕的联系。组织的成员以法律职业为共同背景，以基督教信仰为共同出发点，正是通过这两点连接起诸多较小规模的类似组织和个人。“倡议国际”信奉的是奥古斯丁式的神学理念，受到“基督的好撒玛利亚人”比喻的影响，[③] 即要“行公义、好怜悯”。它将这一“撒玛利亚人策略”在各个层面上付诸实施，采取七大方式：1. 采取长期的关联性而非短期的对抗性方式；2.

① ［美］玛格丽特·E. 凯克、凯瑟琳·辛金克著，韩召颖、孙英丽译：《超越国界的活动家——国际政治中的倡议网络》，北京大学出版社，2005 年版。

② Allen D. Hertzke, *Freeing God's Children: The Unlikely Alliance for Global Human Rights* (Lanham, Maryland: Rowman & Littlefield Publishers, Inc. 2004); Elliot Abrams, ed., *The Influence of Faith: Religious Groups and U. S. Foreign Policy* (Lanham, Maryland: Rowman and Littlefield Publishers, Inc. 2001) 等。

③ 《新约·路加福音 10：25－37》。

致力于通过主动的方式系统地解决问题而不是反应式、被动的方式；3. 将法律和生活的内在和外在层面整合起来，认为缺少伦理和精神改革的法律改革是不够的；4. 追求服务型的领导而非权力中转；5. 关注正义，即什么是正确的，而不是关注政治，即强调谁有权力；6. 要求当地的合作伙伴为自己的国家或地区负起责任；7. 实践中采取务实的普世“黄金定律”：己所不欲，勿施于人。[①] 正是缘于这些信条，“倡议国际”选择了与“殉道者之声”（Voice of the Martyrs）、“门户开放”（Open Doors 也有译作“敞开之门”）等组织不同的政治参与路径，可被视作美国基督教福音派中的温和派。

（二）组织特征和运作方式

西方宗教人权组织的组织形式通常有平行组织以及具有科层制的等级组织两类。它们的总部一般设在美国，同时在其他西方“中等国家”设有分支机构。西方“中等国家”指那些推崇全球社会民主价值观和政策的所谓“好撒马利亚人之国”，一般指挪威、瑞士、丹麦、荷兰、加拿大诸国。[②]

“倡议国际”也不例外，它在2000年尤其是“9·11”事

---

① http://www.ministrywatch.org/profile/advocates-international.aspx （2012年2月20日查阅）。

② Steven L. Lami, "The Role of Religious NGOs in Shaping Foreign Policy: Western Middle Powers and Reform Internationalism," in Patrick James, ed., *Religion, Identity, and Global Governance: Ideas, Evidence, and Practice* (Toronto: University of Toronto Press, 2011), pp. 244 - 254. 转引自徐以骅，《全球化时代的宗教与国际关系》，第10页。

件之后趋于活跃，这与国际社会开始重视宗教因素不无关联。① 在其成立十年之际，即2001年，其根基大为加强，活动网络得以快速扩展。它以美国的“基督徒法律协会”为基本团队，扩展到英国、加拿大、保加利亚、韩国、南非、肯尼亚、巴基斯坦等国。到2003年，“倡议国际”已在135个国家建立起约有3万多名法律专业人士的网络，其中包括30个前或现共产党国家以及70多个所谓“宗教自由”受到限制的国家。“倡议国际”在国际宗教人权倡议网络中属于“宗教自由伙伴”（Religious Liberty Partnership）的成员组织之一，后者是一个联络组织，并不具备实际的行动能力。② 从组织特性上来看，“倡议国际”是具有职业性的基督教组织，世俗化倾向较为明显，它还为政府机构提供法律建议以及为面临法律问题的宗教组织等提供咨询。③

在“倡议国际”罗列出的六大行动领域中，所谓“宗教自由”在行动数量上占了将近一半，这无疑与其基督教背景

① 关于宗教“回归”国际关系的著作与论文的梳理和总结参见徐以骅：《全球化时代的宗教与国际关系》，第4－19页。

② “宗教自由伙伴”的成员遍布在18个国家，有些成员组织出于“安全原因”并未出现在公开的列表上。据其自述，近年来，该组织已在巴基斯坦、尼日利亚、斯里兰卡、中国、印度、阿富汗和越南等国家开展了针对所谓“宗教自由”问题的行动。它通过发布关于某一国家的宗教自由声明或通过其成员组织来扩大影响，还发布“行动准则”来指导其他相关宗教人权组织如何去开展活动。“倡议国际”和“殉道者之声”的加拿大分部、“国际基督徒关注”、“门户开放”、“对华援助协会”等宗教非政府组织同属于这一组织。参见“宗教自由伙伴”的网站 http：//www. rlpartnership. org/（2012年2月10日查阅）。

③ http：//www. ministrywatch. org/profile/advocates-international. aspx （2012年2月10日查阅）。

有关，但同时该组织的其他一大半活动则涉及和平、人权、家庭、社区等社会事业，这与世俗的援助类组织类似。在诸多具有影响力的“宗教自由”倡议组织构成的“矩阵”（matrix）中（见图1），①“倡议国际”主要致力于长期的制度改革而非释放囚犯的短期目标，它在矩阵的四个象限中，处于“聚焦政府”（government focus）和“对外交涉”（diplomatic）两大坐标系之间，这表明它主要采取与政府或政府间组织交涉为达成目标的路径（approach）。自成立起，“倡议国际”就在联合国框架下十分活跃，2001 年它在联合国设立“法规论坛”（Rule of Law Forum），作为外交官讨论共同关心的宗教自由、人权、和解、个人信仰及伦理问题的非正式场合，并邀请和所谓“国际宗教自由”有关的人士作为主持参与讨论。

“宗教自由”是该组织为其亚洲分部设定的核心任务。因此，他们为“受限者”如传教士和教会传递信息，提供签证、法律和其他方面的援助，并为一些国家关于宗教的法律条文提出建议，以相对温和的方式来处理其他国家内部的对抗政治，并以此种方式融入福音派推进国际宗教自由的跨国运动。如 2009 年“倡议国际”的主席山姆·埃里克森（Sam Ericsson）和世界福音联盟的其他福音派领袖一起到访中国，与中国教会领袖和政府官员会面。埃里克森被认为是能够与中国政府官员

① “国际宗教自由倡议组织”（International Religious Liberty Advocates）矩阵图原文参见“今日基督教”网站：http：//www. christianitytoday. com/ct/special/pdf/1104spotlightmatrix. pdf（2012 年 2 月 20 日查阅）。

保持较好关系的宗教人权活动者。①

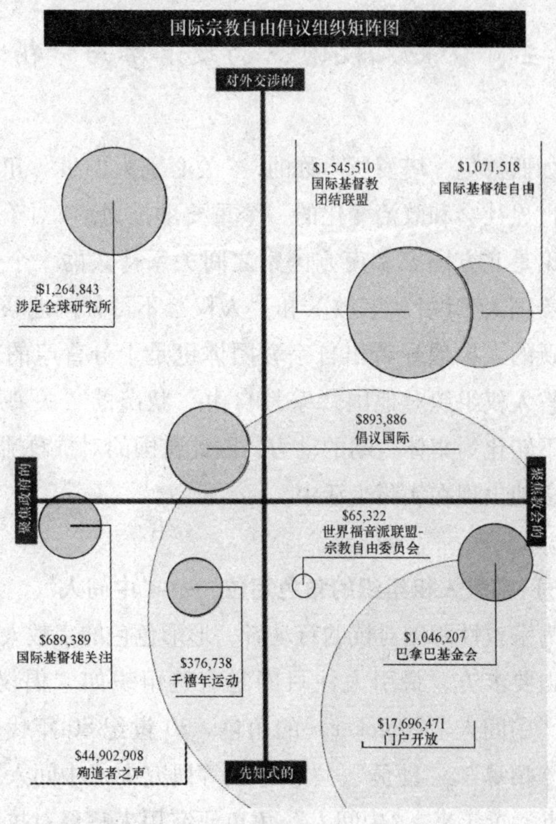

图1　国际宗教自由倡议组织矩阵图②

---

① Allen D. Hertzke, *Freeing God's Children: The Unlikely Alliance for Global Human Rights*, p. 87.

② 本文根据“今日基督教”网站所示矩阵图中所涉及的宗教人权组织及描述进行了重新绘制，各圆圈代表一个组织，组织名称所对应的数字表示年度预算额。圆圈的大小与组织的财政预算高低成正比，同时也从这一侧面形象地表示该组织的规模大小。

三、宗教人权组织的政治参与分析

正如西德尼·塔罗所声称的，“关心别人的事”正逐渐成为今日世界社会和政治变化的一个重要助推力。[①] 对于人权问题的争论是北方国家和南方国家之间关系持久的一个分歧。[②] 对多数美国人来说，“宗教”和“人权”不可分割地联系在一起，活跃的人权倡导者出自宗教团体也是十分普遍的现象。[③] 西方宗教人权组织对他国“宗教自由”状况的“关心”在一定条件下转化为集体行动的动力，因此跨国的对抗政治行为已越来越多地出现在实际生活中。

（一）宗教人权组织的角色定位——“中间人”

作为宗教性跨国对抗的行动者，形形色色的宗教人权组织都是提出要求方，最引人注目的是有些组织如“倡议国际”扮演了“中间人”（broker）的角色。20 世纪 80 年代关于社会运动“招募”、“动员”、“领导”等研究中“中间人”是研究的重点。近年来，“中间人”角色研究用来解释对抗政治的

① ［美］西德尼·塔罗著，吴庆宏译，《运动中的力量》，译林出版社，2005 年版，第 254 页。

② Johan D. van der Vyver & John Witte, Jr. , eds. , *Religious Human Rights in Global Perspective: Legal Perspectives*, （The Hague: Kluwer Law International, 1996）, Introduction, p. 13.

③ *Religious Human Rights in Global Perspective: Legal Perspectives* Preface, p. 6.

机制和过程再次得到关注。[1]

一个组织作为倡议网络或是社会运动的“中间人”必须是在关系网络中具备较长历史、较高声誉和较娴熟的政治技巧等要素，才能担负起具有影响力的“领导”角色，他（它）们并不是普通的行动者，而是具有权势者。特别是对于分散的个人和规模较小的组织来说，中间人的作用不可忽视，正是他们将分散个体联结到一起，推动了运动的形成和进展。玛丽莎·冯·布罗将对抗政治、政治居间和社会网络分析相结合，并认为“中间人”能够积聚较多的社会资本，从而促进各种信息和资源的流通。他们还能吸引新的集体行动参与者。她借用“参与阶梯”的比喻，来表示中间人四种角色是按照由易到难的次序排列的，即传送者（translators）、协调者（coordinators）、联结者（articulators）和代表者（representatives）。[2]对于宗教人权组织来说，要在“中间人阶梯”中占据高位需要持久性的战略运作。对于中间人来说，一旦在网络中拥有一定地位并占据一定台阶，就意味着更多的责任。一个社会运动要取得成效，必须有强有力的领导者。在宗教人权组织的网络中，由于宗教的广泛性和基层性，宗教性较强的组织往往拥有较强的社会动员能力。

作为宗教和人权问题上的“法律援助型”组织，“倡议国

---

① Marisa von Bülow, “Brokers in Action: Transnational Coalitions and Trade Agreements in the Americas,” *Mobilization: An International Quarterly*, vol. 16, no. 2 (June 2011), pp. 165 - 180, http://lasa. international. pitt. edu/members/congress-papers/lasa2010/files/1515. pdf（2012 年 2 月 2 日查阅）。

② “Brokers in Action,” p. 6.

际”在跨国倡议网络中也是作为“中间人”的角色出现的。如前文所述，由于“倡议国际”的历史渊源，它与法律界的联系非常紧密，比如它与“基督徒法律协会”等组织定期举行会议和集会等，该组织的国际顾问中有相当一部分是律师和法学教授。除了在行业网络中发挥“中间人”作用以外，“倡议国际”还联合其他美国基督教福音派团体发起“请愿”之类的活动。

（二）宗教人权组织政治参与的机制和过程

宗教人权组织参与跨国对抗的诸多机制——过程来说，最重要的莫过于传播、协同行动、界限激活和合法性确认。按照蒂利和塔罗的定义，传播是指对抗表演、对抗所针对的问题以及有关的解释性框架从一个地点向另一地点扩散。协同行动是指两个或更多的政治行动者针对同一对象而共同发出信号或共同提出要求。界限激活是指显著增强两个政治行动者之间“我们—他们之别”。合法性确认则指某个外部权利当局发出信号，表示打算承认并支持某一政治行动者的存在及其所提要求。[1]

就“宗教性跨国对抗”的行为体选择的不同机制而言，有些宗教行为体善于进行政治表演，比如“殉道者之声”（Voice of the Martyrs）在每年的“国际宗教自由祈祷日”（The International Day of Prayer for the Persecuted Church）召集海外及国内的教会领袖和宗教人权倡议者或组织，讲述所谓

① ［美］查尔斯·蒂利、西德尼·塔罗著，李义中译：《抗争政治》，第266－267页。

“受害经历”，又如他们在2008年奥运会前夕发放所谓“中国奥运祈祷箍带”，并将箍带送至白宫；有些组织具有广泛的信息来源和经常性的网络更新，作为中间人担负起传播所谓“宗教受限”的信息，如大多数宗教人权组织都会定期或不定期发布“新闻简报”，将关于一些传教士、牧师等个人的故事汇总，或是以年度报告的形式对所谓“国际宗教自由状况”作“权威性”解读；有些组织则善于利用政治机遇发出活动倡议，协同其他组织共同行动。

宗教人权议题和其他跨国对抗同样需要“合法性确认”，而扮演“支持者”角色的则非美国等所谓“人权保护国”莫属，“宗教人权问题”已然进入美国外交政策的中心议程。① 如“倡议国际”和“敞开之门”组织都对联合国人权理事会的权威性表示一定程度的尊重，希望这一国际组织能够在保护宗教人权方面使用其权威给予它们行动的合法性确认，以表示明确的支持，另一些组织诸如“殉道者之声”则转向美国政府寻求支持。

（三）宗教人权组织政治参与的技术支撑

为了适应信息化时代，宗教人权组织对信息技术的依赖度也渐趋走高，互联网成为大众对抗的新推动力。政治抗议传统上主要依靠要求提出者（抗争主体）在街头集会对于权力拥有者进行抗议。互联网改变了这一行动方式，它使对抗主体以虚拟方式有效地在网络上倡导抗议理念和策略，并将其迅速传

① 徐以骅：“宗教与冷战后美国外交政策——以美国宗教团体的‘苏丹运动’为例，”《中国社会科学》，2011年第5期，第199－200页。

遍全球。由于不再受制于时间和空间，互联网使决策者面对信息传播的便捷和立竿见影的效果而措手不及。这一虚拟扩散也可能将不可靠的、未经证实的信息转化为全球性的虚拟暴力/对抗。① 目前，宗教人权运动的对抗形式实际上越来越多地发生在虚拟的网络空间，宗教非政府组织提出并建构议题，通过互联网以及基于教会的社会网络在从草根到精英的各个层面传播相关信息。因此宗教人权组织在普通大众中的影响力往往取决于它们重视和利用互联网的力度和有效性。与这一总体趋势形成对比的是，“倡议国际”利用社交网络的程度远不如其他宗教人权组织，因此它在社交网站上的受关注程度较低。“喜爱”它的仅有 400 多人，提及它的次数也仅有 4 次，它在“推特”（twitter）上甚至没有账号，这在当前社交网络大行其道的时代，相当少见。而组织规模同样只能称得上是中等偏小的“联盟保卫基金会”（Alliance Defense Fund）在“脸谱”（facebook）网站上表示“喜爱”它的就有 8 万多人，被论及 3000 多次。“门户开放”（Open Doors）在“脸谱”网站上有 1.2 万多人次表示“喜爱”，活动也非常丰富，更新迅速频繁。由此可见，“倡议国际”由于具有极强的专业背景，组织文化的精英色彩浓重，似乎更乐于依赖传统的社会网络“找出那些已在或可能在适当的位置上推进宗教自由的专业人员，并与

① Jeffrey M. Ayres, “From the Streets to the Internet: The Cyber-Diffusion of Contention,” *the Annals of the American Academy of Political and Social Science*, vol. 566, no. 1 (November 1999) pp. 132 – 143.

他们一起工作”。①

（四）宗教人权组织政治参与的利益得失评估

就宗教人权组织在跨国对抗中的利益得失来看，一旦他们所提出的要求得到满足或部分满足便可被视为获益。在西方国家、西方宗教人权组织和所谓“受难教会或个人”三者之中，实际获益最大的不一定就是宗教人权组织，而往往是西方国家的政府。在某些情况下，它们会利用外交政策工具，以宗教人权议题对有关国家施加国际压力，并取得干预借口和“道德优势”。作为对抗客体的国家则有可能成为利益受损方，而且主要损失往往在国家主权和安全领域。多数学者认为，20 世纪下半叶以来的全球宗教版图变迁在使宗教问题国际化、造成基督教会与民族国家和其他不同宗教/民族之间以及基督教内部的紧张关系甚至冲突对抗等方面有直接作用，并且成为影响西方国家安全战略制定的因素。② 事实上，宗教组织作为跨国对抗互相联系的基础已经为 19 世纪以来的诸多跨国社会运动提供了强有力的联系渠道。而且，尽管许多运动的最初动力来源于跨国倡议的扩散，它们却常常依赖霸权国家的力量，并在

① ［美］艾伦·赫茨克著、涂怡超译：“福音派及其国际参与，”《宗教与美国社会——当代传教运动》（第六辑），北京：时事出版社，2009 年版。第 278 页。

② 涂怡超：“基督教福音派海外传教运动与当代国际关系，”徐以骅等主编：《宗教与美国社会——当代传教运动》（第六辑），北京：时事出版社，2009 年版，第 16－53 页。

不同的国家以不同的方式生根。①

四、简短结语

海外基督徒“因信仰而受难”的经历通过宗教人权组织构建的虚拟网络传播和声势浩大的宗教集会而具有了放大效应，在众多宗教人权倡议者中，除了个别宗教人权组织的领袖诸如“殉道者之声”的创始人温布兰牧师夫妇（Richard Wurmbrand 和 Sabina Wurmbrand）等是真正经历冷战中两大阵营的对垒或所谓“宗教迫害”之外，其他组织成员以及被动员起来的信徒，既不是“受难”事件的亲历者，也不是信息的直接来源，却以“受难的基督徒”这一话语来界定自身，从这点上来说，他们只是“远距离受难者”。正是宗教认同这一“强跨国纽带”使跨国对抗成为事实。宗教人权组织把对“海外受迫害基督徒”关注的潜在基层力量转变为协同一致的运动，进而影响美国的外交政策。

就宗教人权组织在跨国对抗中的行动“优势”而言，而作为非政府组织的“中间人”最具灵活性，活动空间也较大。而对抗客体、对抗支持者的行为都有相当的局限性。作为民族国家，无论是国内政治还是对外政策，能够调整和转寰的余地都相当小。从积极的角度来看，宗教人权组织往往能够根据局势变化及时调整议题重点和行动策略；但从消极层面来看，这

① ［美］西德尼·塔罗著、吴庆宏译：《运动中的力量——社会运动与斗争政治》，第246页。

种灵活性亦有可能使得这类组织变得“不负责任”甚至随心所欲。尽管宗教人权组织常常以“监督者”的形象出现，声称代表“公平和正义”，国际社会却没有对这些所谓“监督者”进行监督的机制。此外，“监督”也往往意味着对他国内政的关注、介入甚至强硬的干涉，对他国国家主权和安全造成损害，而选择性的传递信息，也可能误导受众引发动乱。

值得一提的是，“跨国对抗”本身不是一个完备的、包罗万象的理论体系，而是从新的视角来解释跨国政治行为的一个“工具箱”。提出并丰富这一视角的学者都是政治社会学领域的学者，因其学科背景，大量的国内社会政治的实证研究是发展出这一视角的基础。本文对“倡议国际”的初步研究是一个跨学科的尝试，以期从这一典型个案出发，为进一步梳理“宗教性跨国对抗”中宗教人权组织的谱系做基础工作。

美国式伊斯兰复兴及其外交效应
——冷战后美国穆斯林外交游说的发展

• 何健宇

［内容提要］ 美国穆斯林以统一的政治身份进行政治游说，是“内部整合”与“外部刺激”双重作用下的结果。一方面，美国穆斯林的三大主要群体尽管按照不尽相同的路线开展政治活动，却都在一定程度上促进了该宗教群体逐渐从涣散走向凝聚，并更多地通过政治参与来争取自身的合法权益；另一方面，“恐伊”情绪的升温，刺激美国穆斯林的“受迫觉醒”。这种双重作用的效应集中体现在致力于抵制“伊斯兰恐惧症”的政治性伊斯兰组织的发展。这些组织整合了穆斯林精英和民众的政治能量，从而使美国穆斯林外交游说势力崭露头角。但美国穆斯林外交游说的发展，仍将面临多种变数。

随着美国与伊斯兰世界关系趋于紧张，美国穆斯林被期望在这一“剪不断，理还乱”的问题上发挥更多积极作用。美国学者道格拉斯·约翰斯顿（Douglas M. Johnston）便称美国穆斯林是“一笔待用的资产”（an Asset-in-Waiting）。[①] 但是，相对于美国犹太人在外交游说上的强势，人数规模上并不逊色的美国穆斯林却并未展现出相匹配的政治影响力。[②] 该宗教群体多元的种族、母国和民族背景，是制约其外交游说力度的重要因素。事实上，美国穆斯林能够以统一的政治身份进行外交游说，是“内部整合”与“外部刺激”双重作用下的综合结果。一方面，在该宗教群体内部，非洲裔、阿拉伯裔和南亚裔美国穆斯林轮番以“伊斯兰”作为旗号开展各自的政治活动，推动该宗教群体从涣散走向凝聚；另一方面，“伊斯兰恐惧症”的一再膨胀，刺激美国穆斯林的“受迫觉醒”。这种内外因素的共同效应集中体现在致力于抵制“恐伊症”的政治性伊斯兰组织的产生和发展。以这些组织为中心，美国穆斯林外交游说势力崭露头角。本文试图分析美国穆斯林这一曲折迂回的外交参与进程，并指出其局限性。

---

① Douglas M. Johnston, Jr., *Religion*, *Terror*, *and Error*: *U. S. Foreign Policy and the Challenge of Spiritual Engagement* (Santa Barbara, California: Praeger, 2011), p. 198.

② Ali A. Mazrui, “Between the crescent and the star-spangled banner: American Muslims and US foreign policy,” *International Affairs*, 73 (2) (1996), pp. 493 –506.

一、内部整合：美国穆斯林三大群体及其政治路线

虽然关于美国穆斯林人数规模的估算存在争议，但综合各种不同的数据来看，其人数大约在400万—500万之间①。其中作为三大主要群体的非洲裔、阿拉伯裔和南亚裔穆斯林分别约占42%、12.4%和24.4%。② 由于其种族、母国和民族的不同，这三大群体在政治目标上具有相异的侧重点，并以不尽相同的路线开展各自的政治活动。

非洲裔美国穆斯林是较早在美国开展伊斯兰政治运动的群体。这种早期的美国穆斯林政治与黑人反抗白人歧视和压迫的种族政治紧密联系。长期处于贫困底层的美国黑人，认为自己受尽了以白人基督徒为主体的美国社会的欺凌，选择伊斯兰信

① 早在1995年，《纽约时报》的统计已经认为美国穆斯林人数达到600万。该数字受到一些质疑，即认为美国穆斯林人数并没有那么多。但这些质疑有的有压低穆斯林人数的企图。例如在“9·11”事件之后，一些犹太人政治组织就宣称美国穆斯林人数不足300万。资深的美国穆斯林研究专家乔斯林·塞萨里（Jocelyne Cesari）在其2004年的著作中倾向于认为美国穆斯林人数在400万至500万之间。参见Jocelyne Cesari, *When Islam and Democracy Meet: Muslims in Europe and in the United States* (New York: Palgrave Macmillan, 2004), pp. 10–11。

② 其他群体如来自伊朗、东南亚等地的穆斯林比重均不超过10%。数据来自Fareed H. Nu'man, "The Muslim Population in the United States," *Washington, DC: American Muslim Council* (1992)，转引自：Karen Loenard, "American Muslim Politics: Discourse and Practices," Ethnicities, vol. 3 (2) (2003), pp. 148–181。

仰作为对抗白人的武器。[①] 这种具有浓厚的黑人民族主义色彩的伊斯兰运动被黑人穆斯林组织“伊斯兰民族”（Nation of Islam）推向高潮。自华莱士·D. 法德（Wallace D. Fard，也被称作法德·穆罕默德）在 20 世纪 30 年代创立该组织以来，“伊斯兰民族”开始以一种奇特的伊斯兰神学来鼓动美国黑人的政治运动。该组织的领导人声称，神最早创造的人种是黑人，白人只是 6000 年前由一位黑人科学家雅库布（Yacub）所创造出来的“蓝眼睛的魔鬼”。因此，“伊斯兰民族”认为要把美国的黑人与其他人种隔离开来，并建立一个专属于黑人的国度。[②] 在二次大战期间，时任该组织领袖的伊利贾·穆罕默德（Elijah Muhammad）号召追随者拒绝为美国打仗。[③] 这种带有强烈分离主义的神学，虽然容易造成该组织“远离了不是黑人的穆斯林，也远离了不是穆斯林的黑人”[④] 的两难，但是，“伊斯兰民族”毕竟凭着这种“好战”的姿态引领了美国穆斯林政治的风潮，并在伊斯兰世界引起较大的反响。即便该组织在 1977 年因沃里思·穆罕默德（Warith Deen Mohammed）与路易斯·法拉汉（Louis Farrakhan）两位领袖的分道扬镳而出现重要分裂，美国黑人伊斯兰运动仍继续沿着两条截

① 王国栋、周春艳：“美国黑人伊斯兰运动探析，”《世界宗教文化》（2011 年第 4 期），第 30－35 页。

② Dwi Hesti Yuliani-Sato, “A Comparative Study of the Nation of Islam and Islam,” 2010, http://etd.ohiolink.edu/send-pdf.cgi/YulianiSato%20Dwi%20Hesti.pdf?bgsu1162806528（2012 年 2 月 20 日）。

③ Ali A. Mazrui, “Between the crescent and the star-spangled banner: American Muslims and US foreign policy,” pp. 493－506.

④ 王国栋、周春艳：《美国黑人伊斯兰运动探析》，第 30－35 页。

然相反的路线保持着相当的政治影响力。一方面，接任“伊斯兰民族”领导人的沃里思·穆罕默德逐渐背弃其父伊利贾·穆罕默德的“好战”神学立场，开始谋求与主流逊尼派伊斯兰神学的融合，并将组织更名为“美国穆斯林传教会”(American Muslim Mission)。[①] 在沃里思·穆罕默德的带领下，许多黑人穆斯林亦开始舍弃分离主义立场，开始认真学习经典伊斯兰教义，并开启了“从黑人穆斯林到穆斯林”的进程。[②] 另一方面，另起炉灶并重新使用“伊斯兰民族”作为组织名称的路易斯·法拉汉，则继续保持以往的激进姿态，并在伊斯兰世界树立其“魅力型领袖”的形象。[③] 他通过与其他组织的合作促成了1995年在美国首都华盛顿特区的“百万人大游行”(Million Men March)。这次游行被美国新闻界描绘为“伊斯兰的胜利”,[④] 在伊斯兰世界引起轰动，甚至使法拉汉本人获得利比亚领袖卡扎菲的欣赏和资助。[⑤] 虽然这种非洲裔美国穆斯林的政治运动始终以实现黑人的种族利益为目标，但它毕竟在伊斯兰的旗帜下为争取个人权益奔走呼号，并在此过程中强化伊斯兰信仰的感召力，因此，黑人伊斯兰运动发出了美

① 后来该组织又两度更名，分别为Muslim American Society和American Society of Muslims。参见Karen Leonard, “American Muslims: South Asian Contributions to the Mix”.

② Jocelyne Cesari, *When Islam and Democracy Meet*, p. 26.

③ Karen Leonard, “American Muslim Politics: Discourse and Practices,” p. 162.

④ *Ibid.* p. 163.

⑤ Ali A. Mazrui, “Between the crescent and the star-spangled banner: American Muslims and US foreign policy,” p. 497.

国穆斯林政治的“先声”。正如卡伦·伦纳德（Karen Leonard）所言，非洲裔美国穆斯林捍卫个人合法权益的努力使其他美国穆斯林群体同样受惠，并使“穆斯林”这一身份开始在美国社会占据一席之地。①

与非洲裔穆斯林不同，阿拉伯裔美国穆斯林更多的是围绕着“取悦安拉”的纯粹宗教目的来开展其活动的。阿拉伯裔穆斯林自19世纪末便开始移民美国，他们当中许多人是迫于第一次世界大战和奥斯曼帝国的分裂而逃亡美国的。② 他们在美国这片新的土地上继续发展其伊斯兰信仰。其中，不少穆斯林认为与“不信仰者”（*kuffar*）打成一片是对安拉诫命的违背，因此应该避免介入美国政治。③ 这在一定程度上决定了阿拉伯裔穆斯林在美国开展公共事务的方式。简言之，他们倾向于与美国政治保持一定的距离，并在穆斯林内部结成相对独立的伊斯兰社区。乔斯林·塞萨里（Jocelyne Cesari）指出，1963年“穆斯林学生协会”（Muslim Student Association，简称MSA）的成立是美国穆斯林公共事务的真正开端。该组织受当时国际上以“穆斯林兄弟会”（Muslim Brotherhood）等为代表的伊斯兰复兴运动的启发，由一些在美国学习的穆斯林学生联合创办，旨在帮助在美穆斯林学生开展各类与伊斯兰相关的活动、拓展他们的伊斯兰信仰、整合各穆斯林学生社团的资

① Karen Leonard, “American Muslim Politics: Discourse and Practices,” p. 152.

② Jocelyne Cesari, *When Islam and Democracy Meet*, p. 16.

③ Yvonne Yazbeck Haddad, ed., *Muslim in the West*: *From Sojourners to Citizens* (New York: Oxford University Press, 2002), p. 169.

源等。“穆斯林学生协会”的骨干后来发展了规模更大的组织——“北美伊斯兰会”（Islamic Society of North America，简称 ISNA）。这是目前美国最有影响力的穆斯林社团联合体，旗下除了 MSA 以外，还包括“伊斯兰医学会”（Islamic Medical Association）、“穆斯林社会科学协会”（Association of Muslim Social Sciences）、“穆斯林科学家与工程师协会”（Association of Muslim Scientists and Engineers）等社团。ISNA 的宗旨是要为美国穆斯林提供一个统一的活动和交流平台。其活动涉及穆斯林在美国生活的多个方面，包括伊玛目培训、青年教育以及举办大型年会以丰富穆斯林的社交生活。[①] 同时，ISNA 还推动成立了全国性的穆斯林大会，其主席由 ISNA 和 ICNA[②] 的领袖以及包括沃里思·穆罕默德在内的两名黑人穆斯林领袖轮流担任。从 ISNA 的发展轨迹不难发现，以阿拉伯裔穆斯林为主导的公共事务正逐渐将不同职业、阶层和族裔的穆斯林凝结起来，并在一定程度上形成美国穆斯林的“共同体”。这为美国穆斯林以更为统一的身份认同参与到美国的政治当中奠定了重要基础。

与阿拉伯裔穆斯林相比，南亚裔美国穆斯林在推动该宗教群体参与美国政治上发挥了更为直接的作用。1965 年美国开始实施新移民法，这使大量高素质的南亚移民得以进入美国。自此，主要来自印度和巴基斯坦的穆斯林逐渐为美国穆斯林政

① Jocelyne Cesari, *When Islam and Democracy Meet*, p. 82.

② 即“北美伊斯兰社”（Islamic Circle of North America），美国另一重要穆斯林组织。

治注入新的气息。[①] 首先，这批南亚裔穆斯林在社会、经济地位上较为优越。例如1990年的人口普查显示印度移民在家庭收入、受教育程度和职业分层等方面均在所有美国移民群体中位居前列。[②] 其次，因为长期的英国殖民地经历，南亚穆斯林不但熟练掌握英语，而且能较好地使伊斯兰信仰与西方政治制度相调和。第三，虽然南亚穆斯林保持着对印巴冲突、克什米尔问题等的关注，但因为在印度人和巴基斯坦人之间甚至印度人内部对克什米尔归属等关键问题均存在分歧，因此，该穆斯林群体对外交事务的投入及能量相当有限。这些因素使得南亚裔美国穆斯林更多地关注美国的国内政治事务，并致力于推动美国穆斯林的政治参与。这在神学思想和组织机构两个维度上均有所体现。一方面，由南亚穆斯林推动的神学辩论，着力于破除传统伊斯兰思想对穆斯林政治参与的掣肘。传统伊斯兰思想将世界划分为非此即彼的两部分：战争之境（*dar ul-harb*）和伊斯兰之境（*dar ul-Islam*）。美国既然是“不信仰者”的国度，理应属于战争之境。按照这种思想，穆斯林绝无参与美国政治的道理。南亚穆斯林所引入的伊斯兰思想体系逐渐缓和了这种激进的二分法。例如有印度的穆斯林学者称，美国固然不是伊斯兰之境，但美国与伊斯兰世界也绝非敌对关系，即并非战争之境。因此，应该将美国界定为秩序之境（*dar ul-*

① Karen Leonard, "American Muslim Politics: Discourse and Practices," pp. 147 – 181.

② Yvonne Yazbeck Haddad, ed., *Muslim in the West: From Sojourners to Citizens*, p. 235.

aman)。[①] 换言之，长期在美国居住并介入其主流社会和政治事务，并不违背安拉的诫命。类似的神学辩论逐渐使越来越多的美国穆斯林觉得参与美国政治与敬侍真主之间并不矛盾。另一方面，越来越多的南亚裔穆斯林成为美国伊斯兰社团的领袖。“北美伊斯兰社”（Islamic Circle of North America，简称 ICNA）的领袖便是一名巴基斯坦裔的医生。连当初由阿拉伯人创立的 ISNA，自 1996 年开始亦为印度穆斯林所领导。包括“美国穆斯林联盟”（American Muslim Alliance，简称 AMA）和“美国穆斯林协会”（American Muslim Council）在内的一批直接以政治游说为目标的组织，亦为南亚穆斯林所创立。[②] 藉此，众多南亚穆斯林得以利用这些组织的资源，与美国政坛高层建立联系，拓展穆斯林影响政治的渠道。

可见，尽管美国穆斯林三大主要群体分别以不尽相同的路线开展活动，但他们都从不同的方面丰富着美国穆斯林政治的内涵，从而一定程度上使背景迥异的美国穆斯林群体从涣散走向凝聚，并逐渐使伊斯兰信仰与美国主流价值观相调和、并消除穆斯林与美国政治制度之间的隔阂。该宗教群体的“内部整合”进程，亦在非洲裔、阿拉伯裔和南亚裔穆斯林等“你方唱罢我登场”的过程中逐渐深化。

---

① Karen Leonard, “American Muslim Politics: Discourse and Practices,” p. 154.

② Karen Leonard, “South Asian Leadership of American Muslim,” in Yvonne Yazbeck Haddad, ed., *Muslim in the West: From Sojourners to Citizens*, p. 238.

二、外部刺激："伊斯兰恐惧症"

美国穆斯林的"内部整合"进程始终是曲折而缓慢的。与此相反，因外部刺激而造成的聚合，则更为直接而迅猛，这主要源自美国国内"伊斯兰恐惧症"的一再膨胀。所谓"伊斯兰恐惧症"（简称"恐伊症"），是泛指在社会中流行的对伊斯兰和穆斯林的偏见、恐惧、歧视甚至仇恨等情绪。美国的"伊斯兰恐惧症"在冷战期间已经初露端倪。随着1967年第三次中东战争中阿拉伯国家的惨败，种种伊斯兰色彩浓厚的思想学说、意识形态取代了"阿拉伯民族主义"，成为中东地区最炙手可热的社会思潮。[①] 也正是从这个时期开始，各种打着伊斯兰旗号的反美活动频繁出现。尤其是在1979年伊朗革命的带动下，众多伊斯兰极端势力涌现（包括有名的巴勒斯坦哈马斯、黎巴嫩的真主党等）。这些穆斯林势力开始持续为美国制造麻烦。如1983年在黎巴嫩的240名美军陆战队员被一枚据称是穆斯林安置的炸弹炸死；在整个20世纪80年代，有多名美国人被黎巴嫩的什叶派穆斯林绑架并拘禁。[②] 自此，一方面，中东地区越来越多的反美行动被披上了"伊斯兰"的

① Heather S. Gregg, "US relations with Islamic groups in the Middle East," in Robert E. Looney, ed., *Handbook of US-Middle Relations: formative factors and regional perspectives* (London: Routledge, 2009), pp. 34-46.

② ［美］爱德华·萨义德著，阎纪宇译：《报道伊斯兰》，上海译文出版社，2009年版，第2页。

外衣；另一方面，这些行为通过美国媒体的报道，成为“美国持续受到伊斯兰威胁”的最佳例证。于是，在不知不觉间，美国的“伊斯兰恐惧症”开始滋生和集聚。冷战结束后，这种“恐伊”情绪又有了一波集中爆发的浪潮。首先，苏联骤然解体，这意味着长期以来对美国构成最严峻威胁的势力不复存在。在美国舆论普遍感到欢欣鼓舞的同时，一批保守的政治势力开始将原先攻击共产主义阵营的热情转移至伊斯兰教上。最有代表性的言论莫过于依莲·西奥利诺（Elaine Sciolino）1996年在周日版《纽约时报》的“每周评论”（Week in Review）上发表的题为“赤祸已熄，伊斯兰代兴”（The Red Menace is gone. But Here's Islam）头条文章。她在文中叫嚣伊斯兰教这种“绿祸”（绿色是伊斯兰教的代表性颜色）将在冷战结束后成为西方利益的严重威胁。[①] 事实上，依莲·西奥利诺并非孤立个案。“美国艺术与科学学院”（American Academy of Arts and Sciences）旗下的一个团体从1991年以来持续发表关于“宗教激进主义”的研究，其针对伊斯兰教的倾向明显。[②] 而著名的反伊斯兰作家丹尼尔·派普斯（Daniel Pipes）则更大张旗鼓地对伊斯兰教进行挞伐。在一篇名为“温和派并不存在：对付伊斯兰的宗教激进主义”（There are No Moderates：Dealing with Fundamentalist Islam）的文章中，派普斯指出伊斯兰教在精神本质上更接近共产主义和法西斯主

① ［美］爱德华·萨义德著，阎纪宇译：《报道伊斯兰》，上海译文出版社，2009年版，第11页。

② 同上书，第7页。

义，而不是传统的宗教。[①] 尤其是这批保守势力与犹太人政治集团在支持以色列、敌视伊斯兰等议题上的合流，更是持续推动这股“恐伊”情绪变得意识形态化。这股保守势力有的在外交上信奉美国单边实力、反对以巴和谈；有的因为宗教信仰上的“时代主义千禧年前论”，希望通过促成以色列完全复国而实现基督的复临。[②] 因此，他们都把中伤、打压穆斯林作为政治目标，并与犹太政治集团结成同一阵线。其次，在后冷战时代，一些学者、战略学家也开始思考：美国在“赢得冷战”之后将面临怎样的地缘政治机遇和威胁？应该如何构筑后冷战时代的全球战略？其中一些人将焦点放在所谓的“伊斯兰威胁”上。即认为冷战的结束不是“历史的终结”，而是以伊斯兰势力为代表的新的威胁的来临。其中最为瞩目的当数政治学家萨缪尔·亨廷顿的“文明冲突论”。他在 1993 年《外交事务》期刊上的文章“文明的冲突?”中，以“7 或 8 个世界主要文明的互动”来看待后冷战的世界。并认为后冷战时期世界冲突的最重要来源不是来自经济或政治，而首要的是来自于文明，而伊斯兰文明将成为以美国为首的西方文明的重大威胁之一。虽然亨廷顿的“文明冲突论”自问世之日起便备受争议，但它毕竟以学术的方式明确地将伊斯兰教界定为美国和西方世界的敌人，且由于亨廷顿以非常粗糙的方式来划分“世界文明”，致使世界上不同国家、地域（当然也包括美国国

---

① ［美］爱德华·萨义德著，阎纪宇译：《报道伊斯兰》，上海译文出版社，2009 年版，第 9 页。

② 徐以骅：“宗教新右翼与美国外交政策，”徐以骅主编：《宗教与美国社会——美国宗教的路线图》（第一辑），时事出版社，2004 年版。

内）的穆斯林无一例外的“对号入座”成为西方文明的敌人。于是，这股讨论“文明冲突”的热潮，使本来已经口碑不佳的伊斯兰教形象进一步恶化。而2001年发生的“9·11”事件，则更是使“伊斯兰恐惧症”再度升温。虽然在“9·11”事件中发动袭击的极端分子根本不能代表整个伊斯兰世界，但是，由于他们都具有伊斯兰教的背景，而且以本·拉登为首的“基地”组织在事件发生后公开宣称，“美国人应该知道，更多的飞机风暴将不会停止……在伊斯兰世界，有成千上万年轻人渴望牺牲，他们死的信念与美国人生的信念一样强烈”！他们甚至以“圣战”来描述该袭击事件。因此，“9·11”事件一开始就与伊斯兰教扯上了千丝万缕的联系。加之美国本已积聚的“恐伊”情绪，所以，虽然美国官方一直强调美国与恐怖主义势力的对立并非美国与伊斯兰世界的敌对，但“9·11”事件还是很容易被简化为伊斯兰世界对美国人发动的攻击。更何况“9·11”事件之后美国先后入侵阿富汗和伊拉克，又使旧有的误解进一步加深，原有的矛盾进一步复杂化。可以说，“9·11”事件及其一系列后续的效应，的确使美国与伊斯兰世界的紧张关系加剧，也使美国国内的“恐伊”情绪进一步膨胀。

“伊斯兰恐惧症”逐渐升温的过程，恰恰也是美国穆斯林加速凝聚的过程。因极端分子的行为“劫持”了广大穆斯林群体的形象，在大多数美国人心目中，穆斯林很容易与“暴徒”、“恐怖袭击”等字眼相联系。穆斯林在公共场所会遭到“另眼相看”，好莱坞电影如《真实的谎言》等，也在有意无意间渲染着穆斯林的负面形象。这种日渐僵固的消极形象，对美国穆斯林造成困扰。早在1995年美国俄克拉荷马市联邦大楼爆炸案时，美国穆斯林已经深切体会到美国公众对他们的成见。爆炸事件一出，媒体旋即将该暴行与“伊斯兰”联系在一起。但事后证实，这起事件是由一个叫作麦克维（Timothy Mcveigh）的白人炮制，与穆斯林毫无关系。① 尤其是“9·11”事件爆发后，美国穆斯林越发感到生存处境的不妙。这场重大的变故，使“恐伊”情绪不仅局限于公众舆论中对伊斯兰形象的抹黑或者在日常生活中对穆斯林的歧视，更是将所谓穆斯林问题上升为对美国国家安全的实在威胁。在这种情势下，美国穆斯林无论其民族、种族、母国的背景如何千差万别，都经历了某种受刺激后的“觉醒”过程，即被迫以穆斯林的身份来思考和应对这场危机，使过去引而不发的美国穆斯林政治潜力加速聚合和发力。

三、政治性伊斯兰组织与美国穆斯林政治游说的路径

（一）政治性伊斯兰组织的出现

美国穆斯林政治在“内部整合”与“外部刺激”的双重作用下不断拓展，这集中体现在致力于抵制“恐伊症”的政治性伊斯兰组织的产生和发展。所谓政治性伊斯兰组织，是指那些将政治游说、表达穆斯林政治诉求等作为工作重心的组织。自20世纪80年代末和90年代初以来，随着“恐伊症”的不断升温，美国穆斯林亦逐渐谋求以统一的政治身份来应对这一危机。因此，众多政治性伊斯兰组织纷纷成立，在公共领域抵制对穆斯林的歧视、攻击，并谋求通过合法的政治参与捍

① 见前引《报道伊斯兰》，第4页。

卫穆斯林的权益（见下表），其中较有影响力的组织包括“美国穆斯林联盟”、“美国穆斯林协会”、“穆斯林公共事务协会”（Muslim Public Affairs Council，MPAC）和“美国—伊斯兰关系协会”。美国与伊斯兰世界每一次关系恶化，都成为政治性伊斯兰组织拓展势力的契机。“9·11”事件爆发后，不但穆斯林民众需要这些组织站出来批评将伊斯兰等同于恐怖主义的谬误，其他美国民众也需要通过熟谙美国政治规则、善于在公共领域活动的政治性伊斯兰组织来了解美国广大穆斯林群体的状况。于是，政治性伊斯兰组织的“桥梁”作用得到较大提升。其中“美国与伊斯兰关系协会”因长期立足基层，在捍卫穆斯林权益、促进穆斯林参与公共事务等方面成就斐然，成为美国政治性伊斯兰组织的主要代表。

（二）美国穆斯林政治游说的路径：立足于美国主流价值观

以 CAIR 为代表的美国政治性伊斯兰组织，向来基于美国的主流价值观来进行政治游说，藉此抵挡反伊斯兰势力的攻击。因此，CAIR 从不纠缠于“伊斯兰与现代西方文明相龃龉”等的问题，而是旗帜鲜明地宣称穆斯林信仰与美国自由、民主、平等、人权等立国精神相一致。例如 CAIR 的发言人在许多场合都表示：“伊斯兰使人成为好公民和爱国者，穆罕默德的教义强化了我们对自由民主的信仰”。事实上，类似的立场的确构成政治性伊斯兰组织在美国政坛立稳脚跟、扩大政治话语权的首要“法宝”。虽然美国穆斯林也一直试图向美国公众普及伊斯兰的知识、展示穆斯林与现代西方社会相亲和的特质，甚至组织“跨信仰对话”，以弥合西方文明与伊斯兰之间固有的裂痕，但是，由于美国社会中的“恐伊”情绪有着一定的历史文化基础，而且在某些政治集团的煽动下逐渐变得政治化，因此，类似努力在短期之内难以取得显著效果。相对而言，借助美国的主流价值观、强调美国穆斯林作为美国公民理应享有宪法所保护的各项权利，以此突破反伊斯兰势力的围堵，争取更多温和派人士的同情和支持，则是更为行之有效的策略。这也是深嵌于美国宪政体制之下的穆斯林在现阶段做出的务实抉择。

美国主要政治性伊斯兰组织①

组织名称	成立时间	组织目标
穆斯林公共事务协会(MPAC)	1988	代表穆斯林利益，进行公共政策游说
美国穆斯林联盟(AMA)	1989	
美国穆斯林协会(AMC)	1990	成为美国穆斯林政治游说的主要代言组织
美国—伊斯兰关系协会（CAIR)	1994	扎根基层，维护穆斯林的权益
美国穆斯林政治协调委员会（AMPCC)	1999	由上述四个组织联合而成，意在更好的推进美国穆斯林对公共事务的参与

① 本表格是根据 Mohamed Nimer，“Muslim in American Public Life”及“Karen Leonard. South Asian Leadership of American Muslim”整理。两篇文章均载于 Yvonne Yazbeck Haddad，ed.，*Muslim in the West*：*From Sojourners to Citizens*，pp. 196 -249。

这种策略也的确体现在 CAIR 的政治游说实践之中。早在 1995 年，成立不久的 CAIR 在反对克林顿政府推出的“反恐综合法案”（Omnibus Counterterrorism Act）时便尖锐指出该法案使穆斯林在反恐行动中成了“特殊关照”的对象。尤其是法案中所规定的调查、监视和起诉等程序都有歧视伊斯兰的倾向，是对穆斯林合法权利的侵犯。随着 CAIR 越来越广泛地介入美国的公共事务，它越发纯熟地利用美国的宪法精神和主流价值观来捍卫伊斯兰的形象和利益。该组织长期致力于为穆斯林争取平等、不受歧视的就业环境。CAIR 多次介入涉及歧视穆斯林的劳务纠纷中，通过道德劝说和公众压力的手段促成雇佣方尊重穆斯林的合法权利、呼吁不同信仰之间的包容。自 1996 年起，CAIR 每年发布报告，对美国社会中存在的各种针对穆斯林的歧视、暴力案件进行曝光，并强调类似事件与美国的立国精神背道而驰。在这一既定的策略下，CAIR 适时地将众多新问题纳入自己的工作议程中。例如该组织批评美国公民及移民服务局（USCIS）在“9·11”事件之后以繁琐的审查程序来限制外来移民申请美国公民权，并且对于完全合乎要求的公民权申请迟迟不予批准。CAIR 指出这明显带有对穆斯林的歧视，并通过多种方式呼吁结束这种歧视性的措施。[①] 目前，在 CAIR 的网页上，设有一个专门的申诉页面“File a Complaint”，广泛收集网友所举报的歧视穆斯林的事件，并在确认真有其事后予以曝光。

循着这一策略，CAIR 逐渐确立了自身作为美国与伊斯兰

① CAIR 主页，http://www.cair.com/Home.aspx。

之间“桥梁”的形象，在国内乃至国际上赢得一定的声誉。2009年，在约旦“皇家伊斯兰策略研究中心”和乔治敦大学“阿尔瓦利德·本·塔拉尔王子中心”共同发布的“世界500位最有影响力的穆斯林”评选中，CAIR的领袖尼哈德·阿瓦德（Nihad Awad）榜上有名。在2010年《阿拉伯商业》杂志评选的“阿拉伯商业影响力100”（Arabian Business Power 100）人物评选中，阿瓦德再次上榜。《阿拉伯商业》在解释阿瓦德上榜的理由时称，CAIR的贡献在于改善了穆斯林在全球范围内的营商环境，因为“CAIR（捍卫穆斯林利益）的努力使得世界众多地区对伊斯兰文化的态度变得更加包容”。①CAIR为穆斯林利益代言的努力，使它在整个伊斯兰世界也取得了一定的影响。

与此同时，CAIR也开始拓展其在外交事务上的影响力。事实上，在美国与伊斯兰国家关系紧张、沟通渠道不畅之际，CAIR的“桥梁”作用尤为凸显。而CAIR本身也很善于利用此种优势来拓展自身在美国外交中的参与度和话语权。例如早在2006年时，CAIR已经开始派代表前往巴格达协助营救被绑架的美国记者。2009年时，CAIR的代表直接与伊朗总统见面，并要求释放被当局拘禁的美国记者。在这些事件中，CAIR在伊斯兰世界中的口碑，为它在美国与伊斯兰国家之间奔走斡旋提供了许多便利。最为典型的例子当数CAIR对在伊朗被拘捕的三名美国“间谍”的一系列营救活动。这三名美国青年是2009年时在伊朗和伊拉克交界处被拘捕的，伊朗当局以“非法入境”和“从事间谍活动”等罪名判处他们合共

① CAIR主页，http://www.cair.com/Home.aspx。

8 年的监禁。① 事件发生后不久，CAIR 即迅速做出反应。该组织的代表面见伊朗总统内贾德（Mahmoud Ahmadinejad）并向他递交要求放人的函件。在一名美国人舒尔德（Sarah Shourd）获伊朗政府提前释放后，CAIR 开展了营救另外两人即法塔勒（Josh Fattal）和鲍尔（Shane Bauer）的行动。CAIR 的领导人在 2010 年间给包括内贾德在内的多名伊朗高官写信，并在 2011 年 5 月组织策划了一场新闻发布会，联合伊斯兰领袖、其他宗教领导人以及拳王阿里等社会名流共同发表声明，对伊朗施压。该年 9 月应内贾德之邀，CAIR 领导人阿瓦德和其他宗教领袖组成代表团访问伊朗。此次访问后不久，两名青年便获得释放。由于此次“间谍”事件中 CAIR 在美伊之间起了斡旋者的作用，为其外交参与赢得了经验和声誉。

四、以政治性伊斯兰组织为中心的美国穆斯林外交游说势力

基于美国主流价值观进行政治活动，帮助政治性伊斯兰组织在美国政坛立稳脚跟，并构成它们介入美国政治的路径。沿着这一路径，CAIR 等组织带动起一股美国穆斯林外交游说势力。一方面，CAIR 等组织立足基层，引导广大美国穆斯林民众更好地参与政治，使这种穆斯林政治游说努力开始具备草根基础；另一方面，这些组织促进了穆斯林政治精英的联合，使

① http://articles.cnn.com/2011-09-19/world/iran.hikers_1_josh-fattal-american-hikers-sarah-shourd?_s=PM:WORLD（2012 年 2 月 20 日）。

该宗教群体的政治游说事业取得更大发展。

（一）政治性伊斯兰组织对美国穆斯林民众政治潜力的开发：护持、引导与动员

政治性伊斯兰组织对美国穆斯林民众的保护和支持，是该宗教群体勇于投身公共事务并表达其政治、外交立场的首要基础。“恐伊”情绪的膨胀、公众舆论对伊斯兰的负面态度，给美国穆斯林造成了相当大的精神压力。这使得该宗教群体即便对当下美国对伊斯兰政策有种种不满，却因为害怕“枪打出头鸟”而不愿过多地在公共领域中表达其政治观点。这就需要 CAIR 等组织为穆斯林民众提供参与政治的“安全感”，即在公共舆论中抵制“恐伊”情绪的蔓延。事实上，政治性伊斯兰组织也确实把此项任务作为长期的工作重心之一。以 CAIR 为例，该组织自创立之日起，便开始与各种“毒化”伊斯兰形象的文艺作品、商业广告和政治言论作对抗。不论是早期高调抗议一些好莱坞电影有毒化穆斯林形象的嫌疑，还是后来谴责联邦调查局对穆斯林公民不合理的滋扰，甚至在《华盛顿邮报》上刊登整版广告谴责恐怖分子的行径，CAIR 的种种努力，均为清除美国社会中对伊斯兰的偏见。这些行动在美国社会逐渐造成一定的舆论效应，在一定程度上使“恐伊”情绪降温，也弱化了穆斯林民众投身政治事务的心理障碍。

政治性伊斯兰组织对美国穆斯林民众政治潜力的开发，也体现在它们循序渐进地引导广大穆斯林民众更合理和更有效地参与公共事务。CAIR 等组织非常重视向广大美国穆斯林宣传美国政治的规则、传授参与美国政治的各种技巧和注意事项。例如 CAIR 曾经为穆斯林提供“与媒体打交道”的专门培训，

教育穆斯林如何通过媒体发表自己的言论、表达自身的诉求。CAIR 还出版过《穆斯林与媒体关系手册》，引导穆斯林与媒体建立融洽的关系，从而构建自身的良好形象。这些工作均着眼于为美国穆斯林营造良好的公共关系，并更顺利地进入美国的公共领域。为此 CAIR 还在 2000 年创立了“领袖培训中心”，吸收年轻的穆斯林学员，为他们提供政治游说、政治动员、公共关系和组织管理等培训。CAIR 组织学员到 CNN 和 FOX 等媒体观摩学习，或者与国会议员讨论种族和信仰歧视等问题。在 CAIR 接受过培训的学员，有机会进入白宫、国会和其他政府部门任职。这些培训无疑旨在为美国穆斯林的政治游说事业储备人才。

最后，政治性伊斯兰组织在开发美国穆斯林政治潜力时最直接的手段莫过于动员他们在选举时参加投票，提高穆斯林群体的投票率。目前，政治性伊斯兰组织已经形成了一套较为成熟的选举动员方式。首先，在激发穆斯林民众的投票意愿时，CAIR 等组织始终强调既然选举权是宪法赋予的权利，作为美国公民的穆斯林应该好好把握它，以此来实现伊斯兰所宣扬的价值和西方自由民主价值观之间的融和。伊斯兰组织不断向穆斯林民众宣传参与投票的各种现实意义，包括有助于改善国内对穆斯林的歧视并营造更好的生存和工作环境、更好地表达作为纳税人的穆斯林对公共财政支出的意见等。其次，CAIR 等组织有非常具体和全面的措施来激发穆斯林的投票积极性。一些 CAIR 的分支机构专门成立了选举工作中心，在选举期间组织志愿者通过电话提醒穆斯林选民前往投票。CAIR 也会组织车辆接送穆斯林往返投票地点，并向穆斯林选民介绍各位候选人的个人信息、竞选纲领。安排与候选人的见面会等。CAIR

的网站则不断实时更新各种选举信息，提醒选民具体选举的时间、方式和地点等，为穆斯林前往投票提供最大便利。事实上，政治性伊斯兰组织对穆斯林选民的动员能力，已经在2000年总统大选时显现。当时一众穆斯林领袖认为与民主党候选人相比，共和党候选人小布什和切尼在以巴问题上对巴勒斯坦较为友好，且在美国国内针对穆斯林的“秘密证据”问题上持相对消极的态度，因此，伊斯兰组织联合起来推动美国穆斯林给共和党投票。①

（二）政治性伊斯兰组织对美国穆斯林精英外交游说的呼应与支持

在美国与伊斯兰世界关系逐步紧张的背景下，不少美国的穆斯林精英也寻求参与公共事务，并通过各自的努力来缓和两种文明之间的关系、改善穆斯林的处境。在美国穆斯林影响美国公共事务的渠道相对稀少、反伊斯兰势力不断滋事的形势下，这些个人通常会或多或少地与政治性伊斯兰组织建立联系，并相互照应。因此，穆斯林精英和CAIR等组织虽然在关注重点和具体事务上有所区别，但他们参与美国公共事务的努力在一定程度上形成了合力，对美国与伊斯兰世界的关系产生影响。

首先，担任公职的美国穆斯林与政治性伊斯兰组织因志同道合而相互照应。穆斯林要影响美国对伊斯兰世界的政策，最行之有效的方式莫过于进入美国的决策机构直接进行

① Karen Loenard, “American Muslim Politics: Discourse and Practices,” pp. 147 – 181.

外交游说。因此，供职于行政、立法等机构的穆斯林精英，在整个美国穆斯林游说势力中扮演不可或缺的角色。其中，奥巴马总统的顾问达丽亚·莫格海德（Dalia Mogahed）和首位穆斯林众议院凯斯·埃里森（Keith Ellison）较有代表性。

达丽亚·莫格海德出生于埃及开罗，4岁时举家移民美国。在进入白宫担任顾问之前，达丽亚·莫格海德曾在美国从事跨文化交流的培训工作，为高校、司法部门等机构提供跨文化事务的咨询和培训。后来她进入盖洛普中心（Gallup Center），从事有关穆斯林的研究工作。2007年，她与约翰·L. 埃斯波西托（John L. Esposito）合著《谁为伊斯兰讲话：十几亿穆斯林的真实想法》一书，以大量数据和资料为基础，为美国人介绍全球各地穆斯林的真实想法和信仰的情况，展现伊斯兰教的多样性。该书在一定程度上意在驳斥那些把穆斯林等同于暴徒、恐怖主义者的僵固思想，在国内外造成相当大的影响。2009年4月，达丽亚·莫格海德受邀进入白宫，担任奥巴马的“信仰与街区合作咨询委员会”（Advisory Council on Faith-Based and Neighborhood Partnerships）的顾问，就伊斯兰事务为总统提供咨询。她协助奥巴马总统起草了2009年6月在开罗关于重塑“美国—伊斯兰”关系所发表的演讲。

达丽亚·莫格海德与CAIR等政治性伊斯兰组织具有类似的政治抱负、面临共同的政治对手。2008年，当达丽亚在一次公开的活动中被问及CAIR等组织涉嫌与哈马斯有秘密联系的问题时，她明确表示，在没有确凿证据的情况下捕风捉影地毁谤这些组织是不合理的。她批评有些政治势力企图通过毒化CAIR等伊斯兰组织的形象来压制穆斯林在公共领域的活动。[①] 2009 年 4 月莫格海德受邀进入白宫时，CAIR 高调对她表示祝贺，并称其知识和专业素养将使她在涉及伊斯兰的事务上发挥了重要作用，广大穆斯林对她充满信心。[②]

凯斯·埃里森 1963 年生于美国。受家庭影响，他自小信仰天主教。但大学期间转信伊斯兰教。2006 年，埃里森当选成为众议员，成为美国第一位穆斯林国会众议员。虽然穆斯林并非埃里森唯一的政治身份，但伊斯兰信仰的确使他在涉及穆斯林的事务上投入较多精力。在众议院的就职宣誓典礼上，埃里森破天荒的手抚《古兰经》进行宣誓。该《古兰经》曾为美国开国元勋托马斯·杰弗逊所有。埃里森称，他希望以此证明美国自立国之初便有着宗教宽容的传统，且尊重《古兰经》中蕴含的智慧。在中东事务上，埃里森反对美国政府无条件的偏袒以色列[③]，呼吁以色列和巴勒斯坦以和平方式解决纷争。2010 年，埃里森就以色列封锁加沙地带问题，与华盛顿州联邦众议员吉姆·麦克德莫特（Jim McDermott）联名致奥巴马总统一封公开信，指出以色列的封锁行为使巴勒斯坦人生活不断恶化，却完全无助于以巴问题的解决。两人在信中呼吁，奥巴马总统应该促使以色列解除封锁，并给受此影响的巴勒斯坦人提供必要的救助。[④]

---

① http://www.investigativeproject.org/1904/dalia - mogahed-a-muslim-george-gallup-or-islamist（2012 年 2 月 21 日）。

② http://islamonline.com/news/articles/36/CAIR_ Congratulate_ Dalia_ Mogaged_ on_ Appointment_ to.huml（2012 年 2 月 24 日）。

③ http://lacrossetribune.com/news/opinion/article_ 637bc240 - 9f3a - 11de - ac77 - 001cc4c002e0.html（2012 年 2 月 24 日）。

④ http://ellison.house.gov/（2012 年 2 月 20 日）。

CAIR对埃里森的支持，至少可以追溯到2006年的众议员选举。当时，CAIR领袖尼哈德·阿瓦德出席埃里森的竞选筹款大会并发表讲话。阿瓦德本人和其他CAIR的高层也向埃里森捐钱。[①] CAIR在其出版物中经常引用埃里森的例子，来表明美国穆斯林完全可以融入美国的公共事务。而埃里森也应邀出席CAIR的年度会议并发表演讲，帮助CAIR拓展其影响力和筹集资金。

对CAIR而言，通过与这些担任公职的穆斯林的联系，使它获得影响政府高层的更直接的渠道。对于莫格海德和埃里森来说，与政治性伊斯兰组织的合作使他们不再是散兵游勇。简言之，这种合作关系使双方的事业相得益彰，在面临敌视伊斯兰势力时显得更有底气，并更好地在涉及伊斯兰世界的外交事务上进行游说。

其次，穆斯林社会活动家借政治性伊斯兰组织的支持而声名鹊起。除了与担任公职的美国穆斯林进行合作，政治性伊斯兰组织也着力团结具备政治影响力的穆斯林社会活动家。其中比较有代表性的是它们对“世贸遗址清真寺”伊玛目费赛尔·阿卜杜·拉夫（Feisal Abdul Rauf）的扶助。2010年前后，以拉夫为主要策划者的“曼哈顿伊斯兰中心”计划无疑在美国和伊斯兰世界掀起了一场风暴。该计划实际上在2009年已经开始，但在2010年5月才真正引发了激烈的争议。这个最

① Brandt Williams, “Sparks fly at 5th District debate,” October 18, 2006, Minnesota Public Radio. 转引自：http://en.wikipedia.org/wiki/Keith_Ellison（2012年2月24日）。

终定名为“51 号公园”（Park51）① 的项目是要在纽约曼哈顿建造一座伊斯兰综合活动中心，其中包括穆斯林祈祷的场所。但由于该项目的选址距离“9·11”袭击后的世贸遗址仅两个街区之隔，且“9·11”袭击发生时，其中一架撞向世贸大厦的飞机的部件正好飞落此地，这便使该计划触动了美国人最敏感的神经。纽约市乃至整个美国随之爆发了激烈的争论。虽然该计划实际上是要建造一座包括图书馆、游泳池、剧院等各种设施的综合活动中心，并非一座清真寺，但许多美国人将其称为“零点地清真寺”（Ground Zero Mosque）②。一些反对声音批评该项目体现了伊斯兰要在敌人圣地建造清真寺的传统，具有非常险恶的用心。③ 而包括“9·11”事件遇难者家属在内的不少美国民众则认为这场恐怖袭击与伊斯兰教有牵连，在世贸遗址附近建造伊斯兰中心就是在美国人的伤口上撒盐，要求该项目重新选址。许多有分量的政治人物都加入了这场争论。前副总统候选人佩林（Sarah Louise Heath Palin）更明确呼吁美国穆斯林不要支持该项目。而支持该项目的人则认为，建造穆斯林活动中心本身是受到法律保护的行为，根本没有道理对其进行任何阻挠。更何况，在零点地附近建造穆斯林活动中心，恰恰可以体现美国包容的精神，也此宣示美国人并无对伊斯兰教的歧视和排斥。纽约市市长布隆伯格（Michael

① 该命名主要是因为该项目选址正好处在 47－51 号地块。

② “9·11”袭击事件后的世贸遗址被称作“零点地”。

③ 耶鲁全球在线复旦版：萨达南·杜梅：《曼哈顿计划：清真寺引发巨大争议》，http：//www. 21bcr. com/a/shiye/shijieguan/2010/0926/1695. html（2012 年 2 月 20 日）。

Bloomberg）便是类似立场的支持者。在经历了诸多扰攘之后，纽约市地标委员会最终在2010年8月全票通过不再向“51号公园”原址上的旧建筑授予地标，这意味着“51号公园”项目正式获得批准。

在“51号公园”项目策划和推行的过程中，费赛尔·阿卜杜·拉夫（Feisal Abdul Rauf）起着非常重要的作用。拉夫1948年生于科威特，后来随父亲来到美国。在策划“51号公园”项目之前，拉夫是纽约市一所清真寺的伊玛目。事实上，“51号公园”的投资者贾迈尔（Sharif El-Gamal）最初只是计划在这个地块上兴建一栋公寓。但后在拉夫的说服下贾迈尔改为要在兴建一座带有穆斯林祈祷场所的活动中心。[①] 拉夫等人的大胆策划，最终得到了包括CAIR在内的主要伊斯兰组织的认可和支持。在“51号公园”项目争议发生后，包括CAIR的领袖尼哈德·阿瓦德在内的一众穆斯林领袖举行了闭门会议。虽然他们对拉夫等人在没有事先知会他们的情况下就推出该计划颇有不满，但最终他们还是一致表态，支持曼哈顿伊斯兰活动中心的兴建。他们强调，兴建该活动中心是美国穆斯林的权利，因此即便受到再多的外界压力，他们都会协助该项目的顺利完工。伊斯兰组织对“51号公园”的公开支持是相当有分量的。首先，它使该项目不再仅仅是商业行为，而具有了明确的政治意义，即美国穆斯林要通过对该项目的支持而捍卫自身的合法权利。更重要的是，它使该项目不仅仅成为伊玛目拉夫和开发商贾迈尔的个人行为。诸如CAIR等组织作为美国穆斯林的“代言组织”对“51号公园”的支持，在较大程度

① http://en.wikipedia.org/wiki/park51（2012年2月20日）。

上反映美国穆斯林的声音。于是，“51号公园”事件一跃成为美国穆斯林群体捍卫合法权利、显示政治力量的里程碑式的事件。

曼哈顿伊斯兰中心事件虽然是美国穆斯林捍卫其合法权利的国内事件。但其包含的外交意蕴无疑是丰富的。通过策划和推动这一事件，拉夫和CAIR等组织实际上迫使美国人重新审视美国与伊斯兰世界的关系，包括迫使他们思考：“9·11”事件是否应该定性为伊斯兰对美国的袭击？美国的敌人是一小撮极端主义的恐怖分子还是整个伊斯兰世界？对这些关键问题的反思和争论，必然会对美国与伊斯兰关系产生种种效应。该事件也造就了拉夫等美国伊斯兰教的新领袖。2010年8月美国国务院便邀请拉夫作为代表出访卡塔尔和巴林，介绍美国穆斯林在国内的生活状况并宣传美国的宗教宽容。

（三）民众、组织和精英的顺次赋能

政治性伊斯兰组织有效地整合了穆斯林民众和精英的政治能量。这对于美国穆斯林外交游说势力的成长是至关重要的。该宗教群体自身向来涣散，成为制约美国穆斯林的政治游说发挥更大作用的瓶颈，这在外交事务上尤其明显。虽然广大穆斯林民众也意识到国内“恐伊”情绪的升温与美国对伊斯兰国家的外交关系密切相关，但作为普通百姓，他们在政治上的热情和抱负非常有限，更多关注与其生活直接相关的政治议题而非美国外交政策的走向，造成政治能量的耗散。因为，虽然穆斯林精英一直具备影响美国对伊斯兰外交政策的抱负和魄力，但由于精英与民众之间固有的隔阂，其外交游说的努力显得曲高和寡、应者寥寥，无法取得具体而持久的效果。政治性伊斯

兰组织对穆斯林民众和精英的连结，恰恰扭转了这种局面。CAIR 等组织通过长期立足基层，激发广大穆斯林民众参与政治的意识和热情，使该宗教群体潜在的政治实力得到展现。通过这种政治社会化的过程，政治性伊斯兰组织因作为美国穆斯林的“代言组织”而在美国政坛崛起。同时，通过对莫格海德、埃里森、拉夫等穆斯林精英的呼应和支持，CAIR 等组织又将它们的政治能量投射到外交事务上，使穆斯林精英更具有草根基础和政治影响力。政治性伊斯兰组织引领和支撑着美国穆斯林政治游说事业的发展，形成了民众、组织和精英三者之间互动的政治赋能关系，使这股成长中的外交游说力量在政治游说渠道相对稀少、敌对势力伺机围堵的形势下，取得一定的成果。

五、前景展望

从非洲裔、阿拉伯裔和南亚裔三大群体遵循相异的路线汇聚成初具规模的美国穆斯林政治，到“恐伊症”的刺激加速该群体“觉醒”，以及政治性伊斯兰组织对精英与民众的连结，在这一过程中美国穆斯林逐渐从横向和纵向两个维度整合自身的政治能量，并开始强化其对美国外交政策的影响。但是，在取得阶段性成果的同时，美国穆斯林的外交游说亦显露其局限性。一方面，美国穆斯林仍难以形成清晰的政治目标和具体的政治议程，而仅仅是笼统地追求改善美国与伊斯兰世界的关系。尤其是在以巴关系等外交事务上，他们除了呼吁美国要更多地兼顾巴勒斯坦人的利益之外，尚无进一步的政治路线和具体行动；另一方面，相对于美国犹太人在政坛的强势，美国穆斯林依然处于政治上的守势。虽然如今穆斯林已经在美国公共事务中拥有更多的话语权，也的确在一定程度上抵制了“恐伊”情绪，制约了犹太政治集团的气势，但犹太政治集团及其政治盟友对伊斯兰的围堵，依然使美国穆斯林疲于应付。无论是 CAIR 这样的伊斯兰组织，还是达丽亚·莫格海德、凯斯·埃里森等个人，都时常被指与哈马斯等激进伊斯兰组织有勾结。类似的攻击的确对穆斯林游说团体的形象造成负面效应，并在相当程度上挫伤其政治游说的锐气。因此，美国穆斯林要在以巴冲突等议题上颠覆犹太集团的主导地位仍非常困难。一言以蔽之，作为一股新兴的外交游说势力，美国穆斯林尚无能力大幅扭转美国外交的具体走向和议程设置。因此，虽然奥巴马上台以来美国对伊斯兰外交上的一系列新动向皆有穆斯林参与其中，例如奥巴马任命拉沙德·侯赛因（Rashad Hussain）为派驻伊斯兰会议组织（Organization of the Islamic Conference）的特使①，以及上述达丽亚·莫格海德受邀担任顾问一职并起草奥巴马的开罗讲话等，但这更多的只是穆斯林在美国外交政策微调过程中所做的配合与跟随，其影响外交的力度仍相当有限。

美国穆斯林自身的异质性决定了其聚合的进程必然是迂回的，而且它容易受到多种因素的干扰。首先，非洲裔穆斯林在信仰、政治上的走向，将构成美国穆斯林政治发展中的重要变数。乔斯林·塞萨里指出：“黑人穆斯林与移民穆斯林之间的

① http：//thesop. org/story/usa/2010/02/15/rashad-hussain-us-envoy-to-world-muslim-body. php（2012 年 2 月 20 日）。

分裂是美国‘泛伊斯兰认同’深化的一大障碍。”[①] 虽然在锐意变革的沃里思·穆罕默德的带领下，美国黑人伊斯兰运动在融入主流穆斯林社群的进程中已取得长足进步，但美国黑人当初毕竟是基于明确的种族利益而选择伊斯兰信仰的。因此，在沃里思·穆罕默德逐渐淡化其领导地位之际，黑人伊斯兰运动也开始处于新的十字路口。正如罗伯特·丹宁（Robert Dannin）所质疑的，伊斯兰的教义到底能为黑人带来什么?[②] 同时，即便在阿拉伯和南亚裔穆斯林之间，也存在各种分歧。尤其是相对于阿拉伯人，南亚穆斯林在作为美国与伊斯兰关系“症结”的中东事务上热情有限。另外，美国穆斯林政治实际上构成美国与伊斯兰世界交碰过程中一个局部而特殊的前沿。而方兴未艾的国际伊斯兰复兴运动，从一开始便包含着对西方主流价值和政治制度的批判甚至否弃，涂上浓重的“反美主义”色彩，并经常以原教旨主义和恐怖主义的方式呈现。于是，与这些思潮争夺伊斯兰信仰的诠释权，似乎又构成美国穆斯林政治的另一议题。因此，如何以充沛的信仰感召力持续激发广大穆斯林参与美国政治的热情，也是横亘在美国穆斯林外交游说之路上的一大难题。

① Jocelyne Cesari, *When Islam and Democracy Meet*, p. 42.

② *Ibid.* p. 26.

当代美国学界关于美国宗教与政治研究综述*

● 涂怡超

［内容提要］　尽管美国是西方现代化国家中宗教氛围最为浓厚的国家，囿于宗教和政治之间的隔离墙这一传统观念，长久以来美国学界忽视对宗教与政治之间隔而不离的关系进行深入剖析，而中国学界基于中国的政治本位和学术传统对此问题长期一叶障目。自20世纪80年代以来，美国学界对美国宗教与政治之相关研究渐入佳境，中国学界亦于80年代末开展此项研究。迈入21世纪后，中国学界对此研究的兴趣亦不断增长，反映了中国学界对美国研究的日趋深入和全面。该项研究在中国尚

* 本研究为国家社会科学青年项目“基督教与当代中美关系”（项目号：08CZJ065）、上海浦江人才计划项目“美国基督教的全球扩展与‘民主输出’”的中期成果。感谢清华大学赵可金副教授对本文提出的宝贵建议。

为一新兴研究领域，学界对此还须进一步加强宏观把握。为此，对美国学界该项研究的学术史进行梳理并提炼出相应研究脉络，可为中国的相关研究提供参考。

美国是政教分离的国度，美国宪法第一修正案规定："国会不得制定关于下列事项的法律：确立国教或禁止信教自由……"。具体而言，美国实行教会与国家的分离，而美国的政治体制则允许宗教信徒和宗教组织合法进行政治参与。长久以来，美国政界对宗教持谨慎态度，已退出共和党的前参议员洛厄尔·P. 韦克（Lowell P. Weicker）对宗教介入政治的看法颇有代表性："将宗教引入政治的人是在玩火。"① 然而，200 余年来，宗教与政治从来隔而不离，而美国却又是近现代直至世界宗教发展最为兴盛的现代化大国，且宗教对政治产生重要影响，与其他西方国家相比，美国宗教的意识形态和组织对政治发挥的影响更为深远。

本文对美国学界近年来相关研究的学术史进行梳理。文章第一部分总结美国对政教关系的总体解释模式；第二部分梳理美国学界解释宗教与政治相互关系的基本理论模式；第三部分对当代宏观理论进行综述；最后为结语。

① Lowell P. Weicker, Jr., New York Times, March 21, 1984, quoted from Kenneth D. Wald and Allison Calhoun - Brown, Religion and Politics in the United States, 5th edition (Lanham, Md.: Rowman & Littlefield Publishers, Inc., 2007), p. 1.

一、美国政教关系之基础：第一修正案解释范式与政教关系

美国宗教与政治研究的权威学者肯尼思·沃尔德（Kenneth Wald）强调对宗教与政治进行研究，必须抓住宗教的三个基本面：教义、机制和宗教亚文化，辨清美国人对政治、治理和政教关系的基本理念。这是从事该研究的基本前提。[①] 宗教的政治参与限定在美国宪法的基本框架中，对宪法第一修正案的解释长期成为分析美国政教关系的基础。

早在殖民地时期，各殖民地不同程度地保有欧洲政教合一的传统，多实行不同层次的神权政治，基督教从信仰到组织层面对殖民地的政治与社会产生巨大影响。立国以来，基督教一直通过思想的渗透和个人接触形式对政治产生重要影响。

尽管如此，自立国以来，美国以宪法为基础形成政治与宗教之间的制衡（Checks and Balances Between Church and State），限制宗教对政治的影响以避免神权政治，同时又保证宗教自由。1789 年通过的美国宪法第一修正案就规定："国会不得设立国教或禁止信教自由……。"学者将其分别解析为"设立条款"和"自由实践条款"，对这 16 字条款确切含义的解释对美国政教关系意义重大。当时一些州仍存在并支持官方教会，但各州均批准了这一针对联邦的条款。联邦最高法院通

---

① Kenneth D. Wald and Allison Calhoun-Brown, *Religion and Politics in the United States*, 5th edition, p. iii.

过判例进行的解释对政教关系的影响尤有直接政治和社会效应，并影响之后一定时段的政教关系走势。建国200余年来，美国各界对政教关系如何平衡争议颇多。

首先出现的对第一修正案的解释范式是“隔离墙”理论，这也是美国学界长期以来对美国政教关系的共识所在。[①]“隔离墙”理论的基本来源是两大不同的政治运动。

一大主要源头是启蒙主义。詹姆斯·麦迪逊（James Madison）、托马斯·杰斐逊（Thomas Jefferson）、亚历山大·汉密尔顿（Alexander Hamilton），约翰·亚当斯（John Adams）等人深受法国启蒙思想影响，认为赋予宗教以国家权力将导致劣政。宗教或宗派的不同会给民主政治带来问题。民主政治建立在妥协政治的基础上，而宗教教义，尤其是亚伯拉罕宗教具有强烈的不妥协性。“神权政治和对宗教的世俗压迫非常相似，任何一种政权的在位，都会导致自由和独立存在的消失。”[②]启蒙主义者尽管在神学上不尽一致，在新兴国家的具体制度设计方面观点不尽相同，但在反对教权方面具有一致性，同时也保留了隔离墙另一侧宗教自由发展的制度空间。长久以来，美国学界对建国之父们的宗教倾向及其对政治产生影响的过程存在争议。一派认为美国的建国之父是基督徒，他们希望政府支

① 隔离墙（a wall of separation between church and State）出自托马斯·杰斐逊给康涅狄格州丹伯里浸会的回信，该会因担心公理会在该州的主导强势危及其他弱小教会的生存而写信给时任总统的杰斐逊。Daniel L. Dreisbach, *Thomas Jefferson and the Wall of Separation between Church and State*（New York and London: New York University Press, 2002）, pp. 142 - 148。

② Michael Corbett and Julia Mitchell Corbett, *Politics and Religion in the United States*（New York & London: Garland Publishing, Inc., 1999）, p. 12.

持和鼓励基督教发展，并没有宗派偏好。另一派则认为他们不是基督徒，他们希望建立创立一个与宗教机构之间有隔离墙的世俗政府。[①] 而这两种意见在如今基督教新右翼与世俗政治的斗争中仍有着强烈的现实意义。[②]

另一大源头是新教分离主义（Protestant Separationism），这种形式受到在第一次宗教奋兴中崛起的新兴宗派诸如卫理公会（Methodists）与浸礼会（Baptists）等广大信徒的支持。他们认为赋予宗教以国家权力将产生劣教，官方教会的出现会限制其他美国人的宗教自由。[③] 对神权政治心存余悸的启蒙主义者和曾在强大教会阴影中挣扎的宗教新兴及弱小宗派在政教关系的处理上殊途同归。因此他们赞成将宪法第一修正案解释为建立了宗教与政治的隔离之墙，一墙之隔的两者可以相互独立运作并各自获得充分发展。[④]

美国民众普遍赞同政教分离，反对政教混淆。在此背景下，美国学界长期探讨的不是隔离，而是隔离的尺度应如何把握。绝对的分离主义者认为政府不得以任何方式干涉宗教，甚

---

① Jim Castelli, *A Plea for Common Sense: Resolving the Clash between Religion and Politics* (San Francisco: Harper and Row, 1988); Noran Cousins, *In God we Trust: The Religious Beliefs and Ideas of the American Founding Fathers* (New York: Harper and Brothers, 1958).

② Michael Corbett and Julia Mitchell Corbett, *Politics and Religion in the United States*, p. 53.

③ Kenneth D. Wald 访谈录，http://www.usembassy-china.org.cn/jiaoliu/jl0100/politics.html。

④ 在支持分离论方面首屈一指的当代学者是美国犹太人委员会（American Jewish Committee）代表利奥·费弗（Leo Pfeffer）。参见 Leo Pfeffer, Religion, *State and the Burger Court* (Buffalo, NY: Prometheus, 1984)。

至呼吁取消政府对宗教组织的税收优惠、反对政府任何有宗教意味的表达，如总统就职演说、国会开幕和最高法院开庭仪式中的相关表达，这令温和的分离主义者亦不能接受，认为这不是分离，而是敌对宗教。亦有学者认为“严格分离过于严厉，令单一教义难以建构和实践”。[①] 由此出现对第一修正案的另一解释范式——妥协理论，认为人们应当接受宗教和宗教团体是美国社会和政治主要部分之一的现实，注重两者之间的互相补充和制衡。法院在平衡政教关系的过程中居于首要位置，应当成为有成效的调节者。当代有关政教关系的争论还有溢出“隔离墙”边界的趋势，一些学者认为不应将隔离墙理论作为美国政教关系的中心指导原则，他们认为近年来隔离经常与更为关键的原则宗教自由相冲突，在此情形下，隔离应让步于宗教自由。[②]

罗伯特·福勒（Robert B. Fowler）等学者则认为美国最高法院政教关系的四种基本形态是分离式、中立式、妥协式和平等式。中立式指法院既不促进也不阻碍宗教，只是忽略它。其中更为柔和的是“仁慈的中立”，[③] 旨在避免宗教和教会在政府决策中充当更重要因素。平等式则主张法院核准政府对教会或其他宗教群体的援助，能够对这些组织都一视同仁并促进

① 如 Morris B. Abram，“Is ‘Strict Separation’ too Strict?” *The Public Interest*，vol. 82（Winter 1986），pp. 81 –90。

② Michael W. McConnell，“Why ‘Separation’ Is Not the Key to Church-State Relations，” *Christian Century*（January 18，1989），p. 43.

③ Stephen V. Monsma，*Positive Neutrality*：*Letting Religious Freedom Ring*（Westport：Greenwood，1987）.

宗教的自由实践。①

著名政治学者保罗·韦伯（Paul J. Weber）则将分离区分为完全分离（Absolute Separation）、跨价值分离（Transvaluing Separation）、支持性分离（Supportive Separation）和平等分离（Equal Separation）。完全分离主要指政府和教会的资金都不能流向对方，尽管美国一些世俗组织和基要宗教组织一直鼓吹完全分离，但这在美国始终不是现实。跨价值分离指政府的目标之一是将国家的政治文化世俗化，不支持政府资助宗教组织。支持性分离就是妥协理论，赞成政府支持宗教，但不能对任何宗教有所偏私。平等分离指政府须保护宗教，但不能给予宗教特权。保罗·韦伯认为平等分离最为符合麦迪逊的分离原则。由此他提倡严格中立原则（Strict Neutrality），认为这样才能保持宪法第一修正案设立条款和分离条款的内在统一，遵守宪法精神，对宗教组织和非宗教组织实行同等保护。②

而玛丽·西格斯（Mary C. Segers）和特德·杰伦（Ted G. Jenlen）则认为人们对政教关系的观点有两大体系变量，那就是在设立条款方面为妥协论者（Accommodationist）或分离论者（Separationist），在自由实践条款方面为自治主义者（Communalist）或自由至上主义者（Libertarian）。支持妥协论的教派主义者持基督教优先观点，支持分离论的自治主义者则

① Robert Booth Fowler, Allen D. Hertzke, Laura R. Olson, *Religion and Politics in America: Faith, Culture, and Strategic Choices* (Boulder: Westview Press, 1999), pp. 221 - 227.

② Paul J. Weber, "Strict Neutrality: The Next Step in First Amendment Development," in Charles W. Dunn, ed., *Religion in American Politics* (Washington D. C.: Congressional Quarterly, 1989), pp. 25 - 34.

希望宗教影响最小化；支持妥协论的自由至上主义者不认可宗教优先的观点，支持分离论的自由主义者则赞同宗教自由市场的竞争机制。①

表一：美国政教关系观点类型表②

		设立条款	
		妥协论者	分离论者
自由实践条款	自治主义者	基督教优先主义者	宗教最低限度要求者
	自由至上主义者	非宗教优先主义者	宗教自由市场支持者

以上观点和争论一般基于联邦层面，长久以来往往为人们所忽视的一点是，美国宪法第一修正案是对联邦层面政教关系的架构，而非各州层面，条款中的“国会”仅指美国国会，而非各州立法机构。由此人们有法律依据认为，其一：这一条款仅适用于联邦层面，而非州层面。③ 因此，国会无权处理宗教事务，但州议会可以。其二，因为这一条款界定的是国会，而非其他，因此最高法院处理州和地方层面的政教关系事务并未违宪。

① Mary C. Segers and Ted G. Jenlen, *A Wall of Separation? Debating the Public Role of Religion* (Lanham, Md.: Rowman & Littlefield Publishers, 1998), pp. 3-11.

② Mary C. Segers and Ted G. Jenlen, *A Wall of Separation? Debating the Public Role of Religion*, p. 9.

③ Steven D. Smith, Foreordained Failure, *The Quest for a Constitutional Principle of Religious Freedom* (Princeton, New Jersey, Princeton University Press, 1999).

1868年通过的美国宪法第十四条修正案第一款的部分规定“任何一州，都不得制定或实施限制合众国公民的特权或豁免权的任何法律；不经正当法律程序，不得剥夺任何人的生命、自由或财产；对于在其管辖范围内的任何人，不得拒绝给予法律的平等保护”，这亦对政教关系的解释范式形成影响。这一条款事实上在各州批准之后就具备了对联邦和各州的双重约束，同时界定了联邦与州的关系，结束了二元联邦制（dual federalism）。[①] 之后美国最高法院裁定清楚表明，各州不得剥夺宪法第一修正案所保护的宗教自由，尽管其条款界定的是国会而非州议会。

从绝大多数教会的立场而言，仍然希望在公共领域中占有一席之地，因此多数教会的基本观点是，对于今天的人类社会，神本的宗教是对人本的政党政治的有效制衡。从美国现实政治的运作层面来看，国家与宗教之间的如何达成互相制衡，表现在于联邦行政、立法和司法三大分支的互动。厘清特定时代政府及不同宗教信仰大众对政教关系把握的整体趋势，这是展开当代美国宗教与政治研究的基础。

二、作为基础的传统分析模式及其演进

美国学界长期无意对在宪法上已经“隔离”的宗教与政治之间关系进行探讨，却忽略了两者之间长期以来隔而不离的

① 即州内经济和政治事务由州政府全权管辖，州际经济与政治事务由联邦政府管辖。

现实情境。最早讨论美国宗教与政治的学者并不是美国人，而是法国的亚历西斯·托克维尔（Alexis de Tocqueville）。[①] 而直到20世纪，美国学者才开始对此进行较为系统全面的论述，此后该项研究发展并不迅速。直到20世纪80年代，关于美国政府的经典教科书一般给予宗教对政治的影响如下判断："宗教向来未曾，现在也不是我们政治机制发展或运作中的显著因素。"[②] 尽管宗教社会学在美国社会学的谱系中是显学，但宗教研究在政治学领域长期处于较为边缘的地位。自20世纪80年代以来，随着美国的宗教复兴及政治影响的扩大，美国宗教与政治研究步入新的发展阶段，"宗教与政治研究摆脱只是偶尔研之且常被学术圈忽略的局面，如雨后春笋般兴起，成为一个主要的研究子学科"。[③]

传统上，美国学界对宗教与美国政治相互关系进行分析有两大基础模式：族群—宗教模式与重建模式。著名历史学者马克·诺尔（Mark Noll）曾总结道，"近几十年宗教与政治的互动了无新意"，意指政教关系的一些基本要素并未发生根本性

---

① 托克维尔首先对宗教与美国民主的关系进行了深度观察，认为宗教对美国民主的维护至为重要。[法] 托克维尔著，董果良译：《论美国的民主》，北京：商务印书馆，1988年版。

② George W. Carey, "Religion and American Government Textbooks," *Teaching Political Science*, vol. 10, no. 1 (Fall 1982), p. 7.

③ Corwin E. Smidt, Layman A. Kellstedt, James L. Guth, "Theory and Associated Analytical and Measurement Issues," Corwin E. Smidt, Layman A. Kellstedt, James L. Guth, eds., *The Oxford Handbook of Religion and American Politics* (New York: Oxford University Press, 2009), p. 3.

的变化。[①] 因此两大基础模式对诸多现实问题仍具有解释意义。

历史上族群—宗教模式（Ethnoreligious Model）与重建模式（Restructuring Model）相互竞争，主导了对宗教与美国政治相互关系进行解释的格局。[②]

1. 族群—宗教模式

族群—宗教模式的理论来源为法国社会学家爱弥尔·涂尔干（Emile Durkheim），将宗教归类于社会现象，认为对宗教团体的归属形塑了其政治效应。众多历史学者对美国宗教与政治之间关系的长时段解释更多运用这一模式。认为源于欧洲、在美国不断分蘖发展的各类新教宗派、天主教、犹太教、东正教及其他少数宗教均在领袖、崇拜场所、民族团体等因素的培育下拥有自己的政治文化，并经常与邻近团体产生冲突。整个19世纪和20世纪早期，美国的政党政治均卷入族群—宗教团体联盟的对抗。主要由辉格派和共产党人组成的敬虔者的联盟与主要由民主党人组成的“仪式派”联盟之间的竞争贯穿整个19世纪，内战导致之后南方白人新教徒加入“仪式派”联

① Mark Noll, “Introduction,” in Mark A. Noll and Luke E. Harlow, *Religion and American Politics: From The Colonial Period to the Present* (New York: Oxford University Press, 2007), p. 6.

② 关于族群—宗教模式和重建模式的综述除另行注明，主要参自 Corwin E. Smidt, Layman A. Kellstedt, James L. Guth, “Theory and Associated Analytical and Measurement Issues,” Corwin E. Smidt, Layman A. Kellstedt, James L. Guth, eds., *The Oxford Handbook of Religion and American Politics*, pp. 3 – 42; Geoffrey Layman, *The Great Divide: Religious and Cultural Conflicts in American Party Politics* (New York: Columbia University Press, 2001), pp. 58 – 68。

盟。20 世纪 40 年代开展的社会科学研究显示，大多数新教徒与天主教徒、犹太人和南方福音派之间政治倾向差异明显，族裔—宗教对政治认同的影响甚至一定程度上超过经济地位、阶级所造成的影响。①

一些当代政治学者认为这一模式在分析当代情况时缺乏准确度，当代以族群—宗教划界影响的基础很大程度上业已消逝，如今三大趋势并存：宗教传统内部的社会融合走势强劲、一些宗教传统与社会相隔离、传统内部存在巨大张力。20 世纪两大阵营进行了重组，但以族群—宗教为中心的政治忠诚仍存在。一些学者认为这一模式仍具有现实意义，如权威宗教学者乔治·马斯登（George M. Marsden）就曾总结道："宗教，尤其是与种族结合在一起时，对美国多数历史时期政治行为预言最为准确。"② 就当前情况进行比对，宗教仍是部分族群认同不可分割的一部分，这一模式对黑人新教徒、拉丁裔天主教徒、摩门教徒等内聚力较强团体的政治倾向仍具有较强解释力。③ 此外，现在美国人成为某一宗教团体的成员多出于自我

---

① Bernard R. Berelson, Paul F. Lazarsfeld and William N. Mcphee, *Voting: A Study of Opinion Formation in a Presidential Campaign* (Chicago: University of Chicago Press, 1986)，该书原版于 1954 年。

② George M. Marsden, "Religion, Politics, and the Search for an American Consensus," in Mark A. Noll and Luke E. Harlow, eds., *Religion and American Politics: From the Colonial Period to the Present*, p. 97.

③ 从当代各类研究的内容和主旨来看，对黑人新教徒、拉丁裔天主教徒、摩门教徒、穆斯林、犹太人等群体进行研究一般仍以这一模式为基础，对白人福音派的研究亦多采纳这一模式，他们的宗教归属说明其道德和文化认同，并决定其政治倾向。

选择，这其中也内含其对宗教—政治环境的自我选择。

2. 重建模式

重建模式的理论来源为德国社会学家马克斯·韦伯（Marx Weber），更注重宗教信仰的意义，信仰决定政治倾向和政治行为。一些学者注意到宗教神学和宗教实践在与时俱进过程中出现方向相反的调适走向，神学呈现两极分化倾向，并由此分化出两类截然不同且相互竞争的世界观，其对立充分体现在信仰体系和宗教实践的巨大差异。结合美国社会文化发展的实际，他们认为随着美国人不断脱离旧有归属、地域流动也日趋频繁，各种类型的宗教转换也日趋自由，原有的教义、宗派、种族、地区乃至家庭的历史纽带淡化。人们在调适的过程中将自己整合进与自身相投合的宗教氛围，由此宗教重建为具有对立世界观的两大阵营：一大阵营以保守、正统和传统为基点，另一大阵营立足于自由、进步和现代，两者在神学、社会和文化观念均存在对立冲突。在各大新教宗派内部、天主教会均出现两大阵营的对立，不同阵营的成员参加不同的社会运动。批评者则认为这一模式过于极化光谱的两边，而忽视了覆盖面更为广泛的中间层面，因为在任何宗教战争中均有中立派、在所有政治斗争中都存在温和派。

3. 族群宗教 + 重建模式

自 20 世纪 90 年代晚期出现将两大理论模式糅和的新趋势，认为宗教归属、信仰和行为三者及其互动对政治产生影响。例如解读美国人数最多、影响最大的福音新教、主流新教和天主教三者与政治的关系，就需要统合宗教归属、信仰和行为三者进行综合分析。过于偏重某一模式的研究在当代缺乏精准度。

两大传统模式是当代各类新兴理论的重要来源。当代影响很大的文化战争理论（本文将在第三部分详叙）就是两大模式糅合的结果，主要理论源自重建模式，而在具体研究时，采纳族群宗教+重建模式，重视对教派等进行分析，同时进一步区分教派中的保守、自由和中间派。其他各种理论如文化转型理论、公民宗教理论等均在不同方面受到这两大模式的启发。

三、当代新兴宏观理论

美国是一个移民国家，来自世界各地的移民带来了丰富多样的宗教，这些宗教在美国不断发展和演变，新兴宗教也层出不穷。在美国，“殖民地时期的宗派多元主义，加上启蒙运动的理性主义的发展，创建了一种新型的政教关系”。[①] 文化的多样化难免导致在一个共同生活的社会中产生各种世俗矛盾和不同心灵的碰撞。各类宗教及其衍变与美国政治架构、国家建设、完成现代化成为具有全球影响力的超级大国的历程中出现的复杂矛盾搅合在一起，这对美国社会和政治、对世界政治格局都产生了弥足深远的影响。由于移民的涌入产生的人口版图变化、新媒体的发展和美国信徒国际参与的增强，[②] 学者对此的分析不断催生新的理论流派或变型。二战结束后用以解释当代宗教、

① ［美］艾伦·D. 赫茨克著：《在华盛顿代表上帝：宗教游说在美国政体中的作用》，徐以骅等译，上海：上海人民出版社2003年版，第25页。

② R. Marie Griffith and Melani McAlister, “Introduction: Is the Public Square Still Naked?” *American Quarterly*, vol. 59, no. 3, Special Issue (Oct. 2007), pp. 527–563.

政治与社会之间相互关系的宏观理论则主要有八类。①

1. 文化战争理论（Culture Wars Theory）

文化战争理论是美国宗教与政治研究领域影响最为深远的解释范型，意指人们若要理解美国宗教与政治之间的关系，须认识到不同宗教、宗派、种族和性别对价值和生活态度理解的深度社会差异，这种差异也体现在政治观点和政治参与中。美国宗教中存在着严重的宗教自由派和宗教保守派的对立和冲突，双方势均力敌，正在进行一场主要在价值和生活方面领域界定美国社会和支配美国文化的、“争取人心”的“文化战争”。

“文化战争”一词在美国最早出现于“喧嚣的”20 世纪 20 年代对美国城市化过程中城乡矛盾的描述。1991 年，弗吉尼亚大学社会学系教授詹姆斯·亨特（James Hunter）在其著作《文化战争——为定义美国而斗争》中系统提出这一理论，认为美国人在道德观上存在“正统”和“进步”两大范型的根本分裂，这一分裂超越了阶级、宗教、种族、民族、政治和性别的界限，引发分裂的主要议题有家庭和宗教价值、女权主义、同性恋权利、种族问题、枪支管理和堕胎问题，由此引起美国人观点戏剧性的重新组合与两极分化，这改变了美国的政治和文化。② 共和党总统初选候选人帕特里克·布坎南（Patrick Buchanan）在 1992 年共和党全国大会的演讲中采用这一

① 英文文献中对其中七类宏观理论进行概括的著作主要有 Robert Booth Fowler, Laura R. olson, allen D. Hertzke and Kevin R. DenDulk, *Religion and Politics in america: Faith, Culture & strategic chioce* (Boulder: weitview Press, 2012), pp. 319 –337。

② James Hunter, *Culture Wars: The Struggle to Define America* (New York: Basic Book, 1991)，根据 Ebco 引文数据表明，此书目前被引次数已达 691 次。

理论，该演讲后被称为“文化战争演讲”，此后经媒体大肆渲染，该理论影响迅速扩大。① 随后这一理论迅速频繁运用或验证于宗教与政治研究领域。

多位研究者以教派为区分的研究为文化战争理论提供了验证。著名社会学家罗伯特·伍斯诺（Robert Wuthnow）的归纳显示，美国宗教的大规模重构会使有宗教信仰的美国人两极分化，归入保守或自由阵营。教派颇富研究意义，宗教和伦理传统不同的各教派信徒具有相异的习惯和信仰。当前神学和文化区分则越过了教派。因此需区分教派中的保守派和自由派，他们之间政治倾向和行为之间的区别大于不同教派之间的保守派或自由派。② 一般认为，在美国社会中存在两大阵营：其一包罗了自由派、左派、现代主义者、世俗论者、世俗人文主义者、女权主义者、同性恋及其同情者，宗教上的自由派、具有普世主义思想的基督徒、媒体和学术机构均属这一派，他们赞成福利国家、大政府、核冻结等政策；其二则是传统价值的拥护者。两派都在为谁能定义“美国之灵魂”而奋斗。伍斯诺甚至担忧这种分裂会延及教会，乃至美国的“公民宗教”，破坏美国的统一价值。③ 佛曼大学教授詹姆斯·古斯（James Guth）等五人以

① Patrick Buchanan, “1992 Republican National Convention Speech,” (1992-08-17), http://web.archive.org/web/20071018035401/http://www.buchanan.org/pa-92-0817-rnc.html; Irene Taviss Thomson, *Culture Wars and Enduring American Dilemmas* (Ann Arbor: University of Michigan Press, 2010).

② Robert Wuthnow, *The Restructuring of American Religion: Society and Faith Since World War Two* (Princeton, New Jersey: Princeton University Press, 1988).

③ Robert Wuthnow, “Divided We Fall: America's Two Civil Religions,” *Christian Century* (Apr. 20, 1988), pp. 395-399.

20余年来对全美数以千计的新教老线和福音教会的牧师进行的调研为基础，揭示不同的神学传统对牧师政治行为的影响。研究始于20世纪70年代福音派开始积极参与政治之时，直至1994年基督教右翼通过“有组织”的选票使民主党在国会中期选举中失势。在教会内外，神学上的传统主义者强调道德革新，并倾向于专重以宗教为坐标发表声明，而现代主义者重视社会正义，并在更广泛的范围从事政治活动。①

同时亦有学者对这一理论是否成立进行了理论和实践探讨，认为前者的担心并无事实基础，将福音派与主流教会、自由派与保守派简化为对立范式并不能反映现实的复杂情形。1998年深具社会影响力的政治学者和社会学者艾伦·乌尔夫（Alan Wolfe）的著作问世，认为“如果美国存在文化战争，绝大多数美国人不会支持其中一方，美国人相信传统宗教价值和个人自由，对他们来说何者更为重要并非总是易事”。该书在美国社会颇有影响。② 理查德·弗莱舍（Richard Fleisher）也通过一系列定量分析得出结论，过往研究过于强调宗教差异

① 研究的牧师来自属老线教会的联合卫理公会、美国长老会，属福音教会的美南浸信会和神召会。James L. Guth, John C. Green, Corwin E. Smidt, Lyman A. Kellstedt, and Margaret M. Poloma, *The Bully Pulpit: The Politics of Protestant Clergy*（Lawrence: University Press of Kansas, 1998）。该书因其翔实的调研材料获得美国宗教与政治研究权威学者 Leo P. Ribuffo 和 Kenneth Wald 的高度评价，可参出版社相关介绍：http://www.kansaspress.ku.edu/gutbul.html。该书的书名 Bully Pulpit 源自美国总统西奥多。罗斯福对白宫的比喻，意指具有高度权威的讲坛。

② Alan Wolfe, *One Nation, After All: What Middle-Class Americans Really Think About God, Country, Family, Racism, Welfare, Immigration, Homosexuality, Work, the Right, the Left and Each Other*（New York: Viking, 1998）.

对政治倾向和行为的影响，而世俗化的影响则受到忽略。①

部分学者认为美国政治受到宗教影响而两极分化为一误识。原因部分是由于长期以来媒体的报道对福音派为主的保守基督徒和其他宗教信徒之间的分野作了简单化处理且一直持续这种简易两分法。更主要的原因是美国精英层面的党派政治近年来日趋两极分化，在精英中存在文化战争，但精英行为并不反映大众偏好，且精英的极化导向会导致大众脱离政治。② 与20世纪60年代相比，自由的共和党人和保守的民主党人大幅减少。党派借助文化和宗教差异动员选民。文化战争成为共和党和民主党获取经济、舆论和行动支持的武器。③ 这类研究多以经验研究结果为基础。皮尤研究中心报告表明，只有很小一部分美国人在堕胎、最低工资、干细胞研究、服用紧急避孕药、同性恋婚姻、同性恋收养权利等议题上一直坚持正统或进

① Richard Fleisher, "Toward a More Complete Explanation of Religion and the Culture War: The Effects of Secularism and Religiosity on Political Attitudes and Behavior, Cooperative Congressional Election Study," 2009. http://projects.ig.harrard.edu/cces/Files/Fleisher - secularism.pdf.

② Morris Fiorina, Samuel Abrams and Jeremy Pope, *Culture War? The Myth of a Polarized America* (New York: Pearson Longman, 2005).

③ 相关研究有：Geoffrey C. Layman, "Culture Wars in the American Party System-Religious and Cultural Change among Partisan Activists since 1972," *American Politics Quarterly*, vol. 27, no. 1 (Jan. 1999), pp. 89 - 121; Geoffrey C. Layman, *The Great Divide: Religion and Cultural Conflict in American Party Politics* (New York: Columbia University Press, 2001); David C. Leege, Kenneth D. Wald, Brian S. Krueger and Paul D. Muller, *The Political Mobilization of Cultural Difference: Social Change and Voter Mobilization Strategies in the Post-New Deal Period* (Princeton, New Jersey: Princeton University Press, 2002)。

步立场。[①] 圣母大学副教授杰弗里·雷曼（Geoffrey C. Layman）以1992年、1996年、2000年的美国全国大选研究（American National Election Studies）调查数据为基础进行研究，得出如下结论："文化战争由有限的宗教团体在特殊政治领导下就内容狭窄的政策层面而展开，更广阔意义的文化战争极大程度上属谣言。"[②] 麻省理工大学几位政治学者亦对各类选情数据进行定量分析，认为用红蓝划界美国选情和政治倾向并非明智，红蓝糅合而成"紫色美国"。[③]

肯尼思·沃尔德认为自20世纪90年代至今但宗教本身并不是美国政治的分界线。即使是最自由的宗教团体也不是在所有的议题上都坚持其自由立场，保守宗派亦非对一切议题千篇一律秉持右翼观点。如犹太人坚决反对赞助性行动（affirmative action），黑人基督徒在社会福利方面持自由派观点，但在同性恋婚姻和收养、堕胎等议题上持极为保守的观点。多数天主教徒则因不同议题而成为摇摆不定的投票者。在同一宗派或宗教运动内部，精英与普通信徒的政治倾向亦有差异。如联合卫理公会和其他自由派教会的对赞助性行动

① Robert Ruby, "Split State Decisions on 'Culture War' Issues" (Nov. 8, 2006), http://pewforum.org/Abortion/Split-State-Decisions-on-Culture-War-Issues.aspx.

② Geoffrey C. Layman and John C. Green, "Wars and Rumours of Wars: The Contexts of Cultural Conflict in American Political Behaviour," *British Journal of Political Science*, vol. 36, no. 1 (2006), pp. 61 – 89.

③ Stephen Ansolabehere, Jonathan Rodden and James M. Snyder, Jr., "Purple America," *Journal of Economic Perspectives*, vol. 20, no. 2 (Spring 2006), pp. 97 – 118.

在官方立场上持肯定态度，但其成员对此并不欢迎。福音派领袖强烈反对同性恋民事权利，但只有少部分福音派信徒反对保护同性恋免遭歧视的法律。他总结说："宗教是作为机构、教义和文化运作，每一层面均能影响公共舆论，但这几个层面并不总是方向一致，了解这一点永远很重要……党派之间的裂隙仍首先基于社会经济现实，这比其他原因都更为清晰地反映了新政关于政府的妥当权责的认知差异，认识这一层很重要。宗教对公共舆论的影响在这一背景之中，而非与之分离。"①

此外，亦有学者认为美国世俗化进程的深入削弱甚至消解了文化战争的分裂影响。美国进步中心的报告分析了奥巴马赢得大选等事例表明文化战争一说不能解释美国的现实情况，并乐观认为"我们已知的"文化战争在美国已近终结。②

关于文化战争理论的讨论至今方兴未艾，文化战争是否存在？关于价值和美国公共生活的对话由詹姆斯·亨特及艾伦·乌尔夫等撰写，就议题和论据进行了针锋相对的讨论。③ 该书在美国学术界及智库均引起了较大反响，皮尤宗教与公共生活论坛、布鲁金斯研究所、胡佛研究所等多个机构均对此进行跟

① Kenneth D. Wald and Allison Calhoun-Brown, *Religion and Politics in the United States*, 5th edition, pp. 203 - 204.

② Ruy Teixeira, "The Coming End of the Culture Wars (report)," the Center for American Progress, 2009.

③ James Davison Hunter and Alan Wolfe, *Is There a Culture War? A Dialogue on Values and American Public Life* (Washington D. C.: Brookings Institution Press, 2006).

进关注，包括召开相关高水平座谈会等。[①]

2. 世俗化理论（The Secularization Thesis）

世俗化理论源自欧陆，卡尔·马克思（Karl Marx）相信宗教将随着共产主义的实现而灭亡；爱弥尔·涂尔干认为神圣性及相应社会控制机制在以现代工业为主、个人主义盛行的社会中正遭受到侵蚀挑战；马克斯·韦伯则评断现代化理性将为宗教祛魅，理性和科学将取而代之。[②] 而在美国，自 20 世纪 60 年代以来，著名学者彼得·伯格（Peter Berger）、戴维·马丁（David Martin）、史蒂夫·布鲁斯（Steve Bruce）、布莱恩·威尔逊（Bryan Wilson）、罗伯特·贝拉（Robert N. Bellah）等社会学家持相近观点，认为世俗化将导致宗教的功能分殊，宗教将退出公共生活完成私人化，而最终宗教将在世俗化的浪潮中消亡。因此，宗教的政治参与也将逐渐消失。彼得·伯格这样定义："我们所谓世俗化意指这样一种过程，通过这种过程，社会和文化的一部分摆脱了宗教制度和宗教象征的控制。"[③] 然而，20 世纪 70 年代以来宗教的全球复兴以及美国宗教对政治影响力的持续升温让世俗化理论黯然失色，彼得·伯格在其后著作中也坦承："现代化必然导致宗教在社会层面和个人精神层面的衰落，这一基本观点业已证明是不对的"，并

① 关于文化战争理论最为全面的资料汇总为 *Glenn H. Utter*, *Culture Wars in America*: *A Documentary and Reference Guide*（Santa Barbara：Greenwood，2010）。

② Robert Booth Fowler，Laura R. Olson，Allen D. Hertzke and Kevin R. Den Dulk，*Religion and Politics in America*：*Faith*，*Culture*，& *Strategic Choice*，p. 323.

③ ［美］彼得·伯格著，高师宁译：《神圣的帷幕：宗教社会学理论之要素》，上海：上海人民出版社，1991 年版，第 128 页。该书英文版出版于 1967 年，为美国世俗化理论的代表作品。

提出去世俗化理论（*desecularization*）。[①] 而史蒂夫·布鲁斯等仍坚持世俗化范式的强劲生命力，认为在美国和世界均保持逐步世俗化的趋势。[②]

为了适应世界的“复魅”，世俗化理论也出现了一些变体。其一是“精英世俗化理论”，认为精英及精英机构具有高度世俗化趋势，尽管美国精英大多宣称有宗教信仰，但几乎没有人认同再生的福音主义，由此存在“世俗”精英和“宗教大众”之间的深谷。精英阶层对公平、权利和效率的考量远超道德责任感和永恒的精神真谛。理查德·纽豪斯（Richard Neuhaus）采用了“赤裸的公共广场”来说明这一现象。[③]

另一变体是日裔社会学家戴维·山根（David Yamane）的新世俗化理论。山根认为，宗教从美国人生活中消失，这是错误的想法。但是，通过观察美国历史，然后比较宗教权威如今在个人生活、美国的机制和文化中发挥的作用，可以看到当今美国正处于巨大的世俗化进程中。因此，新世俗化理论并不是说宗教在衰退，而是说从个人、组织和社会层面来分析，宗

---

① Peter Berger, et al., *The Desecularization of the World: Resurgent Religion and World Politics* (Grand Rapids: Wm. B. Eerdmans, 1999), p. 2.

② Steve Bruce, *God is Dead: Secularization in the West* (Victoria: Blackwell, 2002).

③ Richard John Neuhaus, *The Naked Public Square: Religion and Democracy in America* (Grand Rapids: Wm. B. Eerdmans, 1984)。纽豪斯原为信义宗牧师，1990 年改宗天主教并获祝圣为神父，生前其言论具有一定政治影响力，尤其在小布什总统执政期间。

教权威正在消退。[①] 有学者对宗教组织内部的世俗化进行分析，认为世俗化结构模式有利于宗教权威的上升。[②] 此项研究从另一角度说明现代化社会世俗化与宗教不必然呈此消彼长模式。

现代化必然推动政治世俗化，越是现代化就越是世俗化，是分析现代社会宗教现象的传统模式。从现代西方国家的历史经验而言，看似如此。[③] 然而，1979 年伊朗革命成为推翻这一假设的第一张倒下的多米诺骨牌。20 世纪 80 年代以来，宗教在全球范围内复兴。在美国，福音派教会快速复兴，甚至被视为又一次“宗教大奋兴”。美国著名政治学家西摩·马丁·李普塞特（Seymour Martin Lipset）认为，“对美国宗教的实证归纳证明从 19 世纪初至今，美国一直是基督教世界最具宗教性的国家之一”。[④] 20 世纪最后 30 年里，美国宗教在政治舞台上十分活跃，特别是新教福音派势力空前高涨，在生命权利、美国经济、军备控制等领域扮演了十分重要的角色，似乎形成了

① David Yamane, “Secularization on Trial: In Defense of a Neosecularization Paradigm,” *Journal for the Scientific Study of Religion*, vol. 36, no. 1 (March 1997), pp. 109 – 122.

② Don Grant, Kathleen M. O’Neil & Laura S. Stephens, “Neosecularization and Craft versus Professional Religious Authority in a Nonreligious Organization,” *Journal for the Scientific Study of Religion*, vol. 42, no. 3 (Sept. 2003), pp. 479 – 487.

③ 徐以骅：“美国宗教的‘路线图’，”徐以骅主编：《宗教与美国社会》（第一辑），北京：时事出版社 2004 年版，第 2 页。

④ Symour Martin Lipset, *The First New Nation: The United States in Historical and Comparative Perspective* (Garden City, New York: Boubleday/Anchor, 1967), pp. 170 – 171.

世俗化理论的“美国例外论”，美国政治呈现的非但不是“世俗化”，反而是“非世俗化”或者“神圣化”。[①] 至今为止，有关世俗化的讨论依然是美国学界的热点问题。《不敬上帝之诸预言：自清教时代至今有关美国行将世俗化的种种预测》系统分析了这400余年中世俗化与反世俗化浪潮的相互影响，从新英格兰加文尔宗的清教传统，到启蒙时代的理性主义、美国文化的个人主义，再到福音派复兴及异端人物共同表现出的神圣追求；从杰斐逊、林肯直到如今的福音派，探讨是世俗主义者还是清教徒会在美国获得最终的胜利。[②] 又一次引起美国人的相关思考并激起众多学者的关注。而保守宗教徒致力于通过世俗化的政治体系反制世俗化对宗教的危害，尤其重视通过美国司法体系进行政教制衡。[③] 人们对世俗化问题的执着却又显示出文化战争理论的活力。

3. 文化转型理论（Culture Shift Analysis）

著名政治学者、世界价值调查项目主任、密歇根州立大学教授罗纳德·英格哈特（Ronald Inglehart）以世俗化理论为基础，提出文化转型理论。他认为近几十年来经济、技术和社会政治的变迁使发达社会的文化变化显著。由此，旧时代对宗教

① Robert Booth Fowler, Allen D. Hertzke and Laura R. Olson, *Religion and Politics in America: Faith, Culture, & Strategic Choice* (Boulder: Westview Press, 1999), pp. 253 – 58.

② Charles Mathewes and Christopher McKnight Nichols, eds., *Prophesies of Godlessness: Predictions of America's Imminent Secularization from the Puritans to the Present Day* (New York: Oxford University Press, 2008).

③ Susan B. Hansen, *Religion and Reaction: The Secular Political Challenge to the Religious Right* (Lanham, Md.: Rowman & Littlefield, 2011).

的理解成为过去，宗教更为私人化，更多经由个人体会，而非正式机制。宗教对政治的参与将与时俱退，但并不意味公民个人的精神关注会降低他们对政治或其他方面的影响。人们误以为世界被世俗化围绕，事实上这是精神生活的转型，从有组织的公开宗教机构，转向个人的、私下的形式，问题的关键点并不在于宗教影响的降低，而在于宗教影响的方式发生了改变。[①]英格哈特自1981年至2001年主持世界价值调查，调查范围遍及六大洲80个国家，涵盖世界主要信仰，在近年相关调查中最具深度和广度。调查认为，弱势人群的宗教性最为强烈。身处赤贫国家和失败国家的弱势人群尤其如此，他们面临着严重的生存威胁。与此相反，传统宗教实践、价值和信仰在发达国家遭到系统侵蚀。然而无论是富国还是穷国，人们都更为关心生存的意义。在诸多发达国家，官方教会失去了授人生活之道的能力，但人们对更广义的精神的关注则变得更为重要。[②]

众多学者的研究结论亦与英格哈特异曲同工，认为美国宗教如今重选择、重表达和重个人主义，这和美国社会其他领域并无二致，这使传统美国宗教的重责任、重机构和集体实践遇到巨大挑战。[③] 新世纪的众多教会在崇拜形式、聚会方式方面

① Ronald Inglehart, *Culture Shift in Advanced Industrial Society* (Princeton, New Jersey: Princeton University Press, 1990). 本书在学界引起热烈反响，已经被各式论文引用达3011次。

② Ronald F. Inglehart and Pippa Norris, *Sacred and Secular: Religion and Politics Worldwide* (Cambridge University Press, 2004).

③ Philip Hammond, *Religion and Personal Autonomy: The Third Disestablishment* (Columbia: University of South Carolina Press, 1992).

出现现代化变迁，强调信徒和耶稣基督的个人联系。[①] 从这一角度出发，宗教对政治生活的影响出现议题和力量更为分散、组织性更为薄弱的趋势。然而，如果美国人对宗教或精神价值的体验更为深厚的话，这必然会影响到他们的政治观点和行动，或许这会比以前任何时候更为强烈和广泛。这一理论使美国宗教与政治的相互关系在分析视野中更为微妙而不明确。[②]

“文化转型分析”（Culture Shift Analysis）也是对世俗化理论的修正。罗纳德·英格尔哈特认为，西方文化正在发生重大变革，对宗教的旧的理解正在消亡，但人们的精神关怀却并未像标准的世俗化所预言的那样逐步消失，因此，世俗化实际上只不过是精神生活从机构和公众领域向个人领域转移，这并不意味着精神关怀的结束而只是它们作用方式的转变。[③]

4. 共同基础政治理论（Common Ground Politics）

共同基础政治与文化战争理论具有共同的渊源，都注意到了美国社会价值的分裂，但文化战争主要是阐明了现象，而共同基础政治则有创立，破解文化战争给美国社会造成的裂痕。

---

① Donald E. Miller, *Reinventing Protestantism: Christianity in the New Millennium*（Columbia: University of South Carolina Press, 1992）.

② 美国教内学者对世俗学界观点反应敏锐，消解水平也很高。R. Albert Mohler, *Culture Shift: Engaging Current Issues with Timeless Truth*（New York: Multnomah Books, 2008）；R. Albert Mohler, *Culture Shift: The Battle for the Moral Heart of America*（New York: Multnomah Books, 2011），旨在分析当前热点问题及与基督教关系，进而化解文化转型对宗教之政治影响力的负面影响，作者为南浸会神学院的院长。

③ Ronald Inglehart, *Culture Shift in Advanced Industrial Society*（Princeton, New Jersey: Princeton University Press, 1990）.

共同基础一词在20世纪早期一般多用于宗教对话和宗教宽容中，此后逐渐延伸至其他领域。基督教左派吉姆·沃利斯(Jim Wallis)在其主办的基督教杂志《旅居者》(Sojourner)中撰文，指出自20世纪90年代以来美国宗教与政治互动中出现的新现象："解决左派和右派争端的各类老办法和自由派与保守派之间尖锐冲突日益与安居在自己的社区中的人们无关，也不对他们的胃口。众多人既关心保守主义者们忧虑的道德价值，又在乎早已占据自由派议事日程的正义和平等议题。"①为此，他呼吁结束"文化战争"，认为美国已在出现"共同基础政治"运动，这一运动参与者甚为分散，既有保守和自由的新教徒和天主教徒，也有非基督教徒。②

这一理论的提出存在三大前提：一是自由派和保守派都能提供一些重要的东西，这是获得大多数美国人支持的。比如自由派为之而努力的种族、经济和性别正义；保守派对家庭和个人责任的重视，而不是更多依靠政府。二是两者同样具有严重缺陷。自由派过于重视个人自由，缺乏对当今美国家庭生活碎片化的重视；保守派在解决时代发展过程中出现的部分新问题方面，其思路有刻舟求剑之虞。三是尽管联邦政府有责任建立一个好社会，给予公民、尤其是青少年道德养成，但与人们生活和工作更近的地方层次应更多满足这类需求。恰好美国有着不信任政府的传统。因此，联邦、州和地方政府和私人部门的

① Jim Wallis, "A Crisis of Civility," *Sojourners* (Sept. -Oct. 1996), p. 20.

② Jim Wallis, "Common Ground Politics," *Sojourners* (Jan. -Feb. 1997), p. 2.

合作能够超越政治的左右之分。①

该理论提出之后，不仅成为一些学者借以解释美国宗教与现状的范式，而且成为解决问题的指导性理论。基督教保守派和自由派学者继续沿此路径试图解决价值的分裂。论文集《从文化战争到共同基础：关于宗教和美国家庭的争论》讨论了基督教对西方家庭理论的影响变更美国家庭的巨大社会和文化趋势的影响。②

5. 公民宗教理论（Civil Religion Theory）

美国学者威尔·赫伯特（Will Herbert）在1955年把公民宗教称之为美国生活方式的宗教，一种“共同宗教”，“美国生活方式说到底，是一种精神结构，一种思想、理想、追求、价值、信仰和准则的结构”；它综合了所有那些对美国人来说在现实生活中真、善和正义的东西。它为“广大美国人共同拥有，并且确实在他们的生活中起作用。”③ 这位犹太血统的学者，迈出将犹太教、天主教主流化的理论创新。此后马丁·马蒂于1959年提出他称之为“一般性宗教”的第四类美国宗教。④

罗伯特·贝拉（Robert Bellah）是对美国公民宗教提出系统阐释第一人。1967年，他提出了公民宗教的研究范式，认为尽管

---

① Michael Corbett and Julia Mitchell Corbett, *Politics and Religion in the United States* (New York and London: Garland Publishing, Inc., 1999), pp. 410 - 411.

② Don S. Browning, et al., *From Culture Wars to Common Ground: Religion and the American Family Debate* (Louisville: Westminster John Knox Press, 1997).

③ Will Herberg, *Protestant-Catholic-Jew* (New York: Doubleday, 1955), p. 87.

④ Martin Marty, *The New Shape of American Religion* (New York: Harper, 1959)

美国政教分离，但政治领域始终有宗教向度。[①] 他认为："在一套信仰、礼仪和象征中所表达的公共宗教信仰维度就是我所说的美国公民宗教。"[②] 而美国公民宗教在政治领域发挥了重要作用，"公民宗教显然卷入了国家最为紧要的政治和道德问题"[③]。

贝拉的公民宗教范式一提出，就激起了学界的高度关注，更引发了长久的讨论。[④] 一部分人认为这是一个不成立的概念，并用公共虔敬或政治宗教这样的术语加以反对。更多人则试图更为精准地勾划出这一术语的轮廓。他们给出了公民宗教的诸多特征，如民间宗教、国家的弥散普世宗教、宗教民族主义、

① Robert N. Bellah, "Civil Religion in America," *Daedalus*, vol. 96, no. 1 (1967), pp. 1 – 21; Also see Robert N. Bellah, *Beyond Belief* (New York: Harper &Row, 1970).

② Robert N. Bellah & Philip E. Hammond, *Varieties of Civil Religion* (New York: Harper & Row, 1980), p. 24.

③ Robert N. Bellah, "Civil Religion in America," in Robert N. Bellah, *Beyond Belief*, p. 183.

④ James A. Mathisen, "Twenty Years after Bellah: Whatever Happened to American Civil Religion?" *Sociological Analysis*, vol. 50, no. 2 (Summer 1989), pp. 129 – 146. 作者认为对公民宗教的讨论可以分为四个阶段。1967 – 1973 年，美国公民宗教这一议题的场域和原则开始确定；1974 – 1977 年是这一讨论的黄金时期；1978 – 1982 年，讨论进入稳定时期；而之后讨论进入衰退时期。尽管存在众多争议，多数社会学家认为这是一个对美国宗教和社会具有较强解释力的范式。从笔者的搜索来看，公民宗教目前仍是美国宗教研究中不可忽视的概念，每年均有众多论文议及此方面或以此作为解释美国宗教或其他国家宗教的范式。并且这一概念早已溢出社会学界的研究边界之外，众多宗教历史学者和宗教哲学学者均采纳了这一概念。

新教公民虔敬、民主信仰;[①] 而有的学者则研究了公民宗教的神学、仪式和功能。[②] 美国学者马丁·马蒂（Martin Martie）等，则把公民宗教视作是秩序宗教的一种，提出“公民宗教与救赎无关”[③]，但能使公民树立对国家的信仰，服务于政治秩序。因此，公民宗教与政治宗教之间存在着内在契合。[④]

---

① Donald G. Jones & Russell E. Richey, “The Civil Religion Debate,” in R. E. Richey & D. G. Jones, eds., *American Civil Religion* (New York: Harper, 1974), pp. 3 -20.

② 很多学者对公民宗教的分析并没有局限在美国社会，他们在世界范围和长时段中分析公民宗教。美国学者戴维·齐德斯特（David Chidester）对公民宗教作了更为详尽的界定：首先，公民宗教是建立在政教分离的基础之上的，同时又为政教相互依存开辟了空间；其次，公民宗教的出现是宗教对政权合法性的认可；第三，公民宗教的重要表现形式是政府的政治原则与宗教伦理和超验原则的内在契合。David Chidester, *Patterns of Power and Politics in American Culture* (Englewood Cliffs, NJ: Prentice Hall , 1988), p. 83. 科尔曼则认为，公民宗教在世界不同国家可以有三种存在形式，其一是持续不分化的公民宗教，分为以教会为后援的公民宗教（如英国、以色列、伊朗霍梅尼政权、拉美各国的教会、希腊的正教会、锡兰的佛教）和以国家为后援的公民宗教（如古罗马帝国时期和恢复期的日本）；其二是世俗民族主义，它是公民宗教的替代物（典型例子是前苏联）；其三是分化的公民宗教，产生在制度分化的社会（以美国为代表）。可参 John A. Coleman, “Civil Religion,” *Sociological Analysis*, vol. 31, no. 2 (Summer 1970), pp. 67 -77。另有多篇论述沿以上线路展开。

③ Robert Berne, “The Persistence of Civil Religion,” *Dialog: A Journal of Theology*, vol. 41, no. 4 (Winter 2002), pp. 178 -179.

④ 在西方，往往意味着爱国主义的自我庆典，尤其是在美国，更是以基督教的形式表达出来，其缺点在于缺乏超验性，而政治神学则把神学原则和批判性思考带入宗教与政治的关系领域。Marx L. Stackhouse, “Civil Religion, Political Theology and Public Theology: What's the difference?” *Journal of Political Theology*, vol. 5, no. 3 (July 2004), pp. 275 -293.

而肯定公民宗教范式的研究者普遍承认美国公民宗教的四个命题：

（1）美国公民宗教是一套宗教象征体系，它将时间、空间和历史处境中的公民角色和美国社会位置与终极存在和意义的条件联系在一起；

（2）美国公民宗教在结构上既不同于政治共同体，也不同于宗教共同体；

（3）美国公民宗教履行了教会和国家都不能履行的特殊宗教功能；

（4）美国公民宗教与政治或宗教共同体的不同遵循文化演进的总体方向。①

从肯定公民宗教这一范式的角度出发，美国的多元宗教和宗教自由是从宗教信仰中抽离而出的宗教式象征和信仰主体，为美国确立了共同的政治信仰和政治价值观。公民宗教集世俗政治与传统宗教为一身。美国社会的三大宗教，即基督教、天主教和犹太教，均信奉上帝，这是美国公民宗教的宗教观基础。美国公民宗教超越了任何一种具体的宗教信仰，而成为美国精神的根系所在。美国的公民宗教体现为美国式的爱国主义，表现为对美国社会的整合和凝聚。

建国初美国所订立的政教分离原则是公民宗教的基础。因为实行了政教分离，政治权力不再为宗教界所拥有，即各个教派都不能像殖民地时代的一些官方教会那样凭借宗教实现对政府或权力机构、地方的控制。这一隔离墙使各个宗教或宗派与

① Gail Gehric, "The American Civil Religion Debate: A Source for Theory Construction," *Scientific Study of Religion* , vol. 20, no. 1 (Mar. 1981), p. 52.

政治之间分离开来，而被隔离墙分离的宗教和政治在拥有共生关系的同时，双方都防范对方过度发展。正是由于在制度层面和重要的政府政策方面，国家和教会是相互分离的，一个有象征性的公民宗教才会有广泛的生存空间。同时，美国的政教分离从来不是政教之间的完全分裂，因为存在着把两者结合在一起的公共宗教仪式。而公民宗教体现出来的那种美国使命感，又为美国的政治行为提供了精神层次的理论支持。这又使宗教与政治在核心和基础层面上再次紧密结合。

学者对公民宗教的重视还表现在对其分裂和衰退的多重忧虑。罗伯特·伍斯诺甚至认为美国有两类公民宗教："保守主义者的愿景为美国提供了神圣的支持，合法化其政府和经济形式，解释其在世界上的特殊地位，将独一无二的美国享受和道德标准正义化。自由主义者的愿景对美国生活方式发起质疑，鉴于超验的关照详查美国的政治和经济政策，激励美国人代表全人类的利益行事，而不只是关心他们自身的利益。"[①] 而早在1973年，罗伯特·贝拉就担心公民宗教正在蜕变为"一只破裂的空壳"，"美国精神和文化变迁促生新的美国迷思"[②]。

6. 非传统伙伴理论（The Unconventional Partners Thesis）

任教于威斯康星大学的罗伯特·福勒（Robert B. Fowler）

① Robert Wuthnow, "Divided We Fall: American's Two Civil Religions," p. 398.

② Robert Bellah, *The Broken Covenant: American Civil Religion in Time of Trial* (New York: Seabury, 1973), pp. 139–163.

提出非传统伙伴这一观点来解释宗教与政治的相互关系，他认为美国文化已经被打上自由价值的标签，更为强调个体权利和自我实现，这一趋势还将继续下去。这类价值对维持美国社会的活力而言是不可或缺的，却在提供意义的层面呈现终极空虚。在美国文化个人主义盛行的时代，宗教的进入为人们提供了社区，成为大家的庇护所。基督教当下面对的自相矛盾在于，基督教与个人自由主义和自由政治社会思潮之间存在张力，而社会又需要基督教提供社群的推动力作为变量。因此，就美国的政治和文化而言，宗教是非传统伙伴。由于宗教及宗教团体是维持政治和文化稳定的，宗教自由也会得到保障。① 非传统伙伴理论将宗教定位为平衡者和补充者，低估了宗教影响政治的能力。

艾伦·赫茨克（Allen D. Hertzke）等学者则将这一理论运用于分析在其他议题上有深刻歧异的各派宗教和人权力量就世界宗教自由议题在国会游说中结成的联盟及其国际参与。②

7. 平民主义理论（Populism）

以平民主义理论分析宗教对政治的影响始于 20 世纪 50 年

① Robert Booth Fowler, *Unconventional Partners: Religion and Liberal Culture in the United States* (Grand Rapids: Wm. B. Eerdmans, 1989). 他在本书中也呼唤教会重视当代美国文化中基督教和宗教的不凡认同，为人们认识在一个褒奖个人自由的社会中教会存在意义的复杂性提供了新的视野。

② Allen D. Hertzke, *Freeing God's Children: The Unlikely Alliance for Global Human Rights* (Lanham, Md.: Rowman & Littlefield, 2004); Jodi Eichler-Levine and Rosemary R. Hicks, "As Americans Against Genocide: The Crisis in Darfur and Interreligious Political Activism," *American Quarterly*, vol. 59, no. 3 (Oct. 2007), pp. 711 – 735.

代，借以说明 19 世纪末德州州长竞选进程中宗教的动员功效。[①] 自 20 世纪 60 年代至今，有一系列研究基于这一理论研究。19 世纪末至 20 世纪初宗教在南部一些州民众集体政治行动的反抗中所发挥的作用，揭示出当时保守的中产阶级农场主拥护激进的、甚至是具有革命性质的人民党、反抗民主党的过程中福音基督教所起的推动作用。[②] 乔·克里奇（Joe Creech）的研究在阐释平民主义者将政治和经济革新赋以上帝和民主反抗撒旦和暴政的宏大叙事，并给予这一运动神圣的紧迫感。[③]

艾伦·赫茨克则从理论上建立起平民主义与宗教流动之间的联系。美国教会是美国社会的重要基础，在个人主义盛行的美国，没有任何社会经济组织在集聚公民，理解公民的深层需要、挫折和焦虑方面比教会更为行之有效。尽管教会内外一直存在对宗教参与政治的疑惑或不安，以教会为基础的政治运动汇聚众多缺乏其他途径表达政治意愿的人。地方教会成为组织和提高领导能力、号召人们献身的场所。从国家层面来看，先后出现的非裔美国人的民权运动和基督教新右翼的动员组织工

① Wayne Alvord, "T. L. Nugent, Texas Populist, Southwestern Historical Quarterly," vol. 57, no. 1 (July 1953), pp. 65 – 81.

② 40 余年来有 26 篇相关研究，最早是 Peter Hayes Argersinger, "Pentecostal Politics in Kansas: Religion, the Farmers' Alliance, and the Gospel of Populism," *Kansas Quarterly*, vol. 1, no. 4 (Fall 1969), pp. 24 – 39. Julia Mary Walsh, Horny-handed Sons of Toil: Workers, Politics, and Religion in Augusta, Georgia, 1880—1910 (Ph. D. dissertation, University of Illinois at Urbana-Champaign, 1999) 是运用平民主义理论对这一领域进行的较为深入的地区个案研究。

③ Joe Creech, *Righteous Indignation: Religion and the Populist Revolution* (Urbana and Chicago: University of Illinois Press, 2006).

作都体现出宗教与平民主义的汇合，并对政党政治、选举政治和总统政治都产生了深刻影响。赫茨克以此对浸会牧师、黑人民权倡议者杰西·杰克逊（Jesse Jackson）和福音布道家帕特·罗伯逊（Pat Roberson）参与1988年总统初选的政治进程进行分析。①

而无神论者和不可知论者则对宗教平民主义深恶痛绝，认为“平民主义并不坏，但未经自由民主回炉锻造的平民主义不仅糟糕，而且可以证明，一些国家正是沿着这条路坠入残暴的法西斯主义。当保守分子诉诸于平民主义时尤为如此。保守分子自己并不是法西斯，但法西斯主义是保守分子将平民意识形态和运动纳入其体系，进而扩张其权力基础的后果”②。

研究者认为，“平民主义理论不仅重视宗教传统减轻其不满的途径，也重视宗教传统在与有着自左至右政治光谱的政治体系并不精妙切合的情况下，如何将其政治主张注入政治体系”。“平民主义理论帮助我们理解为何宗教能唤起精英不注意或不承认的情绪观点。”与此同时，运用这一理论必须警惕两点。“首先，鉴于魅力型领袖在动员平民主义者不满过程中的重要性，必须考虑这类领袖是否反映或事实上是创造了大众的普遍关注事项。”“其次，必须防止滥用平民主义理论。”③

① Allen D. Hertzke, *Echos of Discontent: Jesse Jackson, Pat Robertson, and the Resurgence of Populism* (Washington, DC: CQ Press, 1993).

② Austin Cline, “Religious Populism & Democracy: Should Democrats Appeal to Religious Populism?” http://atheism.about.com/od/godlessliberals/a/Populism.htm.

③ Robert Booth Fowler, Laura R. Olson, Allen D. Hertzke and Kevin R. Den Dulk, *Religion and Politics in America: Faith, Culture and Strategic Choices* (Philadelphia: Westview, 2010), pp. 335 - 336.

8. 市场理论（The Market Thesis）

美国是对宗教的社会学研究最为发达的国家。[①] 随着宗教与宗教研究的不断发展及与其他研究的交汇，新的理论和研究范式不断出现，市场理论是近年来影响最大却也是争议颇多的理论。该理论来源于经济学的理性选择理论（Rational Choice Theory），罗德尼·斯达克（Rodney Stark）和罗杰·芬克（Roger Finke）是倡行这一宗教研究范式的领军人物，该理论认为宗教经济的无管制和有竞争有利于宗教参与总体程度的提高。美国没有国教，各种宗教和宗派都可以自由实践，存在激烈竞争，因此宗教发展兴旺，还将继续对美国政治发挥重要影响。该理论的核心在于自由和市场，即政府不倾向于特定宗教和各类宗教的自由竞争。[②] 这一理论与基督教基要主义从神本立场出发对自由的理解具有内在契合之处，相关研究及对这一理论的提倡及国内外推广获得一些有深厚保守基督教背景的基金会的大力协助，由此在众多发展中国家亦产生较大影响。

---

① 自20世纪上半叶，美国教会为了发现教会组织内部、与社区和社会互动方面存在的问题从而更好地发展，向大学和研究机构提供资金鼓励发展对教会的社会学研究，从而推动了宗教社会学研究在美国的兴旺发达。从理性选择理论的角度来看，这似乎是宗教竞争推动宗教发展的又一例证。但这一理论混淆了工具理性和价值理性，忽略了宗教的非理性成分。就基督教而言，从教义层面看，让全地归主的“大使命”是推动基督教发展和世界性传播的重要方面。

② 这一学说的代表性作品有：Rodney Stark and Roger Finke, *Acts of Faith: Explaining the Human Side of Religion* (Berkeley, CA: University of California Press, 2000); Roger Finke and Rodney Stark, *The Churching of America, 1776 – 2005: Winners and Losers in Our Religious Economy* (New Brunswick, NJ: Rutgers University Press, 2005); Lawrence A. Young, ed., *Rational Choice Theory and Religion: Summary and Assessment* (New York: Routledge, 1997).

以上理论均有助于加深对美国宗教与政治关系的理解，但没有一种能解释其全貌，时代的变迁仍在不断推动旧理论的衍变和新理论的诞生。

简短结语

反观历史，美国政治的每一次大变革都与宗教的每一次大觉醒均有重要关联。宗教一直内含于美国政治中的深层结构。在研究方法方面，学者采用历史学和宗教学方法对宗教与政治之间关系进行定性分析，同时引入社会学和人类学的定量分析进一步深入考察。在研究理论方面，美国学界对美国宗教和政治的若干理论在研究过程中并不相互排斥，学者们在研究中经常以一种理论为主，结合其他理论进行探讨。同时，这些理论基本是以社会学为基础对宗教与政治关系进行解释的理论，间或采用经济学或政治学的分析视野。众多学者在中观和微观问题上多以历史社会学进路进行分析，并借鉴政治学、经济学和法学的相关理论，但这一类探讨仍须深入。如运用对利益集团的理论来分析宗教利益集团的政治参与就是这样，研究者多采用多元主义集团政治理论，少数借鉴奥尔森的公共选择理论进行分析，同时添加宗教利益集团与一般利益集团的不同之处，如游说中专重精神价值及其对世俗社会的影响，较少采用直接参与竞选及捐款等方面深入论述。对美国的宗教与政治进行研究是一交叉领域的研究，因而决定了对其研究必须采用综合视角进行多学科综合研究。宗教的产生、发展变化并参与政治并不是单纯的宗教现象或社会现象，而且还是一种政治现象。在对这一宗教和社会现象进行考察时，美国的政治制度和政治运作规律必须纳入分析框架。对美国政治进行研究不可缺乏宗教向度。

美国宗教的更新充满活力，与政治的互动也不断变化，也远超出观察者和研究者的自身想像。当贵格会教徒玛丽·戴尔（Mary Dyer）于1660年因清教神权的宗教不宽容而从容引颈受刑时，没有人想到如今她的雕像静静矗立在波士顿街头，默示来往行人宗教迫害已经在美国成为过去；当“汤姆叔叔”们在新奥尔良的农庄中、密西西比河中航行的货船上深情诵读《圣经》以祈求上帝的恩典之时，没有人料到黑人教会在100余年之后的民权运动中成为种族平等的推动者；在天主教和新教冲突频仍的19世纪，在福音新教徒为一位天主教总统的出现而充满疑惧的1960年，没有人会设想20世纪90年代天主教和新教不同宗派和团体会在诸多社会和政治议题方面结成伙伴关系；在摩门教会信徒因背负膜拜团体的沉重十字架彷徨向西寻找栖身之地时，没有人会预言在2012年总统大选初选中，共和党内部出现两位身为摩门信徒的总统候选人。如今美国步入宗教多元主义时代，宗教也随着人口组成的发展变化而呈现新的趋势，以往这些理论在21世纪是否能单独或结合起来解释美国宗教与政治的关系尚有待观察和补充。随着全球化的发展，宗教跃出美国国界对整个世界政治都产生着重大而深远的影响。中国学界应该加强对美国宗教与政治的研究，为推进中美关系和做好新时期的中国宗教工作提供智力支持。

美国的宗教与法律

•秦　倩

[内容提要]　宗教，尤其是基督教，贯穿整个美国历史，并至今仍然对人们的日常生活以及美国政治和法律发挥举足轻重的作用。而宗教自由也由此成为美国人最为重视的一项实体权利。本文试图勾勒美国宗教自由的整个发展历史，以期介绍美国宗教自由以及自由之界限，并从司法、立法和行政三个分支探讨宗教与美国法律之间的互动关系。

宗教自由可以说是美国人最为重视的一项实体权利。事实上，美国宪法第一修正案第一句首先保证的就是“国会不得制定法律确立宗教（establishment）或禁止信教自由（free exercise）”。修正案的结构和语序充分表明宗教自由在美国宪法中的重要地位。这是容易理解的，因为宗教，尤其是基督教，贯穿整个美国历史，并至今仍然对人们的日常生活发挥举足轻重的作用。根据皮尤论坛2008年开展的一项调查，美国年满18周岁的成年人中，有83.9%的人持有某种宗教信仰，其中78.4%属于基督宗教。① 更为重要的是，宗教和美国政治在历史上形成了千丝万缕的联系，因而宗教观念也经常影响着政府的决定和运作，当然，法律也概莫能外。

宗教之于美国是如此重要，因此美国法律关于宗教的条款除了以上联邦宪法第一修正案之外，各州宪法都有针对宗教自由的规定。按照莫森（Mousin）教授的研究，早在殖民地时期，各州的宪法就已为治理思想的发展、权力分割以及共和主义在美国的制度化提供了坚实的土壤。特别是一些州的宗教实践和州宪中有关宗教自由的早期保护，极大影响了第一修正案关于宗教自由的设置和措辞。但是，在联邦主义的原则下，有关宗教政策各州坚持州权自主。因此，在整个19世纪和20世纪初期，不少州的政府仍然和宗教保持密切联系，有些州甚至仍然保持官教。在这些州，宗教自由的宪法设置主要惠益于那些主流的新教团体，其他持不同教义的宗教团体，其自由空间是相当小的。② 在最高法院成功将第一修正案延伸适用于各州之后，州司法系统的实践才与最高法院的口径保持一致。不过从1990年起，有些州开始试图在最高法院之外扩展宗

① The Pew Forum, U.S. Religious Landscape Survey, February 2008, p.8, http://religions.pewforum.org/reports。皮尤论坛2011年的另一项全球宗教分布调查则表明，全美人口中持有基督宗教信仰的比例为79.5%，参见http://www.pewforum.org/Christian/Global-Christianity-americas.aspx，2011年12月25日浏览。

② Craig B. Mousin, "State Constitutions and Religious Liberty," in James A. Serritella, ed., *Religious Organizations in the United States: A Study of Identity, Liberty, and the Law* (Durham, N.C.: Carolina Academic Press, 2006), p. 167.

教自由的保护范围，至于其未来如何，目前仍不明朗。

因此，鉴于各州宪法的风格迥异，本文主要关注联邦宪法第一修正案针对宗教的条款。如文首所言，第一修正案关于宗教自由的文字非常简单，然而，其涵义却是如此宽泛，以至于其真谛常常是隐而不彰的。本文以下即试图勾勒美国宗教自由的整个发展历史，以期介绍美国宗教自由以及自由之界限，并探讨宗教与美国法律之间的互动关系。

一、历史背景

在回顾美国宗教自由整个发展历史之前，我们首先需要简要介绍美国的司法体制，以及有关宗教自由的案件是如何诉至联邦最高法院的。一般来说，在美国，特别是在宗教领域，联邦最高法院是美国司法系统的最高一级。但是，实际上，对于涉及宗教自由的大多数案件，联邦最高法院是无权问津的。只有当案件牵涉到联邦宪法时，最高法院才享有管辖权。如果一个案件仅仅涉及到州宪法，而与联邦宪法的具体条款没有潜在的关联，那么各州的最高法院对这类案件的裁决就是终极的；有的案件甚至都不会到达州的最高法院，在下级法院就被消化了。

因此，各州的司法系统审理着绝大多数涉及到本州宪法和法律的刑事、民事和合同案件，只有当诉讼当事人在州法院提出具有实质意义的联邦性问题①时，案件才会达到联邦最高法院。

① 最高法院自己决定什么是“具实质意义的”。参见宋冰编：《读本：美国与德国的司法制度及司法程序》，中国政法大学出版社，1999 年版，第 96－121 页。

不仅如此，诉讼当事人还必须在州一级穷尽所有适当的救济，然后才有“诉讼资格”将案件提交到联邦最高法院。除了少数案件，最高法院享有绝对的裁量权决定是否接受上诉请求①。除了这些向联邦最高法院上诉的方式，如果最高法院想要提审某一案件，或者，在极个别的情况下，当它必须提审时，该案将直接由州最高法院移交到联邦最高法院。这时所有下级法院的救济当均已穷尽。按照这一诉讼程序，绝大多数案件的初审和上诉终止在州一级法院，联邦最高法院仅仅审理极少数具有重要宪法意义的案件，最近几年这一数目大概稳定在一年100起左右。

美国是一个移民国家；它的移民主要来自欧洲；欧洲移民迁居北美、建立殖民地的主要原因，大体可以归结为三种：政治的、经济的或宗教的原因。② 宗教移民及其思想意识对后来美国民族及民族精神产生了不可忽视的影响。但是许多早期的殖民地却全面承袭了欧洲政教合一的传统，更加强化宗教政治。不少早期的殖民者在殖民地设立了官教，对于他们而言，宗教自由不过意味着实践殖民开拓者的宗教，其他教义则被视为异端邪说，遭到压制。只有少数殖民地没有设立官教，例如罗德岛、宾夕法尼亚。在没有官教的殖民地，虽然法律并不符合现代意义上的政教分离，但按照当时的标准还是相当宗教多元和宽容的。③ 到了美国独立战争前夕，一些殖民地已经相继撤销了

---

① 最高法院9位法官中至少有4位法官一致同意，才能接受上诉请求，签发调卷令（Writ of Certiorari）。

② 董小川著：《20世纪美国宗教与政治》，人民出版社，2002年版，第11页。

③ 张千帆著：《西方宪政体系：上册·美国宪法》（第二版），中国政法大学出版社，2004年版，第612页。

官教制度，来自大西洋彼岸的官教文化慢慢在北美大陆走向式微。

独立战争本身并未给宗教问题带来革命性的变化，但1776年十三州独立之后，各州则纷纷制定了各自的宪法，并在新立的宪法中，正式抛弃了官教制度或者立法改变官教原先的地位。而由于当时邦联（Confederation）政府权力有限、软弱无能，对宗教问题也极少关注。在当时的情况下，为了在北美大陆建立一个更为强大的中央政府，1887年，各州议会派遣代表云集费城，召开了制宪会议，并最终产生了一部联邦宪法。新宪法赋予联邦政府更广泛的权力，但宪法正文未能直接提供人权的全面保障。因此，为进一步限制中央政府的权力，防止其演变成一个独裁专制机构，害及人民的基本权利，一些州的代表呼吁制定权利法案。在1789年的第一届国会上，麦迪逊起草并提议了《权利法案》。经过修改并通过后，它们成为宪法的前10项修正案。其中，第一修正案规定，“国会不得制定法律确立宗教或禁止信教自由；不得剥夺言论或新闻自由、或剥夺人民和平集会与请愿政府伸张正义的权利”。因此，在宗教问题上，第一修正案包括两个部分，它不但禁止政府“做坏事”——通过压制和惩罚干涉宗教活动（“自由实践条款”），而且还禁止政府在这个领域“做好事”——有选择地为某些宗教（或按照某些学者或法官的理解，所有宗教）提供援助或其他形式的“方便”（“立教条款”）。在这个意义上，第一修正案同时禁止政府的积极措施和消极措施，它要求政府在宗教问题上保持完全中立（neutrality）。[①] 但是，何谓中立？政府的哪些行为构成立教？什

① 张千帆著：《西方宪政体系：上册·美国宪法》（第二版），中国政法大学出版社，2004年版，第608页。

么情况下个体的宗教自由遭到政府侵犯？第一修正案使用了含义广泛的语言，对此未能给出明确的指示。

二、宗教与法律——司法态度

尽管第一修正案关于宗教自由的规定过于宽泛，但在其通过后的150年间，涉及第一修正案的案件极少能到达联邦最高法院。主要原因有二：其一，第一修正案的措辞指明了限制国会，当时普遍认为，《权利法案》主要是为了防止联邦侵权而设置，因此该条款只适用于联邦，而非各州政府。假如州政府的行为侵犯了公民的宗教自由或者构成立教，第一修正案并没有适用的余地，它不能约束各州。当然，如果州宪法的相关规定与第一修正案类似，与之相悖的州法律仍然可能被判决违宪，但该法违反的是州宪法，而非第一修正案。对此，早在1833年的“码头淤泥案”[1]中，最高法院就明确判决，《权利法案》不能被用来限制各州政府；其二，当时，出台的涉及到宗教问题的法律主要集中在各州政府。按照联邦宪法对美国政体的纵向分权，国会的权限是“授予而非限制”（Grant-Not-Limitation），仅限于宪法正文有明文列举者；而州政府的立法权力是“限制而非授予”（Limitation-Not-Grant），它的权力被假定有效，除非受到联邦或本州宪法明确规定的限制。[2]对于公民教育或个人行为问题，新宪法并未将之授予联邦政府

① Barron v. Mayor & City Council of Baltimore, 32 U. S. 243.

② 张千帆著：《西方宪政体系：上册·美国宪法》，第18页。

管辖，这些主要属于各州自行立法管理范畴，而宗教问题也主要与这些领域相联系。因此，在20世纪中叶之前，最高法院很少会审理涉及宗教的案件，也就不足为怪了。

但就在最高法院审理的这极少数宗教案件中，法院一般尊重联邦权力，所作的判决往往对宗教不利。19世纪下半叶，联邦政府也确实制定了一些法律，在联邦范围内调控个人行为，其中有些法律就涉及到宗教问题，最典型的比如1862年生效的禁止重婚（或一夫多妻）的联邦法律。该法规定重婚属于犯罪，因此犹他地区的摩门教（Mormon）首领被指控违反了上述法律，并被判处两年监禁和500美元罚金。他在法庭举证，一夫多妻是他作为摩门教徒应该承担的一项宗教义务，因而应受到第一修正案的保护，并宣称联邦法律侵犯了他的宗教自由实践权利。最高法院一致驳回了摩门教的挑战，在从1879年到1890年的几个相关案件中，法院指出教会的任何非法行为均不受第一修正案的保护，非法行为即使以宗教为理由，仍然是非法的。[①] 1890年，由于受到其他联邦成员的一致敌视，摩门教的主流派终于屈服，宣布将一夫多妻从其教旨中删去。国会则进一步要求在州宪中规定禁止重婚，作为成立犹他州的条件。1896年，犹他州在满足条件后作为一个州加入了联邦。[②]

自1925年以降，特别是20世纪40年代以来，第一修正案的宗教条款突然被激活，最高法院受理的宗教案件无论在重要

① Reynolds v. United States，98 U. S. 145。迄今，最高法院对该案的判决未被推翻，仍是具有约束力的先例。

② 张千帆著：《西方宪政体系：上册·美国宪法》，第620页。

性或发生频率上都有显著的增长。[1] 当年，在“州立学校教育案”[2] 中，最高法院判决第十四修正案的内容吸收了第一修正案的部分内容。1868 年的第十四修正案定义了联邦公民权，并广泛规定了个人权利，规定任何州未经法律正当程序，不得剥夺任何人的生命、自由或财产，或在其辖区内对任何人拒绝提供法律的平等保护（Equal Protection of Laws）。最高法院在该案的判决中特别提到，第一修正案保障的出版自由和言论自由可被用来限制各州。这就意味着，不仅仅联邦政府的行为，包括各州的行为在内，如果侵犯了公民自由，也可能被判决违反第一修正案。虽然最高法院未说明扩展第十四修正案保护范围的理由，也没有指明未包含宗教自由的原因，但这项判决在效果上表明第十四修正案项下的自由并不是自定义（self-defining）的，第十四修正案的正当程序条款可以被用来逐条吸收《权利法案》对公民权利的保障。[3] 1940 年，在“耶和华见证人传教案”[4] 中，最高法院进而判决第十四修正案吸收了第一修正案

---

① 这种现象出现的原因应归结于，20 世纪 40 年代以来宪法诉讼在性质上的逐渐变化。从美国南北战争到二战期间，重要的宪法议题都源自于对联邦权力之扩展与福利国家之发展的抵制。二战后，最高法院对个人自由、尊严和平等的保护开始变成最重要的主题。最高法院内部由起先的“司法节制”理论占主流，随后变革为“司法能动”哲学。参阅［美］阿奇博尔德·考克斯著，田雷译：《法院与宪法》，北京大学出版社，2006 年版，第 183 页。

② Pierce v. Society of Sisters，268 U. S. 510.

③ 由于既不存在立法机构对宪法的明文修正，也不存在案例法的历史基础，第十四修正案的吸收过程是宪法领域内“法院制法”（Judicial Law-making）的典例。对于最高法院这项权力的合法性，在美国法学界和最高法院内部都曾引起激烈争论。有关详情，可参阅张千帆著：《西方宪政体系：上册 · 美国宪法》，第 253 - 263 页。

④ Cantwell v. Connecticut，310 U. S. 296.

的自由实践条款，从而使之适用于各州。而在之后的1947年“中小学交通补贴案”[①]中，最高法院判决立教条款亦适用于各州。在短短22年里，最高法院大大推进了第一修正案宗教自由的保护范围，不仅用于限制联邦政府的行为，还适用于各州。1947年后，尽管最高法院内部关于第十四修正案“正向”吸收《权利法案》对联邦限制的合法性存在一些争议，但法院从未考虑要推翻这些判决，重新把第一修正案回归到仅对联邦才施行限制。

相反，在20世纪的后半期，最高法院作为美国宪法的最高阐释者，在宗教问题上通过一系列案例全面介入了政府，包括联邦和州级别，行为合宪性的司法审查。在一段较长的时期内，最高法院的总体趋势是提高对公民宗教自由的保护力度，抑制政府的权力。不过，最近若干年，最高法院的判决有所退却。由于最高法院通常按照在任首席大法官的名字来描述，因此，下文将以时间为经，按照历任首席大法官的任期，分别阐述自1940年至今，最高法院关于宗教问题的主要态度。[②]

1. 斯通法院（Stone Court，1941—1946年）

艾伦·D. 赫茨克（Allan D. Hertzke）认为，正是自斯通于1941年就任美国首席大法官始，最高法院在其领导下，才

① Everson v. Board of Education，330 U. S. 1.

② 在美国，我们始终不能忘记法院与政府其他机构在组成上的差别：最高法院由九位博学多闻，不但通晓法律，而且谙熟人情世故与社会风俗的年长资深人士组成。因此，法院是现代政府中唯一主要的非民主机构。从而，九位法官特别是首席大法官的个人风格或许一定程度上会影响其任期内最高法院对待宪政问题的态度。这也是本文为什么会按照首席大法官的任期来介绍最近70余年这个开创性的年代里最高法院针对宗教案件的判决。

一改此前关于第一修正案使用范围的传统解释，“开始就广泛的宗教议题进行裁决”。[①] 其中具有里程碑意义的案例就是“耶和华见证人传教案”。

在该案中，根据一地方法令的规定，一位耶和华见证人挨家挨户散发宣教品的行为被指控为破坏和平罪。最高法院不但撤销了他的定罪，指出合法的宗教行为受到第一修正案的保护，还因此将第一修正案自由实践条款的保护范围从宗教信仰延伸至宗教行为。由此，法院不仅确认了公民享有劝信权，也为其他小型或非主流的宗教团体提供了维权渠道。[②] 赫茨克因而指出，此后，正是那些少数非主流的宗教团体提起的维权诉讼不断推动最高法院界定宗教自由的界限。[③]

2. 文森法院（Vinson Court，1946—1953 年）

在文森任期内，最高法院审理的宗教案件主要涉及“休息时间”（released-time）项目。早在 1948 年的“公校课后教

---

① ［美］艾伦·D. 赫茨克（Allan D. Hertzke）、凯文·R. 邓达克（Kevin R. den Dulk）著，涂怡超译，徐以骅校：“‘第一自由’与美国的政教政策，”徐以骅主编：《宗教与美国社会》（第四辑），时事出版社，2007 年版，第 534 页。

② Religious Freedom Reporter 的调查表明，最高法院审理的所有涉及自由实践条款的案件，有 76% 都是宗教团体提起的，其中，绝大多数是新兴的或非主流的宗教团体，而主流的新教团体很少出现在法院。参见 John Wybraniec and Roger Finke, “Religious Regulation and the Courts: The Judiciary's Changing Role in Protecting Minority Religious From Majoritarian Rule,” in James T. Richardson, ed., *Regulating Religion: Case Studies from Around the Globe* (New York: Kluwer Academic/Plenum Publishers, 2004), p. 549。

③ 艾伦·D. 赫茨克、凯文·R. 邓达克著：《“第一自由”与美国的政教政策》，第 534 页。

学案”[①] 中，涉案的伊利诺伊州法律允许宗教团体在学时内使用学校教室教宗教，但是，并没有迫使学生参加。最高法院依照严格分离解释，判定伊州法律将政府设施用于传播宗教信仰，因而构成了对宗教的直接援助，违反了第一修正案的立教条款。但时隔 4 年，在 1952 年的“公校课间放学案”[②] 中，最高法院又推翻了前述判决，认定涉案的纽约市教育局允许公立学校的学生家长申请上课时间离开学校到教堂进行宗教教育的项目，具有合宪性。另外，在 1947 年的“中小学交通补贴案”中，新泽西州法授权地方政府为孩子在公共和非营利私人中小学就读的家庭提供交通补贴，结果部分经费被用来补贴私立的天主教会学校。一地方纳税者挑战州法的合宪性，但最高法院以 5：4 维持了州法，认定本案所涉及的免费交通项目在信教者和不信者团体的关系上保持了中立。本案因此成为最高法院试图界定政教分离界限的最初努力。

3. 沃伦法院（Warren Court，1953—1969 年）

考克斯认为，在从 1953 年到 1969 年这个开创性的年代中，沃伦不但领导了联邦最高法院，而且成为宪法精神的缩影。沃伦时代的宪法裁决成为一种改革的工具。[③] 这种改革和开创性同样体现在沃伦任职后半期的若干宗教自由案例中，但同时也引发了强烈的社会争议。当时冷战方兴未艾。在整个 20 世纪 50 年代，冷战的阴影笼罩着美国。许多美国人都认为美国不但异于而且远优于其对手苏联。当时在大多数美国人眼

---

① McCollum v. Board of Education，333 U. S. 203.

② Zorach v. Clauson，343 U. S. 306.

③ 考克斯，《法院与宪法》，第 187 - 188 页。

中，相较于无神论的苏联，美国是蒙神祝福的国度。因此，为了进一步区分这两个国家，许多人特别强调宗教上的差异，其中则尤其关注学校的教育。有些州，包括纽约，为公立学校设置了祈祷，另有些州则规定公立学校朗读圣经。当然，反对这些做法的大有人在。他们认为政府的这类行为违反了第一修正案的立教条款，因此对此提出了宪法上的挑战。[①] 最高法院听审的第一起此类案件，是1962年的“公校祈祷第一案”[②]。该案中，纽约教育董事会为公立学校设置了非宗派祈祷，祷文中含有“全能的上帝”字眼。最高法院判决政府规定的非宗派祷词相当于官方立教，因而构成了对宗教的直接支持。越年，在“宗教祈祷第二案”[③] 中，宾夕法尼亚州法院规定公立学校在每天上课前朗读《圣经》10段以上经文，但不加评论，若家长或监护人书面申请，可免除学生的上述义务。最高法院判决学校自愿选择的经文相当于宗教仪式，同样构成对宗教的支持。

这两个案例引起了强烈的社会反响，并在当时招致传统势力的激烈批评。公众普遍认为这两个案例一举将宗教清出了公立学校，许多人甚至认为这两个案件的裁决属于典型的共产主义，此举不但抹杀了基督教美国与无神论苏联之间的根本区别，而且还将为共产主义的胜利铺平道路。

---

① Scott A. Merriman, *Religion and the Law in America: A Encyclopedia of Personal Belief and Public Policy* (Santa Barbara, Calif.: ABC-CLIO, 2007), p. 40.

② Engel v. Vitale, 370 U. S. 421.

③ Abington School District v. Schempp, 374 U. S. 203.

当然，此后冷战在20世纪90年代的戏剧性结束证明这种担忧多么无稽。但在当时特定的政治背景下，从20世纪60年代早期开始，政府官员和公众就不断尝试各种方法希望恢复或确立公立学校的课前祈祷。1966年和1971年，国会两院多次通过简单多数提议修宪，以授权公立学校的祈祷，但均因未达到2/3多数而失败。1979年，保守派参议员赫尔姆斯（Jessy Helms）甚至提议取消联邦法院听取学校祈祷案件的管辖权，但该提案亦未能通过。[①] 更晚近的此类行动是要求公立学校在每天早晨允许学生默思（meditate）或自愿祈祷一分钟。支持者认为此举会留给学生和教师反思的时间，在这一分钟内，学生可以各行其是，包括祈祷，学校董事会对于此类活动也不发表正式意见。但是，这一行为同样也引发合宪性争议，到了1985年终于被提至联邦最高法院。那时已到了伯格（Burger）主持法院的时候了。在该“公校默祷案”[②] 中，秉承前两项祈祷案的文脉，伯格法院同样判决阿拉巴马州法关于公立学校的学生默祷的规定违宪。

除了公校祈祷事项以外，沃伦法院的宪法裁决还涉及课程安排问题。在1968年的“州禁进化教学案”[③] 中，阿肯色州1928年的法律取消了公立学校的生物进化课程，禁止教授生物进化论，以削弱对宗教观点的挑战。事实上，早在1925年田纳西州就制定了反进化论的法律，而由此引发的1927年的“斯科普斯猴子审判”（Scopes Trial），不但使得基要派很长一

① 张千帆著：《西方宪政体系：上册·美国宪法》，第685页。

② Wallace v. Jaffree，472 U. S. 38.

③ Epperson v. Arkansas，393 U. S. 97.

段时间内遁入山野，而且还在全国引发关于进化论的热烈讨论。由于沃伦法院认为，阿肯色州 1928 年的这项法律具有宗教目的而非世俗目的，因此判决予以撤销。判决甫出，批判的声音就沸反盈天，不少反对者为了制科学而选择师科学，希望依靠科学的手段证明科学的谬误。另一些州，比如路易斯安纳，遂退而在州法中规定公立学校须平衡创世科学和进化论的教学，禁止这些学校仅教授两者之一。关于路易斯安纳州这项法律的合宪性争议，1987 年来到了最高法院。伦奎斯特主政下的最高法院同样认为州法带有宣传特定宗教理论的目的而要求开设创世论课程，因而判决州法违反了立教条款。

4. 伯格法院（Burger Court，1969—1986 年）

由于沃伦法院在许多宪政领域，包括宗教问题上，掀起了一轮变革，因此许多人希望接下来的伯格法院能有所回落。但伯格在任期间，最高法院的判决大体维持了前任的理路，既不更激进，亦未明显反弹。其间，在 1971 年的“私立中学补贴案”[1] 中，伯格法院在美国宗教自由判案史上，为立教条款的司法解释确立了里程碑意义的“莱蒙法则”。关于第一修正案立教条款的真正意图，用杰弗逊的话说，就是要“在教会和国家之间建立一堵分离之墙”。至于依靠什么来检验“这堵分离之墙”的高度，第一修正案本身没有给出明确的指示。直到 1971 年，在本案的判决意见中，最高法院才总结以往的判例，发展了立教条款的三部曲标准：第一，立法必须具有世俗的立法目的；第二，其主要或首要的效果必须既非促进亦非抑制宗教；第三，立法还必须避免宗教和政府过分纠葛（entan-

① Lemon v. Kurtzman，403 U. S. 602.

glement)。莱蒙法则本身也相当抽象，关于法则的解释应当从严抑或从宽，最高法院内部一直都有不同声音，但莱蒙法则作为立教条款解释学的基准，至今仍然有效。

20 世纪 70 年代，伯格法院的其他一些裁决很大程度上塑造了美国民众私人关系的基本形制。而在这些领域，美国民众一向认为宗教也是一个重要的影响因素。这个领域就是妇女堕胎的合法性问题，当时最著名、也是最高法院历史上最具争议的案例就是 1973 年的“罗伊诉韦德”案[①]。在本案，最高法院以 6：3 否决了得克萨斯州刑事堕胎法，确认妇女决定是否继续怀孕的权利受到宪法上个人自主权和隐私权规定的保护。伯格法院的判决一出，随即点燃了“亲生命”派与“亲选择”派之间的战火，使得两派的论战从各州蔓延至全国，并延续至今。[②] 大体说来，站在“亲生命”派背后的主要以宗教新右翼为主。徐以骅教授的研究指出，正是 20 世纪 60 年代末 70 年代初沃伦法院和伯格法院作出的，包括罗伊案在内的一系列判决，推动了宗教新右翼在美国政治中的崛起，基于保守主义立场的福音派开始大规模介入政治。[③]

持“亲生命”立场的宗教新右翼与共和党结盟，成为最近 30 年美国政坛上的一道“亮丽”风景线，不但影响了国会

① Roe v. Wade，410 U. S. 113.

② 刘琼：“美国天主教会与“亲生命”运动”、贾妍：“美国国会议员的宗教信仰与投票行为——以‘2003 年禁止晚期堕胎法’为例，”均载于徐以骅主编：《宗教与美国社会》（第三辑），时事出版社，2005 年版。

③ 徐以骅：“宗教新右翼与美国外交政策，”载徐以骅主编：《宗教与美国社会》（第一辑），时事出版社，2004 年版，第 83－85 页。

的堕胎立法、总统大选[①]，还不断考验最高法院关于堕胎议题的判决。在1973年罗伊案之后，随着几名“亲选择”的法官相继离任，由共和党总统提名的法官逐渐充任到最高法院，使得最高法院的法官明显分成保守派和自由派。虽然在2000年的“斯滕堡”案[②]中，最高法院以5：4一票之差维持了罗伊案的判决。但法院内部的意见分裂，预示了司法态度的未来转变。特别是2006年随着小萨缪尔·阿利托（Samuel Alito）接替奥康纳（O'Connor）的席位进入最高法院，最高法院已经摇身一变，变成了一个较为保守的机构。2007年，在“冈萨雷斯诉卡哈特案”（Gonzales *v.* Carhart）中，最高法院以5：4的投票结果部分推翻了罗伊案的判决，宣布联邦2003年《禁止局部生产堕胎法》合宪。由此不但昭示保守派的胜利，也促使越来越多的州开始考虑在堕胎问题上出台更为严厉的限制措施。[③]

此外，在较为广泛的宗教议题上，伯格法院继续沃伦法院开创的道路。针对自由实践条款，伯格法院在1963年的“安息日休息解雇案”[④]和1972年的“阿米什高中入学案”[⑤]中，确立了“政府紧迫利益”（Compelling State Interest）测试，

---

① 徐以骅：“试析2004年美国总统选举中的宗教因素，”载徐以骅主编：《宗教与美国社会》（第三辑），时事出版社，2005年版，第475-500页。

② Stenberg v. Carhart, 530 U. S. 914.

③ Pew Forum, A History of Key Abortion Rulings of the U. S. Supreme Court, http://www.pewforum.org/Abortion/A-History-of-Key-Abortion-Rulings-of-the-US-Supreme-Court.aspx，2011年11月30日浏览。

④ Sherbert v. Verner, 374 U. S. 398.

⑤ Wisconsin v. Yoder, 406 U. S. 205.

亦即，任何给第一修正案的自由实践权利带来负担的州政府行为，必须具有“州政府紧迫利益”。在立教条款领域，伯格法院先是在20世纪70年代采取严格解释标准，几乎否决了政府针对私立学校的任何直接资助。到了20世纪80年代，又放松了对立教条款的解释，以微弱多数维持中立援助。但是，最高法院的意见对此严重分裂，先是在1983年的“私校学费减税”案[①]中，以5：4维持了明尼苏达州的私校减税法令，随后又在1985年的“私校课外教学”案，多数意见又判决政府对渗透宗派的中小学的资助实行严格审查。最终，到了伦奎斯特法院的1997年，在“私校教育补助第二案”[②]中，法院又明确放宽了立教条款的限制。

5. 伦奎斯特法院（Rehnquist Court，1986—2005年）

伦奎斯特法官是司法界保守派的领袖。在长达33年的最高法院任职期间，特别是在1974—1994年，他通过坚持不懈的说服工作，使新保守主义从几声孤雁哀鸣，逐渐变成了司法界合唱的主旋律。而所谓“伦奎斯特法院”的1986—2005年体制，其本质归根结底就是让审判的天平右倾化。[③] 因此，我们可以看到在伦奎斯特就任最高法院首席大法官期间，最高法院关于宗教或与宗教有关的判决，相较于以往，锐意进取的脚步开始退却。

最高法院退却的步伐，首开于1990年的“俄勒冈州诉史

① Mueller v. Allen，463 U. S. 388.

② Agostini v. Felton，473 U. S. 402.

③ 季卫东：““伦奎斯特法院”的天平与砝码，”《财经》（总142期），2005年9月13日。

密斯案”[①]。在本案，最高法院背离了历年来在宗教权自由实践领域发展起来的案例法，判决州政府在调控一般性的个人行为方面，无须通过“政府紧迫利益”测试。此案的判决一石激起千层浪，引起国会和州政府的强烈批判，并相继出台了对抗性立法。对此后文将有详述。而伦奎斯特法院对国会的立法反应也没有保持沉默，在随后1997年的“联邦宗教减负案”[②]中，最高法院又判决国会立法对州和地方政府的行为没有约束力。[③]

这两项案例提醒了国会和最高法院反思分权问题的重要性。在第十四修正案第五节之下，究竟谁对判断各州对宗教负担的合宪性具有最高权力？是国会还是最高法院？[④] 这个问题，迄今没有明确答案。

进入21世纪，有关宗教的争议仍在继续。2002年，一起“教育券案”[⑤] 摆在了伦奎斯特法院面前。为提高教育质量，俄亥俄州政府对克里夫兰市区的学校实行了学费补贴制度。由于家长可以自行选择孩子就读的学校，使得大部分政府资助流入教会学校。关于这一项目的合宪性，最高法院以5：4维持了俄州这一表面中立的教育补贴项目。该判决引起了一些学术

---

① Employment Division v. Smith，494 U. S. 872.

② City of Berne v. Flores，521 U. S. 507.

③ 需要说明的是，在本案中，最高法院判决国会立法违宪，并不说明国会立法本身无效，而是指该法对州和地方政府的行为没有宪法上的约束力，但是该法仍然对联邦政府有效。这一点，我们将在随后的2006年最高法院受理的一起案件中进行说明。

④ 张千帆著：《西方宪政体系：上册·美国宪法》，第653页。

⑤ Zelman v. Simmons-Harris，536 U. S. 639.

争议。赫茨克教授认为，教育券案的判决预示了“一种新的政教制度”,[①] 而张千帆的反对意见则主张，最高法院“采取完全是文字形式主义的中立性标准，……（会导致）政教分离寿终正寝”。[②]

接下来的2004年，最高法院又面临牵涉宗教信仰自由的艰难判决。“在上帝之下”的效忠誓词（the Pledge of Allegiance）是否违宪，在“效忠誓词案”[③] 中，最高法院以被上诉人不具有原讼原告资格为由，回避了对要求教师带领愿意的学生背诵上述誓词做实质性判断。翌年，最高法院又判决，在特定情况下，宗教象征“十戒”可以装饰在公共场合。

6. 罗伯茨法院（Roberts Court，2005年至今）

罗伯茨就任以来，最高法院已审理了几起涉及宗教议题的案例。除了后文将要提及的2005年的“威尔金森案”[④]，2006年，罗伯茨法院就“司法部长诉UDV案”[⑤] 作出了判决。在1990年的史密斯案和1997年的“联邦宗教减负案”中，虽然最高法院判决，判断各州对宗教负担的合宪性标准，无须通过“政府紧迫利益”测试，但1993年国会制定的《宗教自由恢复法》（RFRA）仍对联邦政府有约束力。UDV案就涉及到该

---

① 艾伦·D. 赫茨克、凯文·R. 邓达克著：《“第一自由”与美国的政教政策》，第554－556页。

② 张千帆著：《西方宪政体系：上册·美国宪法》，第674页。

③ Elk Grove Unified School District v. Newdow，542 U.S. 1.

④ Cutter v. Wilkinson，544 U.S. 709.

⑤ 有关该案的法律背景和最高法院的判决意见，可参阅The Supreme Court's Decision，*Gonzales v. O Centro Espirita*，http://pewforum.org/docs/? DocID = 124，2011年12月19日浏览。

问题。该案与史密斯案一样关系到为宗教目的使用违禁药物的合法性。但与史密斯案的判决不同，最高法院一致认定，联邦政府施加宗教负担的合宪性，必须通过“政府紧迫利益”测试，并据此维持了联邦地区法院的判决，把案件发回重审。

2007 年春天以后，罗伯茨法院还在海因诉自由脱离宗教基金会（Hein v. Freedom From Religion Foundation）案中，同样以 5：4 的票数判决纳税人无权起诉布什行政分支对一家宗教性机构的联邦资金投入，从而使公民挑战政府资助宗教活动的行动变得更加艰难。由此可以看出，保守派目前已在罗伯茨法院占据上风，并开始扩大战果，而正如杰弗里·图宾所预测的，很快，它将影响到全体美国人的生活。[①]

尽管无人能预测最高法院未来针对宗教的司法态度，但有一点毫无疑问，宗教论争始终会出现在最高法院。像进化论、效忠誓词、公校祈祷和教育资助等议题，都存在激烈的争议。尤其是进化论，几乎肯定会再次出现。宾夕法尼亚州多佛市 2004 年曾要求公立学校逐渐取消进化论课程，转而向学生讲授神创论思想。2005 年，联邦地区法院认定学校董事会的行为违反了立教条款，因而判决予以撤销。有论者指出该案很可能最终会上诉到联邦最高法院。[②] 由此我们可以看到，宗教将会继续是法庭上一个恒久的话题。

---

① ［美］杰弗里·图宾著，何帆译：《九人：美国最高法院风云》，上海三联书店，2010 年版，第 293 页。

② Joseph Kay，Court case hits attack on evolution in Pennsylvania，29 Sep.，2005，http：//www.wsws.org/articles/2005/sep2005/evol－s29.shtml，2011 年 11 月 20 日浏览。

三、宗教自由与立法和行政分支

在《偏颇的宪法》一书中，桑斯坦教授尽管也对法院，尤其是20世纪40年代以后的法院在美国宪政中的角色给予相当的关注，但是他也率直地指出，“把宪法等同于最高法院的判决是一个致命的、歪曲历史的错误”①，并认为这个由沃伦法院鼓吹的等同于美国宪法传统的民主目标不一致。为了恢复宪法对审议民主（deliberative democracy）的原初承诺，他提议应由“司法界之外的行为者——国会、总统、政府官员、普通公民——参与关于宪法广泛保证的含义的审议”。②

就法院在政府三权分立中的定位，根据创立司法审查的马伯里诉麦迪逊案的推理，法院实现了“伟大的篡权”，将普通的司法职能转化成了对立法的违宪审查。③ 关于宪法的解释，当然也包括第一修正案的定义之争历来就属于法院领域。但晚近几年，特别自1984年的“谢弗林”案后，现代行政国家下发生了权力位移，改变了行政机关和法院、立法机关之间的权力配置。在该案中，最高法院判决指出，当制定法暧昧不清时，对于负有法律职责的机关的任何合理解释，法院都应予以

① ［美］凯斯·R. 桑斯坦著，宋华琳、毕竟悦译：《偏颇的宪法》，北京大学出版社，2005年版，第400页。

② 同上。

③ 强世功：“司法审查的迷雾——马伯里诉麦迪逊案的政治哲学意涵，”《环球法律评论》（2004年冬季号）。

尊重。[①]

因此，近些年，我们可以看到关于某些宪法问题，尤其是第一修正案的政教关系问题，焦点开始转向国会。[②] 而事实上，如果我们回顾历史，可以看到针对公民宗教自由的最有力保护，并非源于最高法院在司法判决中对第一修正案进行的解释，相反，而是由联邦和各州在其法令中所赋予宗教信仰者的特定保护。[③]

联邦和各州的这些法令保护或包容宗教自由的方式，大体可归结为以下四种[④]：

第一，不分宗教与世俗组织，同等豁免应承担的特定法律义务。典例就是联邦政府和全美所有50个州均在相关法律中，规定符合条件的非营利组织，包括宗教性和世俗性的组织，享有所得税免征待遇。

第二，法令仅豁免信徒或宗教团体的特定法律义务。这方面主要体现在联邦或各州政府发布法令在一定程度上免除良知反战者的兵役义务。早在美国独立战争时，当时的宾州政府就

---

① [美] 桑斯坦著:《偏颇的宪法》，第11-12页。

② 不仅如此，赫茨克教授的研究还告诉我们，随着现代行政国家发生的这种权力位移，大量的宗教游说团体也开始涌向国会，特别是基要派和福音派的国会游说。详情可参阅 [美] 艾伦·D. 赫茨克著，徐以骅、黄凯、吴志浩译:《在华盛顿代表上帝——宗教游说在美国政体中的作用》，上海世纪出版集团，2003年版；以及艾伦·D. 赫茨克、凯文·R. 邓达克著:《“第一自由”与美国的政教政策》。

③ Ira C. Lupu, F. Elwood, Eleanor Davis, *A Fluid Boundary: the Free Exercise Clause and the Legislative and Executive Branches*, p. 1, http://pewforum.org/docs/? DocID=361, 2011年11月1日浏览。

④ 同上书，pp. 1-2.

免除了宗教和平主义者，主要是贵格会（Quakers）信徒的作战义务。其后，许多州援引宾州的做法，允许良心反战者随军做一些非战事的工作。1864 年内战结束后，联邦政府接管了军队事务，并继承了该宗教豁免的传统。在接下来的一系列立法中，国会每次均在前次基础上扩充享有宗教豁免权的范围。最后一次相关立法是 1967 年的《军队服役法》，该法明确规定任何因“宗教习俗和信仰”而反对任何形式战争的良知反战者均可免除兵役。宗教信仰也采取了宽松定义，即并不要求信仰中一定要有“上帝”（Supreme Being），任何人只要诚实持有个人原则反对任何形式的战争，且这类信仰在生活中具有一定地位，都可被认为基于宗教信仰的反战者。

第三种形式与第二种类似，只有信徒或宗教组织才享有豁免权，不同的是，被免除的不仅仅是特定的法律义务，而是赋予宗教活动免于承担法律施加的所有过度负担。由于最高法院在 1990 年“俄勒冈州诉史密斯案”中，从根本上背离了此前的“州政府紧迫利益”标准，使宗教实践甚至无法从普遍适用的州法律中获得豁免，在宗教游说团体的施压下，国会于是首次选择以这种方式对抗法院的判决，并将豁免明确写入法律。其结果就是 1993 年的《宗教自由恢复法》（RFRA），该法案旨在通过恢复“州政府紧迫利益”标准来阻止史密斯案的影响。但在该法通过的 4 年后，在“联邦宗教减负案”中，《宗教自由恢复法》屈从于美国宪法的挑战。

不过，如同赫茨克教授所说，宗教自由的斗士并未因此气馁。他们分别在两个层面积极运作。在州一级，自 1997 年迄今，已有12个州[①]通过了各自的宗教自由恢复法，在本州内恢复史密斯案之前的“政府紧迫利益”标准。但是，这样的努力同样在州法院系统给生生打了折扣。州法院因循最高法院的理路，针对在州宗教自由恢复法案中，就什么构成了宗教实践的实质负担，给予狭义解释。[②] 因此，州级别的宗教自由恢复法案的影响一样是有限的。

在联邦层次，国会仍然觉得有必要在联邦立法中适用史密斯案之前的“政府紧迫利益“标准。这次他们吸取《宗教自由恢复法》的教训，选择借取宪法授予国会的规范州际贸易权。2000年，国会在1998年进行的关于宗教土地使用和囚犯问题的听证基础上，通过了《宗教土地使用和被拘禁者法》(RLUIPA)。该法将“政府紧迫利益标准”限定适用于两项政府管理项目：宗教团体的土地使用和被拘禁者的宗教实践。

该法通过后，屡有原告在联邦下级法院挑战《宗教土地使用和被拘禁者法》的合宪性。如此几回之后，最高法院终于在2005年审理了其中一起案件，即“威尔金森案”。在该

① 这12个州是：阿拉巴马（Alabama）、亚利桑那（Arizona）、康涅狄格（Connecticut）、佛罗里达（Florida）、爱达荷（Idaho）、伊利诺斯（Illinois）、新墨西哥（New Mexico）、俄克拉荷马（Oklahoma）、宾夕法尼亚（Pennsylvania）、罗德岛（Rhode Island）、南卡罗来纳（South Carolina）、德克萨斯（Texas）。See Sidley Austin Brown & Wood LLP, State Religious Freedom Restoration Acts, p. 4, http://www.sidley.com/files/Publication/e16a73a8-671b-489b-b561-064b4d5ab3f0/Presentation/PublicationAttachment/2975e02f-028f-42c9-9a7c-0741ff2487d0/State%20RFRA%20book%20v4%204.12.05.pdf，2011年12月20日浏览。

② Ira C. Lupu, F. Elwood, Eleanor Davis, *A Fluid Boundary: the Free Exercise Clause and the Legislative and Executive Branches*, p. 10.

案中，伦奎斯特法院九位法官一致维持了2000年《宗教土地使用和被拘禁者法》的合宪性，该法要求联邦下级和州法院适用严格审查标准审理涉及对在监狱、医院、疗养院以及其他机构的人的宗教自由实践施加实质性负担的案件。

迄今为止，最高法院尚未审理过挑战宗教用地合宪性的案件，但许多联邦下级法院曾针对这类案件作出判决，其中一些下级法院的判决对宗教自由的保护采取了宽松解释。例如，在“新柏林城”[①]一案中，联邦第七巡回上诉法庭指出，宗教用地法规即使仅造成“延迟、不确定、高成本”，也意味着给宗教组织施加了实质性负担，因此启动政府紧迫利益测试。[②]

第四，也是最后一种形式是政府支薪的牧师制度，比如随军牧师。关于随军牧师的合宪性，最高法院从未直接作出过判决，但联邦下级法院的判决则一般比较尊重政府的这种既定实践。

当然，国会欲通过行使以上四种方式保护宗教自由，往往会引发许多复杂的宪法问题。其一，国会的宗教举措，常看似在资助宗教，从而可能违反第一修正案的立教条款。国会想要平衡自由实践和不立教这两个条款，的确是个极富挑战的任务。其二，国会的宗教立法也可能在两个方向上违背宪法原则：一是，破坏宪法规定的立法与司法两大分支的权力分割；二是，在纵向上，因国会权力的过度扩张，导致违反联邦主义

① Sts. Constantine & Helen, Greek Orthodox Church, Inc. v. City of New Berlin, 2005 U. S. App. LEXIS 3991 (7th Cir. Wis., Mar. 7).

② Ira C. Lupu, F. Elwood, Eleanor Davis, *A Fluid Boundary: the Free Exercise Clause and the Legislative and Executive Branches*, p. 11.

理论下的州权自主。因此，可以想见国会的宗教立法在未来将充满不确定，如同前美国首席大法官沃伦伯格所言，调控以及保护宗教的立法“绝对不会是一条直线”。①

简短结论

综上所述，美国民众生活中的种种，从教育安排到政府税收资助，从结婚对象到公共建筑物上的标志，甚至到服从宗教良心还是政府规制，都离不开宗教和法律。而这些问题无一不关系到私人生活选择，但同时又必须容纳宽泛的解释：对甲来说构成确立宗教的行为，对乙反而可能意味着促进道德；而丙行使第一修正案自由实践权的行为，也许就是对丁宪法赋予的基本权利的侵犯。第一修正案的原文统共不过45个单词，但关于这45个单词的真正涵义，上到联邦，下到各州，再到政府的三大权力分支，显然都会持有不同的立场，然后形成不同的行为。对于宗教与法律关系的探索，对于宗教自由的保护，本文所列举的司法判例以及国会立法与政府行动，在美国人的宗教生活中都发挥着十分重要的作用。总之，关于美国的宗教和法律，用伯尔曼在《法律与宗教》中的话说就是：“宗教偕同法律，信仰伴随行为。”②

---

① Ira C. Lupu, F. Elwood, Eleanor Davis, *A Fluid Boundary: the Free Exercise Clause and the Legislative and Executive Branches*, p. 13.

② ［美］伯尔曼著，梁治平译：《法律与宗教》，三联书店，1991年版，第134页。

奥巴马对小布什“以信仰为基础的倡议”的继承与发展

●李　瑶

[内容提要]　鼓励宗教组织参与政府资助的社会公益项目在美国联邦政府长期得到两党支持。小布什（George W. Bush）任美国总统8年间，在全国推行“以信仰为基础的倡议”，建立了白宫信仰与社区倡议办公室，把这一倡议在联邦、州及地方层面大力推进，成为其总统任期的一大标志。他的继任者巴拉克·奥巴马（Barack Obama）在竞选期间明确表示将继续支持宗教和社区组织与政府合作，上任后完整地保留了小布什创立的信仰办公室体系，还不乏创新之举，除更换了白宫信仰办公室的名称，划定要着手解决的主要议题领域外，还新设了一个25人组成的咨询委员会。本文以白宫信仰办公室为着眼点，通过梳理小布什政府为推动“以信仰为基础的倡议”

做出的政策努力和取得的进展，对比奥巴马政府出台的相关政策与战略方针，旨在总结奥巴马政府对小布什政府这一颇有争议的政策的继承和发展。

在美国，宗教组织和政府在提供社会服务方面长期以来建立了密切而广泛的合作关系。联邦、州和地方政府从提供社会福利的主导角色逐渐淡出，越来越多地依靠社区草根组织，以应对艰巨的社会问题。正如法国学者托克维尔（Alexis de Tocqueville）所言，“在美国，宗教从来不直接参加社会的管理，但却被视作政治设施中的最重要设施”[①]。除政府外，各种宗教是教育、卫生和福利事业最大的赞助者，也是美国人自愿奉献的财物和时间的最大受益者[②]。整合宗教组织的力量及其优势，以更好地发展社区和服务社会，对政府来讲是一举多得。

鼓励宗教组织参与政府资助的社会公益项目在美国长期得到两党支持。1996 年美国国会通过《联邦福利改革法》（Federal Welfare Reform Act）中的“慈善选择”（Charitable Choice）条款，规定宗教、非宗教组织享有平等权利申请联邦政府拨款的社区项目，并允许保留组织的宗教身份与特征[③]，

① 顾岳：“宗教与美国全国性选举，1960—2000 年，”徐以骅主编：《宗教与美国社会——美国宗教的“路线图”》（第一辑），时事出版社，2003 年版，第 194 页。

② 徐以骅：“美国宗教史略，”徐以骅主编：《宗教与美国社会——美国宗教的“路线图”》（第一辑），第 31 页。

③ David J. Wright, “Taking Stock: The Bush Faith-Based Initiative and What Lies Ahead,” The Roundtable on Religion and Social Welfare Policy, Aug. 6, 2009.

因此，宗教组织得以在社会福利工作中获得政府资助，并保留以信仰为标准遴选工作人员的权利[①]。这一条款为“以信仰为基础的倡议”（Faith-based Initiative）的出台奠定了基础。

小布什曾受宗教信仰的指引经历过人生的重大觉醒与转变，对信仰强大的拯救与改造力量笃信不疑。他经常把这段经历作为演讲时的绝佳范例来支持后来推行的“以信仰为基础的倡议”。他是在州内实行“慈善选择”条款的第一位州长，还把信仰倡议作为1999年大选的主要竞选政策之一。上任后，他建立了白宫信仰与社区倡议办公室（White House Office of Faith-based and Community Initiative），并卓有成效地在联邦、州及地方层面大力推进这一政策。

他的继任者巴拉克·奥巴马在竞选期间就明确表示支持这一政策，上任后完整地保留了小布什期间创立的庞大的“信仰办公室”[②]体系，但也不乏创新之举，除象征性地更换了原来白宫信仰办公室的名称[③]，划定要着手解决的主要议题领域

---

① Richard Nathan in “Government Partnerships with Faith-Based Organization: Looking Back, Moving Forward,” June 11, 2009.

② 为减少不必要的重复，笔者将白宫信仰与社区倡议办公室（小布什期间）和白宫信仰与社区合作办公室（奥巴马期间），以及下设在联邦政府11个部门和州/市的准信仰与社区合作办公室（中心）等，在不产生误解的情况下，一般简称为“信仰办公室”，并将“以信仰为基础的倡议”简称为“信仰倡议”。

③ 尽管措辞大同小异，但是奥巴马把小布什信仰办公室“White House Office of Faith-Based and Community Initiative”（白宫信仰与社区倡议办公室）的名称改为“White House Office of Faith-Based and Neighborhood Partnerships”（白宫信仰与社区合作办公室）。

外，还设立了一个25人组成的咨询委员会。

由于宗教因素在美国政治社会生活中的重要性和争议性，这一倡议的发展远非一帆风顺，不乏来自国会、宗教界与世俗社会的怀疑、阻挠和反对。本文以白宫信仰办公室为着眼点，旨在总结小布什为推动“以信仰为基础的倡议”作出的政策努力，取得的进展以及延续至今的争议问题，对比分析奥巴马上任一年多来所出台的相关政策和体现的战略方针，以期为深入理解并总结奥巴马政府对小布什时期“以信仰为基础的倡议”这一意义重大但颇具争议的政策所进行的继承与发展。

一、小布什“以信仰为基础的倡议”的出台

（一）背景回顾

20世纪七八十年代，在新保守主义思想的影响下，美国政坛、学术和宗教各界领袖和精英就政府与市民社会的责任分工展开热议，以应对当时面临的众多社会弊端。不少人指出贫困、失业等问题已超出政府的解决能力范围，建议加强市民社会的参与。在过去的几十年里，美国政府与非营利组织的联系日益紧密，合作范围与力度逐渐增大，原来由政府或大型公益机构直接提供的服务，逐渐由社区层面的小型组织来承担。美国政府问责办公室（Government Accountability Office）估计，1998—2004年间政府给非营利组织的拨款增长了2.3倍，非营利慈善组织的数目自2000年起从64.6万增至85.1万，增

长了30%[1]。

因为政教分离传统，美国联邦政府通常要求以信仰为基础的组织成立分支机构才能申请拨款，避免款项用于宣教等宗教活动。一些重要立法为突破政府对信仰组织的拨款限制开辟了道路，如1996年《个人责任与工作机会协调法》（Personal Responsibility and Work Opportunities Reconciliation Act of 1996）中规定宗教组织参与政府资助项目，不必成立世俗性分支机构，但不得将款项用于宗教活动[2]。这成为1996年克林顿政府争取国会通过的《联邦福利改革法》中的“慈善选择”条款，最初主要适用于食品券和医疗补助等，后来扩展到福利到工作（Welfare-to-Work）和社区服务拨款（Community Services Block Grants）等更多帮助弱势群体的政府项目中。

小布什率先把美国联邦政府新出台的“慈善选择”政策在得克萨斯州内实行，并签署行政命令要求州政府鼓励信仰组织为弱势群体提供帮助。1999年在印第安纳波利斯发表竞选演讲时，他承诺在任期第一年将通过退税和直接拨款等方式投入80亿美元给信仰与社区组织，并成立专门的白宫办公室引导这些组织和政府部门开展合作[3]。

---

① 转引自 David J. Wright, “Taking Stock: The Bush Faith-Based Initiative and What Lies Ahead,” p. 17。

② Anne Farris, Richard P. Nathan & David J. Wright, “The Expanding Administrative Presidency: George W. Bush and the Faith-Based Initiative,” p. 8.

③ Stanley Carlson-Thies, “The Faith-Based Initiative Two Years Later: Examining its Potential, Progress and Problems,” Pew Forum, March 5, 2003.

（二）核心政策

2001 年 1 月 13 日，小布什在入主白宫后第二周，签署了两条行政命令，成立“白宫信仰与社区倡议办公室”，在美国司法部、教育部、劳工部、卫生与公共服务部和住房与城市发展部等设立信仰与社区倡议中心。2002 年 12 月 12 日，小布什修改林登·约翰逊总统（Lyndon Johnson）签署的禁止以性别、种族和宗教信仰为由歧视求职者的行政命令，允许宗教组织申请政府资金开展社会公益事业，并保留以宗教信仰为由选聘工作人员的权利。同日下达另一条行政命令，要求在美国国际开发署和农业部设立信仰与社区倡议中心①。2004 年 6 月 1 日，小布什再次签署行政命令，在美国商务部、退伍军人事务部和小型企业管理局（Small Business Administration）设立信仰与社区倡议中心②。2006 年小布什最后一次以行政命令的方式，在国土安全部成立类似中心③。

小布什白宫信仰办公室成立之初的核心任务是清除联邦政府内部存在的行政阻碍与政策偏见。约翰·迪伊尤利奥（John DiIulio）是办公室第一任主任，在他的任期内，信仰办公室较为彻底地完成了小布什的要求，于 2001 年 8 月递交了一份名为《不平等的竞争领域：宗教与社区组织参与联邦政府社会服务项目的障碍》（Unlevel Playing Field：Barriers to Partici-

① George W. Bush，Executive Order 13279，Executive Order 13280，Dec. 16，2002.

② George W. Bush，Executive Order 13342，June 3，2004.

③ George W. Bush，Executive Order 13397，March 9，2006.

pation by Faith-Based and Community Organizations in Federal Social Service Programs）的报告，指出已设立信仰中心的五个联邦内阁部门对信仰组织存在众多偏见和制度障碍，其中不少是行政部门附加的规定①。这无疑给宗教团体发出不欢迎的负面信号。国会1996年通过的"慈善选择"条款，几乎完全被行政官员所忽略，各州和地方政府极少遵守新规定。

针对以上问题，小布什白宫信仰办公室建议，政府考虑合作者时应以结果为导向，即组织提供服务的绩效，而非其宗教性质②。公平对待宗教、非宗教团体的原则为政府资源的优化配置注入了新的因素，许多信仰与社区组织因此获得政府资助。数年来，小布什政府的信仰办公室团队不断壮大，到奥巴马接任时，有11个联邦内阁部门（司法部、教育部、劳工部、卫生与公共服务部、住房与城市发展部、商务部、退伍军人事务部、小企业管理局、农业部、国土安全部、美国国际开发署）设有信仰中心，国家与社区服务局（Corporation for National and Community Service）下设联络处。美国有36个州建立了联络处，包括民主党担任州长的19个州，100多名市长也响应这一政策，成立了信仰办公室③。各级信仰办公室相互协调，消除政府对宗教团体的偏见，促成数十条联邦法规的

① "Unlevel Playing Field: Barriers to Participation by Faith-Based and Community Organizations in Federal Social Service Programs,"（George W. Bush）White House Office of Faith-Based and Community Initiative, Aug., 2001.

② *Ibid.*

③ David J. Wright, "Taking Stock: The Bush Faith-Based Initiative and What Lies Ahead," The Roundtable on Religion and Social Welfare Policy, Aug. 6, 2009, p. 9.

修订，规范政府资金的使用和管理。

在小布什政府的大力支持下，信仰倡议在美国各州迅速推广。数以万计的“社会企业家”（Social Entrepreneurs）接受政府培训和支持。2006 年，美国联邦政府通过 18000 多个项目给非营利组织拨款，宗教组织通过 3000 多个项目共筹得约 22 亿美元的资金。信仰倡议还协调其他项目的开展，如“总统防治艾滋病紧急救援计划”（President's Emergency Plan for AIDS Relief，PEPFAR）和“防治疟疾倡议”（President's Malaria Initiative）等。2007 年，“总统防治艾滋病紧急救援计划”在 15 个国家开展 15000 多个艾滋病防治项目，有 2213 个合作者是本地组织，其中近 1/4 是宗教组织①。小布什信仰办公室 2008 年 2 月发布报告回顾 7 年发展历程与经验总结，列举了信仰倡议支持的示范项目，如“囚犯重返社会倡议”（Prisoner Re-entry Initiative），帮助获释囚犯找工作，避免再次犯罪入狱。参与者再次入狱的几率低于全国平均水平的1/2。“高需求社区医疗服务”（Health in High-Need Areas）开办扩建了 1200 所社区医疗服务点，从 2001 年起为达 470 万人次的低收入人群提供医疗服务②。

（三）立法努力

小布什政府一开始对通过立法实现“以信仰为基础的倡

---

① “The Quiet Revolution – The President's Faith-Based and Community Initiative: A Seven-Year Progress Report,” （George W. Bush） White House Office of Faith-Based and Community Initiative, Feb., 2008.

② *Ibid.*

议”抱有很高期望，几乎在每年的国情咨文中都会敦促国会尽快通过相关法案，但未能如愿，不得不以行政命令的方式率先改革。小布什希望通过减税等财政措施，鼓励私人进行慈善捐赠，授权宗教组织参与政府资助项目，并设立面向信仰和其他社区组织的专项拨款。2001 年 3 月 29 日俄克拉荷马州共和党众议员小沃茨（J. C. Watts，Jr.）提交《2001 年社区解决方案法》（Community Solutions Act of 2001），支持宗教组织参与政府资助项目，并可保留其宗教特性和基于信仰进行人员遴选的权利，还建议通过减税鼓励慈善捐助。2001 年 7 月该提案在众议院以 233：198 的投票结果获得通过，但在参议院遇到更大的阻力，直至当年参议院休会时仍未通过。随后，康涅狄克州参议员利伯曼（Joseph I. Lieberman）和宾夕法尼亚州参议员桑托罗姆（Rick Santorum）提出《慈善援助、复苏与赋权法案》（Charity Aid, Recovery and Empowerment Act of 2002），保留“平等对待”条款，略去宗教组织人员招聘的内容。一些国会议员对此仍不满意，希望以更明确的语言表达禁止宗教组织用人歧视的原则。2003 年 1 月利伯曼和桑托罗姆提出修订案，去除所有支持宗教组织的语言，仅保留鼓励慈善捐助等内容。2003 年 4 月 9 日，参议院通过该修订案，批准建立 1.5 亿美元的爱心资本基金（The Compassion Capital Fund），允许宗教团体和社区组织进行申请[①]。2006 年 8 月，美国国会通过的《养

① David J. Wright, “Taking Stock: The Bush Faith-Based Initiative and What Lies Ahead,” The Roundtable on Religion and Social Welfare Policy, Aug. 6, 2009, p. 20.

老金保护法》（Pension Protection Act）中包括鼓励个人捐赠给宗教和其他慈善机构的条款。

但最关键的法律障碍依然存在，即宗教组织根据宗教信仰招聘员工的做法。国会丝毫不予妥协的强硬立场使得信仰倡议的相关立法几乎寸步难行。很多联邦政府巨资投入的重要项目，均未给宗教用人单位开绿灯①。如2007年美国国会批准将为低收入家庭提供儿童学前教育的"早教计划"（Head Start）延长5年，但是未通过宗教组织以信仰为由招聘项目人员的提议。其他法案如《公民服务法》（Citizen Service Act）和《劳动力投资法案》（Workforce Investment Act）也未能突破这一瓶颈。对小布什政府来说，行政命令可以被后来的总统修改或废止，仅仅通过行政部门的努力绝非长久之计，需要争取国会立法确保倡议的长期合法性。因为事关政教分离原则，再加上国会中的党派纷争，民主党人不愿意支持一位共和党总统提出的极富争议的政策倡议，阻碍了信仰倡议的立法进程，给这项倡议的长远发展带来了很多不确定因素。

（四）主要争议

1. 政教分离传统的限制

在美国，恐怕再没有比政教关系更旷日持久且更具争议性的问题了。美国联邦最高法院曾一度禁止政府为"宗教传授"

① David J. Wright, "Taking Stock: The Bush Faith-Based Initiative and What Lies Ahead," The Roundtable on Religion and Social Welfare Policy, Aug. 6, 2009., p. 16.

(religious indoctrination) 活动提供直接拨款[①]。20 世纪 80 年代起，法院逐渐偏离全盘否定的立场，区分两类政府拨款：一类是直接拨款，由政府决定受款对象和拨款金额，如果政府指导原则不明或监管不善，公款被用于资助宗教活动，政府将承担法律责任[②]。另一类是间接拨款。由政府发放服务券(Voucher)，由受益人自行选择服务点，允许服务项目融入宗教因素。这是政府资助具有宗教成分的项目，同时又不违背政教分离原则的折衷方案。法院的一系列判决认可了这一做法。2002 年在泽尔曼诉西蒙斯—哈里斯 (Zelman v. Simmons - Harris) 一案中，克里夫兰市的家长持政府发放的教育券可享受学费补贴。法院肯定家长享有充分的自由选择权，当家长选择在教会学校享受补贴时，政府对此不负宪法责任[③]。2007 年美国联邦最高法院对海恩诉“自由脱离宗教组织” (Hein v. Freedom From Religion Foundation) 一案做出判决，宣布对政府部门向宗教组织提供资源和资金投入存在质疑的纳税人无权对政府提起上诉，除非政府的立法部门明确授权拨款给宗教组织。这些判例显著地提高了信仰倡议的合法性，扩大了间接

① Ira C. Lupu & Robert W. Tuttle, "The State of the Law - 2008: A Cumulative Report on Legal Developments Affecting Government Partnerships with Faith-Based Organizations," The Roundtable on Religion and Social Welfare Policy, p. 12.

② David J. Wright, "Taking Stock: The Bush Faith-Based Initiative and What Lies Ahead," The Roundtable on Religion and Social Welfare Policy, Aug. 2009, p. 20.

③ Ira C. Lupu & Robert W. Tuttle, "The State of the Law-2008: A Cumulative Report on Legal Developments Affecting Government Partnerships with Faith-Based Organizations," The Roundtable on Religion and Social Welfare Policy, p. 36.

拨款的适用范围。法院对政教分离条款的从宽解读，给修订美国联邦与各州政府行政法规提供了依据，改善了宗教组织获得政府慈善拨款的制度环境。

小布什政府比较谨慎地处理宗教与政府间微妙的界限，根据“友好中立”和“不确立宗教”的原则区分两类拨款，规定间接拨款项目允许将宗教内容纳入服务之中，但需保证受益人享有充分选择权，如美国劳工部帮助获释囚犯就业项目（Preparing Ex-offenders for the Workplace）的经费申请说明中规定间接拨款项目必须包括至少一个非宗教性组织参与[①]。这类文件的出台，减少对经费正当使用的不确定性，并减轻了政府为公款使用不当所承担的责任。

但反对者出于不同的立场，对这一倡议的合宪性以及具体项目的合法性、公正性与透明度等提出广泛的质疑。捍卫政教分离原则的组织如“美国公民自由联盟”（American Civil Liberties Union）和“全美政教分离联合会”（Americans United for Separation of Church and State）等强烈反对这一倡议，认为信仰办公室的存在本身是违宪的。“全美政教分离联合会”主席巴瑞·林恩（Barry Lynn）批评基督教保守派领袖帕特·罗伯逊（Pat Robertson）最初曾抵制这一倡议并告诫宗教保守派警惕被政府收买，后来罗伯逊领导的“慈福行动”（Operation Blessing）项目在美国卫生与公共服务部列出的21个拨款项目共计500个申请单位中胜出，获得50多万美元项目资金，

① Ira C. Lupu & Robert W. Tuttle, “The State of the Law-2008: A Cumulative Report on Legal Developments Affecting Government Partnerships with Faith-Based Organizations,” The Roundtable on Religion and Social Welfare Policy, p. 25.

而这些资金极有可能被用于传教等活动[1]。白宫有利用信仰办公室作为政治工具的嫌疑，迎合共和党选区的宗教保守派，拉拢黑人及西班牙裔选民。这一倡议引发的批评与压力使一些信仰办公室的成员相继离开，如白宫信仰办公室第一任主任约翰·迪伊尤利奥在上任半年后即提出辞职，认为信仰办公室已成为政治操作的工具，白宫处在对总统有巨大影响力的政治大佬的掌控之下，而联邦政府资金流向响应白宫政策的团体。曾担任信仰办公室副主任的郭大卫（David Kuo）辞职后写书大肆爆料，指出2004年大选后信仰办公室开始走下坡路，大幅裁员，工作力不从心，宗教保守派虽在正式场合受到政府官员的良好接待，在背后却大受讥讽[2]。

2. “信仰”优势的局限性

虽然主流观点认为信仰组织相对于其他非营利机构在组织凝聚力、社区动员能力以及宗教感召力等方面具有显著优势，但缺乏实际数据佐证信仰确实能提高信仰组织的项目绩效。小布什政府从2003年起公布信仰组织接受联邦政府拨款情况，但每年的受款组织和开展的实际项目变动较大，难以就倡议执行情况进行年度对比；对参与组织的宗教性质也未进行严格区分。政府虽然宣称坚持绩效原则和严格的问责制，对于宗教组织一般很难适用，使得政府的可信度大打折扣，不利于塑造公正透明的政府形象，加深了公众的质疑。

不仅如此，以信仰为基础的组织在美国作为社会福利提

① Barry Lynn in “The Faith-Based Initiative Two Years Later: Examining its Potential, Progress and Problems,” Pew Forum, Mar. 5, 2003.

② “Bush Legacy to Be Shaped by Faith,” Pew Forum, Jan. 12, 2009.

供者的实际分量也相当有限。宗教与社会福利政策圆桌会议（Roundtable on Religion and Social Welfare Policy）考察2002年至2004年间美国联邦政府资助99个项目涉及的2.8万项拨款，发现获得拨款的信仰组织数目和所获金额只有微弱的上升迹象。2002年信仰组织获得的拨款项目数占总项目数的11.6%，获得拨款金额占拨款总额的17.2%；2004年分别增至12.8%和17.8%。但由于这期间政府拨款总额减少了2.3亿美元，因此，2004年信仰组织实际获得的拨款金额较2002年减少6.5%[①]。此外，小布什2008年信仰倡议年度报告列出的美国联邦政府2007年在各州的拨款数据表明，宗教组织相对于世俗非营利组织，往往只能获得极小比例的联邦政府资金，除马里兰州（51.75%）、密苏里州（32.73%）、佛罗里达州（26.73%）、内布拉斯加州（23.37%）、新墨西哥州（22.92%）和伊利诺伊州（22.45%），在其他州都不足1/5[②]。这意味着，经过小布什政府的8年努力，以信仰为基础的组织在与政府合作提供社会服务的领域里已跻身成为某种常驻力量，但完全不占据主导地位。

① David J. Wright, "Taking Stock: The Bush Faith-Based Initiative and What Lies Ahead," The Roundtable on Religion and Social Welfare Policy, Aug. 2009, p. 80.

② "The President's Faith-Based and Community Initiative in 50 States: A Report to the Nation," White House Office of Faith-Based and Community Initiative under George W. Bush, Jun. 2008.

二、奥巴马政府“以信仰为基础的倡议”

（一）继承与调整

奥巴马从政初期，曾在芝加哥领导一个受天主教组织资助的“发展社区计划”（Developing Communities Project），与神职人员合作致力于改善社区，帮助解决民生问题[①]。这段经历不仅强化了奥巴马的个人信仰，也让他切身感受到宗教组织的巨大影响力。他非常重视宗教团体在国内外事务中的活跃表现和杰出贡献，充分肯定政府与这些组织建立伙伴关系的必要性，竞选期间即明确表示将延续政府与基层宗教组织的合作。

但是奥巴马指出小布什的信仰倡议没有兑现最初的承诺，未能与基层草根组织建立密切联系；用于帮助低收入人群的福利项目长年缺乏资金；低一级的信仰中心往往只负责传达联邦政府开放的项目申请信息；难以判定信仰倡议的实际成效；这一旨在促进所有宗教团体公平参与的倡议，往往为党派斗争提供理由[②]。主流观点认为信仰办公室掌握着白宫授权的大笔款项，只有极少数有政治背景的组织才能从中分一杯羹。奥巴马信仰倡议团队强调自身没有拨款权限，主要为草根组织提供资源和公平竞争的舞台，提高它们参与解决社会问题的能力，同时确保这些组织了解并遵守与政府合作所应承担的责任与义务。

① Senator Barack Obama Speaks about Faith in Zanesville，Ohio，Jul. 1，2008.

② Barack Obama，Speech about Faith in Zanesville，Ohio，Jun. 1，2008.

2009年2月5日，奥巴马签署行政命令，把“白宫信仰与社区倡议办公室”（White House Office of Faith-based and Community Initiative）更名为“白宫信仰与街区合作办公室”（White House Office of Faith-based and Neighborhood Partnerships），任命在其竞选总统期间负责宗教事务的年仅26岁的助理神父约书亚·杜波依斯（Joshua DuBois）担任办公室主任，保留原有11个联邦部门信仰办公室以及州和地方联络处，成立了信仰与街区合作咨询委员会（President's Advisory Council on Faith-Based and Neighborhood Partnerships），向总统提供政策咨询①。

奥巴马的“以信仰为基础的倡议”划定了四大关注领域：发挥社区组织在经济复苏和扶贫事业中的作用；协助政府帮助妇女儿童的项目；推广“增强父亲责任感”行动（Responsible Fatherhood）；促进国内外宗教间对话②。奥巴马信仰办公室成立一年多来，在许多方面发挥了积极作用。美国商务部信仰中心动员社区领袖协助2010年美国人口普查的推广工作。美国卫生与公共服务部信仰中心向社区组织发布甲型流感防治手册，鼓励基层组织提醒居民增强防治意识。《2009年美国复苏与再投资法案》（American Recovery and Reinvestment Act of 2009）中设立了加强社区基金，为两大项目提供经费支持，此两大项目分别是：非营利组织能力建设项目（Nonprofit Capacity-Building Program），在两年内提供高达100

---

① White House, "Obama Announces White House Office of Faith-based and Neighborhood Partnerships," February 5, 2009.

② Barack Obama, Executive Order 13498, February 5, 2009.

亿美元的款项资助信仰和世俗非营利组织进行能力建设；州、地方和部落政府能力建设项目，在两年内给各级政府提供款项帮助信仰和世俗组织为困难家庭和社区提供服务①。

（二）政策创新

奥巴马采取以问题为导向的新思路，通过切实有效的项目逐渐消除公众对信仰倡议的误解。杜波依斯 2010 年 2 月 18 日在布鲁金斯学会发表演讲总结了信仰办公室团队一年来的进展，重申信仰办公室没有拨款权限，更注重政府在具体问题上与基层组织建立联系、开展合作。信仰与街区合作咨询委员会的设立也遵循这一原则。咨询委员会由 25 名宗教领袖和世俗精英组成，任期 1 年。25 位顾问在族裔，个人宗教信仰，所属组织以及重要议题上的立场都呈现很大程度的差异。这体现了奥巴马重视宗教多元化的原则，同时巧妙地向公众传达白宫基本政策倾向：无论宗教背景和政治立场，公众意见都受到白宫信仰办公室和信仰咨询委员会的欢迎和重视。咨询委员会分为六个专题小组，分别负责：白宫信仰办公室改革；经济复苏和国内贫困问题；“增强父亲责任感”行动和健康家庭计划；宗教间对话与合作；环境问题与气候变化；全球贫困与发展。2009 年 10 月，咨询委员会提交各专题小组的建议草案，最终成果——《新时期的伙伴关系：致总统建议报告》（A New Era of Partnerships：Report of Recommendations to the President）于 2010 年 3 月 10 日正式

① David J. Wright，“Taking Stock：The Bush Faith-Based Initiative and What Lies Ahead，” The Roundtable on Religion and Social Welfare Policy，Aug. 2009，p. 13.

提交给奥巴马。

奥巴马是美国宪法政教分离原则的维护者，提倡宗教多元化。咨询委员会名单无疑体现了奥巴马对宗教多元化的高度认同，顾问中既有宗教领袖，且包括多种不同的宗教信仰（印度教、伊斯兰教、天主教、新教、福音派等），也有世俗非营利组织的精英；既有宗教保守派如弗兰克·佩吉（Frank Page），也有公开的同性恋者佛瑞德·戴维（Fred Davie）；既有民权运动倡导者如小奥蒂斯·莫斯（Otis Moss Jr.），也有政教关系专家梅丽莎·罗杰斯（Melisa Rogers）。梅丽莎·罗杰斯指出小布什信仰办公室的一大失误是无意深入接触广大宗教团体。奥巴马政府则努力扩大信仰办公室与不同的宗教团体的联系[①]，听取并协调众多政策制定者的不同意见。白宫作出广纳民意的姿态，拥护美国宗教多元化的原则，同时也谨慎地避开政教分离这一敏感的政治漩涡。基于咨询委员会建言报告所形成的官方政策更能够代表民意，因而更易为大众所接受。白宫信仰团队与众多争议保持适当距离，以更加灵活、渐进的方式执行信仰倡议。

三、从小布什到奥巴马“信仰倡议”的发展

（一）政策对比

时任参议员的奥巴马在竞选总统期间表示将延续布什信仰

① Jacqueline L. Salmon and Michelle Boorstein, “With New President, Progressive Faith Groups Trying to Shift Debate,” *Washington Post*, January 30, 2009.

倡议的作法，让美国社会各界多少有些惊讶。这项倡议带有太多小布什的个人色彩，为信仰组织提供“公平的竞争环境”成为官方进行政策宣传的惯用语。奥巴马象征性地给白宫信仰办公室改名，并退居后台，将前台工作留给信仰办公室和咨询委员会。皮尤宗教与公共生活论坛（The Pew Forum on Religion & Public Life）对小布什和奥巴马成立各自白宫信仰办公室后6月内进展的调查显示，2001年小布什信仰办公室成立6个月里得到的媒体关注度是奥巴马相应时期的8倍①。2001年信仰倡议对于媒体和大众还是一个新鲜概念，因触及政府与宗教之间的隔离墙，引起巨大反响与争议。奥巴马接手时，总体上继承多于变化，对于媒体和大众而言新鲜感显著降低。小布什信仰办公室提交的第一份重要报告针对联邦政府内部存在的制度障碍提出应对策略；奥巴马信仰办公室完成的第一份重要报告则是咨询委员会的政策建言，以改进信仰和社区组织与政府的合作模式。这表明原来存在的众多政府内部障碍与阻力逐渐缓解，信仰倡议的重心从大刀阔斧的政策改革转移到更加注重细节与质量的政策微调与优化。

奥巴马信仰办公室体系关注领域之广，范围之大，目标之高，是在小布什目标基础上的极大延伸和扩展，需要比小布什信仰办公室多几倍的人力投入，在经济低迷的当下，可能出现力不从心的局面。小布什第二位信仰办公室主任吉姆·托威（Jim Towey）认为，信仰办公室关注的议题可能会被更棘手的

① “The Starting Line: Media Coverage of the Faith-Based Initiative in the First Six Months of 2001 and 2009,” Pew Forum on Religion & Public Life, Aug. 12, 2009.

其他重大问题吞没，争取不到总统的足够关注[①]。托威的顾虑不无道理。小布什对这一政策给予的关注度远远高于奥巴马，8年来不遗余力地利用各种场合宣传，争取国会立法和民众支持。小布什在其总统任期内关于信仰倡议的演讲，其数目之多，次数之密集，与奥巴马的作法大相径庭。尽管奥巴马也发表过与信仰相关的重要演讲，如2006年“呼唤新生”演讲、竞选期间所属教会牧师赖特发表过激言论后关于种族问题的演讲以及2009年开罗演讲等，但极少像小布什一样对信仰倡议始终给予热情关注与高调宣传。部分原因正如上述，信仰倡议是小布什的标志性政策，理所当然地对其大力支持，奥巴马所做的是大体继承他8年积累的成果。另外，这与两位总统面临的不同国内外局势也有关，奥巴马上任以来，一直忙于应对经济危机、医疗改革等热点民生问题。

2001年小布什信仰倡议刚出台时，争议问题包括政府企图介入宗教组织的运作，政府资助宗教组织违反政教分离原则，宗教组织接受政府拨款意味着削弱其宗教性，以及宗教组织用人歧视等问题。奥巴马接手时，悬而未决的争议集中在宗教组织在人员招聘中的宗教歧视问题上。公众期待奥巴马政府结束目前不置可否的暧昧立场。皮尤宗教与公共生活论坛2009年11月的调查表明，近3/4（74%）的受访者反对宗教组织在接受政府资助的同时以信仰为由招募员工[②]。在竞选期

---

① “Obama Names 26-Year-Old Director of Faith-Based Office,” *ABC News*, February 5, 2009.

② “Church-State Concerns Persist: Faith-Based Programs Still Popular, Less Visible,” Pew Forum, November 16, 2009.

间，奥巴马曾明确表示将中止宗教组织接受政府资金却以宗教信仰为由筛选求职者的做法，成立新信仰办公室后，却改变立场，采取具体案例具体分析的态度，要求信仰办公室主任处理这类问题征求司法部长的意见。小布什第一位信仰办公室主任约翰·迪伊尤利奥对奥巴马无法坚定立场表示担忧，但也对奥巴马不急于做出决定的审慎态度表示赞赏①。

（二）政府与宗教非政府组织的关系演变

在小布什时期的信仰倡议下，政府与宗教非政府组织的合作关系，往往是前者作为政策制定和传达者，占有主导地位；后者则担任政策执行者，在互动关系中显得被动。在奥巴马的信仰倡议下，政府发生从“说”到“听”的角色转变，与宗教非政府组织间的地位差异缩小，朝着更为平等的伙伴关系演变。

首先，信仰倡议在不同发展阶段关注的侧重点不同。小布什期间要解决的首要问题是给信仰倡议提供合法性，为宗教非政府组织参与竞标政府资助扫清制度障碍。政府是政策制定者和传达者，信仰倡议针对的社区和信仰组织充当项目实施者和政府代理人的角色。奥巴马上任后侧重于利用现有制度框架优化政府与宗教非政府组织的伙伴关系。为避免小布什惯做空口承诺、抬高公众预期的做法，奥巴马信仰团队谨慎地做出低调定位，承认政府拨款数目和金额有限。白宫信仰办公室倾听和学习的意愿明显增强，传达官方信息的力度相对减弱，并放权

① John DiIulio, “Obama and the Faith-Based Initiative,” *First Thing*, February 6, 2009.

给州和地方政府，有选择性地给与政府已有长期合作经验的大型组织提供培训，转包政府项目给当地小型组织并负责监管工作，节约成本，提高效率。

其次，小布什和奥巴马的宗教背景不同，两人在一系列与宗教相关的政策上也有着不同的立场。小布什多次宣称自己是一名重生派基督徒，在同性恋权利、堕胎、干细胞研究等问题上，和长期与共和党结盟的基督教保守派阵线一致。虽然学者们认为小布什“以信仰为基础的总统任期”等说法经不起推敲，如利奥·P. 里布福教授认为小布什的宗教信仰“可被描述为温和福音派和政治保守派版本的社会福音的支持者”[①]，但是小布什信仰倡议的政治化倾向却被诟病，被认为是象征性安抚和给予宗教保守派少许好处的结合，关心保守派的政治正确更甚于社会服务[②]。联合基督教会教徒奥巴马有“公众神学家”（Public theologian）或“世俗布道家”（secular preacher）之称[③]，深谙宗教语言，走温和派路线。他提倡不同信仰间通融调和，求同存异，建立共识。奥巴马的信仰倡议纠正了小布什期间对基督教保守派的政策倾斜，加强政府与不同宗教背景

① 转引自徐以骅：“宗教与当前美国外交，”徐以骅、秦倩、范丽珠主编：《宗教与美国社会——宗教非政府组织》（第五辑），时事出版社，2008 年版，第 499 页。

② 利奥·P. 里布福（Leo P. Ribuffo）著，刘骞译、徐以骅校：“乔治·W. 小布什基于信仰的总统任期和晚近的‘福音派威胁’，”徐以骅主编：《宗教与美国社会——宗教与国际关系》（第四辑），时事出版社，2007 年版，第 593 页。

③ 转引自徐以骅：“宗教与当前美国政治，”徐以骅、秦倩、范丽珠主编：《宗教与美国社会——宗教与非政府组织》（第五辑），第 534 页。

以及世俗组织间的联系，最具代表性的就是新成立的咨询委员会，使更多来自民间的关注进入政府政策制定的视野。虽然咨询委员会最终能否切实影响奥巴马政府的政策制定，目前仍难以确定，但是作为奥巴马设想的白宫“道德中心”（moral center），咨询委员会无疑为宗教领袖和宗教组织参与公共政策的咨商和制定提供了一席之地。

（三）“信仰倡议”与美国两党政治

2008年美国大选中宗教所起的作用有限，宗教选民的党派意识趋于淡化，偏离以党派划线、以意识形态为纲选择政治领袖的方式。被认为把小布什送入白宫的关键力量的基督教福音派内部，发生着重大改变。正在崛起的新一代福音派，将全球范围的扶贫、环境、医疗保健等社会正义问题作为其主要关切所在，原有的意识形态和党派色彩逐渐淡化。过去几十年来基督教右翼与共和党的“联盟”关系开始发生动摇，基督教福音派有向左转，走向温和派或中间派立场的趋势[①]。

长期以来，民主党在与宗教相关的社会问题上持相对自由、开放的态度，招致宗教保守派尤其是福音派的反对。历届大选中，民主党候选人往往不愿多谈信仰，给选民留下排斥宗教的印象，为此失分不少。2008年美国大选期间，民主党鉴于以往的教训，主动改善与宗教界人士的关系，大选伊始就大打宗教牌，试图打破共和党与宗教保守派结盟的传统

① 转引自徐以骅：“宗教与当前美国政治，”徐以骅、秦倩、范丽珠主编：《宗教与美国社会——宗教与非政府组织》（第五辑），第534页。

格局。

奥巴马深知宗教的巨大政治能量，为赢得宗教选民的支持做了大量工作。他与众多有影响力的基督徒领袖及教会保持着良好关系，能够熟练使用宗教语言，拉近与选民间的距离。他尤其注意动员基督教福音派，强调对扶贫、环保和反战等社会民生问题的关注，邀请宗教界人士加入维护社会正义的行列。尽管保守福音派领袖如“爱家协会”（Focus on the Family）的詹姆斯·多布森（James Dobson）并不买账，怀疑奥巴马只是用宗教语言来包装其政策主张，但另外一些福音派重量级人物如华理克（Rick Warren）则对奥巴马的温和路线持肯定态度。

竞选期间奥巴马在宗教问题上的“积极”表现，不仅得到了中低收入阶层中人数众多的天主教徒的支持，对吸引基督教福音派也具有重要意义。当选后，奥巴马领导的民主党政府迫切需要巩固竞选期间争取到的宗教选民，并在基督教福音派与共和党联盟出现松动之际，寻求更广泛的宗教界支持。因此，奥巴马继承小布什的信仰倡议事业，设立咨询委员会，也是对其竞选期间“拥抱宗教”路线的延续。

奥巴马信仰办公室成立以来，咨询委员会成员普遍对白宫愿意倾听宗教界声音的做法感到满意。基督教福音派的核心组织——美南浸信会（Southern Baptist Convention）的前会长弗兰克·佩奇曾质疑邀请他出任顾问的动机是为白宫撑门面，做表面文章，但他认为顾问们能把各自代表的不同宗教利益诉求传达给白宫幕僚甚至奥巴马本人，这值得肯定。原本是共和党的福音派牧师约珥·亨特（Joel Hunter）于2010年11月改为独立派人士，这在一定程度上是因为其担任咨询委员会的顾问工作①。可见，咨询委员会顾问与奥巴马政府建立密切的联系，能够有效地巩固并改善白宫与这些影响较大的宗教组织和世俗机构的关系。

但是，包括奥巴马的支持者在内的一些宗教界领袖，怀疑新的信仰倡议与小布什期间如出一辙，为白宫向宗教界人士进行政治公关服务。他们指出，信仰倡议没有得到足够的重视，上任后奥巴马不再像竞选期间乐意使用宗教语言来阐明自己的立场和政策。小布什第二任信仰办公室主任吉姆·托威指出，奥巴马的信仰倡议鲜有媒体关注，在国会方面进展甚微，前任的遗留问题大量存在，而信仰倡议是白宫拉拢宗教人士的政治工具这一说法正在应验。不少咨询委员会成员反映奥巴马划定的议题都经过精心挑选以避免争议，一些核心问题如接受政府资助的组织能否以信仰为标准进行人员遴选，并不在咨询委员会关注之列，而白宫在这一问题上的拖延战术和回避态度，让顾问们大为失望。咨询委员会工作进度缓慢，建言报告历时一年有余，几经推延后于2010年3月提交，但迟迟未见奥巴马政府对报告中的具体政策建议予以正面回应。这意味着，项目审批、资金投放等存在问题和争议的各个环节仍然延续着小布什期间的制度，咨询委员会的政策建议亟待白宫的回应与落实。

① William Wan, “Obama's Faith Council's Reactions as Term Nears End,” *Newsweek*, Feb. 3, 2009.

结 语

宗教非政府组织接受政府资助提供社会服务并非小布什上台后的新生事物，美国国会在十几年前就通过立法允许以信仰为基础的组织参与联邦政府面向低收入家庭的资助项目。1996年《联邦福利改革法》中的“慈善选择”条款为信仰倡议的出台奠定了良好的基础。克林顿执政期间，已安排官员着手创建正式的白宫信仰办公室。小布什的信仰倡议取得了显著的成就，通过签署行政命令和行政政策调整来协调这一倡议的实行，克服了美国联邦政府内部对宗教组织参与社会服务项目的“抗拒文化”。信仰倡议成为小布什任期的一大标志性政策。

奥巴马带着“变革”的口号成功入主白宫，上任以来国内政策的重心是应对经济危机，拉动美国就业和进行医疗改革。在对外政策方面，奥巴马摒弃了小布什政府的单边主义路线，回归以联合国为框架的多边舞台，谋求与更多国家建立伙伴关系，推行更为务实温和的外交策略，强调国际“多边合作”和“共同努力”，试图改善美国的国际形象，重振在世界舞台上长期充当的主导角色。但是从根本的战略目标来看，奥巴马区别于小布什的政策变革，多为战术调整以及对具体政策的修正，维护美国霸权并主导世界的战略定位不会改变。

奥巴马继承小布什信仰倡议政策所表现出的务实灵活、多听少说的态度，与他在国际社会倡导多边主义、淡化意识形态的实用主义等理念一脉相承。在国际层面，金融危机、恐怖主义、气候变化、核扩散和贫困等现实，迫使奥巴马重视多边主义，加强与国际社会的合作。在国内层面，美国政府需要动员来自民间的力量携手解决失业、贫困等艰巨的社会问题。这使得奥巴马与小布什的信仰倡议政策呈现出很大的延续性。小布什信仰团队创新性的机构设置，被奥巴马政府完好地继承下来。两届总统对信仰倡议均青睐有加，是因为宗教非政府组织得天独厚的优势与社会资源，信仰倡议渐次降低宗教非政府组织参与政府援助项目的门槛，双方各取所需，形成优势互补。

奥巴马纠正了小布什对基督教保守派的政策倾斜，提倡不同信仰间通融调和，建立共识，加强政府与不同宗教背景以及世俗组织间的联系，巧妙地延续了竞选期间“拥抱宗教”的路线。奥巴马设立咨询委员会，邀请众多极富影响力的宗教领袖和世俗精英出任顾问，建立政府与非政府组织的密切联系与高层沟通渠道，能够有效地巩固并改善白宫与这些影响较大的宗教组织和世俗机构的关系。这比小布什明显倚重于宗教保守派的做法更加含蓄、高明，使“信仰倡议”的政治动机更具有隐蔽性。

上任以来，奥巴马的“信仰倡议”也暴露出一系列问题：媒体关注度低、国会相关立法遥遥无期、前任的遗留问题大量存在、咨询委员会工作进展缓慢。一些宗教界领袖怀疑新的“信仰倡议”与小布什时期如出一辙，为白宫向宗教界人士进行政治公关服务。奥巴马上任后对“信仰倡议”没有给予足够重视，进行的改革往往形式多于实质，枝节性调整多于整体性变化，在关键争议问题上多采取拖延战术和回避态度。首届咨询委员会历时一年有余得出的建言报告久未获得白宫正面回应，同时面临着成员期满换届的问题，在一定程度上暴露了咨询委员会在目前象征意义大于实际作用的性质。尽管“以信仰为基础的倡议”发展前景尚不明朗，仍面临着诸多争议与挑战，如包括“慈善选择”条款在内的一些法律条文临近到期，将在国会重新讨论，立法进程与结果都不是白宫能完全左右的。但相关政策历年得到两党支持的事实说明，“以信仰为基础的倡议”仍然具有较强的生命力，将在不乏争议的政策改革中继续发展。

边境地区的宗教遗产与集体记忆：柏威夏寺的庙宇政治*

● 章　远

［内容提要］　泰柬边境冲突在精神和信仰内核角度反映了民族主义在保护国家主权边界特别是文化交汇地带宗教名胜方面影响力的扩大。边境地区的宗教场所和宗教圣地承载了地区内群体间宗教集体情感。在柏威夏寺及周边地区所属权问题尚未彻底解决之前，更现实的维系方式是保持竞争性共享状态。竞争性共享的争议边境地区意味着包含了宗教因素的民族主义、宗教遗产与宗教集体情感共同构建的庙宇政治格局。

泰国国会 2011 年 7 月下议院选举中，为泰党（Pheu Thai

* 本文是上海高校青年教师培养资助计划“国际宗教非政府组织的信仰外交路径及影响研究”课题（hdzf10002）阶段性成果。

Party）获得下议院全部500个议席中的265席。8月5日，他信（Thaksin Shinawatra）最小的妹妹英拉（Yingluck Shinawatra）正式当选为泰国历史上首位女总理。虽然2011年上半年民主党的阿披实（Abhisit Vejjajiva）政府曾经期待通过与柬埔寨争夺争议领土柏威夏寺（Preah Vihear Temple）的强硬军事行动为大选获胜争取政治资本，但是这一颇具激进意味的策略却并没有如同2008年的泰柬边境冲突一样为大选争取预期的聚合民众效果。鉴于他信执政期间与柬埔寨较为缓和的双边关系，以及他信与洪森（Hun Sen）亲近的个人关系，外界认为英拉领导下的泰国政府能为和平解决柬埔寨与泰国两国边界问题提供政治契机。

泰柬边境冲突中柏威夏寺周边领土争端如果从精神和信仰内核角度予以解读，则反映出民族主义保护主权国边界，尤其是文化交汇地带宗教名胜的立场及策略。国与国接壤地区的宗教敬拜场所、宗教圣地往往同时承载了生存空间交叠的社会群体宗教集体情感。以柏威夏寺为代表的领土归属争议问题未彻底解决之前，其可预期的发展前景是保持竞争性共享的准和平状态。本文将分别从泰柬边境地区的有争议宗教遗产，以及不同族群间的宗教集体记忆方面，探讨竞争性共享的庙宇政治模式。

一、争议边境的宗教圣地与民族主义

柏威夏寺位于泰国与柬埔寨交界地区，柬埔寨柏威夏省，柏威夏省因柏威夏寺而得名。泰国将同一地域划归四色菊府

(Sisaket province)，并且于1998年3月建成130平方公里的“柏威夏国家公园”（Khao Phra Wihan National Park)，对外售票，发展旅游。历史上柏威夏寺曾经被泰国和柬埔寨轮流占领。高棉语中称呼柏威夏寺“Prasat Preah Vihear”，而泰语则将这座庙宇称为“Prasat Khao Phra Viharn”（考帕威寒神庙）[①]，两个称谓都是“神的圣殿”的意思。根据联合国教科文组织世界遗产委员会（UNESCO）官网的描述，柏威夏寺最初由高棉帝国吴哥王国君主建造，其始建年代可以追溯至9—11世纪。之后数百年间，经历过多次扩建完善，柏威夏寺逐渐形成今日的规模。柏威夏寺的建筑规划风格、石质装饰细节、宗教文化背景以及周围自然环境共同确立了其“高棉建筑杰作”[②] 的地位。得益于地段偏远，柏威夏寺基本保存完好。

泰国与柬埔寨双方对柏威夏寺归属的分歧肇始于20世纪初。1904年法国殖民者与暹罗组建联合勘界委员会，由法国方面派遣测绘员完成勘界工作。但法国制作的测绘地图对柏威夏寺的两次边界线划定不一致，从而造成柏威夏寺附近地域成为两国边界的争议地区。柏威夏寺所在地是摩艾丹悬崖（Mor I Daeng Cliff)，三面陡崖位于柬埔寨，平坦的一面寺庙入口则位于泰国境内。泰国方面坚持应按照悬崖地理特质，即依山

① “khno”在泰语里是山的意思，近年来泰国语境中已经把“khno”从“Prasat Khao Phra Viharn”删去，以更准确地指称柏威夏寺本身，避免与柏威夏寺所处的悬崖山脉名称产生混淆。

② UNESCO，“Temple of Preah Vihear,” *UNESCO* official website，(visited on July 5th，2011)，http：//whc. unesco. org/en/list/1224.

脊分水岭划分国界，据此，悬崖顶端的柏威夏寺就应归属泰国。20 世纪 50 年代，泰国在柏威夏寺驻扎军队，并在寺庙院内悬挂泰国国旗。1959 年，柬埔寨政府将柏威夏寺争端问题上诉到海牙国际法院（ICJ）。1962 年 6 月 15 日国际法院以法国和暹罗勘界委员会 1907 年标绘的地图为裁定依据，又因为泰国之后数十年间并没有就此提出领土异议的事实，最终裁决柬埔寨拥有柏威夏寺主权，要求泰国方面从柏威夏寺撤军。1963 年泰国接受国际法院的从柏威夏寺撤军裁定，但表示并不认可国际法院裁定的依据，也就是法国殖民者 1907 年的测绘地图。泰国认为国际法院的裁定并没有在柏威夏寺地区明确划分两国国界。进入 20 世纪 70 年代后，柬埔寨陷入内战，这一时期两国没有在柏威夏寺直接交火，但保持紧张对立。柬埔寨内战造成柏威夏寺附近至今仍有一定数量的地雷埋设于地下未被清除，给民众从柬埔寨境内进入柏威夏寺增加了危险系数。

泰柬柏威夏寺边界危机再次升级源自柬埔寨申遗成功。2008 年 7 月 8 日，第三十二届世界遗产大会宣布把柏威夏寺作为柬埔寨历史遗迹列入《世界遗产名录》。2008 年 10 月开始，泰国和柬埔寨为争夺柏威夏寺及其周边 4.6 平方公里土地山林的归属多次发生交火事件，最近的一次军事武装冲突发生于 2011 年 4 月。据称，历次柏威夏寺冲突共造成数十人伤亡，数万居民不得不转移到安全地带。[①] 柏威夏寺庙建筑群多处屋舍和雕刻因两国冲突而遭到破坏，无法得到及

① Thet Sambath, "Preah Vihear Damage Significant," *The Phnom Penh Post*, Apr. 8, 2009.

时有效的修缮。

柏威夏寺只是泰柬十五处争议边境中的一处。事实上泰柬之间还有其他涉及庙宇争议等多处边界问题。柏威夏寺冲突之所以会升级为两国军事对抗行为集中地区，甚至显示出周期性暴力循环趋势，与以柏威夏寺争议为代表的宗教圣地归属问题容易激起泰柬两国国内民族主义活跃有现实联系。一般认为柏威夏寺领土争端起源于法国殖民后遗症。正是因为 1904 年法国殖民者代表其殖民地柬埔寨与暹罗共同勘界，勘界过程中的细节差异导致了殖民时代结束后，继承国家柬埔寨与泰国无法就国界准确位置达成一致。至于之后两国持续、多次发生军事对峙的原因，则有观点将之归因为泰国和柬埔寨的国家内部都发生过政治动荡。20 世纪 60 年代国际法院裁决之后，柏威夏寺领土归属在柬埔寨方面交织着柬埔寨王室、“红色高棉”、洪森政权等差异较大的政治进程；泰国方面则存在泰国军政府、支持他信政权的“红衫军”以及反他信的“黄衫军”此消彼长的政治权力。政治力量变动造成泰柬处理争议边境问题的对外政策上都没有相对稳定性，柏威夏寺争议因不同的政治当权者政策倾向而在相对缓和、相对恶化之间反复。[①] 而更具国际意识的观点看来，泰柬领土争端没有得到有效抑制则应归咎于多边机制在双边边界争议问题上管理效能低下。[②] 但无论

---

① Aurel Croissant and Paul W. Chambers, “A Contested Site of Memory: The Preah Vihear Temple,” in Helmut Anheier and Yudhishthir Raj Isar, eds., *Culture and Globalization Heritage*, *Memory and Identity* (London: SAGE, 2011), p. 149.

② Christopher Roberts, *ASEAN's Myanmar Crisis*: *Challenges to the Pursuit of a Security Community* (Singapore: Institute of Southeast Asian Studies, 2010), p. 233.

是从国内还是国际视野分析包括柏威夏寺争议在内的泰柬边境冲突，都应重视宗教因素与民族主义结合在事件发展过程中所发挥的作用。

从国内政局动荡角度分析，柏威夏寺争端暴力循环成因的观点没有充分考虑到柏威夏寺争议引发的那些带有爱国主义色彩的民族主义参与政治的热情以及影响力。国内政局平稳并不是柏威夏寺争议平息的必要条件。洪森（Hun Sen）当选柬埔寨首相之后，屡次连任，柬埔寨政局并未经历重大波动。然而21世纪以来争夺柏威夏寺泰柬严重的武装对抗却都发生于洪森当政后。2011年柬埔寨民众认为洪森在柏威夏寺争议问题上不够强硬，甚至有极端的民族主义者开始缅怀起“红色高棉”时期的军事强权。在他们看来，至少在“红色高棉”统治时期，泰国不敢公然冒犯柬埔寨边境。泰国与连任三届的柬埔寨洪森政府不同。近年来泰国的政局很大程度上受制于国家内部两极分化的对立立场，执政党变更的确相对频繁。但是不论哪一方力量赢得执政地位，争夺柏威夏寺周边领土都是泰国各政治势力不能放弃的政治选项。比如当2007年柬埔寨政府开始着手准备将柏威夏寺申遗时，亲他信的泰国政府曾予以支持。但是很快泰国国内的民族主义情绪开始发挥影响力。在泰国国内，无论“红衫军”（UDD）还是“黄衫军”（PAD）都极度不满政府与柬埔寨合作申遗。两方势力都认为2008年前后沙马（Samak Sundaravej）政府对柬埔寨申遗的合作态度客观割让了柏威夏寺地区主权，是泰国的叛徒。泰国政府最终迫于压力撤出对柬埔寨柏威夏寺申遗的扶助，并于2008年10月诉诸武力，与柬埔寨军队在柏威夏寺展开直接武装冲突。另一个例子发生在2011年初，“黄衫军”因不满阿披实在柏威夏寺问题上的软弱而向政府施压，举行政治游行示威活动，与阿披实政府公开辩论，全然不顾阿披实政府原本是在“黄衫军”支持下取得执政地位的。泰国军方自视为泰国国家安全的保卫者，同样也是泰国民族主义的践行者，在柏威夏寺问题上泰国军方是坚定对柬埔寨“强硬派”。公共媒体方面，能够反映民众观点的泰国非政府背景的媒体报道则普遍刊载具有民族主义色彩的、坚持泰国应拥有柏威夏寺所属权的文章。综上所述，不论泰国或者柬埔寨国内政局动荡与否，官方政府最终都会和国内民族主义在护卫争议边境宗教圣地所属权的利益诉求上趋向于一致。

从多边机制协调能力有限来解释柏威夏寺反复出现泰柬双方对抗的论点则未全面评价泰柬两国的官方政府对调解大多较为合作的外交立场。保卫柏威夏寺所属权的民族主义才是稀释多边机制效用的关键。为保护宗教圣地，与宗教因素捆绑在一起的民族主义很难接受非利益攸关方——多边机制的介入。政府参与的任何有让步迹象的多边协议都可能受到民众的反对，特别是在大选之年。[①] 以东盟调解为例，泰柬边境问题面对的现实困境是：一方面，东盟并不愿意真正对内部成员国泰柬施压，另一方面，泰国与柬埔寨政府即便能在多边框架内就边境冲突和解取得一定进展，却又不得不因面临国内压力而可能不践行对外承诺。联合国层面上，联合国教科文组织希望泰国和柬埔寨能够履行《保护世界文化和自然遗产公约》，联合保护“世界遗产的一部分”柏威夏寺。2011 年 2 月冲突爆发后，联

① 杨勉：“柬埔寨与泰国领土争端的历史和现实——以柏威夏寺争端为焦点，”《东南亚研究》，2009 年第 4 期，第 8 页。

合国教科文组织于 2 月 27 日—3 月 1 日派出柏威夏问题特使松浦晃一郎访问曼谷和金边，以期建立一个“长期可持续的柏威夏寺遗址保护办法”。[①] 泰国与柬埔寨都接待了这位特使。泰柬双方领土争执的难题却并没有因此得到真正缓解。受制于国内民众普遍拒绝让渡柏威夏寺权利的要求，同年 8 月泰国就因为认为 6 月 26 日柬埔寨向世界遗产公约大会递交柏威夏寺管理规划有可能会损害泰国国家利益，而宣布退出《保护世界文化和自然遗产公约》，并表示不会接受任何由本次大会得出的决议。联合国教科文组织的努力并没有造就柏威夏寺问题的转机。

柏威夏寺以及与其处境相类似的争议宗教圣地是民族主义无法放弃的政治利益。泰国和柬埔寨的民族主义与国内强盛的宗教信仰关系密切。柏威夏寺象征着根植泰柬两国民众内心的宗教信仰符号，而宗教信仰是两国民族认同和认知的精神来源。1938 年泰国披汶·颂堪（Phibun Songkram）就把当时国内众多的民族聚合到以佛教为主体的“泰国人”认同中来。[②] 对佛教的共同尊崇和认可是泰国人民族团结的主要动力，宗教因素也是泰国民族主义的关键成分。泰国佛教与民族主义结合，宣扬泰民族至上，佛教民族主义演化为可为其他政治力量

① UNESCOPRESS，“UNESCO Special Envoy for Preah Vihear meets Thai and Cambodian Leaders，” *UNESCO* official website，（visited on Jul. 5，2011），http：//www.unesco.org/new/en/media-services/single-view/news/unesco_special_envoy_for_preah_vihear_meets_thai_and_cambodian_leaders/.

② Aurel Croissant and Paul W. Chambers，“A Contested Site of Memory：The Preah Vihear Temple，” p. 149.

利用的排外工具。[①] 泰国明确争取柏威夏寺主权的历史时机与泰国民族主义抬头几近同步。

柬埔寨的情况与泰国相似，佛教也是柬埔寨人抚平殖民伤痛、整合民众、争取独立的天然政治资源。西哈努克致力于抬高佛教在柬埔寨社会中的地位，曾以佛教民族主义旗号聚合民众。[②] 佛教民族主义一度帮助柬埔寨人共同排斥殖民宗主国势力，从而于1953年摆脱法国殖民实现独立。西哈努克曾提出："柬埔寨好比一辆二轮马车。其中一个轮子是国家，另一个是佛教。前者象征着驱动力，后者为宗教道德。两个轮子必须同步才能让马车在和平和发展的道路上平稳前行。"[③] "红色高棉"时代结束后，柬埔寨宪法将佛教确立为国教，佛教得以再次复兴。泰柬两国的宗教发展轨迹确有诸多重合之处。正是因为泰柬两国信仰土壤没有绝对的界限，争夺宗教圣地的边境冲突背后确有着凭借共同宗教走向共享的潜质。

二、文化交汇地带的宗教集体情感

国际关系中边界冲突往往和现代"国家"概念紧密相关，

---

① 黄夏年："现代泰国佛教的活动及思潮，"《东南亚纵横》，1992年第4期，第51页。

② Alexandra Kent and David Chandler, "Introduction," in Alexandra Kent and David Chandler, eds., *People of Virtue: Reconfiguring Religion, Power and Moral Order in Cambodia Today* (Denmark: NIAS Publishing, 2008), pp. 6, 9.

③ Marcello Zago, "Contemporary Khmer Buddhism," in Heinrich Dumoulin, ed., *Buddhism in the Modern World* (New York: Collier Books, 1976), p. 111.

本质上是争议双方对自身国家概念的建构过程中出现重叠的历史诉求。引发争议对抗的重合领土是相邻国家重叠历史诉求的实体化表现。泰国与柬埔寨作为毗邻国家，对彼此历史发展过程中未明确划定边界都持保留态度。民族主义情绪以爱国主义的面貌，通过争夺柏威夏寺这样的宗教圣地、宗教遗产，追忆着各自想象中辉煌历史。柏威夏寺承载了不同文化交汇地带的泰柬两国共同宗教集体情感。

对于柬埔寨国内民众而言，柏威夏寺和该国另一处世界遗产吴哥窟同样都是曾经辉煌的高棉帝国的代表和历史坐标。柬埔寨 2008 年 1 月开始投入流通的 2000 瑞尔纸币正面为柏威夏寺正门，背面为吴哥窟。柬埔寨最富盛名的这两处古文化遗产，同为古高棉国建造的宗教庙宇。柏威夏寺的建造年代是柬埔寨吴哥王朝强盛时期。柬埔寨的寺院是保存和宏扬高棉文化的重要教化场所。今天的柬埔寨公民更愿意把高棉文化作为认同的来源，而泰国则意味着曾经毁灭高棉帝国的入侵者暹罗的继承者。柬埔寨人对柏威夏寺的情感体现今日柬埔寨期待继承高棉文化乃至其历史声望的愿望。近年分析柬埔寨人之所以珍视柏威夏寺的研究认为，柬埔寨人在大屠杀记忆之后，为了重建民族尊严和国家政治认同而强化了对标志性领土的控制。[①]对泰国而言，柏威夏寺既代表了信仰圣地，又是暹罗军事成就

① Alexander Hilton, "Khmerness and the Thai 'Other': Violence, Discourse and Symbolism in the 2003 Anti-Thai Riots in Cambodia," *Journal of Southeast Asian Studies*, vol. 37, issue 3 (2006), pp. 445 – 468; Ben Kieran, "Myth, Natonalism and Genocide," *Journal of Genocide Research*, vol. 3, no. 2 (2001), pp. 187 – 206.

的证明。柬埔寨19世纪沦为法国殖民地之前曾是暹罗的附属国，柏威夏寺地区很长时期内都处于暹罗势力范围之内。泰柬两国文化在柏威夏寺等边境地区交汇、聚积，相互影响乃至同质化，宗教集体情感遵循文化同化脉络，相辅共生。宗教集体情感包含软性的共同信仰基础，以及与前者互为印证的刚性共同宗教活动记录。

（一）共同的宗教记忆和信仰基础

泰国与柬埔寨基本位于同一宗教带。公元前3世纪前后婆罗门教从西向东由印度传入包括今天泰国和柬埔寨在内的东南亚地区，佛教随后也从印度传入，直到13世纪佛教逐渐成为这一地区主流宗教信仰，期间经历过大乘佛教和上座部佛教势力的消长。柏威夏寺印证了从婆罗门教神庙过渡为佛教圣地的当地宗教发展轨迹。柏威夏寺建立初期供奉的主神是婆罗门教和印度教的三大主神之一湿婆，吴哥窟则是另一位主神毗湿奴的圣殿。柏威夏寺被最初的建造者设置于地势险恶的扁担山脉（Dângrêk Mountains）还与泰柬两国共同的早期信仰——神山信仰息息相关。① 婆罗门教的影响在泰国和柬埔寨两国今天的宗教仪式、民间节日仍有体现。随着婆罗门教衰落、佛教兴盛，柏威夏寺过渡为周围佛教信徒朝圣的寺庙。柏威夏寺是所随着周边定居者转信而转宗的庙宇。尽管今天柏威夏寺已经是宗教遗址，但仍有众多信徒来此敬拜、举行宗教仪式，柏威夏寺废墟旁还有僧侣搭建的僧寮。

① 《中国宗教》编辑部：“柏威夏寺：被战火侵扰的世界文化遗产，”《中国宗教》，2011年第3期，第57页。

泰国被称为“黄袍佛国”，佛教一度是泰国国教。泰国人口中95%左右是佛教信徒，其中大部分信仰上座部佛教。佛教倡导慈悲与平和，在泰国起着团结民众，稳定人心的内聚作用。佛寺在泰国人心目中不仅是宗教敬拜场所，更是教授知识的学校，出家对泰国男子意义重大。柬埔寨亦以佛教为国教。根据柬埔寨宗教事务部的统计，柬埔寨1300万人口中大部分是上座部佛教信徒。柬埔寨摩柯尼迦派（大部派，Mohanikay）占绝大多数，达摩育特派（法相应派，Thommayut）是少数。佛教寺院是柬埔寨人信仰生活的精神中心。柬埔寨人同样认为削发为僧是人生重要经历。相对于泰国日渐宽容的多元宗教政策与实践，柬埔寨对非佛教的宗教群体更为严苛。比如2007年，柬埔寨政府颁布旨在抑制基督教在柬埔寨传教扩张的限制令：禁止基督教传教士沿户传教，也禁止利用经济优势以金钱吸引信徒接受基督教，以免造成社会不安。

泰柬边境冲突的抗议形式有佛教国家特色。泰柬两国类似的宗教背景使得双方都有运用宗教方式比如打坐、祈祷来表达利益诉求的倾向。泰柬数次边境冲突中不乏僧侣直接参与其中。僧侣在泰国和柬埔寨都享有崇高的地位，僧侣虽不能参与政治选举，但可以免除兵役和纳税。僧侣被普通民众认为是有道德修养和有志者。2008年7月15日，三名泰国人，包括一位比丘僧、一位比丘尼和一位居士，越过柬埔寨封锁军事控制地区，在柏威夏寺院落里打坐表达示威抗议。2008年8月1日，柬埔寨第四届全国大选期间，柬埔寨国内有千余名僧侣、政府官员和民众赶到柏威夏寺，慰问柬埔寨柏威夏寺驻军、举行祈祷柬埔寨在领土保卫战中能够获胜的仪式。当天晚上，“黄衫军”也组织了包括僧侣在内的数千名支持者赶到柏威夏寺举行针锋相对的诵经祷告，宣传要抵消之前柬埔寨人的祈祷。[①] 尽管是表达抗议，但是同为佛教信仰为主的国家，双方更能了解宗教仪式所想要传达的象征意味。当然理想状态下，宗教神职人员应在泰柬边境冲突中凭借自身较高的社会地位，将宗教和平理念外化，而不是以宗教手段助长对抗情绪。

（二）共同宗教活动记录

泰柬两国曾经在柏威夏寺共同庆祝佛教节日。每年4月佛历新年，泰国与柬埔寨均举办庆祝活动，两国民众自愿来到柏威夏寺共同庆祝佛历新年。1963年1月，西哈努克曾亲自从柬埔寨方向登崖至柏威夏寺主持宗教庆祝活动，并在柏威夏寺寺内向僧侣布施。西哈努克宣布泰国人无需签证即可进入柏威夏寺寺庙参观，柬埔寨也不要求泰国政府归还柏威夏寺寺内流失文物。[②] 因为西哈努克的努力，柏威夏寺迎来和平时期。为数不少的柬埔寨人迁居至柏威夏寺泰国一侧平缓地带，与当地泰国人组建起混居村落，也建起方便出家人进入柏威夏寺举行宗教活动的僧寮。

柬埔寨内战结束后一段短暂的平和时期，泰柬民众在柏威夏寺常有共同礼佛的活动。为方便礼佛、弘扬佛法，民众在柏威夏寺附近扩建寺庙。20世纪90年代末，柏威夏寺附近村民

---

① Thai Takes by Philip Golingai, "Peace Vigil, Black Magic and Sabre-rattling over a Temple," *The Star* online, http://thestar.com.my/columnists/story.asp?file=/2008/8/9/columnists/thaitakes/22040412&sec=thaitakes.

② Prince Norodom Sihanouk, translated by Mary Feeney, *War and Hope: the Case of Cambodia* (New York: Pantheon Books, 1980), p. 124.

修建了盖西卡吉利瓦拉寺（Keo Sikha Kiri Svara Pagoda），安置了十余位僧侣住寺举办各种日常宗教仪式。盖西卡吉利瓦拉寺僧侣的重大宗教活动就在柏威夏寺举行。但之后因为泰国政府坚称柏威夏寺周围属于泰国领土，盖西卡吉利瓦拉寺与柏威夏寺仅有 300 米距离，正好位于争议领土内，因而禁止僧侣扩建庙宇。[①] 从事实效果看，共同修建、扩建寺庙的行动比起共同举行宗教仪式更具争议性。

泰柬两国政府也有数次共同开发佛寺的尝试。比如 2003 年他信政府曾与柬埔寨合作开发柏威夏寺；2008 年泰国沙马政府曾经尝试与柬埔寨联合申遗。然而主权争议和民族主义情绪使得这些政府主持的柏威夏寺政治性合作努力均以失败告终。泰国和柬埔寨两国官方为了争夺宗教圣地周边领土而反复诉诸武力，但是却没有倾力重建心灵和实体任何一层意义上的精神圣殿。武装冲突伤害了柬埔寨和泰国宗教信众的对宗教胜地的宗教情感。2009 年 4 月榴散弹击中柏威夏寺院墙上七头身神蛇雕像那迦（Nāga serpent）的蛇头部分。依据柬埔寨民间信仰，柬埔寨人认为自己是那迦的后代，七头那迦代表犹如彩虹一般聚合在一起的社会，柏威夏寺内的那迦更被认为是柏威夏寺的精神守护神。湄公河流域的泰国同样尊奉那迦，相信那迦能保护一方平安。那迦受损对两国民众宗教集体情感都是伤害。[②] 2009 年 4 月泰柬双方直接交火中，柏威夏寺神殿 66

① BBC："Troop Build-up at Hill-top Temple," *BBC News*, Jul. 17, 2008, http://news.bbc.co.uk/2/hi/asia-pacific/7511417.stm.

② Stephen Kurczy, "Caught in the Thailand-Cambodia Crossfire: Preah Vihear Temple," *Christian Science Monitor*, Feb. 8, 2011.

块砖石被毁，而柏威夏寺的基台在信仰者看来代表着须弥山。对宗教圣殿的这些直接破坏是各方都不愿意看到的。在这场文化交汇碰撞的边境争端中，宗教集体情感可以是以双边形式解决领土争议、形成双赢局面的心理基石。

三、国境线上宗教场所的竞争性共享

当有合作基础的宗教场所竞争性共享值得借用罗伯特·海登（Robert M. Hayden）“竞争性共享”的概念。宗教场所“竞争性共享”（Competitive Sharing）是罗伯特·海登基于比较印度寺庙和科索沃修道院而得出的“宽容基础上的争议性共享”[①]理论建议。然而他的假设不同宗教共享同一土地有所差异，本文谈及的共享主体是相同宗教背景的两国之间针对宗教场所的争议边境，具体是指：同一宗教背景邻国竞争文化遗产主权与经济收益潜质，而在信仰心理和宗教实践上奉行共享的宗教场所。

（一）国家间竞争宗教场所的主权以及潜在经济收益

国家主权是任何现代国家根本利益所在，政府利用领土纠纷事件赢得国内支持，更将保卫柏威夏寺这样有国际影响力的宗教圣地归属问题作为消除国内其他议题分歧，促进本国国民聚合的重要政治机遇。进攻性对抗行为常见心理解读及其群体

① Robert M. Hayden, “Antagonistic Tolerance,” in *Current Anthropology*, vol. 43, no. 2 (Apr. 2002), pp. 206 - 207.

心理基础无外乎“受害者偏见”抑或“正义偏见”。[①] 泰柬争议边境的宗教圣地主权争夺中，两国都自认为是正义方。由此双方政府在策略选择上有极大可能倾向于派遣军事力量甚至发动武装冲突保护和争夺柏威夏寺。另外更重要的一环是获得柏威夏寺这样的宗教圣地可以带来可观的经济收入。柬埔寨吴哥窟就曾经历从无人问津的废墟到1992年被列入世界遗产名录后成为举世闻名的重要旅游胜地的过程。吴哥窟为柬埔寨带来巨大的旅游收入。各国提供给柬埔寨修缮遗址的经费也构成柬埔寨庞大的经济收益。管理、整修吴哥窟为柬埔寨人提供众多工作机会。目前为止，柬埔寨的世界文化遗产仅吴哥古迹和柏威夏寺两处。泰国的世界文化遗产有五处，泰国的人均GDP接近柬埔寨人均GDP的4倍,[②] 柬埔寨对柏威夏寺的经济收益潜质比泰国更为重视。2010年，在柬埔寨的主题是“柏威夏古刹”的三月三国家文化日活动中，首相洪森说：“柏威夏是代表高棉的文化艺术，它的价值是无法计算的。保护和弘扬柏威夏文化艺术，不仅具有文化上的意义，还有经济上的效益。它将成为文化旅游的新产品，为柬埔寨人们创造财富。”[③] 2007年柬埔寨副首相索安（Sok An）曾提到，旅游业给柬埔

① Ken-ichi Ohbuchi and Naomi Takada, “Forgiveness for Connect Resolution in Asia: Its Compatibility with Justice and Social Control,” in Cristina Jayme Montie and Noraini N. Noor, eds., *Peace Psychology in Asia* (New York: Springer, 2009), p. 220.

② Rongxing Guo, *Territorial Disputes and Resource Management* (New York: Nova Science Publishers, 2007), p. 212.

③ “‘3.3国家文化日’高棉戏曲比赛圆满落幕,”《柬华日报》, 2010年3月4日, http://www.jianhuadaily.com/detail.php?id=8088。

寨创收约15亿美元，占国民生产总值的10%左右。根据《柬华日报》的报道，2011年上半年因为边境冲突，泰国人到柬埔寨旅游的人数相比2010年减少了36%。[①] 奥多棉芷省（Oddar Meanchey province）建于13世纪的达莫安寺（Ta Moan temple），与柏威夏寺类似，也是泰柬争议边境。英拉担任泰国新任总理以来，双边关系缓和，奥多棉芷省境内国际关口娱乐场所泰国游客人数增加了40%。[②] 竞争经济收益仍然是解决领土争端的难题，但维持边境冲突本身只会有碍于任何一方获得经济利益。应该说竞争也不仅意味着对抗，竞争对共享同样有贡献，因为同质正是在竞争碰撞交汇过程中彼此接纳而逐渐形成。

（二）国家间共享关乎争议宗教场所的信仰心理与信仰实践

共享需要平衡多方需求，总的来说，20世纪60年代到90年代之间，不论是柬埔寨还是泰国当权政治力量都没有重视柏威夏寺在象征历史、吸引文化旅游方面的潜在作用，柏威夏寺更多展现出宗教性共享的图景。泰柬两国宗教集体情感是共享的信仰心理，而共同举行的宗教活动是共享的信仰实践。其中两国共享宗教场所信仰实践还需要仰仗信徒和场所本身的地缘条件。从地理上看，虽然柏威夏寺位于柬埔寨

① 子兴："柬泰关系趋于正常，两国旅游业恢复生机，"《柬华日报》，2011年9月18日，http：//www. jianhuadaily. com/detail. php？ id = 17572。

② 勇平："奥省柬泰国际关口游客量明显增加，"《柬华日报》，2011年9月16日，http：//www. jianhuadaily. com/detail. php？ id = 17534。

境内，但是从柬埔寨进入柏威夏寺的道路是悬崖，尽管柬埔寨修建了从柬埔寨进入柏威夏寺的道路，但相比而言泰国到柏威夏寺的道路更平坦。因此大多数朝圣者和旅行者愿意从更便捷的泰国境内进入柏威夏寺。泰国曾建议将柏威夏寺命名为“Phra Viharm-Preah Vihear”（即将泰国的和柬埔寨对柏威夏寺的称谓合一），以和平区的形式为双方民众共同开发。虽然这一提议被柬埔寨否决，但是在柏威夏寺周边争议地区建立非军事缓冲区用作宗教共享的特别管理区的确符合理论推理，应具有可行性。目前柏威夏寺院落内部尚无常驻僧侣，鉴于竞争性共享假设，也许可以由双方共同出资修葺柏威夏寺，再由两国僧王分别派遣僧人共同主持入驻。当边境冲突难以以政治手段彻底解决时，宗教群体不妨先依据共同的宗教信仰而在宗教圣地寻求实现和平的、信仰向渡的化解之道。

四、结语：庙宇政治格局

泰柬边境冲突的结构性分歧在于，柬埔寨虽然在两国军事和经济水平对比中不占优势，但是获得国际法方面的支持，柬埔寨因此希望诉诸多边机制解决边界问题。然而泰国则倾向于以传统双边外交的方式解决两国领土问题。[①] 泰国对多边外交

① Termsak Chalermpalanupap, “ASEAN's Policy of Enhanced Interactions,” in Lex Rieffel ed., *Myanmar/ Burma*: *Inside Challenges*, *Outside Interests* (Washington, D. C.: The Brookings Institution, 2010), p. 156.

机制的失望一定程度上和1997年泰国遭遇金融危机以及全球化的负作用使泰国国内的知识阶层、社会活动家更认可反全球化观点有关。更重要的是，在国际法意义上，泰国争夺柏威夏寺不具优势地位。在当代世界，勘界分歧导致不兼容的竞争状态很可能长期存在。但如柏威夏寺一般，有宗教因素涉及其中的边境冲突同样存在竞争性共享的庙宇政治格局替换选项。貌似没有缓解余地的民族主义冲突却有宗教共享的突破口，即庙宇政治格局。庙宇争议和其他争议不同，它有宗教价值、文化遗产，以及由此带来的旅游等其他经济收入。多边协商机制在解决两国边境冲突上作用有限，宗教因素参与其中只会给多边谈判路径增加变数。未来对待泰柬边境冲突，以及处境相似、宗教背景相同的宗教圣地主权争议，应可以凭借共享信仰心理和信仰实践展开双边协调，寻求达成互相尊重的竞争性共享准和平模式。

当然，能够开展的庙宇政治需要相对平和、避免激进的政治家，以及相对稳定的国内环境。2011年8月10日泰国总理英达开始上任后首轮外交访问，柬埔寨是第三个访问国。期间洪森与英拉达成协议，两国同意通过2000年川立派政府与柬埔寨签署具有法律效力的谅解备忘录文件所成立的“泰柬联合边界委员会”，在东盟轮值主席国印度尼西亚观察团监督下，调整柏威夏寺争议地区兵力部署。然而两日后，泰国国防部长育塔萨上将仍然强调考帕威寒神庙遗址周边4.6平方公里争议地区主权属于泰国，“泰国军方一直都在该地区驻守”①。

① “防长：神庙周边4.6平方公里属于泰国，”《世界日报》（泰国），2011年9月18日，http：//www.udnbkk.com/article/2011/0918/article_87702.html。

成功解决泰柬边境争议仍需漫长的时间，从根本上说，任何争夺领土的双边冲突，其最终解决还是需要依赖政治环境变化，而从宗教信仰层面实现竞争性共享的庙宇政治格局只能是通往政治和解的桥梁。

试论欧洲宗教世俗化的形成原因

• 孙艳燕

[内容提要]　“世俗化”是当今西方特别是欧洲社会的普遍现象。在世俗化背景下，基督宗教的发展在可被称为其大本营的欧洲出现了很多与以往不同的特点。对于世俗化这一社会历史现象的解释，学术界目前仍无定论。本文首先介绍关于世俗化的四种理论模式，之后阐述以现代化进程为主因；由现代化所派生的城市化、理性化、政教分离和多元化等为子因；并且以现代化及其子因为外因，宗教自身发展为内因而促成世俗化的逻辑体系，说明欧洲的世俗化是漫长历史性演变的结果，体现了宗教与社会互动的不平坦的发展过程。同时，它也是多种因素综合交织的产物。

一、关于宗教世俗化的四种理论模式

关于宗教世俗化问题，西方学术界大致存在四种比较有代表性的理论模式。[①] 它们从各自不同的角度分析了世俗化现象的成因，其中前两种持相反观点的理论模式在宗教社会学界占主导地位。

（一）传统世俗化理论（Classical Secularisation Theory）

传统世俗化理论最早可追溯至19世纪亨利·圣西门（Henri Saint-Simon）和奥古斯特·孔德（Auguste Comte）的著作，他们都认为随着国家和科学的影响力不断扩大，传统宗教的势力和合理性不可避免地被逐渐削弱。这种观点在卡尔·马克思（Karl Marx）、埃米尔·杜尔凯姆（Emile Durkheim）和马克斯·韦伯（Max Weber）那里得到了回应，他们都明确认可宗教的重要意义正在逐渐减弱。这后来也成为西方社会学界占主导地位的观点。二战后很多宗教社会学家都对其表示赞同，包括彼得·伯格（Peter Berger）、大卫·马丁（David Martin）、布莱恩·威尔逊（Bryan Wilson）、斯蒂夫·布鲁斯（Steve Bruce）和托马斯·鲁克曼（Thomas Luckmann）等。20世纪60年代，世俗化命题（Secularisation Thesis）与现代

① Philip S. Gorski, "Historicizing the Secularisation Debate," in Michele Dillon, ed., *Handbook of the Sociology of Religion* (Cambridge, UK: Cambridge University Press, 2003), pp. 110-122.

化理论结合在一起，成为一项重要原则——伴随着现代化，社会变得更加复杂，更加理性化，更加个人主义化，以及具有更少的宗教性。该理论模式曾经在学术界产生了巨大的影响力，并被认为具有普遍适用性，但逐渐遭遇诸多批判与质疑。到目前为止，除了部分宗教社会学家之外，现代化理论只有不多的拥护者了。仍然在为世俗化理论辩护的学者包括威尔逊和布鲁斯等。

按照传统世俗化理论，现代化，包括社会结构分化、理性化、工业化和城市化等方面的发展，必然导致宗教的衰落。其论据有两方面内容：一是基督教社会功能的丧失。世俗机构的势力扩张到了原先由教会掌控的领域，包括社会供应、教育和道德心理咨询等；二是正统基督教观念和实践自 19 世纪晚期以来的长期衰落。在产业工人和受过教育的城市居民当中反映比较明显，即社会中最“现代化”的部分更能显示出世俗性和现代性的关联。

针对传统世俗化理论有两方面反对意见：

第一种反对意见认为 20 世纪正统基督宗教的衰落趋势是否代表了宗教性本身的长期衰落，其证据不足，而只是一种假设。或许基督宗教正经历一个过渡阶段，类似宗教改革时期；或许其他宗教会取代基督宗教的地位，正像古代基督宗教取代其他异教信仰那样。即便宗教本身确实正在逐渐衰落，也不能假设它是永久性的和不可逆转的。也许基督宗教正经历其发展的低迷时期。宗教的历史普遍有着盛衰消长的规律，基督宗教也不例外。

第二种反对意见对现代化是否必然导致世俗化产生质疑。确实有一些证据可以支持现代化与世俗化之间的联系，但如果比较一下不同国家和不同宗派的情况，问题就变得复杂了。例如比利时和荷兰是城市化和工业化发展得比较早的，且具有较高程度的政教分离，然而传统基督教的势力仍然很强。与此相反，北欧国家工业化发展较晚，人口稀少，且政教合一，但它们在欧洲国家中一直保持最低的虔诚度。看来现代化程度的差异并不必然与宗教信仰的程度相关。①

某些传统世俗化理论无法解释的现象，以下第二种理论模式声称可以解释。

（二）宗教经济模式（Religious Economies Model）

20世纪80年代以来，由罗德尼·斯达克（Rodney Stark）和罗杰·芬克（Roger Finke）等人提出的此种理论模式得到了很多学者的支持。

宗教经济模式的支持者吸收了新古典经济学理论，认为“宗教活力”（religious vitality）与“宗教竞争”（religious competition）和“宗教多元”（religious pluralism）呈正相关，而与“宗教管制”（religious regulation）呈负相关。如果“宗教市场”（religious markets）被少数大“公司”——教会所支配或被国家严格“管制”，其结果便是劣质的宗教“产品”，低水平的宗教“消费”。总之，会使宗教停滞不前。相反，如果有许多公司在没有政府干预的开放市场中竞争，宗教产品的

① 关于世俗化理论的诠释、论据、批评及修正，关启文在《宗教在现代社会必然衰退吗？——世俗化理论的再思》（见王晓朝、杨熙楠主编：《信仰与社会》，广西师范大学出版社2006年版，第120-152页）一文中另有较为具体的总结。

“质量”会更高，个体消费者也更有可能找到一种符合其喜好标准的宗教。如果“宗教活力”的程度出现了变化，那并不能归因于“世俗化”，而是由于“宗教经济”（religious economy）的变化。这种理论研究证明了宗教多元主义与宗教活力之间的积极关系。照此看来，宗教的变化与现代化进程没有关系。这便可以解释为什么美国与欧洲国家的宗教参与程度如此不同了。在此基础上，宗教经济模式的倡导者声称世俗化命题是错误的。

针对宗教经济模式也有两方面反对意见。一是对其理论意义表示怀疑。他们认为世俗化理论主要是关于社会结构变化而不仅仅是个人行为的理论。它首先指宗教与非宗教的生活领域之间不断增长的社会分化，其次才涉及到对个人行为的影响。由于宗教经济模式仅仅注重个人行为，它并未真正触及世俗化理论的核心内容，而只是反驳了世俗化理论中的一个假设，即社会层面不断增长的结构分化与个体层面不断减弱的宗教性之间的直接关联。

宗教经济模式是以理性选择理论为基础的。而彼得·伯格认为，并不是一切行为都可以用理性选择来解释，宗教行为便不能完全用成本和收益来解释。同时，理性选择理论虽然在讨论宏观宗教问题时非常有用，但在解释宗教现象的微观层面上存在困难。[①]

第二种针对宗教经济模式的反对意见是怀疑其研究结果本身的可信性和有效性。有些学者通过他们自己的数据或对宗教

① 曾强：“皮特·伯格论当代宗教社会学的研究走向，”国家宗教事务局宗教研究中心主办，张训谋主编：《宗教与世界》（2008 年第 6 期），第 18 页。

经济模式的数据重新分析，得到了多元主义和宗教活力之间零相关或负相关的结果。

针对宗教经济模式也有反例，其中之一是有关宗教管制。如果从历史发展的角度来看，宗教管制与宗教活力呈负相关的说法就经不住考验了。欧洲的宗教活力在19世纪呈下降趋势，20世纪60年代这种趋势加速发展。而在这段时间内，宗教管制的程度并非加强而是减弱的。

至于出现这些异常现象的原因，以下第三种理论模式或许会给出一些解释。

（三）社会政治冲突模式（Sociopolitical Conflict Model）

前两种理论模式的共同点是都没有对政治因素予以足够的重视。而对另一些学者来说，社会政治冲突，尤其是政教关系的变化是世俗化进程中的主要变量。这些学者中的大部分是历史学家，他们在近来关于世俗化的争论中尚未发挥重要作用。这一理论模式的代表人物在社会学界是大卫·马丁，在历史学界是休·麦克劳（Hugh McLeod）。

他们的主要论点之一是：在宗教垄断的情况下，教会和政府倾向于合为一体，各种社会上的和政党的反对力量于是倾向于以反宗教的形式出现，结果是脱离宗教的程度很高。相反，在宗教多元的情况下，教会在体制上和政治上独立于政府，针对现存政权的反对力量便不会指向宗教本身，甚至还会以宗教形式表现出来。这样，脱离宗教的程度可能性就会更低。

这种思路可以说明宗教经济模式解释不了的一个问题，即19世纪晚期开始出现的宗教“活力”减弱却伴随的是宗教“多元”增强和“管制”程度减低这样的矛盾现象。从社会政治冲突模式的角度来看，宗教活力即传统宗教信仰和参与程度的下降，确实是竞争的结果，但不是来自其他教会的竞争，而是来自非宗教运动，它们能够提供原先由教会垄断的东西，如广泛的世界观、社会安全网络，以及社区生活。它们经常为减少宗教管制，创造更加松散的政教关系而战，而且有时会得到一些宗派主义者的宗教运动的支持，他们也希望抑制国家教会的特权。这样便有助于宗教多元主义的增长。于是，宗教活力的减弱与多元主义的增长和管制程度的降低不再是矛盾的现象。

社会政治冲突模式为社会特定机构或部门内部宗教权威的缩减提供了解释。此模式认为宗教经济模式只提到个人宗教性的衰落；传统世俗化理论的支持者虽然认为各种社会部门内部宗教权威的缩减是世俗化关键的一个方面，但他们却用含糊不清和同义反复的方式来解释宏观社会的世俗化，认为世俗化是“现代化”、“社会结构分化”和“理性化”这些与世俗化密切相关的宏观社会走势的结果。而社会政治冲突模式强调宗教和世俗主义运动为了控制社会特定机构和部门（比如学校教育、婚姻和道德咨询服务）而进行的斗争（比如历史学家休·麦克劳认为“世俗化”是一种“斗争”，而不是大多数人所说的“进程”）。

社会政治冲突模式的启示是应从历史的视角去探索宗教的发展走向，研究关于宗教观念、宗教实践、教会权威以及教会在政治、教育、慈善事业、艺术和家庭等各领域发展的历史文献。宗教参与程度的变化不仅是个体宗教性变化的结果，它更是由整体宗教信仰的性质和处境发生变化所造成的。

社会政治冲突模式没有提到可能出现政治宗教和世俗意识

形态的社会和文化条件。关于这个问题，还需要另一套概念工具。

（四）社会文化转型模式（Sociocultural Transformation Model）

这种理论模式来源于古典社会学理论的两种分析方法。

第一种方法来源于杜尔凯姆关于劳动分工和宗教社会学的著作。在西方社会过去两千年的大部分历史中，显示智力的劳动是由僧侣阶级垄断的。但自文艺复兴时期以后，非僧侣知识分子的数量稳步上升，各类专家和专业人员出现了，如法学家、科学家和心理学家等。为了建立起对从前由僧侣阶级控制的知识领域的控制权，他们必须在宗教与非宗教的体系之间划出清晰的界限。其结果是宗教语言的能力和权威逐渐从社会生活当中被清除出去。

第二种方法来源于韦伯的宗教社会学理论。更确切地说，是得自他关于“宗教对世界的抵制”（Religious Rejections of the World）的论述。韦伯认为，在传统社会里，宗教和“世界”是一体的。神居于世界之中，“拯救”由世间的福乐（包括健康、财富和子孙后代）组成。而随着大约两千年前在南亚和中东地区“抵制世界的宗教”（world-rejecting religions）的出现，最初宗教和世界的统一被打破了，个人的拯救和神圣被弹射到另一个超越的先验领域中。无论这种情况在何处发生，印度和中国、波斯和巴勒斯坦、罗马和麦加，宗教与非宗教的价值和行为之间的关系存在于一种紧张的状态之中。对神圣的需求不再轻易地与世界本身和谐相处。这个过程不是呈直线而是螺旋式向前发展的。韦伯认为这种趋向由于各种原因在西方比世界其他地区更加明显。

二、现代化是促成世俗化的主因

“现代化”是指人类社会近两百多年来的历史当中发生的“个体和社会的生活形态及品质”① 的急剧变化，它导致了社会和人们思想形态的根本转变。而由现代化所派生出来的城市化、理性化、政教分离和多元化等因素构成了世俗化的子因。这些外因的动态变化在各个领域对宗教产生了不可估量的影响。

（一）经济领域

现代社会在经济领域的标志之一是工业生产和资本主义商品经济。从前，人类以农业及畜牧业的自然经济作为基础，从事着简单再生产的重复性劳动。庄园是基本的社会组织，它以自给自足为目标。那时宗教活动在人们的社会生活中占有主要的位置，人们需要神灵护佑，以求风调雨顺，五谷丰登。随着人类生产力水平的提高，欧洲近现代资本主义的商品生产成为社会发展的基础，人们进行的是创造性的工商业劳动，追求利润最大化，以世界市场，甚至全球经济一体化为目标。这时，经济活动是人们最基本的社会活动，人们最关注的也是世俗的赤裸裸的经济利益。资本主义经济体制创造了巨大的生产力和

① 刘小枫：《现代性社会理论绪论：现代性与现代中国》，上海三联书店，1998 年版，第 2 页。

物质财富，使人们的营利意识日趋强烈，追求奢侈物质生活的享乐主义逐渐蔓延；现代西方国家市场经济的竞争机制在推动经济发展的同时，也促使个人追求成功和私人利益，从而削弱了人们互助互爱的道德意识。这些现象都明显地违背了基督教伦理。基督教的核心是救赎，人生的终极意义在于彼岸世界而非此岸世界，它虽然不禁止人在现世生活中获取物质利益，但它反对人以追求物质利益为终极目标。物质利益“作为此岸向彼岸的过渡方式，它是上帝对人类信仰的褒奖；而作为世俗追求的目的，它便标志着人类对信仰的抛弃。”① 资本主义经营还“更改了日常生活的样式：社会生活秩序是理性化的、按商品生产和商品销售的机制来构成的，不仅劳动，而且社会机体和日常生活领域都因此而商品机制化了”。② 资本主义经济制度以金钱和纪律而非信仰和情感作为基础和保障，其各种社会关系具有了非人格化的倾向，而“这种非人格化的关系会使得一些特定的人类关系脱离了教会的管辖，从而使得教会无法从伦理上对这类关系予以熏陶或改造”。③ 宗教的神圣光环首先在经济领域黯淡了。

随着工业集中生产规模的迅速扩大，农村人口逐渐向城市聚集，各种规模的城市以及城市集群快速生长起来。正如哈维·考克斯（Harvey Cox）所描述的：“如果希腊人将宇宙理

---

① 杨慧林：《罪恶与救赎——基督教文化精神论》，东方出版社，1995 年版，第 129 页。

② 刘小枫：《现代性社会理论绪论：现代性与现代中国》，上海三联书店，1998 年版，第 102 页。

③ ［德］马克斯·韦伯著，郑乐平编译：《经济·社会·宗教——马克斯·韦伯文选》，上海社会科学院出版社，1997 年版，第 124 页。

解为一个无限扩展的城邦，中世纪的人们将宇宙视为封建庄园的无穷放大，那么我们所体验的宇宙（universe）则是人的城市（city of man）。……现代人变成了四海为家的人，世界变成了他的城市，而他的城市向外延伸直到包含了整个世界。”[①]城市化造成了人们共同生活方式的巨大变化，它伴随的是科学和技术从宗教世界观的残骸中生根发芽，并且开花结果。城市成为“人类尽其所能进行探险的场所，而各式神灵却从中逃遁了”。[②] 在城市中社会结构分化更加显著。人们的工作地点和居住地点被分割开，人的社会角色、作息时间分配、收入和支出方式以及人际关系都与农村大不相同。人们活动和交往的范围扩大，业余活动增多，独立性和个人隐私感增强。这些变化都能够造成宗教对人吸引力的下降。随着现代城市中人们的工作压力越来越大，竞争日趋激烈，人们的生活节奏加快，时间就是金钱。许多人忙得无暇顾及思考和谈论信仰，谈论上帝，阅读《圣经》，更无暇光顾教堂，而其他人则无权对此进行干涉和指责。

城市可以展示科技快速发展的成果，城市中汇集了大批社会精英，也是高等教育最发达的地区。有统计显示，近几个世纪，在现代化过程中，受教育程度较高的城市人口比农村人口对宗教的信仰程度要低。就普通人来说，接受教育的平均程度越高，理性分析和判断能力越强，从而便较有可能排斥宗教信仰。关于理性对世俗化的作用，下文将会具体论述。

---

① Harvey Cox, *The Secular City*: *Secularisation and Urbanization in Theological Perspective* (New York: Macmillan, 1966), p. 1.

② Harvey Cox, *The Secular City*, p. 1.

（二）政治领域

资本主义商品经济所遵循的原则是等价交换。商品所有者有权决定自己商品的交换价格和交换方式。自由、平等、人权和尊严等观念从此变得不可动摇。古希腊的人文精神以文艺复兴的形式被重新弘扬，人本主义和人道主义成为政治伦理的核心。中世纪的神权观念和等级制度逐步瓦解，社会契约论和三权分立、权力制衡原则取代了“君权神授”，教权不再高于政权。从此，以人本主义为核心的世俗政治和伦理在世界上大部分地区占据了主要地位。

现代国家的形成被特洛尔奇称为“现代世界最重要的事实”。[①] 现代国家是世俗的、具有自主性的行政和军事机构，它抛弃了中世纪宗教性的精神帝国，建立起自足的理性化的实在领地，利用世俗宪法和官僚组织行使统治权，“以理性的、此岸的天命取代了非理性的、神意天命”[②]。18 世纪末，法国大革命中的国民公会首次提出了政教分离的原则，教会与国家的联盟遭到拒斥，宗教权威与政治权威在结构上开始分化，世俗权力进一步侵占教会权力。建制宗教不再受到国家权力的支持，宗教也不再为国家政权的正当性提供支持，而实质上是国家政权不再需要宗教来论证其合法性，即基督教丧失了其在传统社会中的一项重要功能。另外，按照上文“社会文化转型模式”中杜尔凯姆关于劳动分工的观点，自文艺复兴时期以

① 刘小枫：《现代性社会理论绪论：现代性与现代中国》，上海三联书店，1998 年版，第 90 页。

② 同上。

后，非僧侣知识分子的数量稳步上升，社会结构的功能分化（functional differentiation）日益鲜明，各类专家和专业人员出现，僧侣阶级不再于各个领域居垄断地位，甚至被排除出国家权力机构。基督教会对于民众失去了强制约束力，而趋向于成为个体自愿的社团活动。宗教逐步退化为个体私人化的信仰。

在政教分离和信仰自由的原则之下，建制宗教被非国教化了，失去了国家政权的支持，这同时意味着它丧失了相对于其他宗教和宗派的优越地位，各宗教和宗派权利平等，宗教宽容、宗派多元的格局逐渐形成。在19世纪欧洲一系列宗教—政治斗争中，充满了争取宗教宽容、宗教自由和宗教平等的呼声。"欧洲的宗教"原来显而易见特指基督教，但现在基督教事实上成为了欧洲若干种宗教之一。对于基督教来说，每一宗派的权威都被限制在本宗派的非政治的范围之内，不能超出自己的领地。同时，宗教个人主义和私人化的倾向使得每人都有可能选择自己所需要的信仰。19世纪的美国也存在类似的状况。难怪有人声称"我自己就是一个教派"或者"我的心灵就是我的教堂"。宗教团体甚至"不得不在消费者的市场上竞争，其兴衰取决于个人宗教口味形式的变化"①。虽然基督教内部一直有多元现象存在，但政教分离和宗教的私人化无疑强化了宗教多元化的发展。而一个四分五裂的基督教又怎能轻而易举地抵挡世俗化的洪流？

① Robert. N. Bellah, Richard Madsen, William M. Sullivan, Ann Swidler and Steven M. Tipton, *Habits of the Heart: Individualism and Commitment in American Life* (New York: Harper & Row, 1986), p. 233.

（三）思想领域

资本主义的运行机制不仅使商品生产和社会生活机械化和理性化，它也带动了人们思维方式的逻辑化和理性化。爱德华·谢列贝克斯认为，“世俗化是人类理性的发现，是人类的理性范围逐渐扩展的自然结果”。①

“理性”是人类特有的认识能力。人们对理性的肯定由来已久，并非从近代才开始。但是在欧洲，直到中世纪，神学仍高居各学科之首，理性须为神学服务而并未成为社会主导的思想特征。而17世纪以后，哲学从神学中独立出来，随后又逐步产生了现代意义上的政治学、法学、经济学、社会学和心理学等社会科学中的各专门学科。

每一个时代都有其独特的时代精神，它统领着人们的思想，支配着社会行为方式。在古希腊时期是思辨推理的爱智精神，在基督教成为国教之后直至中世纪是对上帝之爱的信仰，而近现代以降的时代精神则凸显为尊崇人的理性。

17世纪从某种意义上讲可被称作“理性时代”，人的理性被高度褒扬。笛卡尔的名言“我思故我在”中的“思”形象地突出了理性的价值。近代哲学认识论具有鲜明的反神学目标，它论证了人的理性能力如何在认识过程中发挥作用。经验主义强调对现实事物的经验知识，否定神学和经院哲学无视客观实际的教条主义和空洞思辨。理性主义崇尚理性知识，否定神学和经院哲学所宣扬的盲目信仰和蒙昧主义。启蒙哲学将理

① Edward Schillebeeckx, *God the Future of Man* (New York: Sheed & Ward, Inc., 1968), pp. 55 – 56.

性看作“一种能力，一种力量”，它“分解一切简单的事实，分解所有简单的经验材料，分解人们根据启示传统和权威所相信的一切”[①]，向存在于物质世界和精神世界各个领域内真理的有效性进行挑战。有教会人士发出感慨，认为基督教会直到今天仍然生活在启蒙运动的阴影之下。

近代哲学根据理性原则，形成了新的宗教观，通过宗教怀疑论、自然神论、道德神论和战斗的无神论等等质疑并批判了基督教在现代社会的意义和地位。其中，宗教怀疑论通过对正统神学和宗教的理性批判，证明在理性所能及的范围内，没有神学和宗教存在的余地。而在理性不能及的地方，为满足理智和生活的需要，只有靠非理性的信仰容忍宗教作为社会秩序的支柱和道德规范而存在，但是由于这种依靠信仰的宗教无法用理性来证实，因此是值得怀疑的；自然神论认为，上帝在作出对物质运动的第一推动之后，不再对其进行任何干预，物质于是按照自身固有的规律运动。自然神论以人的理性为根本来诠释《圣经》中的教义，对宗教的教条做出世俗的解释，去除其中神秘的、超自然的东西，从而将宗教自然化、世俗化；道德神论明确否认在理性范围内有神的存在，认为理性不可能证明神的存在，只能证明神绝对没有存在的可能，将上帝驱逐出了理性的领域，而只在道德领域将其予以保留；战斗的无神论对宗教神学展开了猛烈的抨击，认为根本不存在超宇宙独立存在的上帝这一精神实体，宇宙只存在一个物质实体并且进行着自身的运动。它否认宗教具有深化道德的功能，从而实现了彻

① ［德］E. 卡西勒著，顾伟铭等译：《启蒙哲学》，山东人民出版社，1996年版，第11页。

底的无神论。

以上哲学思想彰显了理性的权威，扫除了宗教神学对人类思想的束缚，为人类自由的世俗活动创造了条件。

对个人自由、平等和理性的崇尚深刻改变了大众的道德伦理观念，许多传统的基督教伦理观念被打破。多少世纪以来被视为违背基督教教义原则和《圣经》基本训导的不道德行为，甚至被禁止的离婚、堕胎、同性恋、安乐死等也逐渐为越来越多的人们所接受，而后发展到明确受到法律保护。可见基督教对欧洲人的种种思想和行为的约束已经日渐减弱了。

通过以上分析我们不难看出，现代化是造成欧洲世俗化的主要原因，因此本文作者部分赞同传统世俗化理论的看法，即现代化造成了包括社会层面和个人意识层面在内的全面世俗化。但是，现代化不仅仅促成了世俗化，它同时也产生了一些反世俗化运动，宗教并非由于现代化程度的不断加深而必然灭亡。至于其他三种理论模式，在本质上并不与世俗化理论相矛盾，其中提到的各种造成世俗化的原因归根结底都来源于现代化。比如，宗教经济模式中所谓“宗教市场”、“宗教竞争”和“宗教多元”的出现是现代化的结果之一。就连“市场”、“竞争”和“多元”这些时髦概念的广泛应用也是与现代化进程分不开的。社会政治冲突模式认为宗教参与程度的变化更是由整体宗教信仰的性质和处境发生变化所造成的。所谓“处境”所发生的变化正是指几百年来人类社会生活中的现代化过程。而社会政治冲突和斗争所产生的基础则是在经济、政治和思想文化等各领域全面现代化了的社会。社会文化转型模式中的劳动和专业分工也是现代化的产物。

总之，在现代化过程中人说出了“我能”，从而摆脱了对上帝的依赖。现代化意味着生产力水平的大幅度提高，物质利益成为人追求的目标。城市中高等教育的普及使人们头脑中充满了理性的思维方式；政教分离原则的确立不仅驱除了基督教在国家机构中权威的合法地位，还造就了宗教私人化和多元化趋势，更加分散了基督教会作为一个整体对抗世俗化的力量；人类理性范围的扩展体现于经济、政治和思想等各个领域。思维的理性化促使人的知识和能力不断增长，从而导致以自我为中心的各种欲望逐步扩张。谋求利益和权力的最大化本是人类有史以来为了争取生存和发展的动力，这也是人性中最基本的一面。人类依靠科学技术所能控制的区域越来越大，对上帝则越发地漠视起来，上帝所控制的神圣领地逐渐收缩，世俗化不可避免。

现代化进程是促成世俗化的外因，是必要条件，但决非充分条件。基督宗教自身内部的发展构成了促成世俗化必不可少的另一方面原因。

三、基督宗教自身对世俗化的推动作用

彼得·伯格在分析世俗化的根源时曾尖锐地指出，“基督教已成为它自己的掘墓人。在宗教与世俗化的关系中生动地体现出这一历史的反讽”。[①] 那么，这一观点是否能够成立呢？

---

① Peter L. Berger, *The Sacred Canopy*: *Elements of a Sociological Theory of Religion* (Garden City, New York: Doubleday and Company, Inc., 1969), pp. 128 - 129.

（一）透过基督宗教的经典文献《圣经》，人们可以看到，世俗化的序幕已经徐徐展开

马克斯·韦伯将世俗化称为世界“祛除巫魅”（disenchantment）的过程，而哈维·考克斯认为，如果从希伯来传统理解《圣经》，那么，这一“祛魅”的过程从耶和华创世之时就已经开始了[①]：前世俗化时代的人们身处魔法的森林中，巫术构成了前世俗化部落人群的世界观。古代苏美尔人、埃及人和巴比伦人的宗教体系均将人和宇宙看作紧密联系的整体，神和人都是自然的一部分。这种世界观直至《圣经》信仰的来临才被打破。希伯来的创世观标志着自然与上帝分离，人与自然相区别。这便是祛魅过程的开始。在《圣经》之《创世记》中，太阳和月亮是耶和华的创造物，悬于天空中为人类照亮世界。自然不是神圣的实体，不能控制人类的生活，也不是宗教崇拜的对象。考克斯将《创世记》称作“无神论的宣传”，因为耶和华创造了自然的各个部分，他自身并非来自于自然界，而且他允许人用一种实事求是的方式认识自然本身。从这个意义上说，基督教和共产主义起着相同的作用。成熟的世俗人类的任务是照管自然并利用它，承担曾分派给亚当的责任。自然界的祛魅为自然科学的发展提供了先决条件，因为除非人类毫无畏惧地面对自然，否则真正的科学成就是不可能出现的。自然的祛魅是传统宗教毁灭的根源。

考克斯认为，《出埃及记》是政治非神圣化的根源。历史是上帝行动的场所，这便使政治社会变革有了全新的可能性。

① 以下三段内容参见 Harvey Cox，*The Secular City*，pp. 21 –36.

耶和华将犹太人从埃及解救出来，这是一个历史事件，是反抗君主法老的起义，而法老与太阳神的关系成为他拥有政治统治权的基础。出埃及的事件标志着人脱离了神圣的政治秩序，脱离了以宗教为合法统治基础的君主，进入了另外一个政治统治的世界，但这种统治获取权力的基础是人达到特定社会变革目的的能力。这就是政治世俗化的开始。虽然后来总有试图恢复神圣政治的尝试，比如中世纪的“神圣罗马帝国”等，但种种努力终究被证明是徒劳的。政教冲突也由《圣经》信仰做了铺垫，是基督教会使其成为可能。奥古斯丁曾经说过：国家有它自身的善，但这并非最高最真实的善。它无法实现对人的拯救。基督教会并没有全盘否定和彻底排斥世俗的政治权威，而是有条件地接受了它，结果却使得教会最终退入一块飞地。

考克斯还认为，人类价值观念的相对化部分源自于《圣经》信仰对于偶像崇拜的反对。《出埃及记》中在西奈山上帝向摩西所传“十诫”的禁忌之一是禁止跪拜“偶像”。犹太人相信，耶和华是以色列唯一的神，人是不可能对其进行复制的。任何通过偶像表现的神性事实上都不是耶和华。《圣经》并没有否定神的真实性和价值，它只是将其相对化了，认为它们是人类的设计作品。在这种意义上，它与现代的社会科学十分接近。因为犹太人对耶和华的信仰，一切人类价值观念及其表现都是相对的。人们逐渐相信国家只是人创建的，而非神圣意愿的体现。人们也不再有理由相信生活中的道德伦理标准是刻在天堂里的金色碑匾上的，而相信它们是由特定的历史条件决定的。世俗化将铸造人类价值观念的责任放在了人类自己的肩上。

彼得·伯格与考克斯的观点颇有几分相似，他也认为世界摆脱巫魅从《旧约》时代就开始了，但伯格主要是从宗教功能的角度来分析的：古代以色列文化从埃及和美索不达米亚文化中诞生，但和它们有很大差异。在埃及和美索不达米亚文化中，人的世界“镶嵌在包含了整个世界的宇宙秩序中”，人界与神界存在着连续性。这种神人相关的世界观，给人类提供了“抵御无秩序的屏障”。而以色列宗教通过《旧约圣经》对亚伯拉罕从美索不达米亚出走和摩西领导的从埃及出走的解释，抛弃了埃及和美索不达米亚关于神圣秩序的观念，通过《旧约》的“超验化、历史化和伦理理性化”，使神界与人界之间的联系变得脆弱了，而世俗化的种子正是埋藏在这里。因为人类生活离不开秩序和意义，宗教给人类提供了“神圣的秩序”，它“将人的生命安置在一种有终极意义的秩序中”。当神人间的联系不再紧密，宗教也就不再能够发挥它以往的作用。在此之后，天主教虽然保留了人与上帝相联的各种渠道，但它用教会的形式把宗教活动集中在一个特定的范围之内，这相当于承认了教会之外的领域不属于上帝的管辖。[①] 世俗世界的存在于是“被神学论证为合理的”，基督教“以最无意识的方式”为世俗化打开了一条路。[②]

---

① 当然，基督教会对基督教发展的正面作用不容忽视。美国宗教社会学家塔尔科特·帕森斯对此有着精辟论述：“教会宗教的发展是基督教发展过程中一个具有里程碑意义的转折，它使得宗教信仰的制度化成为可能，使得宗教对教义的解释性得到了普遍的传播，形成了一定的标准，也为现代化社会价值观统一奠定了一定基础。”石丽：“帕森斯宗教社会学理论述评，”《世界宗教文化》，2011年第3期，第92页。

② 参见［美］彼得·贝格尔著，高师宁译：《神圣的帷幕——宗教社会学理论之要素》，上海人民出版社，1991年版，译者序第4－18页。

伯格进一步分析，与天主教世界的“完整”相比，宗教改革之后的基督教新教更损害了大量宗教内容，而被缩减得只剩下了“本质”。神圣从现实中大大地退缩了。在天主教中，神圣者与信徒之间还可通过各种渠道保持联系，比如教会的圣礼，圣徒的代祷，超自然者在奇迹中的重现等等，在可见与不可见的世界之间存在广阔的连续性。但新教破坏了这些媒介中的大多数。马丁·路德提出“因信称义”的神学理论，以《圣经》的直接权威抵制教皇的间接权威，强调信仰主体的能动意义，它的实际后果之一却是打碎了神圣与世俗之间的连续性，“切断了天地间的脐带，以历史上前所未有的方式将人类抛回而依靠他自己”。新教因此而成为“历史上对世俗化具有决定意义的先锋”。[①] 从此，“早已埋在《旧约》中的世俗化种子破土而出”。[②]

（二）除了从《圣经》传统中可以挖掘出世俗化的根源之外，基督宗教自身在欧洲的发展还对经济、政治、思想文化等领域的世俗化产生了直接或间接的影响

1. 经济领域

欧洲城市的形成和发展与基督教会密切相关。比如，早在盎格鲁—萨克逊时代初期，英国组织程度最高的社会共同体是以大教堂和礼拜堂为中心的群众性宗教团体。这是社会神圣化的体现。几个世纪里，手工业者、商人、扈从和无业游民都因为宗教的原因汇集到建有大教堂的地方。所以，在罗马人撤出

① Peter L. Berger, *The Sacred Canopy*, pp. 111 – 113.

② ［美］彼得·贝格尔著，高师宁译：前引书，译者序第 18 页。

不列颠之后，盎格鲁—萨克逊人城市生活的最早复苏是和大教堂的建立以及基督宗教的传播有很大关联。这些以大教堂为中心的聚居地成为中世纪英格兰城镇的起源地之一。①

在中世纪的欧洲，基督教会的影响波及政治、经济、社会生活等各方面。欧洲的城镇建设多是以教堂为中心。教堂首先是宗教活动的中心，在其周围很自然地形成了市场，这便是经济中心。然后又顺理成章地出现了管理商业经济的机构——议会或政府，即政治中心。这些即是作为一个城市必备的要素。基督宗教的发展促进了城市的形成和繁荣发展，许多重要教堂所在地都成为了中世纪欧洲政治、经济和文化中心。

中世纪欧洲经济的发展也有基督教会的参与。教会修道生活所倡导的“祈祷与劳动”，读经与生产，为西方经济文化史上颇有影响的“生产型人格”的形成起到了关键作用，而这对于欧洲经济复兴和产业革命的发生有很大帮助。②

现在我们发现这样一条线索：社会神圣化意味着宗教成为人们生活的中心，以基督教会为中心的城市得以形成和发展，这又促进了经济增长，上文曾经提到欧洲近现代经济的发展加快了城市化进程，而城市化后又成为世俗化的原因之一，即：社会神圣化 = >城市生长 = >经济发展 = >城市化 = >世俗化。

另外，马克斯·韦伯认为，基督教新教伦理，特别是加尔文宗及其后发展而成的清教和虔敬派所倡导的伦理思想，对西方资本主义经济的形成曾经起到过十分重要甚至决定性的作用。“预定

① 钱乘旦、许洁明：《英国通史》，上海社会科学院出版社，2002 年版，第 23 页。

② 卓新平：《基督教文化百问》，今日中国出版社，1995 年版，第 45 页。

论”的神学思想，强调在现实生活中有所作为，清教徒苦行僧式的勤劳和节俭发展出的现实生活中的禁欲主义，从遁世到入世的转变，这些对于社会经济生产的发展都具有积极意义。作为现代西方资本主义精神乃至整个现代西方文化“基本要素”的“以职业概念为基础的理性行为是从基督教禁欲主义中产生的”。[①] 也许韦伯的观点略显极端，但资本主义精神确是其经济发展的重要精神动力之一，资本主义经济发展是现代化的重要一环，而现代化又成为世俗化的决定因素之一。

2. 政治领域

公元380年，罗马帝国立基督教为国教。这可以说是一种政教联合的表现，它的后果是，世俗王权利用宗教势力，与教会权力相结合，将政治统治神圣化；同时，宗教势力也更易对世俗世界施加影响。另外，政教联合也正是政教分离的前提条件。关于政教分离对世俗化的影响，上文已经加以说明。

以马丁·路德为代表的德国神学家和教会人士于1517年发起的宗教改革，对教皇的权威予以公开挑战，最终导致与罗马天主教会的决裂和基督教新教教会的诞生。路德主张建立不受教皇控制的民族教会，这一创举具有两方面的深远影响。一方面，它带动欧洲其他地区也掀起了宗教改革运动的浪潮，造成了基督宗教“民族化、地域化”的状况，逐渐形成了“教随国定”的传统。1648年威斯特伐利亚协议正式确立了此项原则，承认由世俗的政治权威来决定在其领土范围内确立何种

---

① Max Weber, translated by Talcott Parsons with a foreword by R. H. Tawney, *The Protestant Ethic and the Spirit of Capitalism* (Beijing: China Social Sciences Publishing House, 1999), p. 180.

宗教为国教。在民族教会中，是由世俗王权决定宗教事务的，这意味着王权高过了教权，这一转变彻底颠覆了十几个世纪以来基督教会主宰一切的局面；另一方面，基督教新教的创立改变了西欧基督教会长达千年之久的统一局面。路德在德国的改革形成了新教路德宗信仰体系；受德国宗教改革的鼓舞，加尔文先后在瑞士和法国等地创立了另一个新教宗派加尔文宗（又称归正宗或长老宗）；英王亨利八世自上而下发起的宗教改革使英国国教会圣公宗（即安立甘宗）传统得以确立。此后，从这些新教派系中又产生出许多规模不等的新教宗派，基督宗教多元化的状况从此延续至今。其实，基督教会内部自始便存在着信仰的多元化现象。对启示的多种理解模式，对《圣经》的多种诠释方法等，这些差异性削弱了信仰的同一性，从而削弱了其总体的对外战斗力。从上文的分析中我们曾经得出结论，现代国家的形成和宗教多元化，都对世俗化产生了重要的促进作用。

在一个神性与人性交战的年代，人们在透过宗教改革试图挣脱教会控制，获得充分宗教自由的同时，也徘徊在十字路口，在上帝与自我之间挣扎、取舍、选择。这对于“自由”来说可能是最好的时代，但对于曾经无坚不摧的基督宗教信仰来说却并不那么乐观。因为在得到自由的同时也意味着失去某些其他东西。人们要为获得自由而付出代价。

3. 思想文化领域

中世纪的教育主要是基督教教育，修道院是欧洲文化教育的摇篮之一，是知识分子诞生和成长的重要场所。许多修道士对哲学、文学、语言、音乐、数学、天文等人文和自然科学领域的钻研和传授推动了中世纪社会文化知识水平的普及与提高。

查理曼帝国境内普遍建立了大教堂和修道院学校，普及和提高中小学教育。12、13 世纪时，从这些教会学校中发展出了中世纪欧洲的大学。这时的高等教育在一定程度上也属于基督教文化教育的范畴。神学是中世纪研究中的最高学科，大学大多也是获得教皇或地方教会批准和赞助而来。与此同时，中世纪大学相对独立的地位孕育了欧洲人文主义思潮。英国学者索斯伯里的约翰率先提出社会生活中个人精神自由的问题。他主张个人精神自由与社会法律及公义应在理性基础上得到统一，倡导现实生活中政治与哲学、个人意志与伦理规范的有机结合。这种思想被 14、15 世纪欧洲文艺复兴运动所继承和发扬。①

欧洲文艺复兴运动所倡导的人文主义思想原本是基督宗教内部的思想运动，它强调人的“自知和自主”，唤醒人的自我意识，但其本身并非以反对教会，用“人”来取代“神”作为目的。人文主义者基于《圣经》等基督教思想，对“人文”、“罪”、“罪感”等概念用新时代的历史眼光来看待并加以新的诠释，以“人本主义”扬弃“神本主义”，使“人”在基督教文化里获得了“新生”。② 虽然人文主义者们的本意并非要用“人”取代“神”，但其实际效果是，“人”的“新生”使人获得自由和权力的能力大增，原本意为“谦卑”的“人文”经过现、当代的发展成为人们自我意识的无限膨胀，最终“人”要摆脱“神”的束缚，并且要取代“神”而成为意识的中心。在后来的欧洲启蒙运动中，人的理性终于占据了绝对上风，现代社会的主导特征便是本质上的“人类中心论”

---

① 卓新平：前引书，第 46－56 页。

② 同上书，第 79－80 页。

(*anthropocentrism*)。[①] 基督教在其后的发展进程中一直无法抹去这样的阴影。因此，从某种意义上说，被变相发展了的人文主义思想成为世俗化的导因之一。

通过以上《圣经》传统以及宗教自身的各种因素对欧洲经济、政治和思想文化等方面世俗化所起的重要作用，我们可以说，虽然称基督宗教为自己的“掘墓人”未免有些言过其实，但基督宗教自身确实在不知不觉之中为欧洲的世俗化进程创造了许多不可替代的必要条件。[②]

综上所述，促成欧洲宗教世俗化的各种因素是由主因和子因、内因与外因组合而成的多维立体结构，这些具有紧密联系的因素综合在一起，导致了欧洲世俗化的必然发生。它们相辅

---

① David J. Bosch, *Transforming Mission*: *Paradigm Shifts in Theology of Mission* (Maryknoll, NY: Orbis Books, 1991), p. 267.

② 英国宗教社会学家戴维·马丁（David Martin）通过另外一种思路分析了基督宗教自身对世俗化所起到的推动作用。他认为，历史上的一系列基督教化过程均伴随着反冲力，必然付出代价。天主教与新教背景之下的基督教化的后果有所不同。天主教在其基督教化过程之初即导致了权力、等级、战争、暴力以及政教之间的紧张关系；天主教亦是理性、最初的科学、炼金术和政治学等产生的温床。新教的基督教化所付出的代价是道德混乱。完美的教会失效了，原有神职人员的国际秩序被打破，教会被国家同化，信徒皆为教士，教士成为各种职业之一，修士转化为繁殖后代的家庭成员。独立的个人理性和经验现实逐步获得主导地位；新教福音派和虔敬主义者的“大觉醒”创造了宗派亚文化，在信者与不信者之间制造了界限，成为一名基督徒因而并不是全社会的生活方式。福音派则无需礼仪与机构制度的仲裁，基督宗教到头来只不过被大众当作“友好的邻居、得体的个人态度和善意情感”。马丁指出，宗教性的过往必然逐步产生世俗性的未来。参见 David Martin, *On Secularization*: *Towards a Revised General Theory* (UK: Ashgate Publishing Ltd., 2005), pp. 3 - 8。

相成，互相影响，缺一不可。而世俗化的种种表现究其缘由，大多可追溯至近现代甚至古代和中世纪，是宗教与社会长期互动造成的历史性演变的结果。历史永远是一个连续向前发展的整体。

鉴于每个宗教群体所处的历史环境和社会文化背景的差异性，各个国家和地区多样的历史传统和不同时期的社会经济条件，以及历史的流动性，没有一个关于世俗化的一成不变且放之四海而皆准的理论模式。我们必须以符合史实为基准，对具体国家和宗派的情况进行具体分析。

上帝信仰对韩国以色列关系的影响*

•钮　松

［内容提要］　早在韩以建国之前，韩国人与犹太人便在中国有过接触。朝鲜战争的爆发为韩以关系的发展提供了契机。冷战结束以及马德里和会以后，韩以关系突飞猛进，其中共同的上帝信仰构成了韩以关系的情感基石，韩国学界、宗教界和政界基督徒及团体发挥了重要的推进作用。上帝信仰与国际关系体现了与物质化的国际关系理论视角并行不悖的另一种国际关系理论视角。

韩国的中东外交在整个中东地区如火如荼地展开，其已与除叙利亚、巴勒斯坦以外的中东阿拉伯国家和土耳其、阿富

* 本文为上海外国语大学青年教师科研创新团队（冷战后大国中东战略比较研究）、上外211工程三期的中期成果。

汗、伊朗等穆斯林国家建立了外交关系，其中东外交领域主要包括三个部分：经济外交，包括能源外交与建设外交；国际贡献外交，包括联合国维和行动和政府发展援助；文化外交。韩国的伊斯兰教团体对于韩国对中东穆斯林国家外交关系的发展起到了巨大的推进作用。[①] 从历史与现实的角度看，韩国与以色列面临着许多相似的际遇，从国土和人口的角度看，韩以无论在所在地区还是世界范围来看，皆为小国；从民族遭遇的角度看，韩民族和犹太民族都经历了不同原因所导致的亡国和流亡，并最终同在 1948 年建立了国家，建国后不久又分别遭遇了关涉国家存亡的朝鲜战争和第一次中东战争，并长期与邻国存在着武力冲突；从现实发展来看，韩以都从战争废墟中发展起来，成为经济大国和科技强国，并都已发展成为自由民主国家。总而言之，韩国与以色列都已成为具有国际影响力的国家。韩国的中东外交是其全球外交的重要组成部分，而对以外交又是其中东外交中极为特殊的领域，以色列作为中东地区唯一的非穆斯林国家，是韩国中东战略乃至欧洲战略的重要考虑对象。除了两国之间密切的科技合作之外，上帝信仰构成了韩以关系走向未来的政治同盟与经济自由贸易区的情感基石。

一、韩以关系的发展脉络

韩国与以色列虽然分别地处东亚和西亚的两端，相去甚

① 参见钮松：“伊斯兰教与韩国的中东外交”，《阿拉伯世界研究》，2010 年第 3 期，第 29 - 31 页。

远，但两国人民的关系却可以追溯到 20 世纪三四十年代的中国。随着《日韩合并条约》的签订，韩国完全丧失了国家独立并沦为日本直接统治的殖民地，日本统治者初期的高压政策直接导致了 1919 年“三·一运动”的爆发，一部分韩国仁人志士逃至中国上海，于同年的 4 月 13 日建立了“大韩民国临时政府”以领导韩国人民的抗日斗争，临时政府驻地便是犹太人修建的建筑。随着 1932 年韩国临时政府策划并成功实施了刺杀日军将领的虹口公园事件，临时政府被迫撤出上海，陆续迁往杭州、镇江、南京、长沙、广州、柳州和綦江等地。与此同时，随着纳粹德国 1935 年开始实施排犹政策，大量犹太人离开德国等国家。从 1933 年至 1941 年太平洋战争爆发之前，上海共接纳中欧地区犹太人 30000 人左右，除去离开上海转赴其他国家的犹太人，至太平洋战争爆发时，上海犹太人约有 25000 人，“这意味着上海接收的犹太难民多于加拿大、澳大利亚、新西兰、南非和印度所接收犹太难民的总和”。① 日军将上海犹太人集中在虹口安置，并对德国提出的灭绝要求虚与委蛇。1939 年，国民政府立法院长孙科提议在中国西南建立犹太特区，吸收 10 万犹太人进行开发，该建议得到行政院长孔祥熙的热烈支持以及中国战区统帅蒋介石的原则肯定，尽管该计划随着中国战事的吃紧以及西南地区省份的沦陷而夭折，但也有数百名犹太人从上海、昆明辗转来到成都、重庆等

---

① Pan Guang, “The Central-European Jewish Community in Shanghai, 1937 - 45,” in Frans Hüsken, Dick van der Meij, eds., *Reading Asia: New Research in Asian Studies* (London, UK: Routledge Curzon, 2001), pp. 178 - 179.

地定居，甚至许多犹太人获得了中国国籍。[①] 与部分犹太人迁居重庆几乎同时进行的是，大韩民国临时政府于 1940 年最终迁至中国战时陪都重庆直至抗战胜利，同在中国西南大后方的韩国临时政府与犹太人有了共同的生存环境和初步接触。虽然没有材料表明在重庆的韩国临时政府对于犹太人是否有过明确的态度，但临时政府对于重庆国民政府的内外政策是持完全赞成的态度。尽管当时重庆政府对犹太人持同情之心，但也有证据表明，国民党出于对德友好关系等因素而对于犹太人又抱有某种轻视心理。当时在华的波兰犹太记者、后加入中国国籍的爱泼斯坦就指出，国民党“感染了反犹主义并运用至其对一些外国记者的攻击之中”，“我听闻蒋介石夫人对《时代周刊》记者白修德表示恼怒，将其描述为‘那个小犹太人’”。[②]

分别统治上海和重庆的日本当局和重庆政府分别影响了韩国人对于犹太人的看法，这种影响一直延续到抗战胜利之后。日本当局出于实用主义的角度而实际上充当了上海犹太人的保护者角色，日本对于犹太人的看法在二战结束之后对于在日韩国人依然有着影响力，“在日本，韩国人的犹太人大众形象被扭曲。这是韩国人的反犹主义”，这来自于日本的战时宣传，“一种广为流传的说法，即犹太人据称通过影子政府和机构来控制世界，这被畅销书所煽动和披露”。[③] 战后韩国获得了独

① 香港凤凰卫视纪录片《以色列有个“四川老乡”》对此有较为深入的发掘。

② Israel Epstein, “On Being A Jew in China,” in Jonathan Goldstein, ed., *The Jews of China*, vol. 2 (Watertown, MA: East Gate Book, 2000), p. 95.

③ Adam Garfinkle, *Jewcentricity: Why the Jews Are Praised, Blamed, and Used to Explain Just about Everything* (Hoboken, NJ: John Wiley & Sons, Inc., 2009), p. 75.

立，大韩民国临时政府自重庆迁至汉城，这与1948年建立的大韩民国政府具有传承关系，韩国政府领导人都有着长期的中国经历，他们继承了中国国民政府对于犹太人大体上的友好和支持态度，“韩国本土从未有许多犹太人，并且时至今日仅有6名韩国人皈依犹太教。韩国人所遇见的少量犹太人中的大部分已是美国人，参与驻韩美国军队或企业的经营。”① 从韩国立国及之后的历史来看，韩美同盟关系强化了美国在犹太人及以色列问题上对韩国的正面且积极的态度，而许多在日韩国人因其继承日本政府对犹太人的看法以及长期以来的强烈亲朝鲜倾向而受朝鲜政府意识形态的主导，从而不构成韩国政府及国民对于以色列的主流看法。

以色列1948年5月14日宣布建国以及随之而来的第一次中东战争爆发之时，韩国尚未正式建国。以色列忙于战争再加上韩国忙于与朝鲜方面的博弈，因此，1948—1949年之间的韩以双方并未有直接接触的可能。朝鲜战争的爆发对于韩以关系的发展具有里程碑式的意义。以色列建国伊始奉行不结盟政策，力图在东西方之间开展平衡外交，如在毛泽东1949年底至1950年初访苏期间，以色列与中国便进行了秘密接触。② 以色列甚至于1950年正式承认中华人民共和国，这与以色列国内的政治生态有着极大关联。随着朝鲜战争的爆发，尤其是中国被联合国确定为“侵略者”之后，以色列政府态度发生

① Adam Garfinkle, *Jewcentricity: Why the Jews Are Praised, Blamed, and Used to Explain Just about Everything* (Hoboken, NJ: John Wiley & Sons, Inc., 2009), p. 75.

② 谢爱伦：“论以中关系的发展现状及其发展前景，”《阿拉伯世界研究》，2011年第5期，第8页。

逆转，出于对朝鲜及苏联共产主义政权反犹主义的恐惧，本·古里安总理甚至建议派出以色列国防军（IDF）参加联合国部队以抗击朝鲜和中国志愿军，因国内左翼势力的压力而改为医疗和食品援助。[①] 以色列因对美国和联合国的支持而无形中开启了对韩国的支持，但以色列政府内部在整个20世纪50年代对于其对韩政策充满争论，李承晚政府的独裁与腐败极大影响了以色列对韩国政府的态度。直至李承晚下台之后，以色列才于1961年7月9日正式承认韩国，两国于1962年4月正式建立外交关系。虽然韩以20世纪60年代便已建立外交关系，但整个六七十和80年代的韩以关系停滞不前，这与以色列的安全局势、韩国政局的混乱以及韩国力图迎合阿拉伯世界等有着很大关系。1973年和1979年的石油危机对韩国产生了极为关键的影响，韩国承认巴解组织为巴勒斯坦人唯一合法代表并呼吁以色列从“被占领土”撤军，以色列外长摩西·达扬于1978年决定关闭以色列驻韩大使馆并声称是基于财政原因考虑，朴正熙总统派遣特使游说达扬未果。韩以关系跌至谷底，但仍未破裂，以色列驻日本大使在日后实际上承担了驻韩大使的职能。[②] 1988年汉城奥运会成功举办之后，韩国走上了民主化的道路，这为韩以关系的改善奠定了良好的基础。伊拉克入侵科威特以及海湾战争的爆发使得伊斯兰盟主沙特更加倚重美国，美沙关系的深化也促进了韩沙关系的改善。随着1991年马德里中东和会的召开，阿拉伯世界与以色列实现了初步的和

① Yaacov Cohen, “The Improvement in Israeli-South Korean Relations,” *Jewish Political Studies Review*, vol. 18 (Spring 2006), p. 42.

② *Ibid.*

解，韩国逐步走出了在阿以之间左右为难的困境，韩国可以在以色列与阿拉伯世界开展左右逢源的外交活动。在此背景之下，以色列于1992年1月在汉城重设大使馆，而韩国于1993年12月正式在特拉维夫设立大使馆。20世纪90年代以来，韩以双边官员互访频繁，进行了大量军事、经济等领域的合作，这种合作主要体现在高科技领域；不仅如此，韩国基督教团体与以色列互动频繁，“爱以色列”的宗教情感成为韩以关系中重要的民间推力。

二、上帝信仰在韩以国家中的地位

虽然以色列的复国并非宗教原因，当年犹太复国主义者为犹太国的建立曾物色过非洲、巴西等地，但最终仍然选择了祖先生活的巴勒斯坦。以色列在巴勒斯坦的最终建国源于犹太人在欧洲尤其是纳粹统治下的悲惨遭遇以及犹太复国主义者们长期的不懈推动，双方的共同点都在于建设一个民族家园以安置大量劫后余生的犹太人，这对于欧洲国家和犹太人而言将会是一种双赢的局面。英国委任统治时期，犹太人开始向巴勒斯坦移民，这些早期移民得到了阿拉伯人的欢迎，但随着犹太移民人数的增加，阿拉伯人开始感受到了威胁并向英国当局施压，阿拉伯人此时的恐慌主要基于民族生存而非宗教情感上的考虑。对于犹太复国主义以及建立以色列国反对声最大的是正统犹太教徒，“在极端正统犹太教徒中，锡安主义运动被视作邪恶，因为它试图‘强行推向末日’，且在弥赛亚到来之前先于上帝之手重新安置犹太人至其圣地”。[①] 英国当局在阿拉伯人的压力下逐步限制犹太移民前往巴勒斯坦，二战结束后，自顾不暇的英国放弃对巴勒斯坦的委任统治，美国开始主导以色列国的建立。

美国对于以色列建国的支持主要来自于杜鲁门总统的热情推动，杜鲁门是虔诚的基督徒，年轻时曾当过牧师，在一次谈话中，有人称赞其“帮助创造了以色列国”，杜鲁门却不以为然地称：“你的意思是什么，帮助创建？我是居鲁士，我是居鲁士！”[②] 居鲁士大帝对于正统犹太教徒而言也具有非凡的意义，他曾让犹太人回归耶路撒冷，这在《旧约》中也有记载：“我耶和华所膏的古列（即居鲁士），我搀扶他的右手，使列国降伏在他面前。”“因我仆人雅各，我所拣选以色列的缘故，我就提名召你；你虽不认识我，我也加给你名号。”[③] 杜鲁门对于以色列的支持主要出于基督教情感的需求。以色列建国虽然遭到正统犹太教徒的反对，但巴勒斯坦毕竟是犹太教的圣地，尤其是圣城耶路撒冷拥有犹太教最为神圣的圣殿遗迹哭墙，许多正统犹太教徒还是移居到了以色列国。在以色列建国问题上，基督教与犹太教实现了一定的和解，“基督教福音派全力以赴地支持以色列，其神学目的在于在全世界建立基督教王国。而犹太人与基督徒共享的旧约也为两者之间的认同巩固

① Federal Research Division, *Israel A Country Study* (Kila, MT: Kessinger Publishing, LLC, 2004), p. 140.

② Michael T. Benson, *Harry S. Truman and the Founding of Israel* (Westport, CT: Praeger Publishers, 1997), p. 189.

③ 《圣经·旧约》(以赛亚书：45)。

了基础”。[1] 由于以色列的建立得到美国迄今以来最为坚定和有力的支持，正统犹太教徒也不再公开反对以色列国的建立，并积极发展与全世界基督教福音派的关系，以谋求福音派基督徒充当所在国家政府与以色列沟通的桥梁。以色列政府尽管是世俗政府，但在其建国以及耶路撒冷归属等问题上利用宗教情感维系全世界基督教国家和基督徒对于其的支持。

韩国历史上长期处在汉文化圈内，但宗教发展脉络有所不同。朝鲜王朝建立以后，朝鲜国王奉行“尊儒抑佛”的宗教政策，佛教和民间巫术信仰遭受到了毁灭性的打击，而儒教本身又难以构成现代宗教。18 世纪末，基督教从中国传入朝鲜，很快招致保守宫廷势力的镇压。由于历经数百年的打压，佛教中的偶像崇拜和民间巫术对于大众影响有限，这恰恰在很大程度上为朝鲜民众接受基督教信仰创造了得天独厚的条件，基督教反对偶像崇拜和行巫术等行为。基督教的传入是朝鲜人主动接受的结果，其早期作用在于在朝鲜王国起到了引导朝鲜现代化的作用。由于韩国遭遇的是日本帝国主义的统治而非欧洲帝国主义的侵略，因而基督教不仅没有对韩国造成任何负面印象，其平等和博爱的精神反而对日本统治下的韩国民众产生了重要的感召力，“许多基督教领袖强烈坚持在韩国人中基督教传教工作的成功是将韩国人从日本统治中解放出来的最佳途径”[2]，基督教因而在韩国具有了反对异族统治的色彩。到 20

---

① 涂怡超：《美国基督教福音派及其对国际关系的影响：以葛培理为中心的考察》，上海人民出版社，2010 年版，第 208 页。

② Wi Jo Kang, *Christ and Caesar in Modern Korea: A History of Christianity and Politics* (Albany, NY: State University of New York Press, 1997), p. 37.

世纪 40 年代初，平壤由于其众多的教堂和基督徒而被传教士们誉为“远东的耶路撒冷”。

朝鲜战争爆发之后，基督徒出于对共产主义的恐惧而大量从半岛北方逃至南方，大韩民国基督徒数量开始超过朝鲜。韩国的生存得益于美国为首的联合国军的保护，因此美国对于韩国的影响极其深入，基督教在韩国的作用从推进现代化、对抗帝国主义演变成对抗共产主义。韩国自首任总统李承晚开始便试图维持独裁统治，其后军事政变不断，韩国国内反独裁运动此起彼伏。韩国基督教团体由于李承晚的基督徒身份以及他激烈的反共政策，在 20 世纪 50 年代对其独裁统治保持相对沉默。进入 20 世纪 60 年代，基督教团体开始与其他团体一起在反独裁、争民主中扮演了重要的角色。光州起义之后，韩国的民主化运动进入关键时期，“1980 年前后，韩国基督徒的数量开始快速增长，到 1992 年为止，韩国 25% 的人口是基督徒。韩国亦为世界上最大基督教堂之家，该教堂拥有超过 80 万名的信众。”① 尽管佛教徒人数略多于基督徒人数，但对国家政权和社会具有巨大影响力的韩国精英阶层大部分为基督徒，基督教长期以来对于韩国政治的积极参与使其具有其他宗教难以匹敌的影响力、感召力和入世性。尽管韩国不是宗教国家，但基督徒主导了国家政权，韩国李承晚、金泳三、金大中和李明博等数位总统皆为基督徒。无论是新教还是天主教都成为韩国发展最快的宗教，韩国也成为仅次于美国的全球第二大传教士输出国。今天的韩国基督徒将韩国称为“第二个以色列”。

① L. Robert Kohls, *Learning to Think Korean: A Guide to Living and Working in Korea* (Yarmouth, ME: Intercultural Press, 2001), p. 43.

三、韩国基督徒对于韩以关系的推进

正是由于在以色列建国问题上犹太教与基督教的合流，以及韩国基督教长期以来的发展并形成气候，韩国基督徒出于宗教情感表现出对以色列单方面的爱，这种爱渗透进韩国的社会生活与政府外交之中，这种共同的上帝信仰超越了单纯的物质追求。韩国基督徒对以色列的民间外交主要通过两类方式进行：

第一类，韩国基督徒学者的推进。早在1992年3月1日，韩国基督徒学者便在耶路撒冷成立了“耶路撒冷学会”，该学会由圣经学、历史地理考古学、语言学和犹太基督教学四个部分组成，截至2008年，学会拥有活跃会员33名，其中韩国活跃会员10余名。[①] 很多韩国基督徒学者出于宗教情感以及深化基督教研究的意愿而前往以色列尤其是耶路撒冷希伯来大学学习《圣经》并获得学位。据以色列《国土报》报道，希伯来大学2008年6月共授予328名学生博士学位，《圣经》研究系仅有6名学生获得博士学位，其中2名以色列人、1名美国人和3名韩国人，“这个新获得博士学位的名册表明，有很大数量的韩国人在希伯来大学《圣经》研究和其他系，尤其是那些提供犹太研究的系”，韩国人在以色列的大学学习《圣经》的“首要动力是基督教或天主教的宗教信仰”。天主教徒

① “耶路撒冷学会介绍”，http：//www.jabcs.org/bbs/board.php? bo_ table =zl_ 1。

金明淑博士前往希伯来大学求学的动机是："我是信教的，并且我想发现生命的源头"，从宗教情感再到对现代以色列的了解也经历了一个潜移默化的过程，她指出，"我甚至不知道这是一个犹太国家，我不很明确什么是犹太人。在我到达以后，某一天我才意识到，我在犹太人中间"。① 实际上，正在希伯来大学求学的韩国学生人数则大得多。希伯来大学一份名为 Pi-Haaton 的学生报纸刊登了一篇名为《韩国之心》的文章指出，在希伯来大学斯科普斯山校区拥有 100 至 200 名韩国学生，他们"主要学习《圣经》、建筑、希伯来语和历史。他们的研究经费来自于教会奖学金或父母的资助"。一名韩国学生称："基督教在韩国有一个问题，那就是必须澄清它是进口宗教的事实。为了让它更加真实，人们期望到以色列……最后，耶稣并非基督徒，而是犹太人，他的语言和文化皆为希伯来，因此，了解犹太人和希伯来语具有很高的价值。"② 以上只是韩国基督徒学生在以色列求学的缩影，而那些业已从以色列留学归国的韩国基督徒人士则在韩国国内大力促进韩以关系的推进。2008 年 12 月 2 日，"韩国以色列研究所"在首尔以色列文化中心正式成立，该研究所由 40 名在以色列各大学获得硕士或博士学位的教授发起，其目的是"成为获得认证的学术、研究机构或智库，这将为韩国人提供关于以色列、犹太教、希伯来语和《圣经》等方面的信息"，包括研究所主任崔明淑教

① Orfi Ilani, "Koreans Dominate the Bible Studies at Hebrew U.," *Haaretz*, Jun. 11, 2008.

② "Koreans in Israel," http://www.filination.com/blog/2006/06/27/koreans-in-israel/.

授和以色列驻韩大使伊加尔·卡斯比（Yigal Caspi）在内的150名嘉宾出席了成立仪式。① 总而言之，在以色列接受过教育的韩国基督徒主要力图展现一种非宗教的方式来促进两国关系，包括维系双方的宗教情感。

第二类，韩国基督教团体的推进。韩国基督教团体的宗教外交活动表现出明显的目的性，其在中东地区的活动包括在中东伊斯兰国家的传教活动，并为此成立了韩国伊斯兰研究所，以及组织到以色列的朝圣活动和为以色列、中东和平进程的祈祷活动。尽管受到韩国政府的阻止，2300名韩国基督徒仍于2004年8月7至10日参加了在以色列和巴勒斯坦之间的和平集会。② 首先，在韩国国内，各种基督教团体因宗教原因对于以色列的支持充满激情，尤其以“好牧者教会”为典型，其组织的“爱以色列”（Ahava Israel）系列活动主要为以色列和中东和平进行祈祷，其组织的活动包括：（1）“韩国以色列祈祷大会”，迄今已组织了两届，第一届于2010年4月1日在首尔举行，第二届于2010年5月11至13日在首尔举行，主题是“上帝与亚伯拉罕的立约及大丰收”，其中有来自以色列的学者进行授课。（2）“亚洲到以色列：国际祈祷大会”，于2010年10月9日在首尔奥林匹克体育场举行，其主题共分为三个部分：天国福音、天国统一和天国丰收，并要求各国与会

① Embassy of Israel-Seoul, “Inauguration of the ‘Korean Institute of Israel Studies’,” http://seoul.mfa.gov.il/mfm/Web/main/document.asp? documentid = 151894.

② 黄肇怡：“七名韩国基督徒不顾政府警告前往伊拉克，”《基督日报》，2004年11月5日。

基督徒为此禁食一日。[①]（3）“为耶路撒冷和平祈祷日”活动，该活动是全世界基督徒为耶路撒冷祈祷活动的组成部分，负责韩国事务的本部是成立于1991年6月的“耶稣证据团”，该祈祷大会固定于每年10月的第一个周日为祈祷日。[②]（4）“韩国以色列国家大会”，该项活动的主要成员包括“韩以圣经研究所”、“ICM敬拜中心”、“田园祈祷之家”、“大学宣教网络”、“约翰启示录研究所”、“埃丝特祈祷运动”和“韩爱宣教会”等，2010年大会于10月4至7日举行。其次，韩国基督教团体直接在以色列境内建立教会组织，主要包括：（1）“以色列韩人教会”，该教会于1979年12月在以色列成立，目前每周不同教派的100余名成年人和40余名儿童在此一起做礼拜。[③]（2）“耶路撒冷韩人教会”，该教会主要为居住在耶路撒冷的韩国基督徒的宗教组织。在以韩国教会与“在以色列韩人会”共同组成了团结韩国在以侨民的重要组织。韩国基督教会在以色列的宗教活动与“回耶”也有着密切的关联。

从实践上看，韩国基督徒学者的对以活动与韩国基督教团体的对以活动并非并行不悖，而是有着重要的交集。2005年8月9至13日，第二届耶路撒冷亚洲峰会在汉城举行，该次峰会的决议强调了“犹太人对于整个圣地不可剥夺的权利，耶路撒冷为其永久的首都”，并着重呼吁与会成员请求所在国政府“将使馆迁至耶路撒冷”，“反对联合国的反以决议”，“停

① Asia to Israel International Prayer Gathering，http：//www. asiatoisrael. net/.

② Testimony Corps for Jesus，http：//www. tcj. kr/index. html.

③ 以色列韩人教会，http：//www. israelchurch. org/。

止资助巴勒斯坦当局，直到有效的安全保障到位以确保资金没有转用于恐怖主义”，“支持以色列和我们的犹太—基督教价值观”，请求“当地或国际媒体对阿以冲突公平的、不偏不倚的报道”。与会者韩国方面除了韩国汝矣岛纯福音教会等教会领导人以外，还有韩国政治学家、媒体人员、国会成员以及时任汉城市长李明博；以方包括尤利·斯特恩（Yuri Stern）为首的国会基督徒联盟成员及相关学者。韩国“国度使命联盟”主席摩西·李（Moshe Wang Lee）指出：“犹太人乃上帝存在的活证”，“如果上帝存在，那么真理与谎言同在，善与恶同在。恐怖是十足的恶。反锡安主义和对犹太人的妖魔化是十足的恶。他们不会因任何政治目的而被视为有理。”① 韩国政界、学界和基督教界在对待以色列问题上存在着高度的一致。虽然韩国基督教团体“另类朝圣”反对仅仅因为宗教上的亲以而忽视巴勒斯坦人民的疾苦，并号召推进利用朝圣，在巴勒斯坦多消费以刺激巴勒斯坦经济的发展，但这也并不能改变韩国主流方面与以色列共同的价值观和上帝信仰。

简短结语

从韩以关系的发展脉络可以看出，尽管双方有着长期的交往史，但彼此关系的突破却是在 20 世纪 90 年代。韩国 80 年代以来的民主化成就以及科技的发展为韩以关系的突破提供了

① “Millions of Asian Christians Stand for Israel,” http://www.jerusalem-summit.org/eng/index_js_asia_seoul.php.

可能。韩国的民主化进程很大程度上得益于韩国基督徒的推进。90 年代恰逢美国主导的中东和平进程的开启以及冷战的结束，宗教从此越来越从威斯特伐利亚的“流放”回归国际关系，这既包括国际关系的实践，也包括国际关系学科。由于宗教的超验性特质，宗教参与国际关系为人类观察当今国际关系提供了一条与主流的物质本质且越来越走向科学化的国际关系理论不同且并行不悖的分析路径。《旧约》对于犹太人选民地位的承认，基督教福音派对于以色列复国与耶稣复临关系之确认，以及今日以色列和巴勒斯坦是《圣经》时代历史记载的主角，并拥有圣城耶路撒冷，这些都构成了韩国政教两界情感上的归宿。韩国世俗的政界主流以及大部分社会精英（尤其是学者）是基督徒，这极大地塑造了基督教在韩国国家形象中的比重；而基督教宗教界人士则更直接出于与以色列共同的上帝信仰而对以展开宗教交往，这种宗教交往既可以理解为纯粹的神学体验，又可以理解为超验性的宗教活动为更容易向非信徒表达意愿而向物质世界的妥协，从而展现出世俗国际关系中所认为的宗教团体活动及宗教参与政治的形象。从神学角度看来，世界本无圣俗之分。韩国试图构建类似于美以特殊关系的，即作为“第二个以色列”的韩国与以色列之间基于上帝信仰的特殊关系。总而言之，上帝信仰构成了韩以关系的情感基石，这并非只是韩以间以高新科技合作为主的物质基石的补充，情感与物质两方面的交往在很大程度上是韩以关系这一动态事实所呈现出的并行不悖的两种面向。

新教与民主*

• 戴维 · 马丁（David Martin）著
• 刘　骞译　徐以骅校

［内容提要］　宗教与政治之间存在着错综复杂的关系。作为信仰与实践的合体，宗教既使社会稳定，又在改变社会。宗教在形塑社会的同时也被社会所形塑。宗教既稳定了社会权力的主导结构，又对其构成挑战。宗教可能是掌权的少数派，也可能是无权的多数派。新教原则与社会现实之间亦存在着无数不同的关联，其中的一些相互加强，而另一些则相互冲突。新教原则会被转化为政治原则，但通常受到扭曲而产生始料未及的结果。新教具有民主潜质：在一定的条件下，新教有助于促进宽容与民主，但也可能产

* 本文英文题为 Protestantism and Democracy，2008 年 11 月曾在土耳其伊斯坦布尔的一次会议上宣读，修改后收入 2009 年 9 月在复旦大学举办的“全球化时代的宗教与多元文化国际研讨会”的会议论文集。

生偏离。

一、宗教与权力

从社会学角度上看，宗教可以被理解为涵盖某一特殊领域的戏目，其中既有若干主要趋向（central tendencies），又有不少边际可能性（marginal possibilities）。例如，新教戏目（Protestant repertoire）的主要趋向是强调《圣经》文本的权威性，并且质疑权威的宗教等级制度；而该戏目的边际趋向则是坚持地方会众的自主性，甚至是全盘否定领导层。这些特别重要的趋向和边际可能性对民主具有清晰的含义，而且因所处的历史环境和社会类型的不同，它们或被强调，或受到贬低。举例而言，构成新教组织普遍形式的会众自治理想不太可能在一个基于分等级的社会阶层且各阶层之间存在明确义务的封建社会里产生多大影响。会众自治的新教模式与封建制度都代表着建构权力的不同方式，而在上述情况下，两者是相当不协调的。与在其他任何类型的社会中一样，在一个封建社会中，该社会的主导社会模式将限制与之不匹配的组织模式所能具有的影响。主导社会模式也将会影响那些与之匹配的宗教形式去如何认识权力，与此同时，由那些宗教形式所承载的理想的宗教愿景将渗入并改变社会怎样来理解其权力分配并使之合法化。关于社会事物应如何排序的宗教愿景将与社会生活的日常俗务发生互动。这种互动将产生这样一种情形，那就是宗教既稳定了社会权力的主导结构，又对其构成挑战。

作为信仰与实践的合体，宗教使社会稳定，又在改变社会。宗教在形塑社会的同时也被社会所形塑。这在很大程度上取决于某个特定宗教与权力的关系。当基督教被罗马帝国接受为帝国宗教时，基督教便受到很大改变，而在现代早期，当基督教被国王们接受为国教时，基督教再次受到改变。尤其是无论作为无权的少数派还是掌权的多数派，我们称之为宗教的信念与实践的合体都会受到影响和改变。当然，宗教也可能是掌权的少数派，就像最近之前的伊拉克和种族隔离的南非，在这种情况下宗教往往是压迫性的。同样，宗教也可能是无权的多数派，就像在波兰和爱尔兰，在这种情况下宗教将与民族解放事业结合在一起。

权力基于其固有的变量配置及其所拥有合法力量与暴力的政治动力，它既带来机遇，又附加有体制性的限制。换言之，拥有政治权力的建制宗教获得了实现其理念的机会，但同时也因其与权威、地位和利益既定结构的密切关系，以及因其需要为在其自身领域内保持权力和应对外部威胁的行为而受到制约。相比之下，少数派则有颇为不同的机遇和制约。在基督教尤其在新教传统中，处于建制权力结构之外的团体，如卫理公会、贵格会和一位论派等，均缺乏疆域性基础，并且依赖个人的自由选择而非自动的出生归属。这些宗教团体均有在基督教基本文献尤其是福音书中拾捡激进成分的潜在可能性。它们有可能培育出相对平等的内部组织形式，赋予其成员承担个人责任的经验，并且鼓励他们接受改革或培养某种和平主义的品质。这样的团体甚至还会设想并去探索从根本上被改变的人类和社会秩序。

二、预期结果的社会逻辑

然而，事物之结局很少如人们所愿。这是适用于宗教和政治愿景的普遍法则。因此，新教团体谋求实现其所设想之未来的结果是无法预见的。一个北美和北欧历史上著名的案例，就是某些新教团体限制自身的个人消费，反对奢侈，并把艰苦且守纪律的工作视为神圣志业。然而在约一代人的时间里，他们就创造了财富，这便诱使他们不再专心致力于纪律严格的工作。这些团体现在学会了应对财富的尴尬，并随时间推移还有可能以奢侈为乐。这类预料不到的结局也许还不是唯一的结局。一旦人们松懈起来并且也许还想要单纯追求获利，而不再把获利作为宗教美德的副产品，那么他们便同化为无道德性的经济驱动力。（这种同化类似于最初受平等与和平理想激励的宗教团体获得政治权力并且同化为无道德性的统治力量的过程）根据这种无道德性的经济驱动力，每件事和每个人都有其无感情色彩的价值，而关于宗教分歧的争端也许就无关紧要了。此种驱动力的附带后果可能就是在宗教问题上的相互容忍，这仅仅是因为所有精力都被用于获利以及人与人之间的自由竞争。同化于经济收益驱动力可能会导致无情竞争的道德混乱，此种混乱同样对竞争的宗教传统，以及对照料贫困者和失亲者的道德要求漠不关心。这种冷漠有助于促进自由放任的民主。此处的观点就是宗教理想能够变为始料未及的一连串后果的一部分。人们永远无法知道，对像努力工作和自我约束等宗教美德的追求通过何种路径最终促成了与最初的追求相去甚远的结果。

三、各种可能的路径

上述事例表明，宗教原则与社会愿景之间存在着无数不同的关联，其中的一些相互加强，而另一些则相互冲突。这也表明新教戏目的核心特征或其中的边际可能性，最终也许是先促进宽容，然后再促进民主。这种从道德约束向非道德利益的转变只是这些路径中的一种，而道德责任感仍在驱动那些已享有财富与权力的人们，使他们从事改善较为不幸者状况的项目，甚至也是可能的事。这同样是北美和北欧历史的一部分。

新教戏目可能有助于促进宽容与民主的另一特征，就是强调个人解经。一旦人们可自由得出自己对权威经文的解释，他们便易于产生分歧。一个结果就是新教团体不断分裂为相互竞争的宗派。宗教领域变得四分五裂，而这反过来为一个多元社会铺平了道路，其中没有一种信仰实际上强大到足以谋求政治支配地位。到此时，所有人都会同意把宗教与国家分开并且确保没有任何宗教团体取得通向政治权力的优先通道，符合他们共同利益。

而另一个在某种情况下易于促进宽容与民主的新教特征，就是强调对宗教教义的内心真诚而非外表顺从。追求真诚而以教义正确性为代价的新教徒可能造成某种教义正确性无关紧要的氛围。对真诚的强调可能有助于把宗教教导简化为道德影响，并进一步将其转化为促进形成宽容、自由和民主的社会秩序的行为方式。这就是目前很多新教社会的状况，而那些对国内和平有兴趣的政府非常乐于支持这种转化也就不足为奇了。

此前提及的所有事例都是说明理念和形象运作于实践的方式的简单思维实验。显然，仅从某一原则来进行思考是不够的，人们需要从多个原则互动的角度来进行思考，例如在把艰苦工作理解为一项神圣志业与对信徒自己辨识文本普遍含义的能力的原则性信任之间的互动。当然，对文本的个人解读原则需要便利的环境，尤其是有关文本广泛的实际可得性，这正是为何印刷术的发明对新教主义的成功如此关键的原因。印刷术的发明与新教传播的关系转而导致新教、教育、读写能力与本国语言文学的出现之间的关联性。这将会促进辩论并最后推动了思想的激烈竞争。这正是英国在 17 世纪 40 年代的革命时期清教徒共和国出现时发生的事情。关于宗教问题的辩论逐渐发展为代表早期美国民主特点的城镇会议（town meeting）。对大批信众充满激情的户外讲道为直接感召和说服大批民众的政治演讲提供了范本。

四、推进或偏离新教原则的条件

某一既定原则的实现依赖某些条件是否得到满足。不仅如此，在原则与条件之间还需要某种协调。例如，个体解经原则的发展就依赖于某一特定阶层如商人阶层日益增强的摆脱建立在血缘和家族基础上的严格界定的贵族制度的自由。显然，个人解经的思想假定与上帝直接和自主的沟通，而这种思想是与固定等级制及中介者格格不入的，尤其在贵族和教会统治阶层及其中介者联合在一起的地方。这里便形成了复杂的互动：个人解经的兴起和成功有赖于教阶组织中介性的弱化，而它还起着进一步削弱教阶组织中介性的作用。这是中世纪晚期和近代初期新教在迅速发展的城镇开始兴旺的一个原因。

就像在北美那样，自由公民的观念一旦得以确立，宗教原则便会被转化为政治原则。因此，假如自由公民存在，基督为人类受死的思想以及我们受邀来决定认可基督作为我们的救世主就非常易于转化为我们具有同等地位的思想，并且所有人都受邀在包括政治领域在内的所有领域做出自由的个人决策。如果我们能够参与并且宣告我们对宗教领域的进入，那么我们为什么不应参与并且宣告我们对政治领域的进入呢？维多利亚时代英格兰独立教会主要由权力精英之外的人们所组成，并且这些教会通过建立其宗教社区以及支持那些能推动其社会进步的政党来宣告他们对社会领域的进入。

当然，一些条件有助于某一原则的实现，而另一些条件则可能使之受到歪曲，在这种情况下，原初戏目中的另一项原则就会被召出来加以弥补。若干境遇和原则可能需要同时发挥作用。个人解经本身或许还不够强有力。在 16 世纪，它需要与君主方面在其领地上行使不受限制的和集中的统治权同时发生，此外他们还要为其自身之目的而没收天主教会的财产。如果变革以及宗教改革的这一特定前提被证明是至关重要的话，那么至少就当时而言，个人解经原则会被扭曲，而新教运动则被引导来支持民族国家的形成。

此类偏离发生可能导致其他的偏离。因此，在国家建立的初始阶段，新教主张个人纪律有可能被统治者用于支持王国的组织，就像德国的情形那样。德国虔诚主义主张纪律，这有助于确保国家的顺利运行。此外，个人解经原则意味着赋予

《旧约》与《新约》一样的分量。这很容易导致与《旧约》中所描绘的犹太教上帝的认同，并由此而与被认为是“上帝选民”当代变现的国家的认同。个体选择于是便有可能会被部分地纳入到国家团结中。鉴于政治叛逆已成为宗教异端（较早）的现代形式，其结果可能就是把宗教分歧解读为叛逆。于是出现的并非被视为普世新以色列的国际教会，而是某个在“神圣君主”治下的新兴的早期现代国家，这个国家会被认为得到了上帝的特别佑护，并具有征服他国的神圣使命。这正是在南非布尔人（Boers）以及北爱尔兰新教徒那里所发生的事。这些自相矛盾的结果伴随着所有思想的实现，而不仅仅限于宗教思想。如被认为具有普世性的世俗启蒙运动就可能被转变为对未被启蒙者的种族态度。

五、新教历史轨迹的展开

（一）第一阶段：新教与国家

在16到17世纪的时代背景下，宗教成了国王间以及（后来）国家间相互竞争的因素，而由此引发的战争只是在提出各国信奉其统治者支持的信仰才告结束。这项原则在不同时间里与天主教、新教以及开明的专制国家都共存过，这便意味着某些新教原则中的民主潜质暂时受到扭曲和阻扰。与此同时，这里也存在着这些潜质通过基督教与启蒙运动最初的民主结合而成为现实的重要路径，尤其是在荷兰、瑞士、英格兰、苏格兰和美国等新教国家。尽管个人选择的倾向部分被逆转，但至少在一段时间里，这种倾向还是找到了其最终实现的路径。

通过基督教与启蒙运动的结合，这便不仅产生了某种早期的民主可能性，而且还可能将在属地性教会自动成员身份的观念与正在出现的注重内心生活的笃信者组成的自选团体结合起来，而这些自选团体靠高度的个人和感情上的虔信来维持。这就为能够赋予改革以力量的共同情感的出现开启了通道，其显例就是废除奴隶制以及改善随工业革命出现的工作条件。

国教会与这些自选团体的增长共存，但到最后它还与基督教完全是个人之事，与对宗教团体的任何积极参与并无多大关系的观念共存。其结果就是两种形式大为不同的世俗化。其中一种就是教会与国家理念保持一致；另一种则是在培养自主和在宗教上不活跃人士的过程中个人宗教虔诚的消逝。芬兰将两种世俗化形式结合在了一起。那里有某种与芬兰信义教会有关的强烈的民族主义，这种民族主义得到神职人员不懈的激励，尤其在芬兰受到来自俄国的威胁之时。那里还存在着某种高度内向形式的个人宗教，它或相当有名无实地依附于国教，或活跃于宗教奋兴主义团体之中。

然而，国教并不是唯一的可能性。对《新约》尤其是福音书教导的关注，有可能促成专门致力于实现这些教导的社区的思想。这样的社区会把自己设想为“山巅之城”并发号施令，好像所有人都是教会中的积极成员并受其管束。因其最初基于《圣经》的章节强调内心忠诚而非对具体规章的服从，这类教团的另一选择就是有时建立在与世隔离地区的自选教会。在这一隔离区域里，这些精神领袖们试图去实现《新约》中关于非暴力、互爱甚至分享财富的训诫。这些训诫有办法传播到特定宗教社区的界线之外，孕育出半世俗化的和平主义精神，并且还在社会改良和慈善努力中发生作用，尤其对早期的新教民主社会产生影响。

我使用“早期民主”（incipiently democratic）一词，因为新教社会在民主化方面的记录，尽管可被认为是好于其他宗教形式，但这也是可变的。个人化和尊重个性具有相当大的民主潜力，尤其当与多元主义相关时，比如在美国，但却在极大程度上依赖于一些便利的环境条件。这些环境条件在那些社会强大到不经常被推翻、在统一早已实现的国家、在新教并未面对大量非新教的少数派、在社会处于受保护的生存环境，如在作为岛国的英国，或在像美国那样位于不受各路强敌严重威胁的大陆，以及可以逐渐建立制度并且在没有破坏性革命的情况下逐一解决问题的地方，才达到其最大效果。

即使上述所有条件都得到满足，而且有关国家是世界强国，甚至是世界帝国，发展为民主国家仍要花上几个世纪的时间，而且必定是循序渐进的，先开始于赋予男子选举权，这通常基于财产资格。在发达的西方，直到 20 世纪随着妇女选举权的获得和少数民族的充分融入，民主才臻于成熟。别忘了美国通常被称颂为民主楷模，但黑人少数民族却必须等到 20 世纪后半期才在公民权领域取得接近平等的地位。

在上述条件无法得以满足的地方，其他发展便有了可能。德国提供了一个经济和文化发达国家的范例，在那里实现民主的若干关键条件并未得到满足：它比绝大多数其他国家更晚统一、它在宗教上是分裂的、1848 年革命遭到失败、它在地理上位于一个权力均势摇摇欲坠的大陆的中心、它处于独裁统治下并助长了某种讲服从和秩序（包括军队秩序）的文化。新教通过王位与祭坛联盟而被完全纳入这一秩序。

当然，新教通常与开创现代世界的革命、或者说与我们用以界定现代性的革命尤其是工业革命联系在一起。在欧洲大部分地区，这种关联始终伴随着世俗化，但在美国却出现相反情形，在那里政教分离基本条件的取得要早于其他任何地方。这部分是因为对北美持续不断的移民涉及一些不同的种族团体，如英国人、北爱尔兰人、荷兰人和德国人，以及若干新教派别。这些种族和宗教团体在很多方面都不相同，但它们在文化上并非如此疏远或敌对，以至使相互适应成为不可能之事。随着时间的推移，显然新教多元主义以及新教中各种新派别的层出不穷使得单一的支配性教会成为不可能之事。这些互相竞争的新教派别的存在为那些喜欢半基督教或自由神论启蒙主义的权势精英提出并最终实现政教分离之墙的理念提供了机遇。

然而，在这里我们遇到了新教戏目与有助于或有碍于其实现的社会条件之间关系的极端复杂性。基督教早先提出归恺撒的物与归上帝的物之间的分离。这就包含了对有道德心男女的正面评价，他们把对上帝和原则的忠诚置于社会服从之上，尽管所有教会一旦建立，都有迫害那些拒不遵从者的记录。其创立者死于“教会”和国家之手的背景、三个世纪来基督徒的内部分裂，以及不时作为受迫害的少数派，设置了某种不服从和潜在的志愿主义的精神内存，以及对正义的受害者和对某项事业非暴力殉道者的尊重。这些范例和形象在适当的情况下会被加以利用，并可对大大超出教区范围的整个文化产生影响。

这里，时间和篇幅要求我长话短说。让我们假定宗教改革需要从上和从下两方面来加以推动，而这与新的传播模式尤其是印刷业密不可分，并且与北欧的商业和贸易文化有着亲缘关系，因北欧国家已成为它们时代的先进社会。所有这些合作因素使新教与国家和经济权力的联合成为不可避免之事。同样，新教还与受教育神职人员的观念有关联，并因此而与国家精英和他们不断变化的道德思想有密切关系的社会阶层结合起来。与此同时，它还因其个人化及平信徒的潜能而具有大众的甚至是平民主义的气质，存在于宗教改革的极端派，并且能够发动持续不断的深入社会各阶层的动员，尤其在美国和广大英语国家。

（二）第二阶段：持续不断的民众动员——福音派与五旬节派

这些动员，包括美国边疆白人和美国黑人奴隶的宗教复兴主义动员，可认为有助于使英语国家免遭暴力革命。因此，除了涉及启蒙运动与天主教会之战争的道路之外，还有另外一种通往现代性道路的模式。在上述战争中，天主教会在一个世纪以来与反现代性、包括反资本主义的精英结盟而使自己陷于困境。而新教则走上了另外的道路，允许宗教与政治结成间歇性联盟，而非以对立模式所要求的那样用政治来取代宗教。这还意味着以具有超凡魅力的教牧来取代受良好教育的教牧，这在后内战时期的美国南方增加了基于《圣经》的宗教与某些形式的（不同于现代技术的）现代科学发生冲突的可能性。受良好教育的教牧可接受现代科学，甚至对之做出贡献，就像作为修道士的孟德尔（Gregor Mendel）对遗传学基础理论的贡献所表明的那样。无论是基督教还是穆斯林的基要主义运动，尤其是当它们被未受多少教育的平民主义神职人员所领导时，有时会排斥其认为不合乎《圣经》和《古兰经》的现代科学的某些方面。相比之下，这些运动对现代技术倒并无芥蒂，因其为达到目的之手段，并且能使它们更有效地传播它们的宗教思想。

与此同时，相对受较少教育的宗教领袖所起的作用就是使福音派信仰尤其是五旬节派的出现成为可能，并能够把黑人和白人宗教复兴主义融为一体。这种宗教复兴主义不仅与美国南部的白人保守主义联合起来，而且还推动了黑人民权运动，其重要后果之一就是近来奥巴马总统的当选。另一个后果就是在发展中国家出现的具有先天适应性的跨越任何数量文化类障碍的信仰。目前五旬节派在发展中国家约有2.5亿信众。因在发展中世界普遍的政治失败，五旬节派便特别具有影响力，因为它提供了希望和流动性的锦囊。这一锦囊要通过道德改革、艰苦工作以及参与和相互支持的机会来加以维持，并且还含有上帝将带来来世以及此生救赎的信仰。此种信仰是否并且在多大程度上最终顺从发展中世界政治领袖所运作的腐败和剥削模式，或在何种程度上改变此种模式，仍待见分晓。在从尼日利亚到韩国的完全不同的处境下，新教的民主潜能在多大范围内能够实现，并且天主教会已在多大程度上把自己从与政治权力的古老联盟和属地特性中解脱出来，以便在具有多元文化、流动性和跨国性的世界里继续运作，是一个太大的问题而无法在此展开讨论。

宗教与当代国际关系：挑战、影响路径与地缘宗教*

● 徐以骅

［内容提要］　宗教的全球复兴和“政治觉醒”对当代国际关系的理论和实践构成了挑战。本文在对这些挑战的内容和性质、路径和特点进行分析的基础上，提出了地缘宗教的概念，来描述目前业已成为国家安全和对外政策考量和国际地缘战略博弈的跨国、跨地区宗教因素。

在当今的国际关系中，宗教的作用越来越从隐性转为显性，并且日益成为跨地区和跨国界现象，被称为“全球宗教复兴”和“宗教的政治觉醒”，而全球化的趋势更放大了宗教对国际关系和各国政治的影响。自冷战结束以来，世界上几乎

---

* 本文原是作为教材的一小节撰写的，因教材不能充分加注，故将未删节版发表于此。

所有的重大事件如巴以冲突、“9·11”事件、国际反恐、科索沃冲突等，或多或少均有宗教的背景和动因。宗教被宣称从“威斯特伐利亚的放逐”回归国际关系的中心舞台，以至有国际关系学者断言，如“不重视宗教就无法理解国际关系”。[①]宗教不仅被认为是“政治的另一种形式的延续”，而且还成为国际舞台上各方争抢的资源。[②]在一些国际关系学者看来，“宗教全球复兴对国际关系理论的挑战堪比冷战结束或全球化初现所引起的理论挑战”。[③]

本文从以下三方面来论述宗教对当代国际关系的影响：(1）宗教对当代国际关系的挑战；(2）宗教影响当代国际关系的路径；(3）地缘宗教与地缘宗教学。

一、宗教对当代国际关系的挑战

研究宗教与国际关系的学者斯科特·M. 托马斯（Scott M. Thomas）曾对“全球宗教复兴”现象作了以下界定：“全球

① Jonathan Fox and Samuel Sandler, *Bringing Religion into International Relations* (New York: Palgrave MacMillan, 2004), p. 7.

② Conn Hallinan, "Religion and Foreign Policy: Politics by Other Means," *The Berkeley Dailey Planet*, Nov. 9, 2007; Ted Gerard Jelen and Clyde Wilcox, "Religion: The One, the Few, and the Many," Ted Gerard Jelen and Clyde Wilcox, eds., *Religion and Politics in Comparative Perspective: The One, the Few, and the Many* (New York: Cambridge University Press, 2002), pp. 1-3.

③ Elizabeth Shakman Hurd, "Theorizing Religious Resurgence," *International Politics*, 44 (2007), p. 647.

宗教复兴指宗教日益具有显要性和说服力，如在个人和公共生活中日见重要的宗教信念、实践和话语，宗教或与宗教有关的人物、非国家团体、政党、社区和组织在国内政治中日益增长的作用，以及这一复兴正以对国际政治具有重大影响的方式发生。"[①] 20 世纪 70 年代尤其是冷战结束以来宗教的全球复兴正在从多方面改变全球宗教布局乃至国际关系的面貌，并且对现行国际关系结构以及人们关于宗教的传统观念形成了挑战：[②]

首先，宗教的全球复兴挑战了传统世俗化理论。长期以来，宗教被认为将随着现代化和经济发展而衰退，然而实际情况却似乎与之相反，宗教在现代化和经济发展的冲击之下不降反升。大规模宗教复兴主要发生于基督宗教（尤其是五旬节派）、伊斯兰教、印度教以及各种民间宗教，而基督教和伊斯兰教保守势力的持续增长和政治觉醒，则是 20 世纪下半叶以来世界宗教领域最引人注目的两大现象。于是乎"世界的复魅"、"宗教跨国与国家式微"、"宗教民族主义对抗世俗国家"、"宗教冲突取代意识形态冲突的新冷战"等说法不胫而走，开始充斥于世界各地的新闻报道和学术出版物，几乎完全取代了 50 年前曾风靡一时的"基督教王国衰退"、"上帝已死"、"后基督教甚至后宗教时代的来临"等话语而成为时代的标签，各种"非世俗化"、"反世俗化"、"后世俗化"和"神圣化"理论纷纷出台，俨然

① Scott M. Thomas, *The Global Resurgence of Religion and the Transformation of International Relations: Struggle for the Soul of the Twenty-First Century* (New York: Palgrave MaCmillan, 2005), pp. 28 -32.

② 徐以骅："全球化时代的宗教与国际关系，"《世界经济与政治》，2011 年第 9 期，第 5 - 11 页。

成为各国学界宗教研究的流行范式。

其次，全球宗教复兴挑战了威斯特伐利亚国际关系体系。作为结束欧洲30年战争的产物，威斯特伐利亚条约以及通过近两个世纪才确立之遗产（或威斯特伐利亚共识）以主权至上来取代神权至上，承认和确立了国家权威以取代跨国宗教权威，不再把宗教作为外交政策基础以及国际冲突的合法性来源。以威斯特伐利亚条约为基础的现代国际制度的核心，就是通过建立一整套国际规章制度来确保国家主权准则，并且不承认挑战国家主权的跨国意识形态。然而宗教的全球复兴和“政治觉醒”一方面挑战当前由西方世俗价值观主导的国际关系准则及规章制度；另一方面也挑战作为国际社会基本政治单位的世俗民族国家。[①] 在所谓人权和宗教自由问题上，“新冷战”的锋芒更是主要指向非西方国家。21世纪初以来，西方所倡导的国际社会基于所谓人道主义原则具有使主权国家平民免受大规模暴行的“保护责任论”开始流行，各种宗教组织自然而然地成为此种“新国际规范”的积极实践者。由美国宗教团体发起的苏丹运动就是“保护责任论”的全面实践。

再次，全球宗教人口重心的转移挑战世界宗教的传统布局。全球化带来了全球人口、产业和宗教大转移，而此三大转移之间又有极为密切的联系。随工业革命而起的欧洲人口的国

① Scott M. Thomas, “Religion and International Conflict,” K. R. Dark, ed., *Religion and International Relations* (Bashingstoke, Hampshire: Palgrave, 2000), pp. 14 – 18; Richard Falk, “A Worldwide Religious Resurgence in an Era of Globalization and Apocalyptic Terrorism,” *Religion in International Relations: The Return from Exile*, pp. 181 – 205; Jeff Haynes, “Transnational Religious Actors and International Politics,” *Third World Quarterly*, vol. 22, no. 2, 2001, p. 157.

际化或所谓“欧洲大迁移”不仅以对欧洲有利的方式重新划分了世界贸易的格局和国际政治的版图，而且在全球扩张了基督宗教的势力范围。而从20世纪下半叶开始的所谓“反向大转移”即亚非拉国家向欧美地区的大规模移民也改变了全球文化和宗教的流向，在使基督宗教具有越来越多的非西方形式和表述的同时，上述地区的各种传统宗教也渐次成为西方国家的宗教。西方主导宗教（基督宗教、摩门教等）的南下和东方主导宗教（伊斯兰教、佛教、巴哈伊教、印度教、道教、若干新兴宗教等）的北上互相交叉，改写并扩充了世界性宗教的花名册。[①] 非西方国家的“第三教会”的崛起以及由其主导的新传教运动在较大程度上颠覆了传教运动和传教士的传统形象，基督教传统中心与边缘发生易位；移民潮和国际散居社会的形成则把东方宗教与民族冲突嵌入西方世界的腹地，使“恐伊（斯兰教）症”成为欧洲各国的普遍现象，并且对英、法、德等国的传统宗教和民族融合模式产生冲击。基督教和伊斯兰教的全球扩张和信众结构的变化使两教关系、宗教自由和宗教多元主义“日益成为21世纪国际政治的重要议题”。[②]

第四，宗教政治化趋势挑战宗教在国际关系中的传统定位。伴随全球宗教复兴而来的，是全球性宗教政治化或政治宗教化的倾向，这在较大程度上颠覆了宗教的寂静、消极和非政治化的传统形象。世界范围的宗教政治化有着种种不同的表现，如

---

① 徐以骅：“全球化时代的宗教与国际关系”，第9页；徐以骅：“当代国际传教运动研究的‘四个跨越’，”《世界宗教文化》，2010年第1期，第65页。

② Scott M. Thomas, “Outwitting the Developed Countries? Existential Insecurity and Global Resurgence of Religion,” p. 30.

宗教极端主义和基要主义的普世化、宗教团体的“政治觉醒”及其大规模介入各国政治尤其是外交政策领域、由宗教团体支持的政党或宗教政党在各国选举中获胜、以信仰为基础的非政府组织在国际政治舞台上扮演日益重要的角色、跨国宗教倡议网络和宗教国际人权机制的形成，以及“国际恐怖主义第四次浪潮”及其所引发的国际宗教问题安全化趋势等。拉美解放神学、政治伊斯兰、美国宗教右翼以及伊朗革命、波兰和东欧剧变、“9·11”事件等宗教思潮和与宗教密切相关或受宗教驱动的事件成为20世纪下半叶以来宗教政治化及极端化的显著标志。

第五，宗教互联网挑战宗教传播的传统方式。如果说全球化助推了宗教的跨国流动，那么互联网则造成自宗教改革时期以来媒体与宗教的另一次具有重大意义的结合，甚至被鼓吹为引发了“第二次宗教改革”。网络宗教（或称“电脑宗教”、“虚拟宗教”）对各种宗教的传播均有“放大效应”，而网络“世界性”与宗教“普世性”的契合，使网络宗教具有比以往任何传教方式更有力的穿越疆域国界的能力，也提高了它们社会基层动员、影响政治议程和参与全球事务的能力，并且可使世界各地的任何宗教问题迅速透明化、国际化和政治化。网络宗教无论作为新型传教主体，还是作为传统传教组织的新型工具，在当代传教运动中都已显示出巨大的潜力。

然而，传统世俗化理论并未销声匿迹，而在同样具有实证研究支撑的“新世俗化”、“精英世俗化”、“长期世俗化”和“富国世俗化”等理论中得到重新表述；民族国家仍在国际社会中占据支配地位并且制定跨国行为体必须遵循的基本规则；全球基督教的神学、机构和经济资源的重心仍在“全球北部”，基督教人口重心南移并未撼动西方对基督宗教的掌控；宗教的“和平”、“寂静”和非政治化的基本属性并未因“国际认同战争”而有所削弱；而网络宗教目前也并未触发堪与16至17世纪宗教改革相提并论的涉及教义教制、政治变迁、经济方式、思想文化和民族国家等的全方位变革；宗教内部的分歧和分裂以及宗教之间的敌视和冲突使宗教作为跨国行为体受到很大的限制。全球宗教复兴对传统的宗教观念、国际秩序以及传播方式确实具有“挑战性”，并已引起深刻变革，但目前尚未具有全球范围和整体上的“颠覆性”，更谈不上使宗教回归“前威斯特伐利亚国际关系体系”了。

二、宗教影响国际关系的路径

关于宗教在当前国际关系中的作用，有关学者尤其是国际关系学者的理解和分析虽不尽相同但大致接近。宗教与国际关系的关联性与宗教所具有的世界观、身份认同、合法性来源以及作为民众运动和正式组织机构的属性有关。

宗教以及宗教团体主要是通过以下路径来影响国际关系的：①

① Jonathan Fox and Samuel Sandler, *Bringing Religion into International Relations* , pp. 3, 163 – 168; Scott Thomas, “Religion and International Conflict,” pp. 4 – 14; Jonathan Fox, “Religion as an Overlooked Element of International Relations,” pp. 59 – 67；徐以骅：《当前国际关系中的“宗教回归”》，徐以骅主编《宗教与美国社会——宗教与国际关系》（第四辑），时事出版社，2008年，第17－20页；徐以骅：“宗教与当代国际关系，”《国际问题研究》，2010年第2期，第46－47页。

首先，宗教观念和信仰通过影响决策者、普通民众和社会舆论作用于外交政策，这是宗教影响国际关系和国际制度的最重要的方式，同时也说明民族国家仍是当前国际关系的主要行为体。目前宗教对美国外交政策的影响就呈现出立法化、机构化、国际化、草根化、联盟化、媒体化以及安全化等趋势。①

其次，宗教是可被国际体制内各种行为体利用的合法性来源，如"选民论"和被狭隘理解的"圣战观"可使战争行为和暴力手段合法化，当代"正义战争"观念以及"人道主义干预论"和"保护责任论"也具有宗教和神学渊源，宗教也是国际和平主义主要的思想和实践来源。宗教还是国际关系中最主要的规范性力量之一。

第三，与国家有关或受国家支持的宗教行为体（如伊斯兰会议组织和梵蒂冈）以及非国家宗教行为体直接或间接地介入国际事务，与此同时，一些宗教领袖凭借其所代表的团体、所倡导的主张、所体现的道德权威以及个人影响力在国际政治舞台上发挥着重要作用。

第四，宗教是冷战结束以来国际关系中跨国群体认同和个人身份建构的最主要方式之一，也是人们区分敌友的决定性因素之一。在许多情况下，宗教认同比种族、政治、阶级、性别、地区等认同涵盖面更广、排他性更强且更为重要，成为社会群体国际政治参与以及国际冲突的主要驱动力。

第五，宗教是国际关系中与军事和经济力量等"硬实力"相对应的"软实力"，学界有人甚至用约翰·洛克（John

① 徐以骅："宗教在当前美国政治与外交中的影响，"《国际问题研究》，2009年第2期，第33－35页。

Locke）“思想者强于利益者百倍”的名言来力证宗教作为“软实力”的“不战而胜”的能量，而运用“软实力”也是宗教团体影响所在国外交政策的最重要的方式之一。

第六，宗教通过跨国、跨界的现象、运动和议题，如宗教冲突、传教运动、基要主义、政治伊斯兰、网络宗教、宗教恐怖主义以及人权、人口增长和堕胎等与宗教有关的议题，作用于国际关系和国际安全。

对于宗教与国际关系的上述关联性，英国国际关系学者杰弗里·海恩斯（Jeffrey Haynes）指出，国际宗教行为体过去一直被视为在国际政治中与影响国家和国家权力的关键问题还扯不上边的“有趣现象”，“但如今不同宗教行为体不仅能直接影响国家的内政从而对国家权力有所牵制，……而且也对国际关系有着意义重大的影响”。①

宗教作为影响当前国际关系日益重要的因素具有以下特点：

首先，与现实生活中一样，宗教在国际关系中亦具有互相抵触的正反两面性或多面性。从一方面来说，宗教可说是“动乱的根源”，与当前的地区和种族冲突如影随形，与形形色色的恐怖主义相伴相生。宗教所固有的最令人困惑之处，是其所谓“神圣的两面性”，即宗教可以是人性的神圣表达，但也可以产生仇恨、暴力和不宽容。从另一方面来看，宗教又是“和平的使者”，各种宗教和宗教组织在世界范围内扶贫济困、在国际和地区冲突中折冲樽俎、在多轨外交中斡旋调停、在国

① Jeffrey Haynes, *An Introduction to International Relations and Religion*, pp. 44 – 45.

际论坛上发出道德倡议，这些都显示了宗教对国际和平事业的贡献。目前，宗教已被国际社会视为防止和解决国际冲突的有效途径之一，与理性行为者决策模式不同的以“信仰为基础的外交”，即“用宗教价值观来弥合敌对双方分歧的外交”，①在世界范围内已经发展到可具体操作的程度。其实无论是某项科技发明（如炸药和原子能）还是人类本身也都具有某种两面性，不过比起世俗团体，具有神圣性的宗教以及宗教团体的两面性通常会表现得更为突出。

其次，宗教不仅具有多面性的“变脸”特征，同时也是国际行为体中少数“软硬兼施”的力量，即宗教既是“软实力”同时又是“硬实力”。宗教和宗教信仰在政治中的运用与世俗政治意识形态不同，因为来自宗教信仰、实践和机构的道德奉献和政策选择通常与宗教的“终极性”和“绝对性”有关，这便意味着宗教信仰和价值观对人们具有更大的控制力。② 社团性和机构性也是宗教的基本属性。宗教社团和机构的规模大小、活动范围、组织严密性有很大差异，一些活跃于国际舞台的跨国教会和宗教团体如梵蒂冈、世界宣明会（World Vision）和天主教救济服务会（Catholic Relief Services）等与那些地方性教会和宗教团体在“硬实力”上有天壤之别，前者通常既有在所在国和国际组织中合法和受尊重的身份，在国际舞台上纵横捭阖；又有遍布全球的机构网络，在基

① Douglas M. Johnston, Jr., *Religion, Terror and Error, U. S. Foreign Policy and the Challenge of Spiritual Engagement* (Santa Barbara, California: Praeger Security International, 2011), Preface, p. xiv.

② Scott Thomas, “Religion and International Conflict,” p. 3.

层动员上游刃有余，目前在包括环保、发展、救援、裁军、安全等众多领域已经成为全球治理的重要力量。

再次，宗教在国际舞台上兼具“配角”和“主角”的双重身份。就“配角”而言，无论其作用或功能是正还是负，宗教在各种冲突中从来就不是单独起作用的，宗教也从来不是暴力的唯一原因。“它以爆发性的方式与领土争端，不稳定和压迫性制度，经济和社会不平等，种族、文化和语言上的分裂等交织在一起。但是，与以往的时代一样，在当下，狂热的宗教认同和参与通常起到了加剧紧张局势和引发流血事件的作用”。[①] 宗教在国际冲突中更多发挥着推波助澜的“放大器”或“加速器”作用。不过在某种条件下和某些时间节点上，宗教团体和宗教议题却是国际政治和冲突中名副其实的“主角”，是“导火索”和“发动机”，而且此种宗教扮演“主角”的情形在21世纪的国际关系中不是在减少而是在增多。用社会科学的术语来说，在当前的国际事务中，通常作为因变量的宗教越来越作为中介变量和自变量来发挥其作用。

三、地缘宗教和地缘宗教学

地缘政治是政治地理学中的一个主要流派，它把地理因素

① Thomas Banchoff, “Introduction: Religious Pluralism in World Affairs,” in Thomas Banchoff, ed., *Religious Pluralism, Globalization, and World Politics* (New York: Oxford University Press, 2008), p. 3.

视为影响乃至决定国家政治行为的一个基本因素，并根据各种地理要素和政治格局的地域形式来分析和预测地区或世界范围的战略形势和有关国家的政治行为。自瑞典学者 R. 谢伦（Rudolf Kjellen）1916 年首次提出地缘政治学这一术语以来，该理论被广泛应用于人文地理学、政治学和国际关系的研究中。尽管该理论尤其是“生存空间论”因被德国法西斯主义的极端化利用而变得声名狼藉，但却在二次大战后各主要国家的战略思想和实践中得到继承和发展。可以说，在 20 世纪的大部分时间里，地缘政治曾经是各国制定安全和对外政策的一项重要依据。

然而时过境迁，当代经济全球化的发展对地缘政治理论提出了挑战，学界有人甚至认为冷战结束、信息革命和经济全球化已将一度曾为“显学”的地缘政治扫进了“历史的垃圾堆”。[①] 冷战结束以来，各国间经济竞争不断加剧、区域合作日益加深，地缘经济开始超越地缘政治而成为国际关系中最活跃的因素。对许多国家来说，经济实力、资源、手段和关系的较量对本国、本地区乃至整个世界的战略格局具有决定性的影响，研究各国间和国际经济竞争行为的地缘经济学于是应运而生。

然而，地缘经济或地缘经济学仍不能反映当前全球宗教复兴、宗教性地区冲突和“认同战争”频发的世界格局。虽然哈佛大学政治学者塞缪尔·亨廷顿（Samuel P. Huntington）的“文明冲突论”和美国国务院所属外交政策研究中心主任迈克

① 潘忠岐：“地缘学的发展与中国的地缘战略——一种分析框架，”《国际政治研究》，2008 年第 2 期，第 22 页。

尔·弗拉霍夫（Michael Vlahos）的“文化区域论”[①] 实际上都指出了后冷战时期文明或文化间的分歧已取代东西方对立，可冠之为“地缘文化学”，但这些学术假设仍在某种程度上刻意回避宗教，当然也不能充分解释当今世界各种宗教“大分散、小聚居”的现状。

因此，我们在这里提出了地缘宗教的概念，来描述目前业已成为国家安全和对外政策考量和国际地缘战略博弈的跨国、跨地区宗教因素。这主要基于以下几点理由：

（1）自冷战结束以来，宗教冲突或与宗教有关的冲突已取代意识形态冲突而成为当前国际冲突的主因，与宗教基要主义增长有着密切关系的宗教恐怖主义也已成为当前国际体系中具有主导性的恐怖主义，而宗教极端势力与大规模杀伤性武器之结合，则被国际社会特别是西方各国视为“当今世界所面临的最大威胁”。[②] 在世纪之交，国际社会显然已从主要作为地缘政治的世纪进入了地缘政治与地缘经济和地缘宗教并存交织的世纪。

（2）跨国宗教与传统地缘政治如领土争端紧密相联：各国信仰版图与政治版图的重叠、宗教边界与领土边界的交错、跨界宗教与跨界民族问题的纠结、宗教圣地归属主张的冲突，都增加了地区乃至国际冲突的可能性和强度，“国内宗教问题的外溢”和“弱国强宗教”等现象已经成为许多发展中国家

① M. Vlahos, “Culture and Foreign Policy,” *Foreign Policy* ,82, (Spring 1991), pp. 59 – 79.

② Douglas Johnston, ed. , *Faith-Based Diplomacy*: *Trumping Realpolitik* (Oxford and New York: Oxford University Press, 2003), p. 3.

的特征和国际关系的新景观。与此同时，地缘宗教因素也与地缘经济因素互相交织，比如作为全球基督教传教重心地区的“北纬10—40之窗”以及作为全球伊斯兰核心区域的所谓伊斯兰弧形地带或大中东地区（亦称“文化中东”），不仅在地理上与全球主要产油区高度重合，而且是国际恐怖主义滋生和频发的高危地区，因此成为当前国际战略博弈的重点地区之一。地缘政治、经济和宗教因素的盘根错节、高度互动，是21世纪地缘学的主要特点。

（3）从冷战结束尤其从“9·11”事件以来，宗教已俨然成为各国国家安全和对外战略中的重要因素。一些西方国家如美国的外交和安全权力建制已开始从国家安全和战略的高度来看待宗教问题，不仅把宗教问题看成是人权问题，而且视之为“国家安全的界定因素”，或是某种“硬性”的“国土安全”问题，鼓吹“宗教自由即促进国家安全”的“宗教自由和平论”，把在全球推进所谓宗教自由与“反恐怖主义”和“反宗教极端主义”结合起来，实际上已将宗教问题与传统安全问题等量齐观。[①] 各种非西方宗教深入西方世界腹地并与西方传统宗教形成犬牙交错之势，使世界各国的政教关系和国内宗教政策几乎无一例外地被国际化或开始具有国际性含义。各种宗教及其宗教组织活跃于当前国际舞台，并且已成为全球治理的重要力量。

因此，如果说追逐更大权力和战略优势是地缘政治的要

---

① 徐以骅：“宗教与当前美国外交，”徐以骅、秦倩、范丽珠主编：《宗教与美国社会——宗教非政府组织》（第五辑），时事出版社，2008年版，第495－497页。

义，最大限度地获取经济资源和利益是地缘经济的主旨，那么在21世纪的今天，争取道德制高点、话语权、说服力和民众思想则是地缘宗教的核心。有学者甚至称“争夺新世界秩序灵魂的斗争已经发生，并且认真看待文化和宗教多元主义目前已成为21世纪最重要的外交政策挑战之一”。[①] 宗教与人类生存以及国家生存的地缘环境息息相关，而国家的“宗教属性”和地缘宗教位置又深刻作用于并在某种程度上界定了国家的安全战略和对外政策。用美国前国务卿奥尔布赖特（Madeleine Albright）的话来说：“宗教是一种强大的力量，但其作用则完全取决于它激励人们所做的事。对决策者的挑战就是如何来利用宗教信仰团结的潜力，同时又限制其分裂的能量。”[②]

① Scott M. Thomas, *The Global Resurgence of Religion and the Transformation of International Relations: Struggle for the Soul of the Twenty-First Century*, p. 16.

② Madeleine Albright, *The Mighty & Almighty, Reflection on America, God, and World Affairs* (New York: Harper Perennial, 2007), p. 66.

当代美国社会中的宗教
（第四至第十章）

• 约翰·F. 威尔逊（John F. Wilson）著
• 章志萍　邓玲凌　何健宇　金辉　刘倩洁译
徐以骅校

［译者说明］　本文是美国普林斯顿大学宗教系教授约翰·F. 威尔逊于2007年4月间在复旦大学美国研究中心所作系列演讲的后六章，前三章以及导言刊于《宗教与美国社会》第六辑。该演讲对宗教在当代美国社会中的地位作了全方面的考察，内容涉及美国宗教史及宗教与美国社会、政治、文化、教育、新闻媒体、科学技术、体育、法律、经济等各方面的关系，并对美国宗教研究的若干重要问题，如宗教在美国社会中有着重要地位，但这种重要性却常被“云遮雾障”等现象作了深层次的分析。威尔逊教授是美国宗教研究的权威学者，曾任普林斯顿大学宗教系主任、美国宗教研究中心主任、普林斯顿大学研究生院院长以及美国教会史学会会长等职。该系列演讲

除导言外共分十章，除在本丛刊分两辑出版外，还将单独结集出版。这份专门针对中国听众和读者设计的系列演讲的演讲稿，是一位在过去半个多世纪以来从事美国宗教科研和教学工作的权威学者的封笔之作。在此本书编者除对威尔逊教授表示由衷的敬意外，还特别要向资助威尔逊教授来本校演讲的教育部外籍专家交流项目、复旦大学外事处、复旦大学美国研究中心，以及参加前后为此次演讲以及讨论演讲稿而组织的三次讨论班的复旦大学国际关系与公共事务学院的研究生表示真挚的感谢。本文第四至六章由章志萍翻译，第七至十章分别由邓玲凌、何健宇、金辉、刘倩洁翻译。

第四章　二次大战后的知识生活和宗教

本章继续探讨二次大战后知识生活在美国如何发展。上一章提及当代美国大专院校持续不断的多样性，这保持了在19世纪就已显而易见的模式。但该章同时也强调了某些重要的变化，而这些变化是由联邦政府把研究资金注入大学重要研究领域尤其是物理和工程学的政策所带来的结果。联邦政府还为许多私立以及自内战以来发展起来的州立院校提供了大规模支持。这使美国高等教育具有独特性的发展，但却在无意间巩固甚至扩大了明确的宗教世界观与世俗世界观之间业已存在的鸿沟。因为联邦政府资助的增扩主要在非人文研究领域，这就直接影响到自然科学和人文学科之间早先存在的平衡关系。此外，由于自然科学和工程学的发展得到来自联邦政府的大力支持，人们因而认为那些接受资助的院校也应遵守“政教分离”。因此，虽然政府的激励也许在资金层面，而此举的另一含义却是支持并加强了公众的态度并影响到大专院校发展的优先次序。

在此期间，高等教育中的另一因素更广泛地影响了知识生活。欧洲法西斯主义特别是德国纳粹主义兴起的一个主要后果就是大量欧洲学者和知识分子流亡海外。虽然纳粹政权确实也要依靠本国研究人员持续不断的支持，但他们中的许多犹太人认清了德国反犹政策的含义，于是移居异国他乡以摆脱当局的控制。因此，从 20 世纪 30 年代始发生了极为重要的学术迁移，其中许多欧洲知识生活中的杰出人物尤其是德国著名学者因此而迁入美国的高等学术机构。哈佛、耶鲁、哥伦比亚和普林斯顿等大学的师资队伍因这些声名显赫的德国流亡者的加盟而大为加强，而这只是仅举几所大学为例。在曼哈顿还开设了一所新机构——社会研究新学院——主要来接纳那些在大专院校未谋得职位的流亡学者。

这次学术迁移对美国高等教育传统学科的影响之大再强调也不过分。从 19 世纪初开始，很多美国学生前往当时尤其是作为基础学科研究中心的德国求学。他们回国就职并且带回对很多研究领域先进学术研究的基本情况的充分知识。但是，正是这些处于从人文到科学各学科最前沿地位的一代知名学者的到来，才从根本上提升了学术质量，甚至影响了美国学术研究的方向。在这里我们无法展开任何具体细节，但列出其中几个人物也许有助于说明这一点。这些人物中可能最著名的就是爱因斯坦（Albert Einstein），他在加入普林斯顿高等研究院（另一主要为收留欧洲流亡学者而设立的机构）时已基本完成相对论的研究工作。在人文学科中像加盟哈佛的沃纳·耶格（Werner Jaeger）和前去耶鲁的埃里克·奥尔巴克（Eric Auerbach）等人，都极大地推动了美国的学科发展。在社会科学领域，马克斯·韦伯是美国社会理论发展背后的伟人。虽然韦伯仅在一次大战前短暂访问美国，但是他的影响却在此时期得到扩展，尤其是通过哈佛大学塔尔科特·帕森斯（Talcott Parsons）的著作。当然，就社会科学而言，共产主义作为国际运动的兴起也引起了对卡尔·马克思（Karl Marx）的对现代社会分析具有奠基性著作的关注。上述人士仅为主要是犹太知识分子的一代学人的少数代表，他们将先进的欧洲思想带到美国学术界。他们的存在使那些从事推动基础学科者有可能而且确实有必要条件来实现20世纪早期欧洲的研究水准。

但是，如认为这些知识成就的输入仅仅狭隘的局限于大专院校那就错了。这些学者确实吸引了许多学生，并且他们的研究工作把研究生的兴趣导入新方向，因此对二次大战后大专院校的课程产生了重要的影响。但造成第二波乃至第三波影响的则是新闻记者以及那些美国人现在称之为公共知识分子的人士。从某些方面来说，作为报道世界观和上述人物以及其著述源自上述人物的那些学人的特殊成就的管道，新闻业的影响在此期间也有显著增长。总之，反映传统欧洲思想关于世界的全面世俗观点开始渗透到美国最有影响的一些高等学术机构，以及其代表在这些机构受教育并且乐于宣扬这种世界观的新闻传媒。在未作大量思考的情况下，这种广泛的世俗世界观与美国生活的基本前提产生了共鸣，这一前提就是科学和宗教是分离的领域，并且多数人认为两者在本质上是相互独立甚至是相互对立的。此种广泛文化转移的引人注目之处，在于它发生在其民众的宗教行为比其他西方社会显著得多的美国处境之中，而且美国政治——至少就意识形态方面而言——从美国受神指派来反对通常被称为“不信神的”共产主义这一信念中吸取力量。

此种世俗世界观的发展带来了应予以关注的两种后果。在教育机构中，它强化了那些对宗教作为科目的关注更加边缘化的其他一些因素。宗教研究被认为是教育机构中专门致力于培养宗教专业人才的特殊部门，也就是天主教修院和新教神学院，以及若干致力于为小得多的宗教社区培养领导阶层的犹太教机构。同时，宗教实践被认为有别于高等教育研究，一般留给特殊学生群体或校园周边的当地机构。具有讽刺意味的是，这个模式与传统欧洲院校的典型模式大相径庭。在这些欧洲院校中，致力于研究有关宗教传统的神学教员拥有稳固的地位，对宗教现象作社会科学的探讨得到支持，并且对宗教传统重要作用的承认也延伸到广义的人文研究领域。

第二个观察是这一广泛世俗世界观在高文化处境或环境中的扩张进一步推动了许多保守宗教社区退出整体文化。这种分离——尤其是那些与基要主义相关的保守新教观点以及为教堂和罗马教廷大多数领袖所持有的天主教传统观点——证明是在大众文化中巩固保守宗教观的强大动力。于是，当高文化或精英文化表达了某种广泛的世俗世界观（且在研究型大学和整个文化中的知识分子中间得到越来越多的支持）之时，流行或大众文化则以此来加强它对这种世界观的负面看法。高文化中的知识分子具体采取了这种立场，即到一定时候大众宗教观会“赶上时代”，并且民众最终将接受他们较为世俗的世界观。而大众文化所采取的立场则是把针对“无神论共产主义”发展而来的义愤和抵抗转变为针对所谓的内部敌人。因此近几十年来美国所说的“文化战争”就是对20世纪30年代有影响的欧洲知识分子美国大迁移的派生或推迟的反应。

这里重要的是要强调一下由此种发展情形所蕴含的讽刺性。二次大战后的数几十年间，低估宗教重要性的广泛世俗世界观开始支配美国生活中的高文化，然而与此同时，在大众层面，某种在冷战期间针对共产主义的敌意部分被转用来反对高文化，而此种高文化被认为把宗教看成是某种内在威胁。发展中的社会科学（特别是社会学、心理学和人类学）的一个显著方面涉及对宗教科目的研究。尤其就社会学而言，其奠基人物如卡尔·马克思、迪尔凯姆（Emile Durkheim）和马克斯·韦伯等都承认宗教在他们所提出的社会理论中的重要性。尽管卡尔·马克思称宗教是“人民的鸦片”，但他这样说并非降低对宗教重要性的认识，而是承认在抵制社会变革时工人阶级所表现的一致性中宗教所起的（他所认为的）强有力作用。虽然马克思也许并非这样来理解宗教，但即使是他对世界历史的进程以及向乌托邦时代演进的推测也在很大程度上吸取了已由黑格尔给出现代解释的宗教世界观。迪尔凯姆对澳大利亚土著的探讨被证明对分析欧洲社会颇具影响力，他认为宗教在构建各社会群体内部团结方面的作用对全体人类社会都是最基本的。当然，韦伯认为，某种形式的强烈宗教性即清教主义，在促进现代中产阶级的资本主义的产生方面起到了关键作用，并且对此加以评论。但他也探讨了在世界上其他重要的宗教文化领域中宗教所发挥的不同作用。因此，不管他们个人对宗教持何种观点，无论他们是积极还是消极地看待宗教，这些现代社会学思想公认的奠基人都非常重视宗教在社会中可能发挥的力量和潜在影响。

如果我们转向心理学学科发展中的主要人物，大致会出现同样的情况。尽管其背景和交际圈都在大都会，作为美国人，威廉·詹姆斯（William James）认为宗教是人类行为非常重要的方面，并要求分析宗教的多种表现方式。他在吉福德讲座开设的课程围绕着宗教经验及其多样性的主题，但他似乎也意识到在人类生活许多方面背后的类宗教现象。例如，他认为在人类战争所有可能的替代中，竞技体育入选的呼声最高，并且他关于在人类奋斗中幻想的作用的提议也可被认为与他对宗教及其重要性的理解有关。虽然西蒙·弗洛伊德（Sigmund Freud）思想的影响必然关系到他对人类生活中性问题的强调，但他也认识到在许多不同的社会环境中，宗教思想和宗教行为模式对于人性的构建非常重要——不管这有多么不幸。他的同事卡尔·荣格（Carl Jung）似乎不那么认同宗教的地位，尽管涉及宗教作用的许多问题仍不断被提出。就现代心理学而言，其发展状况与社会学及社会理论大体上一致。在现代社会科学的基础层面，宗教所发挥的潜力和影响被承认为个体和人类社会生活的一个要素。具有讽刺性的是，高文化的宗教批判者（他们认为这是世俗文化）假定高文化摈弃了宗教及其影响，而未能认识到高文化本身所具有的对宗教影响——无论善恶——的高度重视。如果平民主义的信教的批评者认识到现代社会科学的奠基人虽然坚持认为宗教具有施恶的潜能，但他们同时也尊重宗教力量，那么我们一直在探讨的世俗高文化或精英文化与宗教大众文化之间的分离就不会那么明显了。

虽然人类学发展轨迹并不完全类似，但其在美国学界作为一门学科也在此时期形成。当然，人类学在现代大学里的实践是一项广泛事业。从根源上说，人类学致力于人类的总体研究，但它逐渐形成若干各自独立发展的子学科。如体质人类学开展对人类描述性的比较研究，而历史人类学则转而通过追踪人类栖息地和活动遗址来重建古人类历史。与此同时，文化人类学或象征人类学更接近其他社会科学学科如心理学和社会学，而且有趣的是，在这方面也出现了非常类似的情形。譬如在二次大战后的美国学界，人类学在这方面的发展颇有成果，其理论基础主要取自韦伯和迪尔凯姆这样的学者。在将文化人类学移入美国环境方面，像克利福德·格尔茨（Clifford Geertz）这样的学者就强调，人们若要理解无论是伊斯兰世界还是环大西洋地区的社会秩序的话，那么懂得宗教就至关重要。其同时代人如玛丽·道格拉斯则发现宗教展示了社会体系一个特别重要的方面。然而，在人类学后来的学科发展中，宗教课题通常让位于对其他课题的研究。于是在人类学学科，也逐渐形成了支持广泛世俗世界观的转向，而该学科的先驱却都曾从社会的宗教土壤中汲取了很多养分。

要证明社会学、心理学以及人类学等学科的戏剧性发展仍然要把宗教作为其关注的中心点，这是具有挑战性的。对于一些个人和小型研究团体来说，宗教继续是其关注中心。然而就总体而言，这些学科都具有强化植根于精英的世俗世界观的导向，这便应验了其保守的以及主要是平民主义的宗教方批评者预言式的断言。一般来说作如下评论是有问题的，但至少为此处分析起见这也未尝不可。那就是从表面来看，一般世俗世界观充斥于高文化，宗教在其中似乎充其量也只扮演了次要角色。就心理学而言，人们普遍认为宗教只是一种幻觉，其影响虽毋庸置疑，但它与任何现实的联系，无论如何定义，似乎至多也只是不确定的。心理学研究人员当然确实已就宗教观对个人行为和思想的影响和控制力开展了令人印象深刻的研究，但其工作前提却通常是关于宗教课题的任何推论都要打折扣，如果不是被忽略的话。至于对集体行为的研究，受社会学指导的研究倾向于把宗教当作因变量，也就是人类活动中反映更基本变量和自变量的一个因素。在这种情况下，自变量很可能被认定为阶级、性别或种族。确实宗教似与阶级地位、性别或种族等认同有关。但如假定在每一情况下自变量都更多为某一因素而非另一因素，这看来就是通常未加以验证的研究预设。因此在这里同样具有讽刺意味的是，尽管与社会理论和心理学有关学科的奠基者非常重视宗教，但在许多现代专家的实践中，对宗教的重视变成了置之不理，或至少也是低估了宗教可能具有的潜在影响力。

我们描述了表现于学院和学术活动中的两种文化——即上层社会的高文化或精英文化，以及大众的普通文化或平民文化。在此种背景下，有趣的现象就是自觉的宗教势力可说是撤回到自己的地盘。在20世纪中叶，美国社会中富有活力的天主教世界就分解为若干对这一古老传统的远非稳固和协调一致的不同表现形式。尽管规模减小，但教会内部建立某种自觉的天主教亚文化的动力犹存。该亚文化作为有力的实体，通过与其他忠诚的天主教徒跨越时空的强烈认同感来确保忠实信徒。在此时期，犹太身份认同的分裂世界也经受了超常的压力。毫无疑问，一个主要因素是犹太人（以及非犹太人）对于大屠杀的反应，那是纳粹党徒在德国清除犹太人（以及犹太教实践）的计划。这不仅关系到世界历史的一段往事，而且直接涉及与以色列在中东的存在有关的持续冲突。尽管美国犹太社区全力支持以色列，但它也面临一个虽不显眼但却严峻的内部挑战，那就是犹太裔美国人与非犹太裔美国人之间通婚率的急剧上升。在20世纪初，受犹太传统同化形式的影响，尤其是其改革派，似占据上风；但在二次大战后，犹太传统较为“正统”的派别力量大增。来自欧洲的哈西德派移民的规模较小但结构严密，也加强了正统派。犹太社区的自我理解在近几十年间发生了明显变化，这一点丝毫不亚于天主教社区。

如我们转向美国文化中广泛的新教部分，相同的力量也会呈现。较老的宗派，其中许多其历史可追溯至殖民地时期或建国初期迁移新世界的早期移民，一直以来都受到强有力运动的挑战，其中包括现在人们所说的福音主义或宗教右翼。我们已经谈到依赖魅力型领袖的创业精神的作用，这对美国新教的发展至关重要。这些力量不仅体现于日益严厉的较老宗派如美南浸信会，也体现在五旬节的强势扩张上，这在城市地区并通常在新移民中尤为突出。当美国人把城乡分裂的旧世界变为日益郊区化并十分依赖个人交通方式的新世界时，宗教创业者便证明他们非常善于创建巨大的、通常与宗派教会没有正式关系的宗教联合体。这些宗教联合体通常坐落在州际高速公路周边，其选址甚至计划都折射了购物中心的发展。它们可为其信徒提供除正式礼拜以外的许多服务，包括少儿保育、少年的童子军项目，以及甚至专为较年长成员特殊爱好而设立的社团。

用以上方式展现的总体格局，表明美国社会中的宗教力量非常积极地融入和运作于我们所描述的“大众文化”。另一方面，宗教思想和行动与高端或精英“上层文化”之关联性显著下降。近至20世纪中叶，像莱茵霍尔德·尼布尔（Reinhold Niebuhr）和保罗·蒂利希（Paul Tillich）这样的宗教人物在大众文化中还广为人知，并且被认为是美国的重要知识分子。但到21世纪初，找到任何具有同等分量的人物就成了一项挑战。20世纪末那些家喻户晓的宗教领袖更像成功的企业领袖而非知识分子。其中最出名的无疑是葛培理（Billy Graham），他得名于其极为成功的“十字军布道”，该福音运动尤重利用广播以及后来的电视来鼓动广泛的福音派宗教情绪。就高文化对他的推崇而言，更多地出自于他有效地跻身政界、特别是在半个世纪以来向美国总统提供咨询。无论其个人的劝谕被证明多么有益，公开上述事实的主要目的是出于其政治有效性，想到这点并不需要多深刻的玩世不恭态度。其他人物如直接从大众宗教世界的成功经历中转型的帕特·罗伯逊（Pat Robertson），结果证明并不怎么具有“吸引力”。这便使阿肯色州前州长、一度是2007—2008年度竞选共和党总统提名的麦克·赫克比（Mike Huckabee）成了有趣的人物，因为他完全将其宗教吸引力与其政治事业融合一体。

总之，就宗教实践而言，过去半个世纪是极具活力的，但此种活力一直存在于流行文化（大众文化）的框架内，并不代表对上层文化具有有力影响，更不用说存在于上层文化之内了。因此，表明宗教被重置于社会边缘以及宗教对社会中心影响力急剧下降的世俗化范式如何变为知识分子了解21世纪初宗教在美国的地位的主要工具，相对来说就较易理解了。

这里我们直接转向一项重要发展，该项发展对我们分析宗教在当代美国社会中的地位有着直接影响。近来出现了“知识产业”这个说法，用来指称和描述当前一些机构所扮演的重要角色。这些机构不仅旨在保存与现行人类生活相关的历史知识，而且还日益致力于创造新知识，以期其中的大部分能为人类所利用。用该名称基于这样的前提，即到20世纪末，过去几十年（尤其在科学方面）的巨大发展产生了对自然环境的认识以及对自然环境的有效控制，而这一成就具有改变目前地球上人类生活的可能性。这一强有力假设出自对医学界伟大创新的承认，这便使把人体看成是组织系统这样的方式成为可能，而修复和置换人体器官已成为常见之事；以及提供了增加世界上食品供应量可能性的生物工程等因素。与此相关的经历就是交通速度不断提高以及电子设施的非凡作用，其目的是有效压缩时间和空间距离来提升人类通讯的潜能。人们以及社会所经历的上述以及其他相关变化导致了如下普遍的看法，即持续的积极变革可以制造出来以造福于人类。在关于这种发展的思考中，基础研究尤其是科学领域的基础研究被认为是关键的因素，而没有这些研究我们所看到的这些进展就无从取得。接下来的假定就是对宇宙性质的进一步认识还会产生更多的进展。因此，知识产业预先就推定持续不断的大胆研究尤其对物质世界研究的好处，并推动新发现的应用。但知识产业超出了寻求理解世界的简单进步，并且计划将那些洞见实际运用于社会中的整个知识复合体。从这个意义上说，知识产业不仅承诺带来更好理解人类如何达到目前状况的好处，并且还要求系统地征募最有潜力的人才以便在这一过程中发挥持续的作用。知识产业这一概念基于某种关于人类生活包括其持续发展潜力的极具能动性的观点。它蕴含着某种广泛的世界观，尤其是那种包含世俗偏见的世界观——这种世界观认为在人类所经历的不断进步中宗教是边缘性的。因此我们需论及这些假设的机构根源，关注其如何运作和对理解宗教在美国社会的地位——以及可能对其他同样经历快速发展的社会所具有的含义。

教育机构，尤其是大学，非常接近知识产业的核心，它们定位于鼓励和支持有关科学学科的基础研究。“基础研究”的说法颇成问题，它出自于这样的假定，即在未来的几十年里关于自然界将会有持续的重大发现。过去科研的根据分别基于某种条理清晰的范式（一个例子可能就是牛顿关于世界的观点）的提出而划分为若干主要阶段，而在晚近则转变为这样一种假设，即对科研对象的认识在不断变化——尽管这些变化不一定是匀速的。人们还认为，虽然基础研究在像物理学这样的学科中继续开展，譬如探索自然及合成材料，但它也会体现于生命科学，在该学科中分子生物学的发展就速度惊人。以这些因素来定义的基础研究很快就逐渐变为开展对新知识的应用，这无论在电子学还是在对生命形式的理解和处理方面都是如此。我们此前已谈到投入巨额联邦资金来支持大学研究工作的专门政策的出台。作为反事实性的假设，我们可以想象有关政策是把政府开支投入与公司相关的研究单位；这方面现存的例子就是贝尔实验室，作为业界独立运作的研究项目，该实验室在20世纪中叶成为电子学领域一些最令人瞩目的进展的发源地。但是，上述情况并未发生，并且我们可以说美国人很幸运，因为大部分基础研究均置于大学之中，那里有着较广泛和全面的大量研究和教学工作。主要如非完全以公司为渠道来资助研究可能会导致对这些研究工作的直接政治控制，或从另一个方面来讲，导致利用知识进步来实施对政治过程的控制。

如果将基础研究置于大学环境的这种体制还有其他间接好处，那么还需要考虑到它对教育机构的影响。这种体制强化了现有圈子，如果你愿意这样说的话，而几乎所有学院和大学的师资候选人都通过这个圈子在研究型大学中被挑选、培训和预备。既然这些院校的基本定位是取得研究成功，从而得到科技进展的回报，因此在这个过程中存在着某种强烈但却隐而不宣的以利益为导向的倾向。这里所强调的是广义上的市场有效性或影响力，但对总体平衡和长期影响却较少考虑。此外，基础研究与发明创新的社会应用之间通常有一代人的时间差，这些因素加起来就在教育机构的广阔世界里形成了一个巨大的具有内在延滞性的反馈环路。

如果说研究型大学代表了知识产业的核心地带或基本节点，那么其他一些规模相对较小但十分重要的机构也支持了这个产业，这其中就有高等研究中心。这些中心并未招收攻读学位的学生，却聚集了资深学者并有在未来数十年里最有希望达到相当水准的青年研究人员的加盟。这些研究中心中最卓越的是位于新泽西州普林斯顿的高等研究院（独立于普林斯顿大学）。此前我们已经提到该研究院最初主要为收留逃离纳粹德国的学者而建。自此，其他计划类似的研究院也在美国以及欧洲发展起来。其中一些研究院与著名研究型大学有直接联系，譬如在哈佛，拉德克利夫研究院目前就沿用此前女子学院的名称，并且把高等研究议程带到马萨诸塞州的坎布里奇。这样的中心可能偏重于人类知识的某个方面。譬如在加州帕洛阿尔托的著名研究中心就建立来从事行为科学的高等研究，而目前该中心隶属斯坦福大学。另一中心位于北卡罗来纳州三角研究园（靠近杜克大学和北卡罗来纳大学教堂山分校），则致力于人文课题的高等研究。

还有一小部分对知识产业十分关键的机构通常被称为

"智库"。这些中心的运作更直接地具有某种使命以利用基础知识来为某种目的服务，也就是说这关系到在政治领域制定国家政策，而非追求基础知识的进展。不过尽管起源、组织和目的不同，这些机构像研究型大学和高等研究中心一样，对知识产业都至关重要。这方面也许最具直接影响力的智库是兰德公司，它一贯从事有关国防问题的研究。其他智库在通过委托研究项目、尤其在向联邦政府提供建议和咨询服务方面具有更广泛的目标。如都位于华盛顿特区的布鲁金斯学会和美国企业研究所这样的组织就分别具有自由派和保守派政治的政策倾向。但是它们也都以自己的方式来推动对政府有用的应用性研究。

这里所讲的一切都是要说明这个不那么严谨地被称为知识产业的极具影响力的机构联合体，在无意间——如非出于图谋——体现出某种强烈的世俗倾向。这就是说，追求和应用知识主要是在那种把宗教视为社会中相对边缘部分的框架内实现的。宗教课题倾向于被认为是次要的，并且宗教因素一般也被认为是某种因变量。当然这种态度也充斥于反馈回路，这在吸引人才准备为知识产业工作，以及在来自内部的具体推荐和随后的职业道路等方面都有明确体现。因此知识产业可被看作是20世纪上半叶的产物，它使对具体宗教问题重要性的质疑以及削弱其社会和政治含义的看法和态度得以机构化。就此而言，知识产业凝结了21世纪初更普遍具有美国高文化或精英文化特征的那些态度。

支撑以上各章的基本主题的一个要点就是宗教事实上还将继续广泛存在于人类社会。特别在美国，宗教至少在流行文化或我们所说的大众文化中继续发挥巨大的影响力。显然在近几十年间，宗教运动在世界范围内也欣欣向荣——这让那些通常见多识广的观察家们大为吃惊。放眼整个世界，穆斯林的自我理解（以及他们关于与西方基督教世界之关系的自我意识）看来已明显成为美国国际关系中的一个重要因素。确实，甚至在21世纪初期的美国国内政治中，尽管很少被了解，但宗教情绪、激情和信念都将继续成为社会生活中的重要组成部分。当然宗教因素不是孤立的，而是最经常地保持着与如民族、性别、阶级和种族等其他因素之间的牢固关系。但宗教的作用似乎要比一般所称的纯粹因变量远为重要。宗教与其他因素之间的关系看来也完全是动态的。因此下一章将指出宗教的某些方面，这些方面有助于解释宗教如何将继续成为美国文化的一个重要因素，以及有哪些具体特点使这一情形成为可能。

第五章　宗教在美国社会中的重要意义

前面各章提出两个主要观点：第一，与通常人们尤其是知识精英所承认的相比，宗教在美国历史中地位更为显著并且宗教对当代美国文化具有更大的影响；第二，出于一些特殊原因，人们对美国历史上和现实中的宗教相对估计不足。我分别讨论了这两种观点的具体情况和部分原因。关于第二个观点，即对宗教在当代美国中的重要作用缺乏足够认识，我强调了美国社会的高文化在理解宗教方面带有偏见。这出自长期以来的文化发展动态，而这种动态又因特别与某种现代发展相关的推动力而得到加强。本章探讨宗教为何在美国历史上一直地位显著因而十分重要的一些基本原因，以及对此情形的一些最主要的解释。

关于美国，的确也就是关于从殖民地时期就开始成形的独特美国社会的一项最重要的观察，就是美国从其国家建立之始就是一个移民国家。鉴于在20世纪的进程中人口非同寻常地迁移，因此我们可能较易注意到美国历史的这个方面。任何人口迁移，无论是强迫还是自愿，势必引起变革并把流动性引入社会建立之中。在美国，从近代初期欧洲的大量移民开始，人口迁移就成了生活的一个基本事实。虽然美国历史始于英国试图殖民新大陆，其他几个欧洲帝国也在觊觎新大陆的大片土地。西班牙和葡萄牙探险者为各自的利益对新大陆进行了最早的殖民和持久的开发。就西班牙而言，许多神甫跟随意在为西班牙王室攫取土地、子民以及传说中的黄金宝藏的西班牙军队而来。这些远征的目标主要针对我们现在所知的连接南北美洲大陆的海峡。虽然法兰西帝国并未派遣同样数量的殖民者，但其所进行的贸易和使土著归信的活动也把法国影响带到北美。英国对新大陆的渴求出于两种考虑：一是确保与新大陆的贸易往来；二是利用持不同教见者来获取北美东海岸的殖民点。于是欧洲三大列强在大西洋两岸相互争夺。在一个半世纪的时间里，苦撑的英国殖民点确实巩固了其南侧以抵挡西班牙势力；而在北部，法国探险者、捕兽者、传教士和商人却未能建立有效的长期定居点。对于西班牙、法国和英国这些欧洲列强来说，经济利益、军事力量和宗教目标都起了作用，虽然对此三者的组合各自有所不同。对英国来说，建立贸易点与持不同教见者谋求建立自己不受国教会以及王室势力直接影响的社区正好在同时发生。不管怎样，英国在新大陆的统治在17世纪内战中关键的20年里被打断。随英国移民而来的还有若干较小的北欧国家如荷兰和瑞典的探险和殖民者。从其他欧洲国家如德意志诸邦甚至法国来的移民也在英国王室的管辖下找到了落脚点。

这里还有几点要注意：首先，英属殖民地从一开始就证明是种族混合的。的确，美国移民的这种特点一直持续到21世纪。在每个特定时期，移民也许主要有一个或数个来源，但是长期以来移民的多样性却令人惊叹。这种混合状况历来都是如此，甚至挺过了限制移民以及出于各种（政治、社会和经济）考虑控制人口运动的时期。非洲奴隶的输入使此种人口多样性进一步加强，而这些奴隶是南方种植园经济的关键组成部分。在19世纪，大量亚洲移民（其中许多是中国人）进入美国，使当时的工业扩张成为可能，尤其是通过他们建造跨州铁路的标志性贡献以及在都市地区开始发展华人社区。这里的观点就是美国开始形成于英国的殖民探险，从那时起美国就体现了惊人的文化多元性，而这些文化是由那些来自形形色色的各种国家的移民带入新大陆的。

其次，人口迁移并未因移民——尤其是早年大多数移民渡过波涛汹涌的大西洋——的抵港入境而停止。一部分移民确实留在海港周边被称为最早定居点的地区，但后几代的许多移民则踏上通往西部的土地。他们的目标是寻找财富，并且通常与其他移民结伴，不过有时也与朋友和家人不通音讯。当然，当一些移民在北美大平原重新定居时，其他许多人则穿越了令人胆怯的西部山脊，与之相比，海上航行似乎也不那么具有挑战性了。这里基本的观察是许多美国人不仅经历了从异国他乡而来的初次迁徙，而且出于机遇和需要肯定还经历过二度以及通常是不断的迁徙。因此变动经历是移民美国以及后来国内迁移所固有的特征。因此，从定居之初持续到21世纪的社会变化经历便构成了塑造美国人的基本力量之一。

第三，移民美国和国内迁移有时也引起再度迁移。这就提醒我们，并非每位新大陆移民都决定留下长期居住。通常这是因为早先为家庭成员制定的依次移民的计划未能实现，以及出于某种或某些原因全家在故土重聚就成了紧迫之事。有时先期移民可能尝试了种种可能性，但结果这些可能性看来都无法实现。这里的观点是移民永远是一个复杂、多变、互动和完全动态的过程，它通常包含几个阶段，而并非可在某一固定不变的时期内完成的静止和单向的过程。要成为“美国人”总是意味着需要接受不断变化的可能性。

最后，对美国历史至关重要的广泛移民现象必然会对社会产生一系列影响。我们所关注的是上述这种人口运动如何在一些基本方面塑造美国宗教的具体问题。但重要的是我们也要强调指出，不仅美国宗教而且我们较少注意的美国社会的其他方面都受其影响，其中美国政治亦受移民运动的重大影响，其程度丝毫不亚于经济，当然还有文化。我们此后还经常会把美国宗教与社会其他方面联系起来，但此时我们的任务则是要讨论美国经历的具体宗教层面，而此种经历来自于移民对国家构建的极端重要性。

我为什么要特别强调移民在美国历史上以及在构建美国社会中的重要性呢？移民可以被理解为一个使用范围相当有限的技术称谓，所强调的不是社会人口的流入就是流出。从此有限意义来讲，移民对美国的意义当然确定无疑。但是我们也注意到这种重要性，即除出入美国外，社会内非同寻常的持续人口迁移亦贯穿于整个美国历史。移民在美国的政党生活中起了非常重要的作用。当代两大政党即民主党和共和党都在为不同种族创造友好环境，或带有成见地利用他们作为负面参照点以服务于各自的眼前利益。“认同政治”这个说法常被用来隐晦地表达通常作为移民结果而直接或间接产生的公民群体在美国政治中有多重要。此外，毫无疑问人口迁移还造成一些社群，这些社群充当了其影响范围大大超出其所在地区的文化中心。一个易于理解的例子就是纽约、迈阿密和洛杉矶作为美国犹太社团的人口聚集中心，为该社团提供了参照标记和安全感。其他城市或地区对社会中的其他人群也有类似的作用。这些似乎都显而易见，并且至少含蓄地提出这样的问题，即在美国社会的处境中那些较易确认的种族群体是在何种条件下凝聚在一起的。

针对这个背景，我们再来看宗教在关于美国不同群体的团结方面所扮演的角色。在社会中身份认同的形成无疑采取了多种方式。对于来自其他国家某些特定地区或区域的移民群体——通常与具有同样背景者抱团而来——来说，种族在赋予美国人身份认同方面无疑起了非常基本的作用。种族特点通常在所移居的环境中逐步形成，并且常常强调文化遗产中的某些方面如语言及习惯用语、职业和手艺、服装风格、休闲活动（如音乐和体育），以及饮食习惯包括所喜爱的食品。即使在21世纪，对美国城市的造访者来说，各色民族餐馆部分展示了美国历史上大移民的某些特殊史实。这些餐馆的菜单各具特色，有意大利烹饪、法国美食、希腊特产、印度佳肴、日本寿司，当然还有代表中国不同地区的各种不同的地方菜系。食物只是表明美国文化中民族地位的标志之一。以民族生活特点构建身份认同的难题之一就在其限制性。在一方面这些特点可用来团结那些分享有关特殊遗产的某些方面的人士，但这一举措本身也把那些也许并非群体成员的人士排除在外。以食品为例，随着时间推移，与不同民族有关的烹饪可能成为来自许多不同背景的美国人至少开始体验甚至欣赏嵌入社会的种种习俗的桥梁。但难以改变的事实仍然是种族的对外排他性与对内凝聚性同样有效。

从这个角度来看，宗教归属是种族特征的一部分。尤其对较早和较大规模的欧洲移民而言，大多数来到美国的种族团体都代表着某种特定的宗教传统，而这种传统至今仍是他们独特民族身份认同的核心。那些独特宗教传统的范围广泛，包括几乎所有国家版本的罗马天主教，这里还不说那些遵守东正教仪式的天主教徒的类似区别了。那些带来新教信仰和实践的欧洲移民在美国社会的处境下在很大程度上复制了新教在16、17和18世纪的欧洲所分裂成的各种特殊形式。除了大量产生于英国的广义公理会制的新教宗派尤其是浸礼宗、公理宗和贵格会之外，后来的英国移民如来自苏格兰的移民，也将长老会传统植入美国宗教生活的混合体中。同样，荷兰移民从本国带来了归正宗传统，而其他欧洲新教徒移民尤其是来自斯堪的纳维亚诸国和德意志土地的移民则带来了若干信义宗派别。甚至在规模相对较小的犹太移民中，原来在欧洲的显著地域差别也重现于整个美洲大陆。这里的要点就是在所有的种族标志中，宗教归属尽管也历经变化，但其稳固且持久，因此极为重要。

然而关于种族特征的宗教成分尤为值得关注之处，就是在美国社会处境中宗教可使其成员与本宗教家族的其他一些团体联合起来，如果可以这么说的话。在美国新教徒内部，特定宗教传统的严格种族分离已开始消解，并且形成了更大的跨种族团体。浸礼宗认同就是一个很好例子，该教对形形色色的新美国人都热情友好，无论是对来自初始地的第一代还是对此后各代的移民。卫理公会是特别善于建立超越狭隘种族界限的团体忠诚的另一宗派。在长老会以及在忠于继承美国革命前英国国教会较早传统的美国圣公会的那些信徒中，情况大致上也是如此。

天主教也呈现出类似的演变格局。当该教会在19世纪头几十年信徒人数增加时，爱尔兰移民带来了严厉的天主教派别，其中神职人员扮演了特别关键的角色。当天主教会在新生美国组建和扩展、并谋求接纳来自欧洲不同传统的其他天主教徒——如德国、波兰、意大利等国的教徒，这里只举几例——时，新来的教徒发现他们至少部分地游离于爱尔兰人控制的天主教会之外。确实从严格意义上说，美国直到20世纪初在国际天主教会中仍然是“传教区”。在此期间许多观察者都预料美国将成为平行的天主教民族教会的所在地，而不会出现单一的美国天主教会。随着时间的推移，各民族教会有效地合而为一，其中爱尔兰支配地位受到削弱。因此到20世纪中期，美国的罗马天主教实际上已包含了许多民族的宗教传统。

这些观察所强调的基点，就是宗教归属在赋予美国社会中的身份认同方面起了非常大的作用。在一方面，继续使用母语、民族服装以及几乎原封不动地保持饮食习惯完全可成为在更广大美国社会之外生存的基础。但在另一方面，宗教实践却成为促进不同种族团体融入美国社会生活的种族遗产的要素。从纯粹功能性来看，宗教作为赋予美国社会生活中身份认同的一个基础至少具有两大好处。其中一个好处我们很快就注意到，那就是宗教归属与其他典型的文化标记相比更具包容性，至少在后者按狭义理解的情况下。另一个好处就是美国习语所说的“另一面”。作为个人，美国人一直处于可轻易改变自己宗教关系和归属的状况。当然，这可能需要改变个人原有的信仰去学习新的宗教实践，如唱圣歌或遵从某种（强调使宗教领袖与教会普通信众分离的授圣职）宗教传统中的牧师。在美国处境中，宗教实践以及教义的特性和要求趋弱。但是一旦决定开始新生活，宗教实践可轻易地加以调整或去适应——尤其在如不同宗教背景人士通婚等情况下。

关于这一宗教取代移民的其他民族特征从而成为美国人生活中赋予身份认同的主要来源的情形，其实例可从美国历史殖民时期之初至少一直追溯到20世纪中叶。这一过程的某些方面可能终止于20世纪中期的几十年中。美国社会受到所谓大萧条的挑战的深刻影响，对此美国国内迁移急速增加。如非洲裔美国人——自解放黑奴以来他们中许多人一直住在较为乡村的南部各州——就大量迁移到北部工业区，在那里，工厂就业的机会是难以抵抗的诱惑。在这一剧烈和巨大的社会变革期后，美国便加紧战争动员，加入同盟国来抵御轴心国在欧洲和太平洋战场上的推进。在这一包括剧烈和巨大社会变革的整个时期内，宗教身份认同的表现仍然强烈，这部分因为它有助于在高度社会流动性的情况下建立社区。我认为在二战结束后的半个世纪里这种情形仍然存在。但是宗教作为某种被接受的差异标志仍然在起的重要作用部分被若干因素所遮掩。其一就是那些通过美国宗派语汇来认同自我的较老宗教组织已经让位于以宗教奋兴派方式发动的一系列较松散的运动，而这些运动是建立在与以魅力人物为中心的五旬节派宗教生活形式相关的组织结构之上的。另一使宗教在美国社会中持续不断的整合作用受到遮掩的重要因素是我所称的大众文化与精英文化之间加深的分裂。宗教在大众文化中依然显要，而具有分析倾向的高文化则对宗教是否真正存在并且是否仍具有影响有着越来越多的疑问。

在把二次大战结束看作是宗教在美国社会中基本身份赋予作用减弱的可能转折点方面，还有一个重要因素。确实，许多年来赴美移民的数量并非一成不变。某些时期移民人数激增，而其他时候则锐减。20 世纪三四十年代移民的相对规模大为缩小。(此前我们已经提到专业移民的重要性，至少这段时期仍有少量主要为欧洲犹太侨民的此类移民。他们人数虽少，但长期影响却大得多)。但到 60 年代，不仅移民数量有巨幅增长，而且这些新美国人的来源国也有显著变化。亚洲移民在 19 世纪和 20 世纪初就来到美国，然而当时主要为正在发展中的美国经济提供劳动力，通常不携家眷，更谈不上形成社区。20 世纪后半期赴美的亚洲移民则大不相同，他们中多有专业履历和经验，并且最重要的是他们有意愿和能力去利用现有的经济和文化机遇。此外，虽然亚洲宗教传统在美国社会中愈发重要，但目前尚不清楚它们是否会在新移民中扮演其他宗教传统在较早时期主要来自欧洲的移民中所扮演的同样角色。因此，当前移民的新特点以及对宗教是否会扮演其在此前几代移民中的相同角色的怀疑便产生了上述动态模式能否延续下去的不确定性。

一种可能性是宗教在此新时期仍证明是具有重要的影响，但其特点却将以不同的方式运作。我们已经提到在美国生活的状况下宗教归属是自愿的——也就是说基于个人和团体所作的选择。照此来看，宗教机构不过是人们可能参与的一系列活动或团体之一。因此宗教活动与许多支持团体、闲暇活动、文化聚会、社区组织以及其他类似团体具有共同的特点。但就两者的潜力相比，宗教机构更具有包容性和作为主体服务于这些归于较为受限范畴的活动的好处。除了自愿机构的特点外，那些确定的宗教机构还具有提供我们可称之为满足抱负的好处。特别在个人或团体方面经受压力的时刻，宗教结社便提供了这样一种吸引力，这似乎关系到更大目标和更全面的解决方案。诚然，倘若属于保龄球联赛中获胜球队的成员也会有满足感，由此种结社而得来的社团经历也不能否认，但这种成员身份并不能解决诸如一个人对其家庭成员尤其是其后代要过何种生活的期望之类较大的问题。因此在我看来，虽然在过去的半个世纪里美国社会变革的条件也许发生了变化，宗教作为把民族身份认同转变为更广泛的美国身份认同的途径也许已不那么有效，但在战后年代美国生活中自愿社团的作用丝毫没有减弱，并且对“满足抱负”的需求反而要大得多。

当代美国社会中的宗教活动有何特征强化了此前宗教所发挥的“身份赋予”的作用呢？在这方面宗教至少能带来三种好处，简单地说就是：首先，宗教在美国社会中仍赋予人们身份，但现在的重点则放在各种团体能融入美国生活的快速性上。随着美国宗教生活中较早宗派结构的重要性的下降，当今的宗教团体可以在短时间内形成或重组。在过去的几十年间，宗教为美国新移民提供的这种好处是显而易见的。这就意味着新移民没有必要在一些细节上去适应已有宗教团体的正式教义和实践，而新的宗教表达则被引入——并且在未得到广泛核准的情况下被接受。这样，宗教团体便有助于新移民快速融入美国社会。

第二个特征涉及领袖人物并且与以上特征密切相关。宗教团体使得领袖人物在新美国人以及移居者的社区生活中脱颖而出，甚至为之提供各种途径。这就重新使人们的注意力集中在各种运动在界定美国宗教活动中所起的重要作用，并且再次强调了美国宗教中魅力型领袖人物的重要性。

第三个特征有助于解释宗教团体持续的影响力，尽管过去半个世纪的情形被证明与此前时期有所不同。这也是需要加以点评的美国宗教多元性的另一持久特征。在美国社会的处境下，宣布宗教认同并不被认为具有威胁性，表明宗教归属并不直接挑战现有的权力结构，而美国社会乐于接受宗教观点的表达也并非新鲜事。自美国形成之日起，宗教认同的不具威胁性便一直是美国生活的一个特点。这可能是出于宗教实践是自愿活动，并不被认为是对现有权力结构的挑战，或威胁到美国社会更广泛的结构。

这些关于宗教以及宗教在移民和社区形成中地位的思考把我们带回此前关于宗教在美国社会的讨论中所指认的几个问题。一是宗教在美国社会中的表现形式。具有欧洲传统社会特色的较早的教会结构在美国经历的处境下被重新塑造，结果是各种运动而远非较老的教会构成了宗教生活的载体。与宗教生活这一转变有关的是魅力型领袖——与由某一传统规定职位所界定的或具有控制某机构的合法权利的领袖截然不同——的出现。这些问题此后还会出现，而我们将在考察一个带有根本性的问题即权威在美国社会中所采取的一般模式的背景下详细探讨这些问题。

如果我们回顾历史上关于基督教机构如何组织的说法，那么此基本机构就是按教阶制组织起来的教会。至少在西方基督教会中，罗马主教被认为是教会的总主教，而其他在大城市主要人口中心任职的主教皆尊教宗为领袖。在教会发展的头几个世纪，主教职位从首席教师——或关于教会正确教导和实践之权威人士——演变而来。在不同时期主教们所行使的实际权力有消有长。一般来说，这些变化反映了他们各自教区不同的财富状况。具有讽刺意味的是，在遇到危难和挑战时他们通常提出过分的权力要求，而不那么蛮横的主张则往往预示着相对平静的时期。当然，其他机构也被认为体现了宗教传统的某些主要方面——其中包括修道会按性别划分并致力于社会中的不同任务和使命。如果说在中世纪按明确的教阶制组织起来的机构被认为是基督教生活的正确表现的话，那么它与俗世中普遍的权力结构也大致相同。于是在宗教生活组织与世俗生活组织之间形成了明显对称性。这就不可避免地出现了此两种机构即上至教宗与皇帝，中间为主教与君主或王子，甚至下及地方神甫与地方官员的相对地位的问题。

在人们的实际生活中，这种模式必然是“理想的”。对教会权力要求的抵制来自许多层面。在有些情况下这种抵制与某个修道会有关，而在另一些情况下这种抵制采取了要求教会服从地方当局的形式。还有一些情况就是按照对传统的特定解释来使教派运动合理化，而这种解释并不符合广为接受的教会教义和实践。抵抗运动认为自己更有效、更准确地代表了早期教会编纂成书的基督教较早以及被认定为基本的教义。这样，对某宗教机构通常是教会的一再挑战便引起旷日持久的斗争，因这种教会认为与《圣经》典籍相比，在拥有宗教真理方面传统（即教义和实践的传承）至少具有平等如非优先权利，而这些典籍只不过是在某一时期对早期基督教教义和实践的汇编而已。欧洲基督教内部的这一动乱在 15、16 世纪宗教改革和反改革时期到了紧要关头，当时对中世纪形式的基督教的抵制终于爆发。从世俗方面，宗教改革是对中世纪基督教的长达数世纪的挑战，并产生了若干非传统型的基督教。宗教改革与以初生民族社会为中心的政治运动同时发生，产生了与归顺罗马的普世教会不同的一系列民族教会，这些教会视某种形式的中层权威为终极权威。因此，对英国来说，在坎特伯雷建立已久的主教职位就成了坎特伯雷大主教及英国国教会的主教长。当时出现的其他民族传统为它们各自教会所建议的形式是基于对早期基督教的理解，即把法庭或“长老会”作为宗教权威最重要的机构表现形式。苏格兰和荷兰采用了这种普遍的模式。此外还出现另一种最终反映传统犹太教实践的普遍模式，这种模式主张，真正的教会存在每个地方会众，正如当最少有 10 位犹太男子聚会时以色列就被认为全然存在一样。这些都是相对抽象的模式，而事实上在 16、17 世纪的进程中这些模式之间有许多融合和借鉴——尤其当北欧地区有效地使它们宗教实践保持了对以罗马为中心的宗教实践的独立性之时。

无论是天主教设立教会还是早期新教发展新的机构类型，其重点仍放在界定正确基督教生活的教义和行为上。当英国在北美的殖民地发展起来时，许多各不相同的宗教机构也来到了新大陆，其中包括各自均有所变异的主教制、长老会制和公理会制的教会组织。在这些情况下教会领导权都集中于由对基督教不同表述所规定的正式神职机构。但与此同时，在新大陆对基督教的表述中还开始出现第三种组织，即某种基于运动模式的组织。在此种情况下，基督教领袖是那些对团体成员实施有效控制的人士，他们能这样做主要基于人们对他们的自我表达以及他们所表达的宗教教训的回应。此类运动模式也曾出现于中世纪社会，确实它有助于我们解释各种新教团体如何取得成功。但在18世纪，魅力型人士越来越多地争取到北美沿海社区的广泛支持而无需挑战老牌宗教团体。这些人士通常在已有的宗教机构开始担任神职，并不断完善技巧，使之转化为可抗衡任何现有机构的广泛宗教吸引力。美洲殖民地在广泛基础上做到这一点的最有名人士就是英国人乔治·怀特菲尔德（George Whitfield）。在18世纪四五十年代，他数次穿越大西洋到各殖民地广泛布道。乔治·怀特菲尔德是约翰·卫斯理（John Wesley）的同事，后者在18世纪英国类似的布道事工为卫斯理宗运动奠定了基础。在英国的情况下，卫斯理的追随者并未脱离英国国教会，甚至于把自己的宗教生活理解为对国教会正式教区组织生活的补充。而在殖民地以及在美国这一新国度，这样的平民运动（通常与奋兴主义有关）并未去补充现有的宗教机构而是取而代之。由浸会农民布道家和卫理公会巡回布道家所领导的运动很快建立了大量宗教社区，这些宗教社区不仅脱离了基于早期从旧大陆来的初期移民的宗教机构，并且与之互相竞争。虽然在天主教世界并无对那些号召忠实信徒为新运动而离开教会的魅力型领袖同样程度的依赖，但类似于奋兴运动的实践在使天主教机构融入美国方面确实将发挥重要作用。

理解宗教运动的潜能对于领会基督教如何在美国采取以魅力型领袖为核心的新的机构形态至关重要。但是这里还需要某种我们可称之为关系网或跨空间（在某种程度也是跨时间）机构合作的途径来维持（并确保）这些导师们的影响，“建立关系网”指的是当代美国某种涉及在整个社会生活中培养关系和达成交易的过程，如在商界、传媒界，或许尤其对政治行动来说都是这样。任何与建立关系网行动有关的技巧和设想在新大陆很早的各种宗教事务中就已被发现和完善。魅力型领袖以及有效关系网基本上界定了宗教在美国的新形态。

如果我们简单地思考一下这些运动并与西方历史上基督教机构化较为传统的诸种模式加以比较，我们便可领会赋予这种创新的重大意义。因为较早的西方宗教机构规定正式神职机构以及正式组织起来的机构，而新运动的适应性更强，这便使它可以有效地将其主张传至全国——如果这些主张不再有效还可推倒重来。特别对一个不断经历社会变革（如我们已经提到的与移民美国和国内迁徙之作用有关的社会变革）的社会来说，人们不难发现其宗教运动模式与其社会基本特征的一致之处。顺便一提的是，在其他快速社会变革的时期，如在罗马统治下的古巴勒斯坦，对早期基督教在犹太教派冲动中的兴起似乎也需要作某种类似的运动分析，注意到这点是相当有趣的。因此，这里的观点并不是以运动模式来理解的基督教的各种流派是特殊的美国现象——或者说是现代现象，而是美国持续不断社会变革的经历要求生活的几乎所有领域都进行不断调整，这便影响了其中的宗教生活，其影响方式与在大致相同情况下人类历史上出现的类似时期相仿。

这一关于西方基督教机构组织结构的简短补充是理解美国宗教经验如何大大背离先前欧洲模式的重要背景情况。但就此处的分析而言，它也许还另有用途。我们已经指认了宗教信仰和实践领域中权威的变化模式，这对理解美国宗教至关重要。就此而言，美国宗教权威的变化性与权威在美国的一般运作方式非常接近，如非完全一致的话。这种讨论很大程度上借鉴了马克斯·韦伯的权威类型学。他提出基于传统的权威与基于法理体制的权威不同，而魅力型权威的基础则是非理性。简单地追踪一下宗教权威的演变，我们看到传统型权威和法理型权威已被要求信徒忠诚的魅力型权威所取代。要证明美国社会生活的大部分其他领域也发生了类似如非同样的变化并非难事。

就美国政府而言，一般认为在一些保留仪式中还能找到传统型权威模式的遗迹，并且传统活动有助于支持围绕政府高层的权力的行使，尤其在国家或联邦层面。与此同时，政府声称拥有的大部分权威都是在广泛的法理架构中形成的。构建美国生活的大量既定程序都采用此种形式。譬如个人以及团体与税务当局或警方打交道都依据在政策和程序的法理领域所运用的权威。商界在很多方面也是如此，受制于不是本身就是政府所定的规则。另一方面，忽略同样存在于政界和商界的魅力型感召力也是愚蠢的。有志竞选公职者设计他们的感召力，使之具有明显非理性和感性成分。当然，在美国生活中如此泛滥的广告业也并不符合理性消费者模式——这种模式实际上通常与资本主义联系在一起（这当然是错误的）。如果我们要在美国生活找出魅力型权威几乎独霸的领域，那传媒界显然是最好的例子。在该领域张扬个性和建立忠诚的能力几乎完全基于魅力的施展。人们可以争辩说，至少为了激发更多的思考起见，就在美国生活——无论是政界、商界、艺术界还是总的传媒界——有重要作用的创造性而言，它与魅力型权威的吸引力密切相关。在某些方面，这个观察接近于把美国文化最主要的特征归结为“求新”。

如果过分延伸，那么这一论断就会变得相当琐碎，因此我反对再做进一步推演。求新是现代美国的一个重要特征——无论我们认为从根本上说这对美国或其他社会是有利还是有弊。

然而，我们的基本观察就是魅力型权威对美国文化极为重要，而美国宗教世界正处于这个背景的中心。美国人也许认为宗教是文化的传统因素，说不定还是抵制我们正在描述的那种文化的最后堡垒。不过虽然人们可以同情这种要求或期望，但实际情况是就一般而言宗教不仅完全是此种文化的一部分，而且在许多方面还催生了这种文化。我还不至于断定宗教是独立创造强调当前运动的现代美国文化的引擎，但它确实是促进此种文化状况的发展的一个重要因素。

有件事应讲清楚，因为这一直暗含在到目前为止的讨论之中。此前大多数分析在美国宗教演变方面都强调新教以及与新教有关的运动的作用，因此有可能把这种分析解读为低估非新教或新教之外的运动的作用。但此种结论是错误的，因为很明显现代美国的宗教生活是高度多元化的，而且在 21 世纪开始的时候其极度复杂性相当明显。当与基督宗教或犹太教缺乏任何直接联系的宗教传统进入美国社会时，它们便受到主体社会活力直接（并且不可磨灭）的影响。与美国社会的宗教有关的格局最初通过并且围绕主要是新教的开创性而发展起来的。从这个意义上说，新教徒往往是最先体验新大陆生活条件的人士，并且他们最早对这些条件作出回应，而正是这些条件使他们宗教冲动富有生机和活力的继续存在成为可能。新教团体并非独自经历了相关的转变，它们也并非最早作出相关宗教回应的唯一团体。更准确地说，在应对在新大陆建立有活力宗教生活的必要性方面，由新教徒最先作出的回应确实为后来者建立了模板。因此在叙述美国宗教时给予新教显著地位与该宗教传统拥有任何奇异天才或优秀人才并无多大关系，而更与新教徒在回应新大陆的社会挑战时所遇到的优先权有关，甚至更与他们所面对的作出回应的必要性有关，而此种回应切实可行而且也被后来移民和宗教所采纳。新大陆宗教生活的新教模板基于新教徒对新大陆回应的时机而不是任何其他东西。这样说并未贬低其他传统或团体的作用，但确实表明在追随新教实践方面，它们一般支持与美国最初移民有关的对挑战和种种回应的分析。

第六章　美国宗教以及相关社会机构

前一章我们探讨了宗教在美国社会中所起的一些基本作用。从北美殖民地发端时起，宗教就开始与作为美国特征的外来移民及随后国内迁徙的特殊方式有着直接联系。在人口流动的背景下，宗教在组建社区的过程中起了关键作用，而个人和团体通过这些社区构成了更大的社会。因为美国人口的高度流动性，宗教的作用也就一直很强。从这点出发我们讨论了美国宗教生活的特性，指出这种特性更多地是基于社会运动模式，而不是基于主要来自基督教欧洲的经验以及犹太教类似经验的传统机构形式。社会运动把得益于建立关系网的魅力型领袖作为其中心。这种观察使人们把注意力集中到关于美国更为一般的权威这一问题上；宗教权威与美国社会中权威的一般表达是大体一致的。

本章的目标是更详尽地探讨在美国生活中受宗教激励和支持的一些有关面向，而这些面向又转过来影响了宗教。在这些面向中，教育问题对美国社会至关重要，对此前面几章已有所涉及。我们首先要给予更持续关注的是中等教育相对于大学或研究生教育的特点。在美国建国初期，教育是地方社区的责任。在成熟的居住区和新定居的边疆，教授读、写、算等基本技能通常与宗教机构有关。独立社区通常为那些至少在当地学校服务相当一段时间的教师提供支持。在大多数情况下，教师们曾在为数不多的几所殖民地学院中求学，或者他们可能是打算从事宗教或法律职业的人士。

19 世纪的头几十年，部分原因是为使不断增加的移民的子女受教育而融入社会，教育问题得到了更为持续的关注。这种推动力包括制定共同的考核标准和设置常规课程，但通常并无政府方面的介入。然而，中小学教育的经费仍主要由当地社区承担。一个有趣的问题是：如果当时存在足够的学校而造成经费问题，那么联邦宪法的制定者将打算如何来办教育？他们不太可能认为新生的联邦政府应该担负起教育的责任，因为联邦宪法的基本前提就是建立一个联邦体制，在其中大部分权力的行使被尽可能地维持在州和地方层面。于是，宪法制定者对教育的计划当然也就与他们对美国社会宗教层面的结论对应起来。

前一章强调了宗教社区在赴美移民或美国国内移民生活中的重要性。其中尤其是天主教社区对在政府资助下发展起来的普通学校颇为不满，因为这些学校带有强烈的新教偏见。这反映在如下特征上：如将《圣经》作为指定读物，其有关章节主要选自新教徒所广泛使用的钦定本《圣经》，以及课程内容通常带有明确的反天主教观点和亲新教倾向等。在这种情况下，任何地方只要有足够的天主教徒人口密度，当地的天主教教区都会建立学校。天主教徒受到有力鼓动去优先选择这些教区学校而非名义上的公立学校。因由天主教修会的女性成员担任教师，天主教学校的费用通常被维持在相对较低的水准；这些教师并不要求与未担任神职的教师同等的薪酬。在19世纪发生过这样一些零星的事件，那就是使这些教区学校体系有更多公共用途以取代分散的公立学校。我们还应注意到全国不同地区许多不同情况的存在，特别是那些移民主体可能来自如德国或意大利等国的不同地区。因此教区教育和公立学校体系内都存在着许多地区性差异。

19世纪中小学教育的另一个特点，就是私立学校与公立学校之间的界限非常模糊不清。一些社区建立学校（一般是中学），用公共资金来支付本地居民子女的入学费用，而一些外区学生也许就要缴纳学费。美国社会从未建立完全能与英国的精英公立学校如伊顿公学和哈罗公学等相媲美的学校，这些精英学校尽管名义上是为公众利益，实际上却是私立学校，代表着某种致力于服务公众中有特权成员的教育使命。在美国（尤其是新英格兰地区，如安多弗和埃克塞特）确实也有少数致力于培养美国社会较富裕阶层子嗣使命的私立学校。

因此在许多方面，美国生活中的中小学教育复合体呈现出混杂的景象。在19和20世纪的进程中，各州的介入开始为公立学校带来标准化，尤其在20世纪初公立学校的学制延长了几年，即增加了高中。与此同时教区学校也日益受迫于经济压力。不过私立院校仍是整个教育格局中的重要组成部分，并且日益因私立日校（相对于此前所讨论的寄宿学校）的建立而不断壮大。尤其在20世纪后半叶，大量资源注入公立教育，使其事实上成为规模巨大且错综复杂的产业。在21世纪初，联邦政府采取直接措施，通过12年级学制来使教育标准化。这一重大举措并不涉及联邦政府拨款支持社区或各州来满足其要求。不过至少在许多人看来，联邦政府对中等教育最近的干预被证明是有问题的。具有讽刺性的是，教师和学校系统因其学生在标准化考试中的成绩而得到奖励，但很多人却认为这样做的结果是分散了对实实在在学习的注意力和精力。

开始时这一教育机构联合体得益于有力的宗教参与。然而宗教实践和宗教课在这一联合体中有何种地位呢？对此问题的答案因学校总体类型的不同而迥异。只要教区学校继续存在，其日程安排便通常由宗教实践来界定，并且学校的物理空间可能还包括礼拜堂或与相关传统（通常是天主教传统）有关的宗教陈列品。然而，大多数教区学校都面临着要使它们的正式教学符合各州政府所规定的课程内容的间接或直接压力。此外，许多教区学校，尤其在市中心的学校，越来越多地招收数量很大的非天主教儿童入学。家长对教育体系各个环节的参与，以及要使体育项目具有竞争性的压力等问题，把美国学校推向了某种较为普遍的模式。很多人认为这种模式代表着在无形之中已成为学校隐蔽的课程内容及使命的某种世俗世界观。

而私立学校，无论是寄宿学校还是日校，则几乎不受政府当局的直接监管。私立学校的压力来自于积极的学生家长，他们通常为此种教育花了许多钱，渴望子女能够如愿进入有竞争力的学院。但作为要求在竞争激烈的高等教育领域取得成果和回报的此种背后压力的结果，这些学校的总体教学项目也要达到公立学校在语言学、社会科学以及通晓数学和自然科学等方面被要求达到的普遍水准。譬如在教区教育中，某些教学与宗教有关，但通常这些课程只是想要使学生更加了解世界上的各种宗教传统和团体，而不去鼓励宗教实践。一些福音派学校确实仍明确地投入某些宗教运动。在这些情况下，通晓《圣经》

就是所提供教育的重要部分。这些学校通常还支持体育项目以与同类学校竞赛，借此宣扬所裹挟的基督教或犹太教价值观。

近几十年来，此种私立学校模式的变异已发展成为一场基督教学校运动。那就是为数众多的家长和社区通常在宗教团体领袖的带领下，通过选举来建立某种与天主教传统的教区学校颇为类似的机构；该运动一般为福音派利用来谋求抵制他们所认为的大众商业文化“不信神”的取向。对私立学校的上述评论也适用于那些新教学院和学校，尽管一般来说它们的资源较为有限，且资金也不那么有保障。但是，这种建立“教会学校”的冲动可被视为某种迹象，表明当他们的子女面临政府所强制的教育规定时，许多受宗教激励的家长们所具有的疏离感以及不满的程度。

美国社会中小学教育界的一个额外因素就是日益增多的“在家上学”。选择此种方式的家长们通常借助为此目的而专门出版的指导手册和教学资料来指导子女各种课程。在过去几十年里，选择在家上学的家庭显著增多，这里要注意的是此种实践需具备若干条件：一个条件是该家庭可以让一位家长（通常是母亲）为此投入大量时间和精力；另一条件是该家庭能使他们的努力达到符合政府为这些情况所规定的各种标准的结果。通常这些家庭对在家上学的投入开始于子女的幼年，但在此后的某个时段迟早还是要转入公立或私立学校。现在是对这些在家上学实践作出评估的时候了，目的不是要限制在家上学，而是帮助这些家庭作出明理的判断。然而，在家上学冲动作为当前现象是大众文化内在疏离的另一迹象。

尽管存在上述的多种教育方式，公立学校仍然主要承担了美国中学教育的重任。在美国历史上，公立学校是作为地方性事业而出现的。现在它们仍具有地方性，因为运行该学校系统的巨额经费主要依赖当地城镇或学区居民的税收。这一学校系统的开支通常成为居民为当地政府服务所承担的主要税负。而财政以及对学校的监管工作一般由学校董事会负责，董事会成员则由居民定期选举产生。然而，公立学校的教学标准越来越受制于各州以及晚近联邦政府规章制度所设定的框架。在过去半个世纪里，在最基本意义上说公立学校业已成为宗教冲突的战场，这是因为关于宗教在公共生活中的合适地位的大部分诉讼都集中在公立学校的实践上，而在这些学校中，家长和家庭的信念和愿望与任何人（包括易受影响的青少年）都不应被强制接受宗教信仰和实践的理念发生了冲突。这里需要说明的是，这些问题在过去的半个世纪成了突出问题，这主要是因为对有争议问题遵循以权利为基础的方式来加以处理的联邦法律的大量增加。形式上这就意味着《权利法案》，尤其是第一修正案，业已成为挑战或许改变那些支持或反对涉及整个社会的各种法律条款和实践的权利主张的某种模板。后面几章将更深入地讨论权利的地位问题；这里只是着重指出这一情形对教育机构里里外外所产生的影响多么重要。

在联邦政府标准加之于地方学校——最初是通过法律挑战，近十年来则通过立法——之前，地方行政区有能力以体现当地居民利益和意愿的方式来塑造学校。这就意味着如果在以摩门教为主地区的某个学区，其符合宗教传统和受该传统影响的社区的实践活动很容易见之于学校的结构，并在课程内容上有一定程度的反映。与之相反，那些没有某一主导宗教传统以及所在居民有多元宗教社会经历的地区就会作出许多调整来谨慎对待居民中种种不同的宗教信仰和实践。从这个意义上说，在最近联邦标准被加之于美国的中学教育之前，关于宗教在学校中的地位问题已经在地方层面得到解决，而且并未构成可能引起分裂的问题。近来关于中学教育的全国化意识的实际结果，就是对过去一直正式存在、并且非正式地反映了当地实践的宗教因素提出了质疑。因此，使全国学校符合某种标准化模式来达成某种事实上的全国性标准，产生了削弱宗教在中学教育中公认地位的结果。这种转变经过了相当长的时间，其推动者不太可能抱有任何明确意图来致力于把公立学校重塑为世俗学校——无论这种世俗性意味着什么。但其结果却是中学校以某种方式偏离了先前把宗教作为文化之一部分的做法而实现了上述目标。20 世纪中期有观察者争辩说，美国公立学校被人们视为“民主的教堂”。如果此说成立，那么在 21 世纪初许多美国人则会将公立学校看作是“世俗化的庙宇”。这些描述主要是为指出美国人在评价公立教育时对宗教所表达的一些极度个人和情绪化观点的原因。

此前我们讨论了宗教在从幼稚园到第 12 年级中学教育中的地位及其在美国 200 多年历史中的变化概况。接下来我们来关注一下美国社会中其他重要的机构。如果说美国社会中的宗教生活因那些基于魅力型人物活动的、数量不断增加的独立运动而遵循着某种多样化的发展轨迹，那么中学教育便可被视为某种致力于维持社会共同生活的抗衡力量。美国人可以选择以不同的方式去信仰和实践，但由于这种对所有人开放的普及教育的经历，美国社会也就预设了某种具有共性和一致性的因素。把美国学校比作“民主的教堂”的那位作者在其中看到了与早先欧洲社会中的大小教堂相似的功能。此前关于过去 50 年里在教育问题上斗争的讨论提出了一个有趣的问题，即当代美国是否有其他机构实际上正在取代学校来扮演相同的角色？就此而言，媒体是否至少在某些方面已取代教育在较早时期所占据的位置，以及它们是否已构成美国社会中机构生活的核心部分？

在前一章我们关注了媒体在当代美国文化中的惊人发展。这里我们回到这一问题并对之加以分析，以确定它一直以来独特的发展轨迹，并且评估在21世纪初它对塑造美国文化的影响力。顺便一提的是，从殖民地时期开始，报纸从最初印有民众可能感兴趣的新闻的印刷品发展而来。这些印刷品，通常被称作“大报”（Broadsheet），结果证明在反对英帝国的革命斗争中有效地动员了殖民地人民。除此之外，易于发展为杂志的小册子和评论文稿则通常成为“大报”的补充。从经济角度来看，广告（商人和其他人借此宣传所能提供的货物和服务并宣扬其价值）对这一发展起了重要作用。随着时间的推移，绝大多数各种规模的社区都开始以此种方式传播信息，起初也许采用周报形式，后来这些刊物规模扩大，涵盖的地区更广，并逐渐转向日报形式。与此同时，杂志也发展起来，并且反映了对政治、国际事务甚至文学类题目等的较为一致的观点。在19世纪的进程中，新闻界的影响深远，在美国经济生活以及在政治、知识交流和艺术生活中都扮演了重要角色。对新闻界在19—20世纪之交美国文化中的作用再强调也不为过。将其称为“第四等级”（遵照法国的做法）表明至少在很多人眼里，新闻界在美国生活中具有至关重要的功能。

当收音机最初发展成为新的通讯手段时，不太可能有很多人料到它最终不仅会在大众文化层面而且特别在美国的政论界挑战并有效地取代报刊新闻。受到限制的信号传送限制了早期的收音机以及电台和广播节目的竞争力。在较小的程度上联邦政府对广播频道（名义上属于公众）的管制也是一个因素。随着广播网的发展开始出现了重大突破——尤其在两次世界大战之间的几十年里。这代表了某种大幅度转变：即广播不仅达到分布在较大都市地区的更多听众，而且节目内容还包括拉动并服务于特定的商业利益。最初，一些电台及其节目直接反映了宗教利益，成为广泛蔓延的宗教复兴的载体。在某种程度上说，随着广播产业的巩固，这些目的明确的宗教电台群仍保持完整。然而，越来越多的广播网试图服务于见识较广的听众，只是偶尔播放些宗教节目。到二次大战时，收音机已经成为造就美国政治团结的主要工具，支撑着要求全国动员的战争努力。另一新产业几乎在同一时期内发展起来。尽管它最初看似与收音机无关，然而随着技术进步两者之间展示出巨大的协作潜力。

20 世纪初始于默片的电影产业已基本被证明是非常具有吸引力的休闲活动，特别在那些不断扩展的都市地区。尤其是随着有声电影的突破，出现了几乎照产业模式建立起来的出产影片的制片厂制度。现在看来，这是美国文化当时正在展开的一个崭新篇章。当我们今天回顾这些变化时，所要注意的便是“明星制度”，即在某种角色类型的基础上招募演员以在光顾影院的老观众中培养某种“品牌忠诚”的制度。那些开设影业公司的老板都是些大人物，他们的创造力以及对资源的有效控制确实使新产业在他们想象力的基础上建立起来。到二次大战时，好莱坞以及它代表的一切成了某种重要资源，和广播业一同动员美国民众投入战争努力。然而与无线电广播发展不同的是，明确表述宗教利益的影片相对来说一直较少。而电影的想象世界与电视业无线电技术通过频道传输信息潜能之结合则深刻地重塑了 20 世纪 50 年代的美国文化。

在这里我们暂离概述而对此种发展的一个重要方面做些评论。新闻业从早期的纸质形式发展到无线电收音机并最终出现电视市场，这段历史非常杂乱无章。总的来说，到 20 世纪中期，在新闻报道、新闻评论以及娱乐等活动中产生出某些相对清晰的分界。对那些愿意钻研这些问题的人士来说，说明这些新闻类别的互相参合交织可追溯到 19 世纪这些类别的现代起源之时，当然是可能的。但这里的核心问题是要注意，在二次大战后它们的一般运作具有相对清晰的界限。当然，这些区别的明显程度视情况而有所不同，并且只要人们逐一比较一下报纸、无线广播网和电视联合体就知道这种参合交织确实存在。但是如果这种大致上的区分至少在半个世纪前就已被承认的话，那么可以说在从那时到现在的这段时间里它们之间的相互渗透已愈演愈烈。到 21 世纪初，事件报道似乎越来越倾向于为在读者、听众和观众那里达到某些预设效果服务。许多人用意识形态来解释这种转变，另些人则将其归之于一般被认为与以“解构”为标志的计划联系在一起的知识界。在思想潮流中找出其文化发展源头的努力有其益处，但侵蚀此种重要界限的驱动力则是传媒垄断注意力和促进集体意识的权势。在美国当代生活经历中无处不在的收音机和电视不需要高层次的知识理性化——它们实在是社会中压倒一切且仍对文化产生影响的力量。有人还会争辩说，传媒在过去半个世纪的发展直接造成了这样的情形，即个人选择急剧扩大，而集体一致性也显著增强。这一点很重要，因为传媒的下一个发展阶段特别清晰地说明了这一点。互联网的出现——它清楚地体现并且增强了这些似乎相互矛盾的趋向——变得对这种文化态势至关重要。从这个角度来看，互联网与其说是美国文化的新阶段，不如说是由新科技推动的美国文化的进一步扩展。

对互联网及其对美国社会乃至世界上其他社会的最终影响发表宏论，目前还为时尚早。互联网以及互联网使之成为可能的活动提供了在世界范围内改造人类知识和活动的巨大潜能。在这样短的时间内发生如此迅速发展之现象的特别有趣之处，就是地理空间和国家边界被超越的方式。难以想象有其他东西可与这一新技术的出现相提并论，对个人和团体来说，它变得非常广泛和普及，并且在没有有效内部制衡情况下有效地运作。从某些方面来说，宣布互联网为“革命”是某种误导甚至是轻视，因为这便意味着将互联网与此前的社会和文化变革作了比较。结局很可能是国家利益和/或商业势力通过某种方式合谋起来限制互联网超常的、在其早期已显示的覆盖范围。毫无疑问，互联网确实引起了全球平民主义的有待证实的可能性，它具有绕过现行政府以及公司机构首脑而直接诉诸个人和团体的潜质。但总的来说，与上述分析有关的与其说是对互联网最终影响作出某种推断，不如说是在思考我们对其使用至今的经验基础上对其特点的一些观察。

一个必要的观察关系到便于广泛传播的文化物品的质量。对质量的重视表达了对若干不同类型问题的关注。在一方面，无论从技术设备还是从生产技术来衡量，我们发现互联网时代文化产品质量的极度参差不齐令人担忧。在另一方面，质量更多指符合道德观而非审美观的内容。美国支持高度异质性，并确实对此也加以接受。各种偏见因此有得到直接表达的很大机会，这可能包括对性别角色和所谓种族特征的态度；因此完全出于无意的节目编排（更不用说故意助长侮辱性言论和仇恨）有可能对一些个人和团体造成莫大伤害。知识分子或很多自诩的知识分子通常对互联网传播的东西（以及一般由媒体传播的东西）的质量嗤之以鼻。在许多方面来说，关于互联网如何未能在质量问题上支持重要哪怕是粗略的甄别的广泛讨论，逐渐转变为对如像真理这样重要问题的关注。此前我曾提到在20世纪末，美国当时的传媒联合体中已出现此类问题。但随着互联网的出现，与如此众多的其他问题一样，这类问题又报复性地卷土重来。那么一个社会将如何保证在基本的资料公布方面能有可靠的基准点呢？互联网的一个有趣发展，即作为开放性百科全书的维基百科，大体上就直指该问题的核心。在现代西方学术传统中，百科全书提供各种信息，而且人们期待其有着关于真实性的某种前后一致的标准。当然，人们普遍承认，不同百科全书很可能是在不同的基本原则基础上编撰而成的，因此不同的百科全书很可能都带有倾向性。然而，较好的百科全书让那些使用者明了其局限性，并以此来设计和出版。与之相比，作为开放性百科全书，维基百科开始于这样的原则，即任何愿意提交词条者都可自由去做。因此，就是相关词条之间也并无必要的连贯性，更不用说全部工作呈现出某种前后一致的观点了。那些乐于得到各种互相竞争的百科全书的人士通常提出这样的观点，即说到底获得真理的最好保证来自于对公布不同资料的相互竞争。但是，开放性百科全书的上网，在未经编辑审核的情况下，完全未能形成一个理想市场。这一互联网上“真理”的命运问题，似乎包含着与该新媒体共同协力以实现找回文化的某种方向感和确定性的目标的挑战。我们在此只是强调问题的严重性。事实上20世纪后期美国媒体的发展可能已有部分先例，但就根本解决这一问题而言并无明确的路径。

本章我们列举了带有直接或间接宗教痕迹的一些美国文化机构并作了部分评价。这也就是说，在一个缺乏主要方向的多元文化中，通常与宗教有关的活动已经与它们早先的表现形式部分或完全分开。如慈善事业就是一个非常相关的例子，因为在20世纪的进程中它已变为规模巨大的事业。在21世纪初，慈善活动所采取的方向能够对美国的生活和文化发挥很大影响。我们听说在中国的经验中没有类似的慈善事业。因此，讲讲慈善事业在美国的起源也许有助于我们对此活动的介绍。基督教和犹太教传统都支持系统地接济社会中有特殊需要的成员如穷人。这种情况开始于先于基督宗教的犹太社区的实践活动，并持续至今。在基督宗教方面，“慈善”一词指的就是这些活动，而且通常被解释为爱或施与。从传统上来理解，慈善活动可被视为给予忠诚者的奖赏。结果是施予者获功德甚至超过了受施者得恩惠而成为慈善活动的主要动机。在反对天主教慈善模式的新教革命之后，重点转向了受施者的需求。尤其在18世纪，其典型代表为约翰·卫斯理（John Wesley）的一些新教人士劝说信徒们尽量去赚钱和储蓄，并将剩余财富分给他人。

这一转变与英国的工业化（美国工业化进程则开始较晚）同时发生。一种观念形成起来，这种观念使越来越多的人，包括那些其财富增大到前所未知规模的富人为服务于公益目标而献出财产。在美国，像安德鲁·卡内基（Andrew Carnegie，以钢铁业起家）或约翰·洛克菲勒（John Rockefeller，其财富来自开采石油）这样的家喻户晓的人物都着手建立机构，把钱捐给服务于较广泛利益的项目。美国这些慈善事业的先驱通常选定一些特殊的兴趣点。安德鲁·卡内基的很多项目中有一项是给美国社区建立图书馆，这些图书馆后来证明在普及教育和传播文化方面极具影响力。洛克菲勒家族的慈善兴趣非常广泛，但是他们的捐赠尤其与医学以及在美国之外推广先进医学有关。当然，高等学府也得益于从这些早期财富发展而来的基金会，而一些机构便以我们所列举的人物命名。

19 世纪这些开始于不同家族的慈善实践在 20 世纪的进程中发展为基金会的专门领域。20 世纪早期建立的大多数基金会得到相对广泛的授权。有趣的是，这些基金会的创建者认为它们只是辅助美国政府应对国内外社会和文化需求。它们在正在形成的税法中被赋予特权地位，这样那些创建者不仅得以保有大量财富投入慈善目的，而且基金会名下的公司收入也得以免税。在这几十年间建立起的基金会不仅数量惊人，其财产规模和资助项目也极为可观。它们在资助某些领域的医学研究，支持广义的教育项目以及在美国和海外开展行动项目等方面变得非常具有影响力。

这里有两个有趣的观察：其一就是在整个 20 世纪不断有基金会成立。人们通常关注那些大型基金会，如 20 世纪中期建立的福特基金会和 20 世纪末成立的盖茨基金会，而且无疑来自这类基金会的影响非常之大，但至少同样重要的是要知道同时期还成立了很多较小的基金会。它们大小不同，规模各异，目标则有宽有窄。有些谨慎经营，经久不衰，有些则设计在一定时期内自行结束。随着这些机构的成立，管理它们的通常具有高技能的专业阶层也随之发展起来。一个继发问题就是一些捐赠者渐渐担心当初捐赠之目的受到妨碍。更广泛的不满则在基金会项目的受益人也许只限于那些似乎不那么合适的较窄阶层。这里要说的并非倡导任何关于这一问题的观点，而是要强调作为资本主义的产物，这一非同寻常的发展在美国社会中的重要意义。

关于基金会的第二个观察与美国社会中更为广泛的慈善捐赠活动有关。虽然基金会的世界非常重要，但是将其作为关注重点则转移了对美国民众慈善捐赠非同寻常水准的注意力。在美国，无论是捐赠者数量还是他们的捐赠规模都是相当令人惊讶的。许多对地方活动的捐赠涉及提供社区服务，如用于为穷人提供食物的流动厨房、支持社会中正在不断扩大的郊区的应急服务，以及大大小小的医院等。其他许多捐赠则流向了具有特殊目标或代表特定事业的组织，如致力于保护土地不受发展破坏以及应对更一般环境问题的大自然保护协会或塞拉俱乐部。正是主要在广大民众不同寻常的慷慨捐赠的基础上，无数地方、地区以及全国性组织才得以在美国社会中继续运作。美国人民也对那些未从政府那里得到资金（除了那些特殊的强制性服务并因此有资格争取联邦资金之外——我们以后要谈到这一题目）的宗教组织给予广泛资助。美国高等教育和文化机构，尤其是学院和大学，还有艺术博物馆、地区剧院和交响乐队等，都依赖于美国民众源源不断的捐赠。把注意力指向美国社会的这一方面表明——当然就其作为文化活动的起源以及目前得到支持或直接得到服务的某些目标而言——我们看到了宗教传统的痕迹。宗教价值观和目标在促进人们慈善行为以及为慈善捐赠提供特别目标方面，发挥了持续性的作用。

另一项评论也与此“考古学记录”有关，那就是广泛宗教冲动得以表达的跨度很大的各种形式。其中一个极端就是一些集中型社区要求其成员交出个人财产并顺从专制的领袖。这些领袖对其成员行使超凡的控制力，并且通常具有独特甚至古怪的信念和行为。另一极端就是由志同道合者组成的正式协会，他们受到至少具有准宗教性的理想或目标的感召。在集中社区主义与松散协会主义两个极端之间有着各种不同立场的很大空间。这便强调了美国宗教生活多形态性。正如我们已经注意到的那样，这种性质通常体现于正在发生的运动，而非由正式传统所界定的完备机构。

在如此强调人们在美国宗教生活中所发现的多样性之后，重要的是要坚持主张这种多重和多样性表达是与组成美国社会的极其复杂的文化机构完全合拍的。无论是提出美国社会内在的多元主义最初受宗教冲动刺激并且在其推动下发展起来的，还是采取对立的观点，即坚持认为美国社会是开放的并且倾向有几乎无限的排列组合，这两种观点都无关要旨。过多的注意力和精力可用于分析这一我们称之为“先有鸡还是先有蛋”的问题，即指在明显的多方协同或取决于系统的关系中，将重点放在某一因素而非另一因素上。因此，更有益的是认识到在新大陆的宗教冲动所体现的活力不仅在其存在的地方利用了相对来说欠发达的社会控制机制，而且有助于在其不存在的地方推进文化自由。几个世纪以来，美国人发展了全然令人称奇的范围广阔且多种多样的活动，这些活动均在美国文化内获得支撑。这些广泛活动包括从高度私人性和通常被称为爱好或另类手艺的个人兴趣、可归之于自我提升事业名下的一系列活动，一直到特殊目的团体，这些团体规模大，在一些情况下甚至是全国性和国际性的，并且围绕明确目标或目的而组成。在这些活动范围内，一端是诸如建造飞机或火车模型等活动。这些活动对许多人来说也许纯属个人之事，但即使这样的消遣活动也可能最后发展成为兴趣相投者的团体。其他活动如编织、制作被子或跳舞等也反映了由共同兴趣集合起来的个人、夫妇或团体的责任。自我提升活动包括从系统锻炼、参加自助团体到在美国国内和全球专程旅行和旅游。学习机会便产生于许多组织，并可得之于当地、本地区乃至全国层面。最后，社会服务组织大量存在，并含括极为广泛的义务。一些组织致力于减轻贫困或疾病，另一些组织影响相对狭义的公共政策（如支持以色列国）或广义公共政策，如致力于增强对气候变化或全球变暖的意识以及相关的积极行动。

限于篇幅，这一讨论不足以涵盖构成并且确实也在界定美国社会生活的这些极其丰富多彩的文化活动。然而，对美国政治和社会理论中关于在最近几代人的时间里美国人作为个人对这些社会活动的参与是否显著降低的广泛讨论作些非常简要的点评，也许是相当有益的。哈佛大学的罗伯特·普特南（Robert Putnam）教授提出这样的主张，即自二次大战以来，这样的衰退业已发生，损及美国社会生活的质量。这里不是详述有关讨论及其深层问题的地方。这种讨论得益于丰富的资料来源和富有想象力的解释。这里所提出的有限观点，就是宗教活动必须被置于上述广泛且繁多的社会活动的背景下加以考察。宗教机构不仅经常为特殊事业提供支持，而且经常致力于把这些活动融入它们所资助的那些社会和文化项目。就赞助方而言，参与这些活动的大部分推动力是相对中立的，但很多观察者会倾向于认为世俗类活动与至少表面上被认定为“宗教类”的活动是分离的。这种推定的分离表明宗教对社会生活的渗透未得到充分的估计，当然也未得到充分的理解。关于此类与宗教相关及无关活动的广泛调查将显示，如果将此类与宗教无关联的活动看成是独立的活动，那么两者之间的连续性要远远高于可能呈现的表象。具有讽刺意味的是，这一观察表明关于“美国政教分离”的固定推论如何浓烈地投下了长长的阴影，并且不可避免地影响到人们对社会现实的认知。

这个课题的另一层面对于帮助局外人理解美国生活的结构非常重要。无论出于何种意图和目的，美国并不存在对这些极其复杂活动的总体规范。当然，政府认为通过医学协会和法律协会这样的专业组织或以它们名义所产生的颁发执照活动要接受自我监管。但有一大批其他社团则与专业行业协会并无直接联系，如国际扶轮社、各类退伍军人组织、可能具有宗教关联的协会（如哥伦布骑士会），以及不胜枚举的其他团体——所有这些组织在招募成员、调动资源以及致力于某些特定目标方面都得以自由开展它们的项目而不受政府的干预或控制。从这点而言，它们和宗教组织类似，享有在社会中运行的自由，规划发展路线而不用对州或联邦政府负责。当然，它们受制于地方、州和联邦层面的法律法规的结构，这对它们的活动在多方面产生影响。其中之一就是它们在纳税方面的地位，而要求使它们的活动免税可将它们至少置于按国内税收法可能受到审核的境地。它们也可能在民权问题上受到起诉。总而言之，一个原则就是组织的公众开放程度越高，给予充分民权的担子就越重。结果是在过去的几十年里，许多这些活动和团体的参与性和成员资格的行为模式都发生了显著变化，即使对那些名义上的私人活动和团体而言。

近几十年的一个有趣的挑战，就是有关法规是否允许或禁止使用联邦资金来资助具有宗教关联的组织从事的活动。这通常被称为“慈善选择”讨论和辩论。一直以来尤其在克林顿和小布什政府时期的一项重要运动，就是要放松管制以允许与宗教有关联的组织来申请联邦政府用于支持社区慈善工作——如社区流动厨房或为社会中失业人员提供资源项目——的资金。毫无疑问，一些做法已开始在某种程度上降低了这种使用公共资金的向来相对较高的门槛。然而有趣的是，对接受政府资金的反对来自宗教组织本身，因为它们认识到接受政府的钱也可能一同带来政府控制的威胁。我们以此问题作为过渡以便更系统地探讨美国宗教动态与政治动态之间的关系。

第七章　宗教与美国的政治动态

本章将转而讨论对宗教在美国的一项主要考量。确实对许多方面来说，该课题是本书的核心，那就是考察宗教在美国发展起来的具有活力的政治体制中所扮演的重要角色。到目前为止，我们已讨论了关于宗教在美国社会和文化中地位的某些复杂因素，而这一地位还需要得到更充分的认知。在这些章节里，我们接触到了为何对美国人自身来说宗教的地位和作用并非不言自明，更不用说对那些浮光掠影的局外观察者的种种原因。在理想的情况下，这些观察倒也有助于弥补人们的种种忽略。直接研究这一特殊课题的最佳切入点就是对美国作为共和国的基础的联邦体制作一回顾，并以讨论其宪法作为开端。

在从英国那里争取独立的斗争过程中，大西洋沿岸 13 个美洲殖民地有必要在不同程度上携起手来建立和维持一支军队，并对它们较大的战略进行协调。它们的基本准则就是

《邦联条约》，正是在这些宽松的指导方针之下，各州的协作才得以开展。这些有思想的领导人认识到，这一安排并不能作为把这些州维系在一起的充分基础，尤其当欧洲列强——如法国、西班牙甚至荷兰，更不用说英国本身——仍觊觎着在新大陆扩张它们殖民地的可能性之时。因此根据《邦联条约》召开的大陆会议鉴于未来将加之于各州的不可避免的挑战，提议应对原先的协议加以修改。当负责修改《邦联条约》的那群人开会时，许多代表认为需采取更多的基本步骤，确实还应提出一部新宪法来直接弥补《邦联条约》之不足。

于是1787年夏在费城召开了制宪会议，致力于为这个国家的政府建立一个新的基础。事后看来，这次会议聚集了才智非凡之士，他们中很多人因在各自殖民地居领袖地位而在独立战争中发挥了作用。制宪会议是秘密进行的，这就是说它阻止向公众透露与会者正在进行的辩论，包括在哪些问题上他们是统一的或是分裂的有关信息。这次会议产生了一份卓越的文件。所拟议的宪法被设计来为不同殖民地在哪些必要的领域组建一个共同政府，如在共同防御及贸易领域。但是该政府对那些在所加入的殖民地之间有强烈分歧的领域只具有限的权力。于是，宪法的设计者们创设了一份用来确保新政府只具有限权力的文件，他们将其建立在所提议的若干部门（即行政、立法和司法）分权的基础上，这不仅承认了政治生活的动态性，而且还包含了此后在不同条件下制衡权力的手段。

宪法提议建立一个有限政府，这就是说该政府预期行使的只是那些被认为必要的权力。这一立场既出于理论也出于实践。说它是理论的，因为该文件的起草者参照了可回溯到西方历史上的共和政府传统以及古典世界的资源。在这些资源中，有限政府的理想通常被认为只在小型社会结构中才是可行的，如在中世纪末意大利的那些独立的城邦国家。然而，如果说创建新的美利坚共和国的目标支撑着他们的努力，那么宪法起草者们便意识到由那些沿北美大陆东海岸分布的迥然不同的殖民地的规模所构成的特殊挑战。事实上他们认为，在这些情况下分权和相互制衡会使实现共和政体的理想成为可能。

同时，支持有限政府的提议中有一种非常现实的推动力：新宪法将不会交给作为代议机构的大陆会议批准，而是由 13 个拥有权利的独立殖民地及构成它们的人民来批准。因此，实践上的必要和理论上的深思指导了文件撰稿者的工作。特别是那些起草宪法的人士知道，如果他们要求新的国家政府拥有比那些州或人民所希望赋予它的更多的威望和权力的话，新宪法就没有被批准的可能。关于宗教的强硬政策，更不用说奴隶制，被确信会遭到许多州的拒绝。

本章不会具体讨论宪法中的许多条款。就设计而言，宪法序言以美国人民为本，并通过 7 条正文明确了其所提议的基本分权制。第一条确定给予国会两院以立法权，该设计旨在平衡各州所代表的权益与人民被赋予的权益；在提出立法方面双方需达成一致。第二条规定行政权属于总统，其任期四年一届，并根据非直接方式选举产生。第三条提出司法权由一系列联邦法院拥有，包括其法官由任命产生且无任期限制的最高法院。其余条款则处理被如此限定的政府所产生的问题。如第四条解释了现有的州与新的联邦政府之间的职能分工，第五条规定了修改宪法的方式，第六条解决过渡安排问题，通过这些安排美国将继续遵守其在邦联制下承担的义务，最后一条，即第七条，规定了批准新宪法的程序。

在反思宪法时，那么多议题未被包括在内令人颇感兴趣。从当今世界的视角来看，我们也许会认为新政府本应对广义的教育有兴趣。但教育并未被提及，这便意味着教育将留给当地社区和各州来办理。政党也未被认定为政治体系中的积极因素。那么关于宗教呢？这点只存在于宪法第六条的一项规定，那就是要求新的联邦政府以及构成合众国的州政府的所有成员应受到拥护宪法誓言的约束。与此同时，该条宪法还坚决主张对担任合众国属下任何公职者“不得进行宗教测验”。看来显然许多参加制宪会议及起草宪法的人士都认为这一规定已经足够。宗教测验在国家政治生活中没有地位的这一明确规定就如一份明确且直率的宣言，宣告宗教在美国政府中不应有正式地位，并且这还意味着合众国政府不应与宗教有正式联系。虽然从制宪会议来看，这一立场似乎已是关于宗教在新合众国地位所需要的最后定论了，但它在美国法学体系中却一直被忽视——即使它已经成为在许多年来被用不同方式加以表达的一种普遍假设。每位总统职位的角逐者都需要以表明其与某一主要宗教团体有某种关联并显示其同情宗教目标和理想的方式来展现其候选人资格。

大陆会议收到了宪法草案，并依次将其送由 13 个成员州批准。在 6 个月左右的时间里，每个州都制定了批准宪法草案的规定，通常是通过为此目的而召集的特别会议。与此同时，一场有力的全国性运动便由那些通常被称为反联邦党人的宪法草案的批评者以及那些支持采纳草案的团体发动起来。在后者的阵营中，詹姆斯·麦迪逊（James Madison）和亚历山大·汉密尔顿（Alexander Hamilton）在约翰·杰伊（John Jay）的帮助下撰写了一系列以《联邦党人文集》（*The Federalist Pa-*

pers）闻之于世的文章。该文集是一扇可窥见宪法草案背后思想的非同寻常的窗口。于是该文集理所当然地成为了理解美国联邦政府的基本读物。各州的制宪会议（显然它们之间有着一定的磋商，通常以地区为单位）都表达了对所提议宪法的广泛批评意见。一项主要的关切，便是该宪法草案并没有明确规定在革命斗争的进程中对殖民地居民已变得珍贵的那些权利。这些权利包括保护自由言论、集会、自由出版、持有武器的权利（这显然与在任何共同防御中民兵所发挥的重要作用有关），以及若干与宗教自由有关的权利规定。毫无疑问，如果没有对年轻的美国所遭受的压力和威胁以及对《邦联条约》已被觉察到的种种不足的清晰认识，那么一些州就会建议反对采纳新宪法。最后，足够数量的州同意批准宪法——虽然它们一般都认识到还要作出努力来重新回到上述那些引起最大关切的似有不足的领域。

当新的国会在纽约市召开时，那些在各州批准宪法会议中提出的修正案最初并未得到多少考虑。只是在第一届国会快结束时，作为弗吉尼亚众议员与会的詹姆斯·麦迪逊才在众议院提出他汇总的修正案，这些修正案已被提出来供审议和采取可能的行动。作为宪法最初文本的主要起草者，麦迪逊对宪法包括政府各部门之间的分权及互相制衡的明显意图在内的设计，有着非常敏锐的感觉。他所提出的修正案名单假定任何修正案都将被添加在现有宪法文本中合适的地方。这样关于限制国会行动的变更将归于宪法第一条，而那些与商业或贸易有关的改动则将被置于第四条中。众议院在审议这些提议时放弃了这一安排，并决定宪法最初文本保持不变，而任何修正案都将加之于其后。

麦迪逊收集了多达200条修改提议，并将之合并为20条分门别类的修正案，其中一些涉及宗教。这些提议依次从众议院送交到参议院，然后交给两院联席会议的一个委员会，其数量被减至12条。这些第三次合并的提议涉及宗教、出版、言论自由、集会自由及向政府请愿诉冤的基本权利。根据修正宪法的规定，这些提议被提交各州批准。在这一程序的最后，所提议的前两项修正案（涉及国会的技术性细节）未获通过。但到1791年12月，以“权利法案”为人们所知的这10条修正案被加入最初的宪法，其中两条规定与宗教有关，它们便引出了最早获批准的那条修正案。

第一修正案以“国会不得制定法律确立国教或禁止宗教自由实践”开始，它与第一修正案所列其他权利一起限制了国会在这些事项上的立法权。宪法第六条关于排除以宗教测试作为担任公职之条件的条款将宗教考虑排除在行政和司法部门的运作之外，更不用说国会本身了。此时回顾一下构成新的美利坚联盟的若干州仍把特权给予一个或有时是几个宗教团体是很重要的。从这方面来看，第一修正案关于宗教的规定表明了国会无权干涉各州关于宗教的现行规定。同时，第二项规定也拒绝给予国会任何权限就各州在宗教实践上继续拥有的权力进行立法。尽管宪法第六条排除了担任公职的宗教测试，第一修正案中关于宗教的规定所产生的结果还是限制了国会在宗教问题上的权力。对于那些希望看到在新国家中宗教自由得到保护的人们来说，这一结果必定被视为失败。具有讽刺意味的是，在麦迪逊对宪法修正案提出的若干提议中，一项本该被置于宪法第四条中的提议，就有禁止各州干预宗教自由实践的这种限制。我们还要来讨论第一修正案中被加以调整和运用的宗教条款在后来岁月中的重要性。但是明确了解这些条款最初的编纂只在限制联邦政府而不在妨碍构成联邦的各州政府的权力和实践，是十分重要的。

严格地说，第一修正案中的宗教条款直到内战后才得到深入探讨，当然这也才得到运用。作为美国法律界较为广泛的“权利革命”的一个后果，对它们的解释和较广泛的运用真正始于20世纪三四十年代。对宗教条款最早的关注，是作为以摩门教在美国历史中的地位为中心的旷日持久的政治斗争的一部分而发生的。此前我们曾提到，在约瑟夫·史密斯（摩门教的先知和创建者）死后，在杨百翰（Brigham Young）的领导下，大部分信徒迁移到当时在任何一州边界之外的地方。当摩门教徒用数十年时间在犹他地区有了重大发展时，其作为一个州加入合众国的问题便自然出现。在摩门教的早期，尤其在该运动的领导人中，一夫多妻制的实践被广为报道，并被其批评者作为十分有效的武器。既然该地区直接受联邦管辖——这就是说州政府并未介于其人民与国家司法权之间——杨百翰的主要助手之一于是就因实行一夫多妻制而被起诉。这个案件以及其他相关案件在19世纪60至80年代间最后均上达联邦最高法院，因为它对联邦（而非各州）领地上的居民拥有直接司法权。当运用宗教条款宣布一夫多妻制为不合法时，联邦最高法院把第一修正案解释为不设限地保护思想，但同时该修正案也允许政府对那些基于宗教但可能与公共生活悖逆的行为进行管理。

该问题有几个有趣的方面。其一，在作出此判决时，为了解读第一修正案中的晦涩语言，首席法官威特（Morrison Waite）追溯了独立战争时期弗吉尼亚争取宗教自由的斗争历史。这使得他采纳了构成他判决逻辑的“思想—行动”两分法。其二，这一司法策略是设计来迫使摩门教徒摈弃他们的重婚实践的，以此为犹他作为独立州获美国接纳的一个条件。因此摩门教的一夫多妻制案件产生于高度政治化的背景，而且也在这种背景下得到裁决。最后，由于这个案子的着眼点在于犹他的准州地位（这将被其州地位所取代），因此这些判决实际上只是独立的个案，此后第一修正案的条款对居住在各州内的居民可能意味着什么并无进一步运用和解释的跟进。这一更大的步骤是在很多年后作为美国法律更广泛发展的结果而到来的。

在内战后，为了保障前奴隶们作为公民的充分权利，一些修正案被提出并获批准。第十四修正案中便有“正当程序条款”，这被设计来赋予所有公民享受政府及法律好处的同等机会。从最广阔的视角来看，内战中北方胜利的结果就是使美国国家化——这就是说，它有效地减少了在原有的联邦体系中各州所保持的权利。现在看来，这一后果是相当明晰的，但是其含义只是随着时间的推移并通过渐进的变革方式才展现出来，其中许多变革使法律及其执法方面的有效改变成为必要。在19、20世纪之交时，联邦最高法院开始坚持美国宪法最初的修正案所列出的许多权利的相关性来约束县、市、州政府的地方司法权。那些关于言论和出版自由的权利在联邦最高法院一系列判决中被交由联邦政府保护。这一广泛运动通常被称为“权利革命”，而在法律上则叫做“合判”，即通过第十四修正案来运用联邦法律，从而扩展了对权利的保护，而此种保护先前在联邦法律之下却无法得到。因此，第一修正案中的两个宗教条款终于同样适用于州和地方机构。其中第二个条款，即自由实践的权利，在20世纪30年代末的一起不服康涅狄格州管制传教的法律的上诉案件中首次被合判。而第一个条款，即所谓确立条款，则是通过1947年里程碑似的“艾弗森诉教育委员会案”被正式合判。这一案件涉及用政府的钱来补偿那些送子女上教区学校读书的父母为他们所支付的交通费用。

艾弗森案特别值得注意，因为在撰写判决书时，布莱克(Hugo Black)法官把最初拒绝授予国会对各州可能存在的确立宗教的立法权条款，扩大成为政府对宗教任何支持的障碍。实际上，他将“政教分离之墙”这一说法加之于宪法（该说法在19世纪初曾被托马斯·杰斐逊以论辩的方式加以使用）。墙的比喻似乎包含着对世俗政府给予宗教机构的任何利益的严格限制。具有讽刺意味的是，艾弗森案本身就裁决说，对父母的补偿并未违反布莱克法官对宪法的“分离之高墙”的理解。实际上人们稍加思考便可得知，这一比喻在勾勒宗教与公共权威之间的关系方面，是如何全然不合实际且并非妥当。举例而言，如果此墙确实存在，它会禁止消防队对着火的宗教建筑物作出反应吗？或者当警察被请求去保护在宗教场所中可能受到威胁的居民的人权时，他们却不被允许进入这些场所？作为一项政策，对“分离之墙”这一比喻按字面意思的运用显然经不起严格的检视。然而它却变成了美国政治文化中的战斗口号，其在美国、尤其在新教与天主教利益的相互斗争中有着漫长的历史。

在随后的几十年间，最高法院发布了许多有关宗教条款及它们以非常具体方式可能影响美国生活的判决。一般而言，那些倡导教会与国家分离的人士受到那些力主在宗教与政府之间采取某种调和政策的人士的挑战。在那些大多与公立学校的宗教实践以及承认公共场所中的宗教有关的一系列判决中，某种中间立场大致上被划分出来。这种立场为宗教不受阻碍的表达提供了某种意义深远的中立性。在最近的几十年里，在通常被视为严格“分离主义者”的新教徒与那些有力提倡更大调和的天主教徒之间发展出某种有趣的合作。在“慈善选择”的名义下，最近几届政府都在通过利用由宗教机构支持的服务机构，来推动更多地使用公共资金用以资助如无家可归人士等。这一政策通常又与这些团体联合起来反对同性婚姻以及根据联邦政府规定的指导线可实施堕胎有关。这一发展表明，我们必须关注宗教利益与美国政治文化之间更广泛的互动，而这将是本章余下部分的中心议题。

在转而讨论此点之前，就宗教与法律做一个最后评论也许不无助益。从更长远的观点来看，第一修正案包括宗教条款就表明宗教在美利坚民族的政治文化中是起作用的。几乎没有几个有见识的观察家敢于提出这一观点，即实际上联邦最高法院已经恰如其分地为美国社会中这一能动因素划定了框架。确实，迄今为止最高法院的判决，无论就单个还是总体而言，其局限对民众和专家似乎都同样明显。我们也许会得出这样的结论，即最高法院至少还需再工作几十年，来阐明一部既公平对待美国社会显而易见的宗教多元性，同时又尊重个人及团体权利并服务于公共利益的宗教法。在最高法院所面临的许多挑战中，这无疑是最为重大的挑战之一。具有讽刺意味的是，如果詹姆斯·麦迪逊最初在第一届国会上提出的建议被采纳并被各州批准的话，那么这套复杂的条款也许足以构成最为接近今日美国所需要的一部宗教法。

在考察宗教在美国法律中的地位这一复杂的历史时，我们得出这样的结论，即从美国历史之始，联邦法律就未能考虑到宗教参与政治文化的复杂性。在马上转入这一问题时我们最先要作的评论非常简单，那就是美国的建国文件未能预见政党在所提议的宪政制度中将扮演的角色。从美国建国伊始，政党或相关的利益团体便一直很有影响。确实，政党在为批准宪法的斗争过程中就已形成。反联邦党人在他们即使不是击败所提议的新政府、至少也是通过修正案有效地改变这一政府的努力中，就开展过跨州活动。当然在共和国的早期，两党的大致划分很快就对推行政策以及支持某人担任公职变得至关重要。确实，两党制一直是贯穿美国历史的基本的政治现实是，这一最起码的常识。在某些方面这将美国与许多其他由多党制基础所界定的宪政民主国家区分开来。毫无疑问，考虑到现代化社会的复杂性，在当下一些重要问题上肯定存在着两种以上利益团体。就此而言，一个通过代议机构运作的多党制度可能在反映全体选民的各种观点方面比任何一个如美国所知的两党制度更为有效。当然，注意到美国基本上在两党制之内运作这一事实并不意味着同样的两党在其历史进程中始终不变。确实，称其为两党制的原因是，从一开始舆论分布大致上的二元性就一直对美国政治文化至关重要——不管特定政党在任何时间节点上有何种表现。研究美国史的人们都知道一些有关过去两个世纪中政党变迁的知识，详细追述那段历史也不是我们课题的一部分。然而，人们非常关注的是社会中的宗教组合与构成这一两党制的特定政党之间的明显关联性。对这一问题即对政党构成中的宗教因素的看法，将会引出对宗教如何在美国政治文化中运作的较广泛的思考。

当然，美国政治中的政党结构受到持续关注，这部分是因为它代表了宪政民主中的一个异类。实际上这一结构迫使各种忠诚联合体为使其规模和影响最大化来协调各种不同的观点和利益，这便与多党制形成对照，在其中各党立场的差异化显然是其定义性特征。在多党制中，党派及各自代表之间立场之妥协只是在他们被选举出来后才变得必要。而对那些定义美国政党的若干要素，特别是对经济利益、阶级忠诚和身份考虑也不乏关注。不过尤其是直到大约 10 年前还是一个相对而言获得较少关注的要素，就是宗教认同在与政党的关系中是如何起作用的。在这方面开先河的研究是杰出社会学家西摩·马丁·李普赛特（Seymour Martin Lipset）撰于半世纪前的著作，其中他探究了美国作为他所称的“第一个新国家”的发展历程。李普赛特对二次大战后的新兴国家（尤其是那些非洲国家）颇有兴趣，他认为它们为取得稳定的政治秩序的斗争可从美国早期历史得到启发。在美国这个例子中，李普赛特所强调的是随革命开始便形成的某种国家认同以及一套深植于其政治文化的价值观的重要性。李普赛特发现，宗教在塑造这一文化的过程中起到了不同寻常的重要作用，这在很大程度上是因为美国宗教基于“自愿主义”，即是说宗教是鼓动参与行动的某种积极活动，这与在结构和期待方面都远为消极的传统宗教机构形成对照。

在一篇补充文章中，李普赛特继续发表意见说，虽然在美利坚合众国早年间形成的两个主要政党各自有许多构成要素，但在某种意义上说宗教团体及其附属机构表现出极其重要的相关性。他发现保守的联邦党诉诸人口中那部分得到在南北方过去有特权的教堂服务的人们，并且为他们所支持；而对立的民主党则反映了人口中那些被吸引到为不满无权地位而斗争的宗教团体中去的人们的希望和抱负。李普赛特进一步指出，随着19世纪头几十年后开始的大规模天主教移民的涌入，两个主要政党之间的对立仍在持续：最初是辉格党人反对民主党人，而后（最终在内战之后）共和党取代了辉格党。但是政党日益反映出占人口大部分的新教徒与不断增加的天主教徒之间的分裂。李普赛特并非主张所有新教徒都是同一政党的成员，同样也不认为所有天主教徒都属于另一政党，而是指出宗教归属与特定的政治目标（以及阶级利益和身份考虑）相关，至少在某些方面，以大的宗教归属来描绘两党制框架比用其他依据更为有效。

当然，李普赛特承认，内战决定性地影响了政党的结构，其后果在之后的一个多世纪的美国历史中逐渐显现出来。更准确地说，虽然两党制也许存在于国家层面，但在任一特定地区各自的构成却可能呈现出不同的利益组合。在未详尽追溯宗教团体与两大主要政党之关系的情况下，指出两者之间的重要联系一直持续到21世纪就已足够。当然，天主教与民主党的联盟在二次大战后破裂了，而且天主教徒的忠诚日益沿着阶级和身份界限而分化。广义新教文化与共和党的密切联系在20世纪的大部分时期里都非常坚固，虽然由于自由派新教徒为社会正义的共同事业与一些天主教徒、犹太教徒和世俗自由主义者联合起来而受到重大侵蚀。虽然早先天主教与广义新教归属之分离在过去半个世纪中已大致结束，并且已被复杂的重新组合所取代，但如果我们据此得出宗教因素在政治文化中已不再重要的结论就错了。相反，对此种情况的相对忽视似乎更多地反映了普遍忽视宗教的意愿，而这正是我们在本研究的前几章所探讨的情况。同样，得出这样的结论即宗教选民群体之间不断变化的联合已告结束也是错误的。当前观察家们指出，虽然在20世纪最后岁月中，福音派新教徒和天主教徒为共和党提供了重要支持，但对那些良心受宗教引导的人士来说，其忠诚完全有可能依据已知的挑战以及相称的回应而大规模转向民主党。

本章认为，纵贯美国历史，在宗教团体与主要政党之间始终存在着显而易见的密切关系，而且这种格局强有力地持续到21世纪。我们使用了“政治文化”这一术语来指认这些联系似乎存在并且有效运作的层面，也用它来表明它们之间的运动一直以来是如何会发生的。但如果这是宗教与政治关系中隐性的一面，那么忽视宗教经常在美国政治中发挥较显性的作用就大错特错了。这是因为，利用单一议题来发动对某些政党及其政策的支持在美国历史上屡见不鲜。所谓单一议题政治或特殊议题政治一直被证明是吸引美国选民的特别有效的途径。即使是这种把某一议题或若干相关议题作为压倒一切的议题来强调——从而要求个人或团体支持此政党或其政策而非彼政党或其政策——至少部分反映了某种类似于特殊新教心态的东西。美国新教主义的趋向之一即是将宗教行为简化为某一特定决定或行动的必要性（如将生命奉献给基督），并将宗教信仰简化为特定主张（如圣经绝对无误或仅凭信仰便足以得救）。美国政治一直都表明压倒性单一议题的重要性，无论这是奴隶制必须结束、若不联合抵抗那么法西斯主义就将获胜，还是禁止酒精性饮料的消费会使天国更近人间。在某种程度上，所有政治体制都具有某种对差异的限定，结果便是选民必须做出的选择多于政府必须采用的选择。但美国政治体制的动力学则赋予这些单一或特殊议题选择大得多的重要性。

虽然从一开始在上述这些问题上的分裂性政治就是美国生活的一个特征，但尤其是在20世纪末和进入21世纪以来，此种政治通过以“楔子政治”而为人所知的实践被提升到一个新的水平。乔治·W. 布什（George W. Bush）总统的政策顾问卡尔·罗夫（Karl Rove）将这一策略提升到新的高度。事实表明，运用所谓楔子问题在现代共和党拉拢宗教右翼以获得“价值观选民”对其候选人及政策的支持上尤为有效。为限制如非取消堕胎的合法性（如在罗诉韦德案所定义的那样）的“亲生命”倡议就作为特别有效的政治计划而发生作用。如从“亲生命”的角度来定义这个问题就意味着那些不管出于什么理由对之加以反对的人士完全未能关心对人类生命（定义为从怀孕开始）最基本的保护。显然，一些其他问题在过去几十年也受到相同的建构和运用。对单一议题政治的熟练运用是否今后会继续取得同样的成功尚不确定，虽然其在宗教议题上的持续运用已经不太灵验了。

看来确实颇为明显的是，在21世纪初的美国政治中，在那些有思想的宗教人士和许多宗教团体方面存在某种广泛的反应，即认为摆脱对政治中宗教利益的单一议题解读是非常必要的。此种回应的一部分由自称为福音派的人士所代表，他们抗议其宗教立场因被简化为宗教可能对政治具有的许多含义中的某单一议题而受到破坏。许多人认为，他们的宗教信仰要求他们关注一系列通常与社会公正角度有关的问题，尤其包括对国内外穷人及无家可归者的关怀。此外，许多其宗教认同也许较为传统（无论是新教徒、天主教徒还是犹太教徒）、或其关于宗教传统的观点也许较为自由甚至激进的个人和团体，也加入了那些构成较广泛福音派阵线的人士来抵消宗教右翼在界定议题及影响政治方面的有效性。但这里所讲的要点是：在宗教人士和团体方面的这种与具体计划有关的政治定位在美国政治中一直存在，而且比起宗教成员与政党在文化上的隐性联系，它体现了更为显性的遗产。

本章开始时，我们提到了美国法律传统早期对宗教的关注不足。这里我们并不自称要考察美国法律当下的所有相关问题，但指出联邦法律需要对宗教存在及其对社会和被广义理解的政治生活的影响作出回应的若干不同处境则颇为重要。公立学校成了最高法院将第一修正案中的宗教条款明确用于艾弗森案（1946 年）最初的现代场所。我们已经注意到，这一裁决将“分离之墙”的逻辑引入对“人权法案”的解读之中。在极短的数年间，许多其他有关从幼儿园到十二年级学校教育的实践问题被诉至法院，要求法官们开始着手处理这些源源不断的难题。其中原因除了各级法院看上去都采取了“严格分离主义”立场外，还有就是根据联邦原则，全国政府在教育问题上顺从各州及市政府，这转而导致在地方层面上形形色色的具体实践。于是在一些社区看来习以为常且长期存在的实践，如在学校上课前祈祷和阅读特定版本《圣经》的做法，在另外一些社区似乎就完全不合适。艾弗森案之后出现的案件就复审了诸如自愿宗教教育是否能在学校场所中进行，还是只有当学生移至非学校所属场所时才被允许等问题。读经以及强制性祈祷的问题很快上达法院，虽然法官们驳回了这些实践，但判决书却不同寻常地坚持说，尽管要求学生参与宗教仪式和实践是不适当的，但课程内包括对宗教的学术研究却完全适当。这一系列案件虽间或涉及大学层面的问题，但大多与中学教育有关，在此后的几十年内仍持续不断。虽然人们已做出各种努力来确定可用来一般指导教育实践的原则，但在这一过程中并未产生某种单一框架，而最高法院判决的结果左右摇摆，使关注这些问题的人士均不满意。

20世纪后期发展起来的行动计划之一，就是提议市政当局可向那些有儿童的家庭发放教育券，这些教育券可在由私人建立和资助的学校使用。虽然此种方式有许多值得赞许之处，包括其在二次大战后资助退役军人接受高等教育的较早实践，但法院却不得不处理与可发放教育券的具体条件有关的问题。"教育券运动"也与我们已经提到的教育联合体中的其他一些重大变革同时发生。这些变革包括"在家上学"的兴起以及许多所谓基督教学校的建立，尤其在那些抵制取消教育机构——这是通过民权运动为种族平等而斗争的主要阵地——种族隔离要求的地区。各州进行的另一实验是批准和资助所谓特许学校，这些学校的课程不受对公立学校的规定之约束，但条件是其毕业生在统考中表现良好。所有这些变革，包括新近开始的国家评估实践，都反映了更广泛的转移，即离开了直到高中阶段的教育全由地方和各州承担的早期观念。

联邦法院还被拉入重新审理在那些可被统称为强制性场所的地方给予宗教地位的问题。例如，对那些在美国军队服役的人来说，问题便以"那些有宗教义务的军人是否应免受军队着装规范的约束，如果可以的话，什么条件可成为这种豁免的依据"的方式出现。监狱当然代表了美国社会的另一类强制性场所。在服刑的高比例非裔囚犯中有着对伊斯兰教的显著兴趣，这有助于推动美国社会中所谓黑色穆斯林运动的发展。当然，长期以来美国监狱都为宗教领袖服务囚犯提供了机会。但在过去，这类活动主要由新教和天主教牧师主事，而越来越多的平信徒传道人也致力于这些项目。目前，这些项目面临着要回应在押囚犯所表达的日益增加的各种宗教偏好的挑战。

过去几十年间，另一宗教关切与政治项目互动的重要节点也得到了发展。这牵涉到（主要是联邦）政府经费可用于支持所谓基于信仰的项目的问题，而这些项目是处理长期社会问题的。目前，这包括诸如照料无家可归者和为饥饿者提供食物的努力，以及旨在帮助失业者或丧失人生目标者等项目。有关提议就是使用公共资金来维系和支持宗教机构的这一工作。在整个美国历史上，已知是宗教的项目——无论在努力程度或有效性上均毫不逊色——承担了处理美国社会问题的大部分重任。通常许多这样的努力都依靠慈善捐赠，无论是来自某些富裕的捐赠者，还是来自针对宗教社区或更广泛基础的募款倡议。既然与各种慈善努力相比，联邦政府拥有如此庞大的收入，那么提出这些为公益进行的活动应不应该接受公共资金来帮助它们取得成功的问题便是自然而然的事了。威廉·J. 克林顿总统和乔治·W. 布什总统都致力于使这种努力有效。当然，确实出现了有趣的问题，如为有资格获得此类政府资助，那些明显具有宗教性取向的机构是否必须同意在雇佣工作人员时不考虑他们个人的宗教归属。同样地，由此类机构提供的服务是否无需那些接受者做出明确、可能甚至是含蓄的宗教承诺？这里还有要求报告的问题，即是说这些经费的支出应受到政府机构严密的单据审核。这些复杂问题，加上某种程度上对此种拨款项目背后可能具有的政治含义（如选择某些宗教团体的机构而非另一些宗教团体的机构）的怀疑，导致了大量的批评和法律上的挑战。

对基于信仰的慈善选择项目有两个主要的观察。其一要指出，从较长时段美国史来看，这些均非全新的问题。如果我们以医院作为机构在19世纪后期及20世纪早期的兴起为例，它呈现了一个相关的故事。许多医院是在宗教团体的直接赞助下成立的，并且它们通常在一段时间内继续由信仰团体的代表办理。在美国有切身体验的人士很可能遇到那些以某一新教宗派命名的医院，如长老会、卫理公会、浸会或那些如其名称指明的显然是纪念罗马天主教或犹太教赞助的医院。随着美国的医学实践变得专业化，其支出的增长也比过去更快，政府资金越来越多地注入这些机构来支持它们及所办理的项目。在早期有一些与医院有关的法律挑战，但总体来说，政府资金流向了这些医院，但确实使会计核算要求及其他一些实际考虑成为必要。因而，任何仍可能存在的对这些机构具体控制的宗教特征即使不被完全消除也被大为削弱。看起来目前由慈善选择倡议支持的活动不太可能在美国一直发展到如医院联合体那样依靠政府的程度。然而有思想的观察家承认这样的定理，即政府资金流向哪儿，对其的监管就一定会接踵而至。因此，许多宗教团体意识到，即使为了最有价值的活动而接受联邦资金也可能使对其基本宗教使命的妥协成为必要，而且从长远来看还可被证明是对其生存本身的威胁。从这点来看，虽然宣称基于信仰的倡议的寿终正寝将是草率的，但有理由认为，在文化运动中，宗教倡导者自身及他们的批评者们可能都看到了这一方式的严重局限，并得出其他可达到同样目标的方式应得到优先考虑的结论。

一个进一步的观察也许也相当有趣。我们适才提到政府资金大规模注入以支持医学特别是医院发展的例子。但这里至少还应提到另一不那么出名的慈善选择倡议的先例。在第二次世界大战结束期间以及其后，美国政府就利用宗教赞助的救济机构来为那些受难的人们输送物资和金钱。其中比较出名的团体是天主教救济会及其泛新教的同类机构基督教世界救济会。当然，犹太团体及若干其他宗教资助的机构也参与了这一广泛的努力来恢复许多国家遭毁坏的个人和社会生活。这里要做的有趣评论是，在这些以及类似项目之下，因为政府资金用于境外，所以对这些机构运作的作为管理运送救援物资的条件限制要少得多。要注意的是，因这种做法是对由战争引起的特殊危机的反应，所以人们假定其存在时间有限。于是它们似乎并未成为人们将会对之感到后悔的长远先例。同样重要的观察是这些资金当时正送往美国之外的受益者，而要监控这些机构的活动以及物资的最终使用都是非常困难的。深思熟虑的观察家们已经指出，宗教与政治目标应被有效分离，或至少被看作是截然不同的，而这一基本假定并未以其在美国境内所展现的同样效力而被延伸至境外。

我们用最后一个议题来结束这一对宗教在美国文化的政治动态中地位的考察，那就是应归之于宗教自由的意义以及在当代世界中宗教自由的实质可能是什么这一长期的挑战。宗教自由开始时似为简单的价值观，并且宗教自由在美洲殖民地的早期表达是把它基本上设想为实践的权利以及信奉某些特定形式的真正得到承认的传统。但尤其当我们承认存在并依赖于全球处境的高度发达社会的极端复杂性时，设想与实施宗教自由就变得远为困难。此问题的一个方面在很大程度上是定义性的：在21世纪初，鉴于宗教已知的广大范围，我们所说的宗教是什么？而根据对宗教深刻性及复杂性理解的学术探讨，我们所说的宗教又是什么？在美国革命时，宗教基本上被认为是将某人或某些人与其他人区分开来的整套信仰，而且它还可能有相关的实践。然而，按照20世纪人类学的考察，显然整套信仰未必简单，而与之有关的实践也未必有限。当然，在更大的社会环境中学术探究本身未必非常重要，但美国的法律决定日益留意学术研究，并认可那些较早年代的法学家所无法获得的大量资料。即使是在最高法院发布的判决意见书里，更不用说在有知识和见识的公众中，宗教的定义也受到批评性的审查。除去其他考虑，显然一个小团体的宗教实践确实可能对许多其他人产生影响，而多数人所持的价值观也可能被证明是限制了少数派团体。虽然看来美国人确实相信宗教自由对他们的社会及国家政体至关重要，但这一价值观究竟应如何运作却决非显而易见。

从关于宗教自由含义的广泛定义性问题转向宗教立场所固有的各种视角，很明显在涉及特定社会问题时存在着大量受宗教影响的观点。例如，强制服兵役和任何免服兵役的例外都是潜在的复杂问题，因为在那场严重分裂美国的在东南亚的战事之后出现的自愿兵役运动，美国人得以幸免于面对这些问题。虽然义务兵役仍以某种方式存在，但最高法院被迫承认宗教问题——以及任何与免服兵役有关的权利问题——已变得何等复杂。实际上，最高法院发现自己追随了神学家保罗·蒂利希（Paul Tillich）将宗教等同于“终极关怀”的名言，以尽可能宽大的框架来定义宗教。以宗教定义的理由免服兵役的传统植根于贵格会教徒强烈的和平传统。在必须征兵的那些年月（直到并包括第二次世界大战），免服兵役依据的是某个公认的宗教社团出具的证明。如果将来的豁免也由个人的终极信仰或信念来界定，那将标志着豁免范围的极大扩展。当然，那些免服兵役者通常需要承担可能被证明是要求特别高甚至是危险的其他服务，如战场上的医务工作。

与在如妇女堕胎权利等当前争论问题上的观点相比，关于服兵役的宗教观点被证明是相对简单明了的。就这些问题而言，长期以来的做法是此事属于妇女、她们的家庭和社区，当然还有她们可能得到的医嘱。在联邦制政府下，各州有规范这一实践的自由，并且大多数州均这样做了，它们规定堕胎为非法。但在罗诉韦德案（1973 年）中，最高法院提供了可上诉案件的一个普遍框架。实际上，法院判定在怀孕的头三个月，妇女拥有相对不受妨碍的堕胎权利；而在接下来的三个月，她们就要受制于更多的规定；更高的堕胎门槛在最后三个月开始实施。通过如此定义妇女堕胎的权利，法院也认识到在作判决时需考虑妇女的身体健康。此案判决以来，社会上爆发了一场巨大冲突，那些受宗教激励的团体将生命起源追溯到怀孕伊始，谋求在几乎所有情况下强制终止堕胎。当然，其他人以同样的热情认定每位妇女对自己身体做决定的权利决不能受损害。这一有深刻分歧的议题已表明其拒绝任何简单的解决方案，但却可能有助于证明一个较大的观点。如果我们从那些涉及诸如强制性兵役或妇女可合法堕胎等当下问题后退一步，那么就有可能理解为什么在美国文化中宗教与政治之间的对立变得如此深刻。

如将其简化至最基本形态，大多数宗教、当然包括所有的西方宗教都通过赞同某些价值观并通常规定相当具体的行为准则来获得力量和权力。这一观察引出了两个观点。其一，关系到对某些行动的规定（以及对其他行动的禁止），这便成为任何有关团体及其成员生活的限定性因素。这些更多是道德要求，而不是伦理思考，建立在被认为是受直接启示、不允许有重大异议的准则的基础上。这并不是说西方宗教传统尚未发展出许多柔化或至少适应不断被提出的各种要求的手段。例如，犹太拉比法庭就显示了古老传统在急剧变化的环境中是如何被应用和调整的。在基督宗教的天主教的发展中，教会法增强并实施了对信徒提出的主要要求。对其他行为的决疑论分析被证明有助于新教徒接受严厉宗教要求的努力。但是，允许对宗教规定有适应和应用的幅度不应掩盖更基本的要点，即这些理想被用来要求信徒并将会界定他们的生活。其二，这些准则与行为而非与信仰、教义或抽象理念有关。它们要求信徒们采取行动，所强调的重点是包括行为在内的回应。因此美国宗教——种类应有尽有且纷繁复杂——一般都要求信徒遵守所规定的行为，这就不可避免地影响到他们作为公民的政治行动。

在西方传统中，政治是社会中行为和信仰的一部分，其目标是实现这样的结局，即对认知到的社会需要作出共同适应。美国政治作为建立共识的领域代表了某种非常深刻的反差，即使在比如某位总统想要加以引导时也是如此。因为它包括了对来自民众方面抗争的适应、对什么最后可被接受的评估，以及对要实现目标需要付出代价的认识。美国所实践的政治势必要求准备好妥协，并且愿意满足于远不及在理论上可能要求得到的结果。就此而言，美国政治文化具有某种动力，而这种动力与许多可在其中得到蓬勃发展的宗教团体的动力全然不同。这里的感觉是，在共同社会中对由宗教设定之结局的不断争辩很可能会在可预见的未来成为美国政治中的一种面向。在美国处境下，在宗教团体间达成全面共识将会要求许多或甚至是绝大部分团体的根本转变。如此结局——也就是在宗教上对政策看法一致——将会是美国历史上的一个真正引人注目的发展。

第八章　宗教在美国民族主义中的角色

本章将探讨宗教与美国民族主义之间的关系。关于该议题最为极端的主张，就是认为存在着某种相当发达的以美国为中心的宗教，该宗教寓于某些特定的象征和仪式，并通过它们来表达美国的基本理想和抱负。通常“公民宗教”（civil religion）一词被用来指涉美国生活中的这一特定方面。确实，大约在半个世纪前，罗伯特·贝拉（Robert Bellah）曾提出一个鲜明主张，那就是在美国的社会和文化中存在这样一个独立且相当机构化的宗教传统。在我们重新审视这一主张——以及考察用于表述该主张的术语——之前，作为概述的一项重要工作就是非常简要地讨论宗教传统与政治制度相互关系的西欧背景。

这个议题的深刻历史存在于以基督教为代表的对罗马帝国的挑战，该教当时被视为新宗教，或犹太宗教传统的新表达。产生于巴勒斯坦的基督教很快就遍布地中海地区的许多城市。罗马帝国在公元前的年代里就已有发展，吸纳了许多希腊人的理想和抱负，并把它们组合在一个自视为共和国的帝国之中。在此种背景下建立共和制就意味着引入代议性，这至少在理论上限制了作为元首和政治权力中心的皇帝的权力。皇帝们日益利用那些把自己等同于神或至少是神在世间代表的那些传统。由此那种神存在于人类之中的信仰便得到发展，并且对皇帝的“宗教敬仰”也成了确保臣民忠诚的手段。作为具有革新性的宗教传统，基督教从犹太教发展而来，并从其发源地巴勒斯坦向外传播，在地中海周边的人口中心区域赢得了信众。基督教的吸引力表现为信守一套较高的社会价值观，以及某种与罗马帝国所倡导和培育的个人生活相比更负责任的个人生活。基督教可被理解为某种对外邦人（或非犹太人）开放的犹太教，而且它暗中还代表着某种对罗马帝国文化所特有的骄奢淫逸的持续批判。

到了公元4世纪，这一颠覆性宗教运动显然已对帝国的统治当局构成了严峻挑战。该挑战之一就在于基督教在帝国范围内成功设立了主教或地区宗教领袖。基督教对民众的另一吸引力在于其反抗帝国的历史，尤其是许多基督徒在必要时甘愿以身殉教来抗议罗马统治的荒淫无度。君士坦丁皇帝决定容忍基督教——直到那时它还是受迫害和被法律禁止的宗教——并且最终加以接受，宣布自己亦为信徒。把帝国本部迁至东方——在那里君士坦丁堡被创建为帝国新中心——的决定，显著地削弱了帝国对那些仍与罗马拴在一起的西部疆域的控制。因这种与帝国的通融协作，基督教运动得以机构化为教会，大体上与帝国政府平行发展，而当时该帝国在西部的权威和权力大受削弱。于是，西方基督教采纳了罗马帝国的某些形式，而帝国本身在东部地区仍为强有力的政治结构。就大体而言，这种双重权威结构的格局——即一个以皇帝为首的结构和一个以总主教（居于罗马并被称为教皇或教宗）为中心的结构——在通常被称作中世纪的整个时期中成为欧洲社会的特征。在某种程度上，这种格局以某种弱化形态甚至一直延续到现代。

皇帝与教皇的对抗势必引起权力的转移，最终不仅导致了帝国中取得越来越高独立性的民族国家的发展，而且还带来了——与这些独立的政治实体联合的——基督教传统的其他形体，而这些形体都大小程度不等地隶属于中央教廷。基督教的民族形体在诸如法国以及某种程度上在德意志等政体中有了长足的发展。在英国的情况则是君主宣布不列颠群岛的教会独立于罗马主教的管辖，从而开创了独立的圣公宗传统。许多基督教制度的变化是受天主教传统内部批判的刺激和驱动的。马丁·路德（Martin Luther）想要把那些他认为是繁文缛节以及与此有关的那些遮盖居于该传统核心的真正教训的教条剔除出天主教传统，就显示出同样被普遍分享的改革冲动。因此，在现代早期，欧洲诸国在政治上已严重分裂，而时值它们正准备互争雄长并取得对在大西洋彼岸已为人知的新大陆——美洲——的征服。在欧洲权力向北美和南美的扩张中，基督教各种强大且互异的形体与这些欧洲政治传统（无论是西班牙、法国、英国，还是许多较小的竞争者）联合起来。在此种背景下，不同殖民列强在美洲大陆的移民有效地把存在于17、18世纪欧洲的几乎所有形式的基督教都带到了美洲大陆。

我们已经指出，在北美的13个英国殖民地起来反对英国君主对它们提出的被视作不可容忍要求的背景。当它们通过革命从英国专制者手中赢得了这场争取自由的抗争后，这群迥然相异的移民所面临的挑战，就是要创建一个足够强大的政府来维持其独立。而这是通过以联邦政府来取代各州间的有限邦联来实现的。该联邦政府打算用在那些需要采取一致行动的领域的集中行动来平衡各州在适合其治理的州一级事务上继续行使职责。因此，1789 年通过的宪法既表明美国政府来自人民，又由其成员州所组成。这是对共和制政府的进一步尝试，这种政府在此前通常被认为只在那些规模相对较小的社会中才是可行的，在那里公民可有效地直接参政。美国立国者所提议的创新，就是对政府各种权力加以分割，在它们之间建立某种平衡，并尽可能地允许各部门具有相对的独立性，以此来保护整体。这种联邦结构的一个基石，就是全国性政府在宗教上没有管辖权或权力，这一规定已列入宪法原本，并在不久后被作为权利法案通过的一系列修正案中得到加强。权利法案即是处理基本问题（其显著者包括保护言论自由、集会权利以及就冤屈请愿的权利等）的宪法前十条修正案，并且拒绝国会有权对宗教机构进行立法，或限制公民对宗教的自由实践。

这些条款完全体现了美国宪法背后的联邦共和制思想。如果新的全国政府被禁止处理这方面的社会生活，那么该权力便为各州所保留。在各州的层面的确存在给予某些宗教团体特权的形形色色的条款，而且一些州甚至要求担任公职要进行宗教测试。但宗教基本上仍在联邦政权的管理权限之外，至少不受其直接和侵入式的管理。需要说明的是，联邦政府在 19 世纪下半期首次运用与宗教管理相关的法律条款，而这与当时正争取成为美国一个州的犹他领地有关．该领地的人口大多为摩门教徒，并盛行一夫多妻制。正如我们已注意到的，直到 20 世纪中期与宗教有关的第一修正案条款才被直接运用来管理地方和州政府。因此，在长达 150 多年的时间内，对宗教的管理始终是各州的特权。

然而，这并不意味着对美国的宗教忠诚不是一个潜在的重要因素。始于1860年的各州之间的战争，或称内战，致使允许奴隶制（并事实上在经济上依赖奴隶制）的南方各州与强烈要求应结束奴隶制的北方各州相对抗。在这场造成南方广泛破坏以及士兵甚至平民大量死亡的残酷战争中，北方各州最终在亚伯拉罕·林肯（Abraham Lincoln）总统的领导下取得了胜利。我们需要注意的是，在何种程度上交战双方通过鼓动各自民众的宗教忠诚来促使他们参与这场血腥的战争。在南方，对奴隶制合理化与正当性的详尽论证均源自于《圣经》，而该地区各宗派一般都在为它们的事业提供明确和持续的支持。至于北方，废除奴隶制的情绪大多产生于信教民众甚至还有宗教机构。于是，这场关系到美国未来的残酷战争便是以对这场战争背后的这些问题的强烈宗教参与为标志的。确实，当时甚至还发展出支持冲突各方的所谓公民宗教。亚伯拉罕·林肯的一个非凡之处，就在于他深刻地告诫说内战不应变成一场宗教战争，在这场战争中双方都如此确信自己的事业得到神的眷顾，以致于可将之转化为一场使对手完全非人化的义战。关于宗教在内战中的作用，值得一提的一点就是它重振并且增强了曾帮助殖民地人民起来反抗英帝国的宗教情感。这必然带来的问题，就是美国的存在是否至少部分地取决于其公民以宗教方式来看待它的意愿。当然，内战的基本结局就是它确定美国将成为一个国家。

我们可以从历届美国总统的正式演讲中发现一个尖锐的问题：美国是否具有某种来自上帝的宗教使命？非常概括地说，当国家面临外部势力的威胁时，总统们通常会谈到美国民族主义的宗教面向。如在第一次世界大战时，伍德罗·威尔逊总统用到诸如“十字军”——该充满宗教意味的词与中世纪基督教欧洲从穆斯林手中夺回耶路撒冷的努力有关——这样的措词来描述协约国军队抗击德国势力扩张以保卫欧洲的使命。到第二次世界大战时，罗斯福总统使用类似的语言来论证美国加入抗击轴心国的战争的正当性。此后的一些战争，诸如20世纪60年代在东南亚的战争（以及此前10年在朝鲜半岛的战争）和抗击苏联的帝国野心等，也被用类似的宗教词语来加以表达，以示美国的神圣使命。这种运用宗教语言和概念来表达国家政治行动的可能性一直存在于整个美国历史。当美国人的认同和使命看来受到威胁时，宗教措辞就会被用来解释战争之根本目的。在另一方面，当这样的挑战似乎减弱甚或不复存在时，宗教的此种职能便云消雾散。

有了这种背景，在20世纪六七十年代的东南亚战争——该战争在美国社会有极大分歧，并招致广泛抗议甚至大规模的公民抗命——期间，某位受尊敬的社会学家确实宣布了政治宗教在美国生活中具有相关性，并构想出一篇关于“美国的公民宗教”的广受赞誉的论文。加州大学伯克利分校的社会学家罗伯特·贝拉提出，在美国社会和文化中事实上确实存在着某种独立的且相当机构化的公民宗教。他发现，该宗教是与社会中广泛的新教组织并行的，它利用了取自《圣经》和历史意识形态的因素，形成了各种公民仪式，输入了象征符号，而且对美国人至关重要；这些因素提供了美国具有某种神圣使命这种希望和应许。在给出此种分析时，尤其对20世纪60年代的美国年轻人，贝拉勾画了一幅他希望这些年轻人所能拥有的更好美国的草图，即便是他们当时正被其政府的行径所激怒。贝拉本人后来在对其所称的美国公民宗教更详尽的研究以及对其他国家公民宗教传统的研究中，所持观点便不再那么鲜明。

最后，贝拉关于存在某种美国公民宗教的明确主张逐渐演变为某种提议，即宗教因素通常包含在美国民族主义之中，并且它们不时转化为公开的宗教实践。但是那种认为存在着某种持续的、机构化的并且平行于基督教会的宗教传统的主张，看来是言过其实的。

一个讨论得少得多的相关问题，就是美利坚民族是否已发展为正式的国家？现代早期欧洲的民族主义阶段在许多方面就是对帝国的正式认同被具体化为民族国家的阶段。这样一来，每个民族国家都为自己取得了许多帝国的主权诉求——并以此种方式折射了对宇宙中某种终极地位的诉求。当然在建国之初，尤其是在《独立宣言》和《宪法》中，美国很少有这样宏大的自我观念。确实，美国共和主义意识形态排斥这些欧洲国家特有的观念。美国宗教独立于国家这点就证明美国人并不认为自己要以欧洲模式来成为一个完全的国家。然而，我们发现，在美国面临类似广泛的挑战时，欧洲国家应对现代世界的一些做法在美国也得到发展。一个例子便是战争动员所需的政府权力的扩张。此种扩张初现于一次大战，并且在二次大战时有进一步发展，最后在随之而来的“冷战”期间达到顶峰。与这种抵御外来挑战的战争动员有关的，是无数美国经济——以及更广泛的美国社会——管理方法的发展，这无论是管制银行业还是为增进民众福利而筹划的社会项目如社会保障和医疗照顾等。

我并不打算详尽探讨该问题的各个方面，但注意到美国应对现代生活挑战的一些做法与那些自视为完全国家的政府的做法如出一辙，是颇令人感兴趣的。一个例子便是税收政策，如无税收政策很难想象任何现代经济在当今世界中可有效运行。

另一个例子是中央政府对法律的掌控。确实，在美国的情况下州法律系统仍然活跃，并且经常作为法律的初审地点。但是联邦司法部门部分是通过最初由州法院受理的案件上诉联邦司法体系而实现了扩张。这必须被视作民族国家发展的进一步例证。第三个例子是联邦通过其机构控制市场，无论这些机构负责农产品价格，还是对某些被认为受到威胁的工业提供补助。第四个例子是所提供的一系列服务——如不是由中央政府直接提供，那至少也是非直接地通过联邦资金支持的公私机构向人民提供。最后一个例子是规模极大并且对左右美国经济状况举足轻重的美国武装力量的存在。德怀特·D. 艾森豪威尔总统曾明确就他所认为的“军工复合体”也许会威胁到美国的未来发出过警告；他认为不妨还可把“军工复合体”视为可完全取代立国者们所建立的联邦政体的某个永久性国家的潜在基础。

关于是否存在一个美利坚国家的问题（那就是国家已成为广泛组织起来的现代民族的形式）包含着另一个问题，即是否有理由认为民族国家需要宗教垄断或宗教的释义和支持？值得注意的是，欧洲国家残存的国教会在地位和权势上都大为下降，即便许多国教会在这些国家仍维持着某种形式的官方地位。然而，对于所有这些国教会来说，有一点似乎是千真万确的，那就是它们至少在某种程度上容忍其他宗教传统的必要性。传统天主教国家对犹太教的容忍或新教国家允许天主教礼仪及欢迎伊斯兰教的到来等未必能解答这一基本问题。民族国家如何处理这种可能作为其社会特性，并对其在现代世界中的存续至关重要的宗教多样化呢？大多数欧洲国家所采用的办法是允许各种不同的宗教机构有广泛的代表性，并且让受欢迎的宗教人物在它们的文化生活中崭露头角。从这个意义上说，那种转向克里斯玛型宗教生活的美国方式似乎也越来越多地出现在世界其他地方。

更重要的问题也许是，现代民族国家是否已经发展出独立的象征和仪式系统，这种系统可能意味着关于政权的宗教信仰。我不知道是否有一项关于欧洲政治的对此问题的持续和批评性研究。当然过去一直有调查各现代国家的价值观甚至某种程度上调查信仰的尝试。作为此种努力的一部分，对传统宗教机构的存续以及那些可被称作宗教的新运动的出现也有些关注。但这些研究都未谈及“国教”是否已在现代民族国家的处境下普遍出现。对于学者来说重要的是长期探索这一课题，而且不仅要研究欧洲社会，还要研究亚洲和非洲国家。

至少对西方版的基督教来讲，一个证明与罗马帝国（以及源于罗马帝国的国家传统）的扩张主义趋势相一致的因素就是其传教倾向。从一开始，基督教运动就是劝信的宗教，这就是说它通过劝人归信来谋求扩大其地位和影响。早期基督教的这一特征如此显著，以至于有人将其早期运动称为劝信或传教的犹太教——该观点即是出于传统和选择，犹太教从未以在共同时代基督教运动所特有的方式去积极地争取皈依者。在此后的数世纪中罗马天主教一直向外拓展和劝信。在向现代世界过渡时，西仪天主教最大修道会之一的耶稣会，就组成为效忠教宗的“军队”来发展把他们带到远至东方中国并进入法国在北美西部殖民地的传教活动。这种对向外拓展和劝信的奉献也成为新教运动的一个特征，该运动是作为西方基督教传统的特殊版本，通过强调信守特定的教义和实践发展而来的。至少从较宽的视野来看，不同新教团体几无例外地实现着同样的劝信抱负。当然在某些特定时期这种冲动受到限制；如英国清教徒在新大陆开发殖民地时，他们嘴上讲劝美洲原住民归信的重要性，但实际上并没有为此投入很多资源。新英格兰的清教徒之所以有兴趣向美洲印第安人传教，更多的是以此为一种手段，来为在他们所宣称的领土与法国希望通过耶稣会的积极介入而加以控制的领土之间提供一个缓冲区。然而，如果说这些早期的北美清教徒不如同时代的法国人和西班牙人那样致力于使原住民归信的话，那么这种格局随着美国的建立而发生变化。

在19世纪的进程中，那些发达的美国宗派（如成立较早且有组织的浸会、公理会、卫理公会和长老会等）尤为投入有非常重要意义的传教活动。它们的大部分努力用于被称为国内或本土传教的活动——即那些针对全国范围内被认为有需要地区的项目。这种投入的一个主要目标就是准备将宗教引入西部正在开放的鲜有人定居的地区。许多差会致力于在土著美洲人部落中开展事工，这些部落被有计划地迁出它们的东部故土，并聚居在散布于西部边疆地区的相对贫瘠的一些土地上。当这些传教活动在欧洲移民或被迁移的印第安部落中发展起来时，它们也包括了对社会某些方面的重大关注。教育证明是许多传教努力的主要关注点，而当西方医学开始其漫长的专业化过程时提供医疗保健也同样如此。这些国内传教活动无不包括某些劝信土著以及为他们建立常设宗教事工的准备工作。

随着19世纪的演进，同样这些宗派也开始开展国外或海外传教活动，为的是要把基督教以及一般西方社会的好处带给世界上日益被西方人渗透的那些地方的人们。比如一项重要的努力就是致力于在非洲拓展传教活动，这通常反映了殖民者的特定国家身份。与许多欧洲国家以及美国有关的天主教和新教差会成了该大陆的常客。当然，海外传教活动还扩展到中东和印度，并且无疑巨大的努力也投入中国。所有这些实例都包含了教育、医疗并且理所当然还有宗教启蒙等要素。无论在美国还是在欧洲，发起差会都一直在继续保持着与其代理机构的关系，并且在宗教团体和自愿机构中为它们争取更广泛的支持。在大多数这种努力的背后，尤其对于美国传教士而言，是这样一个远景，即世界终将超越使其成为各独立国家的分裂。有趣的是在21世纪的美国精英中几乎没有人认识到从这种西方帝国主义“软的一面”中所产生的重要影响和长期后果。可以毫无疑问地说，将美国人带到中国的是经济获利的前景。但是从美国角度看，人们对这种较早的接触给中国造成的文化和社会影响甚少，而这种影响比早期美中关系掠夺性的一面更为持久。也许只有在若干年以后人们才有可能开始对作为较早时期帝国主义次要方面的文化互动的重要性进行评估。

在过去半个世纪中，美国传教活动扩张以具有不同侧重点为特征。在二次大战期间以及其后发展起来的传教动力至少有两个面向。第一个面向是通常源自于19世纪较老宗派所属差会的美国宗教机构变为向那些因战争破坏和失去家园而受苦的人们提供救援物资的基本渠道。当然，最初大部分对难民的救助物资给了欧洲国家，但相当数量的救助物资也投入到同时期深受磨难的非洲和亚洲社会。天主教和新教机构皆担当了此种角色；而犹太人的慈善事业则特别为流离失所的犹太人以及支持以色列国进行了动员。

战后受美国宗教团体刺激的传教活动的第二个面向是由在此时得到迅速发展的广义福音派和五旬节派团体所组织的数量

不断增加的劝信差会。我们已经提到在过去半个世纪的美国宗教中如此重要的克里斯玛型宗教的影响。这些传教努力通常回避传统的宗派认同并争取从普通信徒那里获得能量以及全身心的支持和参与，在遍及非洲、拉美和南美，以及包括中国在内的亚洲国家等地广泛传教。尽管在许多方面与19世纪的传教活动也许在形式上有相似之处，包括如医疗和教育等这些如此明显地标示着较早时期传教冲动的面向，但这些较新的团体似乎很少注意到这些较早的努力。我们几乎可以把20世纪后期福音派传教团体的外展看作是较早努力的重启。一个有趣的问题就是这较新一波的传教士可从较早的文化互动中学到什么？当然，一个非常重大的差异就是在21世纪电子世界中对通讯工具的运用使实际上的环球即时通讯成为可能。

关于此种晚近的传教活动，我们要问的一个重要的问题来自对19世纪和20世纪间传教努力的差异的反思。现在来看，指出在西方经济利益向其他社会扩展影响与至少部分由较早传教运动所代表的相关文化渗透之间存在着广泛的一致性是相当容易的事。那么同样的关系是否亦存在于目前新一波的传教努力中呢？至少从表面道理上看，与更美好世界前景有关的宗教自由的机会似乎与商业领域经济机会的快速发展是一致的。我们甚至还可以问，作为一种商业活动模式的资本主义与21世纪创业型宗教是否并不具有某种特别的亲密关系——即使在某种程度上这种关系在19世纪确实存在。这一思路符合马克思主义的分析，即宗教被视为“人民的鸦片”，它为那些在社会严酷底层受苦受难的大众提供了补偿性体验。然而，如得出结论说这种由宗教驱动的传教活动仅仅只有此种功能，那将是错误的。因为我们可以提出这样的观点，即传教活动带来了长期的社会和文化利益，尽管帝国主义在商业方面最终失败。如较早期的传教活动为中国人带来了在教育和医疗方面的利益，而它比此种互动的商业部分更为持久。如果没有这些由宗教资助的对社会的文化渗透，那么现在这些有目共睹的长期结果也许就不可能存在。如果当前开展的传教活动在某些方面亦由直接商业利益支持，那么这是否意味着社会和文化影响也与此有关？

本章一直关注的，是宗教传统嵌入美国生活的方式与美国的民族主义有着复杂的相互关系。因此我们思考了与美国对世界其他部分开发经济关系相伴随的美国传教活动的开展方式。我的观点是，目前得出宗教完全是因变量的结论是草率的，因为关于宗教独立性程度的证据只会随时间的推移而变得更为显著。但这种关系中还有另一个需要关注的方面。这并不是指明确由宗教界定的活动在与其他社会的关系中发挥其劝信作用的方式，而是指美利坚民族如何思考其在与外部世界关系中的那种具有传教冲动的思维定式。在一些方面，美国仍持有某种宗教世界观——也就是说持有某种认为这个国家能为实现长期目标动员和集中能量的世界观——这种世界观塑造了美国外交政策的行为。这不是说美国外交政策必然要谋求实现明确的宗教目的，而是指这些目的被塑造的方式——以及用以寻求支持的手段——在其实质内容和口头形式上都含蓄反映甚至明确体现了宗教语言。

上述许多章的一个共同主题，就是美利坚民族为自己设定了若干带有该社会较深宗教传统烙印的目标。一个例子是内战中南部所支持的义务承诺，当时它寻求确保美国南部邦联延续那些为其所理解的美国立国原则。这种使命具有宗教共鸣，而此时北部也正以维护一个几近神秘的合众国的方式来叙述这场战争。伍德罗·威尔逊把一次大战说成是“为让民主获安全的世界而战”提供了另一个相关案例。在这样的为实现宏大事业而进行动员的努力背后有着十字军式的冲动。同样的思维定式设定了美国参与二次大战的框架，并继续作为美国自我解释此后与苏联“冷战”的一种方式。不言而喻的是，由布什总统说出来的同样充满宗教意味的十字军式的使命，也设定了美国在21世纪初对伊拉克的入侵的框架。简言之，美国政治领域吸纳了某种特别源自西方基督教传教和十字军式冲动的关于世界的思维方式。我们转向这一问题来更深入地探讨美国政治是否必须得基于宗教认可的观念以结束本章。然而在这样做之前，我们应该注意到美国更广泛的社会和经济方面表现同样的行为参照系的方式。

这里提出的观点，即美国社会的文化定向被充满宗教色彩的语言所构建，在其政治领域的表现之外也同样适用。这在美国的营销界就很明显，在那里商品和服务的销售符合几乎同样的模板。无论是对拥有者还是对消费者来说，最终产品都是被以需求和准宗教的方式来加以界定的。现代广告界被以反映或折射社会界宗教事务的方式用文字和形象来加以创造和塑造。浏览一下美国的报纸和杂志就为这种很少被论及的依赖性提供了证据。

这并不是要把注意力从美国政治话语这一框架的重要性上挪开，而是强调政治辞令和政治理想之源也渗透并遍及整个文化。文化的这些面向并非互相独立，而是必然地构成了使观念本身及其表达——无论言辞上还是视觉上——在其中得到加强的反馈回路。因此，美国政治界与更广阔的文化生活是紧密相联的。这有助于解释其潜能及内在的局限性。作为动态实体的更广阔的美国文化框架超出了本章的范围，但上述观点表明美国政治生活和行为的宗教面向来自于——并转而加强——包含宗教层面在内的社会和文化的更广泛的特征。

在关于宗教与美国民族主义关系的这一章中，明确对待一个有时被提及但却较少被讨论的提议十分重要。就是这样一种观察，即美国这一在所有晚近形成的现代国家中首先建立的国家，是源于理念而非源于所继承的传统的。这种诠释意指美国作为一个理想实体的建立是基于同意其成立并因此也成为其组成部分的人民的。这一理想化的建构——虽然在其初期由于妇女和奴隶未被包括在内以及公民权通常受财产数量限制而未被充分实现——为美国自称为民主国家提供了基础，虽然其形式仍为共和制。这一远景，如果我们这样看的话，就是亚伯拉罕·林肯在他的时代所提出的“世上最后和最好的希望”。他认为美国提供了某种新型的政治共同体，该共同体采取了需要通过血腥的内战来加以维护的民主共和制的形式。在21世纪初一些更为有趣的观察之一就是这套观念在美国人当中继续引起共鸣。这种“美国的理想主义基础”的最好展示是参议员巴拉克·奥巴马为获得民主党提名成为2008年大选该党总统候选人所进行的竞选活动。因此，即使在当代政治中，我们也能发现这种认为美国例外论来自某种非常基本的奇特源头的观念具有吸引力（如非权力的话），那就是这个国家基于一套观念或理想，与较早的国家和民族（或许还有许多新建立的国家）形成对照。

也许会有帮助的是将这种美国人的自我理解——我认为

这对美国作为一个国家是至关重要的——与一种可能来自把美国看作“今日帝国”（the empire du jour）的一般观察的看法作一比较。这类评论出自一种观察，即美国在21世纪初发现自己成了最晚近的——也许是最有权势的——庞大政治实体，而这类实体似乎是人类历史的特征。无论是回溯到中东历史上的帝国，或整个中国历史上的相应组织，还是一连串欧洲野心家身后的罗马帝国，帝国政权都在大部分时间里支配着已知世界。从这一角度看，美利坚帝国似乎是英帝国最直接的继承者，该帝国本身就是极为引人注目的成就，建基于控制海洋作为商业要道以及改善控制遍布全球的殖民地的手段。在其有效运作的整个时期，英帝国确实是日不落帝国。而在人类历史的漫长时间里，英国的成就亦堪与其他成功的帝国政权相提并论。在本章的上下文中，英帝国提供了一个讨论美国权力及其在二次大战后运用的极佳参照点。我并不打算（也没有能力）在假定存在的美利坚帝国于它所接续的极为真实的英帝国之间做出任何可持续的比较。但通过对两者差异的若干广泛和全面的观察，我们或许可提出一些与本研究项目有关的主张。

当然英国和美国在运用帝国权力时的一个主要差异，是前者在应对这一挑战时所持的自觉意识，而相比之下美国则显得漫不经心。现在看来英帝国的构想极其睿智，因其只需要相对较小的人力资源投入来支配其殖民点。通过监管公海，英国有效地控制了全球通讯和交易。而通过采纳保留传统权力的殖民单位治理方式，英国只需加配少量管理者和技术人员来保证其经济活动的基本安全。在象征层面，英国君主作为国家（各国）的最高仪式性首脑出现——在此种关系中引入某种准宗教成分。但基本的控制方式实质上还是政治和经济的。

与美利坚帝国有趣的比较就是美国对帝国设计的自觉意识似乎要弱得多。其构想基于这样一种信念，即它能提供的好处——也就是自由理想——将证明足以通过榜样和理性的感召力而非武力强制来吸引各地政权进入美国轨道。此种建立帝国的美国式道路也许被说成是理想主义的。但它的确是亚伯拉罕·林肯所说的美国试验是世上最后和最好的希望的信念的延伸。相比而言，英帝国则建立在彻头彻尾的现实主义观念的基础之上，它虽然也包含英国方式优于所有其他方式的确信，但最终还是依靠直接运用权力。一位愤世嫉俗者可能认为美利坚帝国必须被证明有能力保证那些它希望将其吸引并投入到其理想主义远景的世界各地人民的关注和忠诚。此人有可能继续对这种接触作为帝国基础究竟现实与否表示很大怀疑。此人还批评美国帝国主义冒险行动的设计，认为美国没有实际可行的机会在全球政治中成功作为一支长期稳定的力量而与英帝国给人深刻印象的成就媲美。当然，这位批评者也可能力主把美利坚帝国与诸如罗马、古代近东和中国的那些更为遥远的成功帝国进行比较。

美国在21世纪初的帝国野心是以理想主义的方式提出的。该特性至少部分来自于宗教在美国整个文化和社会中所扮演的不寻常角色。本章探讨了较深刻和广泛的情况来感悟宗教与美国民族主义、确实也与美国构成方式具有特殊关系的观点——虽然宪法本身明确地要想使政治运作不受宗教机构的干预或普通信众的干扰。

第九章　宗教在美国文化中所处的地位

此书的主题是宗教在美国社会中已经并将继续扮演一个重要但却又常常未得到充分重视的角色。我已探讨了在美国发展进程中宗教作用的若干方面，前两章还讨论了宗教与美国政治以及宗教与美国民族主义之间的关系。本章我们转而从更广的视角来考察宗教范畴、符号、叙事以及其他相关因素是如何隐藏在美国整体文化之中的。这是一个非常大的题目，而处理这样的题目会招致很多方面的批评。但这个题目如此重要，以致于如果不加尝试的话我们的整个分析便会有严重缺陷。首先，我们来谈谈对美国文化的一些总体观察，并探讨与之相关的宗教因素。

我们先来非常简要地回顾一下前几章的一些重要主题。其中的一个主题关系到我们可称之为美国文化的复杂性。当然，美国文化有很多因素构成，虽然这些因素显然彼此相联，相互渗透，并大体上组成一个杂乱无章的整体。在这些因素——或许称其为美国文化面向更好——中，以下因素似乎与我们的题目特别相关。

美国文化引人关注的一个重要方面就是商品推销。我们已经谈到过美国广告业尤其在20世纪进程中的发展。它已经成为一种主要产业，用一种形象的说法，商品推销将消费者在美国市场上可以获得的选择打包销售。随着广告业的发展，它创造出一种强大的反馈环路，通过对消费偏好和欲望的持续分析，极其详尽地探讨美国消费者如何能被说服去花掉他们的钱。美国文化的很多方面，包括我们下面要讨论的方面，都以直接或间接方式利用了广告。广告致力于向美国人民提供意见，而如此产生的一系列用品也带来了用于支持（以及使之成为可能）在一个多世纪的时间内如此拓宽美国人所拥有的文化空间的印刷及电子媒体的大部分收益。

广告在美国生活中变得如此重要，以致于我们可把商品推销的这一方面理解为创造并继续维持美国生活方式的商业世界的所谓“前端”。商业“后端”本身是复杂的，范围从最基本的商品生产和服务到金融家和（机构与个人的）投资者雄心勃勃的操控应有尽有。商品推销背后的商业在美国社会和文化中并不是静态的。相反，随着美国经济经历了反映创新、新运输方式以及不断扩大的商贸圈等若干发展阶段，商业（在几十年乃至几个世纪中）一直发生着戏剧性变化。商业界这种从主要地区性的开端，经过日益全国性的阶段，再到如今显著全球化的阶段的发展非常直接地影响了个人生活，当然还影响了整个社会。然而，这里的基本观点是在个人经历中——以及在某种程度上对团体也是如此——这种商业世界的活力一直是在很大程度上通过商品推销呈现于世人的，而近来则是通过直面公众的广告。

我们已经注意到广告与文化的其他元素交织在一起的方式。想一想现在占据美国人生活于其中的文化空间如此一大部分的娱乐媒体。回溯近几个世纪，现代娱乐的遥远源头当然也存在于农民和君主的世界——不论我们想到的是为普通人的集市还是娱乐宫廷的小丑。随着民族国家及其经济的发展，那些为大众及不同阶层提供消遣娱乐的人员的作用不断显现出来。在当代美国，娱乐已经成为有着众多组成部分的产业，对此我们不必细究。那些最明显的部分中就有电影业、广播电视网、无数出版物，以及那些由具有奉献精神的群众团体提供支持并且实际参与其从舞台制作到提高环境意识活动的各种仍属地方性的组织。

与娱乐业关系日密的另一产业是在20世纪取得惊人发展的体育。美国的竞技体育起源于代表某个学校、学院或者公民团体（俱乐部）的地方队。但是通过职业化，体育运动迅速扩张，而全国性比赛在此过程中最后得以发展。美国的一些最热门的体育项目都以自称的世界杯决赛来结束赛季。想想世界职业棒球大赛以及橄榄球中的对应比赛即所谓“超级碗”便可得知。说到像棒球那样发达的体育比赛，越来越多有技能的球员加入美国球队，无论是来自日本或是拉丁美洲。按美国的思维方式，这种发展意味着其人才库越来越全球化。撰写此章时2008年北京奥运会开幕在即，中国对常规比赛的不同运动项目的数量特别敏感。而在美国的体育赛事中，很少有奥运项目具有棒球和橄榄球那样的地位，事实上很多在欧洲和亚洲流行的运动（诸如英式橄榄球、马球甚至足球），用我们的话说并未在美国也同样“火起来”。不过，这里的要点并不在哪些特定的体育项目构成了美国文化的这一方面，而在于体育业与娱乐和商品推销业紧密结合的方式。考虑到电子世界文化空间和时间的真切扩张，一项像体育那样的活动就必然会被创造出来填补这一可利用的文化空缺，如果该项活动不是已经存在于职业和非职业领域的话。

另一值得提到的文化领域是音乐界，其本身涉及的范围非常广，并与上述因素紧密相联。音乐制作深植于西方文化并于19世纪开始在美国生活中流行起来。如果说在东部或城市地区会演奏钢琴（或其他乐器）的理想为中产阶级家庭所看重，那么在边疆地区音乐也扮演着同样重要的角色，尽管以较简陋的方式——想想那些提琴手在他们的社区用音乐伴舞的情景。整个19世纪并贯穿20世纪，音乐作为文化消遣在若干方面扩大了作用。在20世纪初，美国各城市开始竞相发展可演奏欧洲古典音乐的交响乐团，同时也欢迎包含流行歌手和器乐演奏家的歌舞杂耍巡回表演等娱乐。随着唱片业（接着是录音带和激光唱片）和广播电视节目的发展，流行音乐也以不同寻常的方式进一步吸引住美国人。音乐作为文化活动在这方面并不是孤立的，虽然其发展轨迹尤其值得关注。除此以外，长短篇小说市场的扩展和舞台和电视节目制作引人注目的增长，也为大量听/观众提供了文化食粮。

如果说美国文化发展出了多种元素，尤其包含上面几个段落所讲到的那些要素，那么指出美国文化呈现出显著的层次性也很重要。这就意味着在这些已经提到的文化元素或层面中，重要的是看到不同产品吸引着社会上不同层次的人群，而且它们通常以此为目标，而并不旨在吸引所有的人。对此现象的全面分析无疑将区分出许多各自独立的阶层。然而就这里的讨论而言，只要承认这种现象并注意到正在发展的至少三个主要层面就已足够，第一个层面当然是大众文化，或广泛面向美国民众的文化活动；第二个层面可称之为高文化层面——通常被认为是与大众文化相对的——虽然在那些谋求掌控媒体的人们的支配下，某种桥梁也被建立来推动民众对高文化元素的兴趣。普及化的发生通常意味着这些元素已经不再是高文化一端的特殊兴趣了。第三个可识别的层面可被看作是相对较小和有限的层面。我们可称之为面向自觉的知识分子的层面。毫无疑问这一阶层的观察者不仅有其特定的文化标准，同时也爱好批评活动，尤其是批评吸引大众的文化。总之，这里重要的不仅仅是高度复杂的美国文化包含着一系列元素（包括我们已讨论过的），而且是这些元素作为文化中的不同层级相互关联。

把话题从美国文化的复杂性转到宗教在其中的地位，有几个重要的观点值得一提。首先，宗教在美国文化活动中具有重要角色，这主要是就宗教在民众或流行文化中的角色而言，而不是被一般高阶层或被在广义上认定的知识分子所实践和重视的文化，而认识这一点至关重要。这是贯穿前面这些章节的主题的进一步推论，即宗教在美国生活中扮演的角色未得到充分认识，尤其在知识分子方面。然而，重要的是要进一步注意到，宗教在大众文化中比在高文化和知识分子文化中扮演更大的角色并不意味着这种角色相对简单易懂。为便于讨论，我们可采用下述粗略区分。在一方面，宗教元素存在于并且非常明晰地表现为大众文化。一个例子是阿肯色前州长迈克尔·赫克比（Michael Huckabee）在寻求获得2008年共和党总统候选人提名时所引起的令人惊奇的兴趣。他在似乎与他有着同样福音派基督教信仰的集会和听众中清楚地表明自己较为明确的宗教虔信，而在更广泛的集会上则不那么直截了当。毫无疑问，无论赫克比是用明确的还是以含蓄的方式表达，他都没有掩饰其对选民的直接宗教诉求。他至少在初选阶段的前期取得成功，而这在高文化圈和知识分子中引起惊慌和困惑。

第二个重要观点是在流行或大众文化中的宗教表达，甚至某种程度上在高文化圈的宗教表达，并不是单一的。人们可以在一些较广泛的文化评论中听到传统天主教训导的声音，而亚洲传统及其呈现救赎的不同方式也越来越多地被提及——无论是由支持者明确提出还是仅仅从听（观）众那里流露出来。广义的福音派基督教的词语、表达方式及其内容，在这种背景下也就越来越习以为常了。某些宗教的表达方式在流行文化中比在高文化或知识分子的共享文化中得到更普遍的使用——除非在后两者的某种特定场合中。

然而，比宗教相关元素尤其在流行文化中的直接表现更为重要的，是宗教传统在赋予当代美国流行文化以形式与内容时所发挥的更深刻作用。在提出这一观点时，我并不是说人们对特别与《圣经》传统有关的形式或内容方面的资源存在着某种高度的意识，尤其是在流行文化中。我的观点是，几千年来这些古代以色列的经文在许多方面给西方流行文化留下了近乎难以磨灭的印记，也许这对美国流行文化尤为如此。在简要讨论在何处可见以及如何才能确认这种影响之前，我将非常简要地来描述一下以如此引人注目的方式发挥这种作用的《圣经》。

也许对于这部古代以色列经书也就是《圣经》的最有益的描述方式是把它看成关于希伯来人早期历史的图书馆。对于严守教规的以色列人来说，这部经书的核心在于其被称为“托拉”——通常翻译为“律法”，虽然这种限定并不适当，因为对犹太人来说，它涉及到一种“生活方式”或指定的道路——的头几卷。它的中心内容是“摩西十诫”或“十诫命”，这是上帝在西奈山传授给摩西的。在犹太人的传统中，“托拉”一直被评注并在整个犹太史上被运用于人们的生活，尤其在拉比犹太教传统中。基督教作为分离运动从犹太教发展而来，这部分人相信“拿撒勒的耶稣”其实就是犹太人等待已久的预言中的“弥赛亚”。随着基督教运动的发展，它采用了古以色列的经书，包括五卷律法书、先知书及此后的著述，把这些文献视为其“旧约”（或约书），并加入了有关耶稣（被认为是犹太人所期盼的弥赛亚）的著述以及早期基督教运动的著述。把基督教看成是由罗马帝国治下犹太教传统的传教面向和劝信部分发展而来是可以成立的。《圣经》或经书以多种版本或流派传至现代世界。对美国文化的发展影响最深的来自16世纪的新教反叛，这一反叛谋求使中世纪晚期的基督教返回到早期基督教运动的假定源头。成为英语世界标准《圣经》译本的是英王詹姆士版或钦定版《圣经》。天主教《圣经》对美国文化也有直接和间接的影响。

从此观点来看，显然《圣经》内部包含了各种成分，而这些成分并不一定相互一致，尤其是如要寻求前后一致的话那就需要作出诠释。事实上，这些成分在作为宗教传统的犹太教所加之于它们的结构中得到诠释；这种结构把它们视为以赠予犹太民族的“律法”（或生活方式）为中心来作为安排和引导他们继续生存的手段。当这些著述被基督宗教特别是新教接过来并加以诠释时，它们就被理解为对由上帝创造和指引的世界历史的叙述。世界起源的故事在第一卷（《创世纪》）中得到讲述，而以色列随后的历史构成了理解罪恶如何被引入世界，以及特殊民族即以色列受上帝恩宠而被选的一个模板。这一民族期待着“弥赛亚”的最终出现，来恢复以色列与上帝的享有特权的关系。对基督教而言，这个弥赛亚被认为就是耶稣这个人物，他的生平以及最后被罗马法官处死，使其忠实信徒确信他们的最后救赎。在某些方面这段非常有力的关于在地球上人类经历的陈述被直接纳入西方意识。《圣经》大叙事对美国民众意识和文化的影响力在当前关于所谓“创世论”是否应与科学进化论一起在学校讲授的争论中就显而易见。但是，把《圣经》尤其对美国流行文化的影响看作似乎主要在于引入某种人类历史的普遍计划——即便这可能很重要——将是一个错误。至少同样重要的是，我们应把《圣经》看作是创造了一系列理解人类生活——个体以及集体——历程中的事件与事务的社会模板或模式。

这些模板或模式得以呈现的特殊中介，一般来说就是《圣经》故事，即详述一系列关于人类事务（个人或集体的）假设的通俗易懂的叙事，并提示了由这些故事所蕴涵的前提所产生的结果。那么《圣经》故事如何行使这种建构人类经历的力量呢？这些源于《圣经》的故事存在于很多古以色列的著述以及关于耶稣传道事工的叙述。对于后者，我们应该注意到耶稣对寓言引人注目的使用。首先，《圣经》故事是对人们进入故事主题的邀请，甚至把故事中人想象为同时代人，面临着与当代人所面临的同样的挑战和机会。从这个意义上说，这些故事便激发了读者的兴趣，并把兴趣点集中在细节和人际关系上，仿佛跨越时空与当今的男男女女直接说话。其次，这些故事为读者提供指导，或者带有可被视为威胁和（或）应许之后果的道德规范。从这个意义上说，这些故事所提供的模板以引导过去时代试图在完全不同社会背景下生活的人们的大致同样的方式引导着现代的人们。最后，这些故事也可被认为通过忠实追随者可如何进行个体和集体生活的范式而获得了神的支持。从这个意义上说，虽然摩西十诫是基督教版《圣经》（以及犹太教经文）中的叙事中心，但它们也通过无数关于规范性体验的事件和叙述的补充例证而得到具体说明，因此整个叙事便构成了一部如何按神的教训生活的工具书。

如果说这些在《圣经》中通俗易懂的叙事或故事行使了这种非同寻常的力量来影响关于人类生活的观念，那么我们就应注意到它所提供的某些案例或可供借鉴和使用的模板。《圣经》故事中可用的一种模板关系到人类生活的基本情况。比如善与恶是贯穿整个历史的人类体验，并且对思考者来说肯定是困惑的来源。《圣经》中有一个——事实上有几个——故事解释了罪恶如何来到世界。大致上说，在原始的伊甸园人类始祖为获得善恶知识被蛇引诱去吃一个苹果。这个故事无疑反映了一个把女人（夏娃）说成是被引诱去寻求这一知识的弱者，而男人（亚当）则成了违背上帝指示的同谋的父权制社会。另一个关于人类生活的基本难题关系到如果世界确实如此罪恶，为何上帝未将其毁灭。这里经文同样给出了答案：上帝与至少某些人（选民）达成了协议或约定，给他们机会去克服他们引到世界来的罪恶。但还有第三种关于人类体验的类型故事，它谈到对为何人类领袖不值得信赖的反思。这一基本原则在传统资料中得到说明，那就是即便是最伟大的领袖也要面临所说的诱惑，就像以色列的大卫王。他的道德堕落通过他决定把他看上的女人的丈夫送去打仗，从而既置其丈夫于死地又得到该遗孀的故事而得到证实。这些只是影响使在世界上的经历具有意义的美国意识的一小部分故事，而这种意识便来自经过数千年发展而来的古代文献。

另一类通俗易懂的叙事涉及个人和他们生活的环境。在这些为基督徒所珍视的故事中，耶稣教导的优先形式发挥着重要作用。他的事工的显著标志似乎是通过用寓言故事来说教，而这在犹太社区无疑是一种公认的教育形式。许多关于耶稣的故事通过讲述一系列具体困境，涉及到个人如何经历人生的困难。一个值得关注的例子就是关于“好撒马利亚人的寓言”，该寓言反映了当一个人看到他人遭受罪恶行为时所应具有的责任感。被社会所排斥的“好”撒玛利亚人停下来给一位其他路人不理睬的受伤犹太人提供援助。“好”撒玛利亚人，无论是否被这样特别指认，都是美国叙事方法中的一个主要模板。另一类关于人类互动的基本模板基于耶稣对兄弟为得父母宠爱而争斗的评论。在这一例子中，耶稣的故事使对继承机制的不满成为对正义——无论是人间正义还是神的正义——本质的经典反思。这类塑造个体文化交流的第三个例子思考了有权势者的自命不凡。这种自命不凡并非来自真正的美德，而是来自继承的权位或生而具有的重要地位。

其他一些故事说明了对世上集体经验的理解。主要涉及对象通常是以色列，它作为弱小和受到威胁的国家在世界上的一个动荡地区的庞大帝国间寻求生存。从这些素材中产生的经久不息的叙事关系到以色列本身的生存，更不用说其作为被选民族的任何成功对上帝的依赖。以色列代表一个集体形象，即在依赖神的基础上面向未来的民族。它期待着一个有福的未来时代，在其中它的希望将作为神所指示的结果而得到实现。这个故事情节有两个版本，而其区别一直延续至今——因这一《圣经》叙事甚至影响了美国在21世纪的自我理解。其中一个版本是在现有条件下逐渐发展而来的进步的、更美好的未来，且不必把迄今为止人们所经历的历史与人们所向往得到实现的更美好时代截然分开。另一个故事版本则对这样的黄金时代可从当前时代演进为现实持怀疑态度，并假定当前的邪恶时代在新的理想“天堂”可在世界上存在之前就将戏剧性地终结。在流行文化开始要理解这杂乱无章的历史经历时，这种强有力的意象就隐于流行文化之下，并且对其具有巨大的影响力。当然，它在世俗乌托邦思想方面也有相对应的表述，特别是在对历史的社会主义和共产主义的建构方面。

那么《圣经》中出现的一些不同类型的故事又如何提供适用于个体和集体文化建构的模板呢？最好的办法可能是提出一些在美国文化中反复引用、并通过这一关于世界之教导的巨大储藏库而获得其想象力的核心信念。问题在于这些模板明显植根于宗教之源，尽管在当代表述中，其形式——更不用说其内容——可能并不被认为是这样。一个因素当然是这样的假设，即存在着给集体与个人生活提供框架的更高权力或更高目标。随之而来的第二个因素即人类生命，无论个人和集体，确实都具有重要意义，而且可以找到并获得通向生命的道路。第三个信念是这样的推论，即在某些方面美国安排生活的方式是实现人类普遍抱负的最佳道路。比如说，虽然与《独立宣言》相关的夸张言辞，或亚伯拉罕·林肯关于美国是“世上最后和最好的希望”的话可能不会被明确引用，但上述推论仍然影响了美国大部分文化，尤其显著的是其政治文化。最后一个从我们在《圣经》传统里发现的模板中得到合法性的核心信念就是，个人必须在尽可能的范围内为自己的行为和公共利益负责。

我的基本观点是建议我们把《圣经》解读为支持文化中特定因素（无论是形式还是内容）的各种教导的合集。在一开始这些因素被以明显的宗教形式引入文化。但它们至今仍在发挥作用，特别是在流行文化中——不论人们是否看到它们的宗教根源——以及在其当前用来赋予流行文化以一致性的功能方面。这些模板在流行文化中大量存在且无所不在。至于我们所指认的高文化是否具有相同或相关的烙印，这一点并不那么明显。虽然这些和其他宗教模板确实可能影响了高文化，并且这甚至可能偶尔也会在分析研究中得到认可，但它们影响——更不用说授权——行动的力量看来远不及在流行文化中那样大。

在这里重要的事就是转而简要地讨论一下“文化”一词，该词对于理解人类社会有着非常重要的作用，特别是它作为建构宗教因素地位与社会之间的关系的方式。文化这个词本身决非新颖，它指的是自然界以及人类为种植食物、管理牲畜、控制生活环境目的所作的干预。在过去的半个世纪中，该词采用了特殊意义来描述由人类学发展而来的研究路径，这种路径把分析被建构的环境作为理解人类社会的方法。在文化人类学的当代领袖中，克利福德·格尔茨（Clifford Geertz）与宗教的地位及功能的概念化有着特别密切的关系。对于格尔兹这样的文化人类学家而言，文化代表了维系一个社会的理念、信仰和价值观的复合体。基于在若干不同社会的实地调查所得到的广泛知识，格尔兹在其学术研究中提出，他所发现的典礼、仪式行为和教义为我们深入了解人类社会的运作提供了独特的重要途径。特别是他认为宗教在社会中建立了持久的心理状态，并且提供了价值观框架，使理智且有效的社会互动得以在其中发生。因此，宗教所具有的特殊作用就是设定人类日常生活发生的条件。这在偶尔提及宗教或在个别宗教符号被采用——这用来表示宗教在文化中较广泛的作用——时就发生了，而不需要整个社会结构反复和刻意的核准，以作为使宗教对社会要求合法化的途径。

若干发现便出自这个观点，其中一些发现相当有趣。首先，宗教所具有的效力或权力大致上是与宗教保持在或低于那部分依赖宗教人士的觉察度成比例的。当宗教不被认为在使社会所需之框架合法化方面具有作用时，它在某一文化中才最具影响力。从这个意义上说，文化是平行于或低于意识水平的，它作为一整套预设进行运作，不需要通过理性过程的不断恢复和更新。它的作用是通过隐含在人类互动中的符号、仪式、预期行为和价值观而得以发挥的。当文化本身成为分析的对象时，它便陷入失去社会控制力的危险，因为这样做分离了社会成员与传统和预期行为模式之间的关系。

第二个主要发现是，虽然文化的力量也许基于其在自觉反思层面之下的运作，但这并不意味着它作为社会中的一种信仰和行为框架是静态的和一成不变的。提出这点非常重要，因为文化比它的任何具体说明或机构化都广泛得多，并且它一直在促进变革与适应。除非文化包含这种吸收新情况、提供持续性指导的能力，简单地说就是如果文化失去活力并且变成静态的，那它就不能维持一个受到挑战的社会秩序，实际上这还可能促成该社会秩序的灭亡。

以上这些对文化作为观念范畴的发现，促使我们要去处理该讨论的一个关键问题，那就是尽管过去的那些负责编撰《圣经》传统的历史性机构的影响力已经降低，宗教因素是否仍然活跃并且运行于美国流行文化的框架之内？此前各章所提出的一个论点，就是西方宗教传统尤其是具有许多种版本的基督教大部分持续的影响已经越来越多地来自魅力型人物的工作，这些人物展示了被许多追随者所接受的那些传统的各种版本，即使许多其他人对之拒不接受。因此，美国社会出现了某种使基本宗教因素得以继续存在的大众市场。宗教表述以及宗教援引以这种方式继续在文化中保持着重要地位，虽然在细节上受很多人的质疑，甚至被一些人全盘拒绝。因此，我们不应期望能找到一个组织严密且包含某种完整宗教世界观的宗教传统联合体，而是可期望看到宗教传统整体或部分的零星表现，而这是通过不同媒体表达出来的，并且服务于不同公开目标的利益。

在这里有必要作一区别，这或许有助于说明文化中源于宗教的因素的持续重要性。实质上这是基督教传统的基本元素与该传统次生表现之间的区别。在承认有某种程度武断性的情况下，我们应在基本意象与次要或衍生意象之间作一区别。关于基督教的基本意象，至少有三个植入两千年传统的关于世界的基本论断。其中一个中心意象就是耶稣这个人物，他被认为是弥赛亚或救世主，是来救赎世界之人。但与人们的期望相反，这位救世主被描绘成无能为力的，虽然此人被认为有能力拯救世界，但同时却不能自救。这种强有力的意象表明，与普通人类交往有关的预期并不适用于像拯救那样的根本问题。这一基本意象的第二个含义与第一个相关：即权力导致掌权者腐败这一论断。从这个意义上说人类是无法拯救他们自己的世界，因为权力在世上的行使终将转过来对付那些行使权力的凡夫俗子。第三个基本论断也与前两个论断有关，即那些选择遵循救赎之路的人必须准备舍弃他们的生命，而这正是为了寻找并获得他们的生命。自从基督教运动脱胎于犹太教以来，这三个相互关联的真理都以不同方式被植入基督教传统。这些智慧的基本元素在东西方的天主教内被以独特的方式加以表述并机构化，且不说很多松散地集合在基督宗教内的从天主教分离出来的传统。

基督教传统这一鲜明的基本意象特别值得注意，因为它与那些在当今世界获得成功发展的市场资本主义价值观形成对立的关系。因为在资本主义市场文化中没有无能为力的救世主的容身之地，也不相信权力行使不可避免地要腐蚀那些用权之人。相反，资本主义的意象表明，胜利属于机敏者，而成功则属于无情者。也许只有上述意象的第三个基本元素才直接适用于资本主义的世界观，这就是那些希望追求多多益善人生的人们必须准备舍弃现有财产来为他们获取更多财产。因此，我认为在美国文化中共存的基督教核心象征结构与资本主义的驱动力之间存在某种内在的张力——如果不说是对立的话。如果这一观点成立，那就提出了一个有趣问题：这一基本宗教意象——大部分反映了基督教——怎么还在美国人的流行文化中获得重要的体现？该问题的答案也许可以在基督教的核心和基本意象与基督教所培育的衍生和次要的意象之区别中找到。

我认为，在美国人所居住的文化世界尤其是在大众文化世界中，存在着我们在上面所简要叙述的传统意象和符号的碎片或回音，而且这些元素对美国人有强大的影响力——即使他们可能游离于上述核心或基本意象之外。举例来说，一个对美国文化非常强有力影响的因素，就是确信生命，特别是人的生命，是宝贵的，应不惜一切代价去珍惜。尽管在对堕胎作为合法程序的支持者与批评者之间产生了巨大分歧——该问题证明是过去几十年来的一个强有力的政治议题——这里仍存在着人的生命应得到无条件支持的共同信念。这一分歧产生于这样的问题即人的生命从何时开始？生命始于受孕还是只是始于胎儿快要到能在子宫外相当健康地存活阶段？在何种程度上对母亲生命的影响才成为至关重要的因素？这里所争议的问题并不在于人的生命是否被看作是珍贵的并且应得到无条件的支持，而在于何时运用这一判断。同样对待环境的态度也在美国选民中造成巨大分歧，大致上分为那些相信地球上有资源供人类为其利益使用甚至开采，与那些深信人类必须看护和照料环境的人士的对立。于是从宗教传统的基本真理中分离出来的元素表达并引起了对大相径庭的共同行动计划的支持。

我们在前面一章所详细讨论的大众文化世界为价值观的戏剧化展示提供了舞台，这种展示在很多情况下使用了宗教术语并通过与宗教明确相关的力量。我们回到先前关于广告在美国商业中地位的讨论，那些熟悉广告的人士都知道，它大量引用源自由宗教定义的价值观以及与宗教生活有关的动力。试想广告中提到“全新的你”或“重生”，就在表面意思之下，这些词援引了来自我们已讨论过的《圣经》象征主义的非常明显的宗教意象，它们预示了某种无论如何似乎都超出尘世力量所能取得的转变。这些引用显然引起了回应，而这些回应利用了——如它们无法实现——源自古老经文的意象。职业体育界提供了另一种文化场所，在那里我们可以找到宗教标记和符号的转换，来解释无论如何想象都不过是人间的胜负。你们中间那些知道如棒球和橄榄球这样标志性的美国体育运动的人会熟悉把个别球员说成是其球队“拯救者”的说法。用这些术语并不被视为亵渎神明，也不被看作是对宗教抽象论或称号的不恰当应用。相反，这些术语和短语从与更深入和持续的宗教意象的共鸣中汲取了力量，而这些文化中内置的宗教意象就位于普通生命存在的任何充分意识层次之下。娱乐界也展示了相同的对从宗教传统基本的核心主张中分离出来的次生宗教意象的依赖和操纵。一个被广泛应用于文学和戏剧的词就是“赎罪”，该词和用法与犹太教和基督教世界观发生了深切共鸣，它在美国的非洲裔美国人中也有着特殊的影响力。流行音乐通过乡村音乐、爵士乐和蓝调音乐等提到了同样的文化基础，而电影业的产品也同样体现和运用同一来源的象征主义。

在这种背景下，用一些篇幅来讨论作为美国社会特别清晰地显示宗教意象持续性影响的一个领域的政治文化这一特别议题，是有益处的。在这个方面，一个重要的区别界定了两种截然相反的对政治与其实践的理解——此两者都可在美国社会中（或可能在其他社会中）找到。这便提出了一个特别有趣的问题，因为美国是作为宗教独立于政治的国家而建立的，而且这也意味着政治应独立于宗教。这种观点假定政治与宗教的相互独立与将政治定义为过程是一致的，也就是说，行为者考虑到相互竞争的势力以及所具有的各种选择，在任何时间点上都致力于那些可能的事务。在这种结构中的政治是非常面向现世生活的，尽管偶尔也提及更崇高的目的或超自然的力量，但其内在动力被认为主要涉及生活在日常历史框架内的人类生命。与这种关于政治的工具性观念形成对比的，是设想政治可去努力实现超验目标或目的这种进路。在美国，这通常不需要使政客直接宣称自己是神或超自然力量的代理人（尽管这在最近的美国历史上并非闻所未闻）。

对那些把政治理解成为追求超验目标的手段的人士来说，即使以正义和平等的措辞来表述，语言也是有可能抬高承诺和成果的媒介。这样的例子在对美国社会从地方到国家层面都如此重要的选举政治中比比皆是。特定的选举往往被称为承担着具有超自然意义的授权——当然这取决于被认为有争议的议题。甚至更常见的是把投票箱前的对手妖魔化，通过用尽可能坏的方式来描述他们并用高度负面的词句来批评他们的组织和支持者。总之，宗教品质，包括正义和自视为正义，都被以动员较深层文化中的潜在能量来达到影响世俗结果之意图的方式带回到政治行为中来。

处于被更多定义为善恶之间注定的争斗而不是一个过程的政治之中的一个后果，就是所有中间立场的退出，被受驱赶而走向两个极端的支持者所放弃。因此，美国政治这一潜在分裂性对预先阻止就当下的重要问题采取一致行动具有直接影响。就此而言，美国政治的性情也受到宗教看法、活力和激情的文化遗产的影响，而这些宗教看法、活力和激情可被动员起来直接影响美国社区的生活质量。宗教援引有能力阻止政治过程，正如它们可用于激发政治过程一样。重要的是要看到以此种方式来从事政治，即求助于宗教认可和抱负，将助长某些关于政府行为的观点甚至严重的愤世嫉俗态度。要注意的是，类似的怀疑态度很少直接针对商业行为，或针对一般认为的文化活动——虽然在某些特定的情况下，这种态度也可能被这样调动起来，比如谴责色情业对妇女的利用。因此，即使在像美国这样被建立来使政界不受宗教价值观和意象直接干涉的政体，宗教仍有着完全不可忽视的重要影响。

第十章　对宗教美国的总结性思考

本章将总结我们对宗教在以许多不同方式呈现出来的美国文化中仍保持重要影响力的途径的考察。我们的基本观点仅仅表明对此宽泛议题的兴趣更为强烈，那就是如果我们忽视宗教作为美国发展进程中的一个因素，那就很难理解美国文化目前的形态和活力。从一开始我们便需明确此观点的含义及其可能具有的重要意义。当然，我并非主张宗教应被理解为左右美国社会历史或当前文化的唯一因素。任何此类主张从以下两个方面来看都是错误的：一方面，显然其他非常重要的因素已经并继续在塑造现代美国的过程中扮演着极其重要的角色，这包括美国在美洲大陆上的位置，其人口在殖民冒险以及异常丰饶且多样的资源储藏可供开采之前已急剧减少。另一明显因素就是向该大陆的大规模移民以及由此产生的国内人口迁移的格局，这种迁移所引起的社会变革的规模之大，使其在美国几乎成了某种具有持续性的给定因素。第三个基本因素无疑是对被称为工业革命的一系列进程的适应。这种革命发端于不列颠群岛，但却为美国人征服和开发他们所居住的大陆提供了手段。这些因素，无论与时机、社会成分还是与经济发展有关，在美国作为一个国家的发展过程中一直极其重要。任何人忽视这些因素以及其他类似因素在美国历史上的重要性，都将是荒谬可笑的。

如果说在上述方面显然有许多因素在美国的发展中扮演着非常重要的角色，那么在另一方面，认为任何一个因素似乎仅凭自身便可左右这一的发展进程，也是严重的错误观念。与之相反，任何因素、尤为显著的是宗教因素，必须被认为是在其他因素之中、在其他因素之下或与其他因素共同运作的。总之，宗教的作用或影响不是孤立的而是与其他因素协力并且通过其他因素而产生的。这可能对把宗教作为一个因素尤为如此。部分是因为美国人主要继承了西方的宗教传统——尤其是通过犹太教和基督教从古代世界传承而来的传统——他们倾向于把宗教视为单独的思想和行动领域。大部分基督教派别，以及犹太教传统的一些派别，都把宗教世界理解为是与现世和日常世界截然分离的。这种思维方式的一个后果，就是假定特定行动、行为或思想所指涉的非圣即俗。这种“非此即彼”的公式体现了西方的思维特征，而且通常与较为包容、也许还体现亚洲行为和信仰方式特征的对社会与文化的理解形成对照。因此，未把宗教理解为相互作用的诸多因素之一也许在很大程度上是出于深植于历史的西方思维方式。由此产生的一个后果，就是如果某一宗教因素没有明显呈现出来的话，那么它通常很容易被认为是无关紧要的，并且也许根本就不存在。这种假设可能直接导致对宗教是否具有重要性的怀疑。反过来说，这便意味着就社会与文化分析而言，宗教通常成了研究不足的现象。因此，使美国大学不仅在国内而且在许多其他国家具有如此强大影响力的社会分析的卓越成果，却在无意中贬低了宗教在美国以及在国外的重要意义。如果这一评价——即宗教作为社会与文化现象尚未得到充分研究——至少暂时被认可的话，那么关于宗教在美国处境下的表现形式又有哪些较为重要的推论呢？

首先对我们所观察到的美国宗教的若干特别之处作一简要和概括性的评论。其中最明显的是几个世纪来一直作为宗教生活与实践载体的那些机构的重大变革。在现代的美国，传统意义上的权威已大为衰退。在西方基督教背景中，这看来就是宗教神职人员即宗教传统专业人士的权威受到严重削弱。目前，宗教传统正式机构的权力也已减少。在这些地方，平信徒无论在有关传统的知识方面还是在对宗教机构的管理方面都已崭露头角。我们可以用许多方式描述这一变化，其中最简单的，也许就是指出对现代基督宗教的某种“新教”改造不仅波及构成新教的各个宗派，而且还波及作为该传统早先形式的天主教。将这一变化称为美国宗教“新教化”的预告之一，就是认为基督教的一支将战胜并取代该传统的其他分支。事实上，所有宗教传统中神职人员权威和权力被削减的格局，一直是平民主义在美国文化的绝大多数方面更广泛传播的一部分。确实，神甫、拉比和牧师权威的下降几乎是与社会上许多其他专业的类似地位变化平行发生的。

与这些可见或显著的宗教机构的变化（这与社会其他方面变化相似）有关的假设，就是这些变化表明宗教在美国日常生活中的相关性下降。这一结论看来不可避免地得自于专业人士方面对取得权威的不断减弱的要求，并且也因为宗教机构与那些存在于较传统社会的同类机构相比，已经经历了明显的边缘化。然而通常未被注意到的，就是在事实上宗教引证、宗教行为以及宗教取向通过把权威理解为较开放和具有超凡魅力型的方式而被广泛地重新主张，并且以这些而不是以那些通常与传统或法理结构形式相关的方式，来接受权威的相关性。我们已较深入地探讨了魅力型权威相对不那么引起注意的出现，因其展现通常有地方性，并且其影响通常立竿见影，而未通过正式的机构建设。在具有此种性质的情况下，魅力型权威对那些想使其机构化的人士提出了挑战。当代美国宗教提供了许多相关例子，如葛培理（或像帕特·罗伯逊、杰里·法韦尔等其他福音派）。就机构化对魅力型权威所提出的挑战而言，这些案例是颇有教益的。根据其性质，运动相对较为短暂，而机构却渴求生存和持久发展。目前尚不清楚的是，那些成功运动的创始者（如葛培理、罗伯逊或法韦尔）所具有的权威能否有效地传给那些可说是想要“接班”之人。在现代世界的背景下，通过广播、电视和因特网等技术的发展，媒体的扩张看来使那些具有魅力型影响的人物有可能获得更大的影响；显然这种权威也会如此迅速地破灭以致于最终化为乌有。贯穿这几章的一个基本主题，就是宗教机构——以及作为宗教载体的运动——经历着变化。观察者绝不可认为，较传统形式宗教机构的地位减弱必然标志着宗教潜在影响的衰退。事实上，如果由魅力型人物领导的运动取代了较传统的机构，那么宗教的最终影响有可能增大，同时也通过不同的方式表现出来。

与现代美国社会显而易见的宗教生活的差异同时发生而且与之有关的一点，就是将美国最近的发展放在基督教历史——其在中世纪后期欧洲的发展并继续跨越大西洋来到新世界——的背景下进行考察是颇有助益的。宗教生活早先的标记总是和与更广阔世界的分离有关，无论就专注的个人生活还是就维系传统的排他性宗教团体而言都是如此。人们通常注意到在中世纪天主教传统中的隐居生活是何等的重要，这包括献身于宗教生活的男女。在此期间，修道会不仅是教育和精神操练的中心，也是社会知识的重地。在现代开始的巨大地理扩张之前，宗教与世界分离的原则对于保存和传播西方文化而言极为重要，这无论在优化农业实践、继续传统教育还是在产生新学术方面都是如此。与世分离的宗教徒模式被引入早期的美国历史，主要是通过西班牙帝国及法国传教士而非英国殖民者，然而该传统的一部分尤其在美国革命后随着“公”教会的发展而得以延续。随着美国内战前天主教移民的逐渐增加，分离的圣俗职业占据独立领域的传统继续在全国的宗教景观中得以体现。但是这种模式在美国历史上始终只占据次要地位，分离社区的存在当然也是有限的，并且它从未开始复制此类修道会在中世纪后期的欧洲所扮演的重要角色。

甚至在一些宗教与世俗世界分离的较早标志被引入并在19世纪的美国得到发展之前（其中包括一些天主教徒），一个相关的专注于宗教生活的分离社区的传统，主要（虽然并非完全）随较宽泛定义的德国移民来到新大陆。例如，摩拉维亚弟兄会教徒和他们在宗教上更严苛的表亲门诺派，就将宗教生活的此种模式带到中部殖民地——部分是因为贵格会的殖民地风格，他们在这些地区尤其是宾夕法尼亚受到欢迎。然而，除了这些传统的、由欧洲人界定的社区外，19世纪早期还产生了一些自发的信仰坚定的团体。譬如安·李妈妈同她的追随者震颤派信徒就发展了一种与众不同的自定义宗教社团，该社团在进入19世纪末至20世纪以来的衰退之前曾经兴盛一时。此经历通常就像是他们的独特故事被看待。其实其他同时代及此后的运动也享有不少共同特点——尽管它们所宣扬的信仰与行为各不相同。这些努力中最为成功的——至少以通常方式来衡量——当然是在先知斯密约瑟的追随者中间发展起来的运动。该团体在21世纪发展为在美国产生、但其影响和兴盛范围却远逾美国的摩门教运动。看得更广一些，这里就要强调指出，众多不同的宗教生活方式已开始塑造当代美国集体和个人的宗教生活。

美国宗教运动和机构继续发生着变化。我们先前提到沿美国州际高速公路、尤其是靠近都市地区而建的大型宗教建筑群的发展。同样引人注目的还有这样一种格局，那就是较老宗派牧师的数量减少，但他们不仅得到受过训练的平信徒传道人，而且还得到“第二次创业的教牧”的补充，后者指那些在企业界通常已经历过成功的事业，但发现这些资本主义职业并不令其满意的男女。目前有很大一部分被招收到较老牌的宗派神学院的学生就代表了此类备选宗教领导岗位的人士。这些新式教牧所带来的一个副产品——尤其在新教圈内——就是他们将来自外部世界的经验融入较老宗教机构的能力。

最后，应对宗教嵌入当代社会许多层面的方式——从作为布道场所的“水晶大教堂”的奢华建筑，到在巨型教会“提供全方位服务”的宗教社区，再到奥普拉·温弗瑞那样的电视名人时常演示的举不胜举的自助建议和宣传品——做进一步的评论。如果以较早宗教传统的传统活动来看待这些宗教事工和宗教徒生活方式的发展，那么它们易被解读为宗教衰落的证据。确实，这些现象似乎有助于支持那种关于美国社会呈现出系统性宗教衰退的假设。但更具分析性的观点就注意到这类变化同样也可被认为是宗教重新定位和重新表达，甚至可能是其复苏和复兴的证据。

这些评论都聚焦在如何理解宗教与社会变化的关系问题上。一个明显的答案，就是极其多元化的宗教景观展示了深刻的变化，因为它为其各种成分之间的争斗并因此也为其构成提供了平台。我们已经关注到范围广泛的宗教机构——从正式教堂和犹太会堂，到倡导它们自身真理或自身版本真理的咄咄逼人的福音派运动，再到善于适应环境的膜拜团体和其他支持文化的团体，最后到致力于动员民众争取实现如改变管理婚姻的法律和增强环保意识等目标的运动。上述所有例子以及许多其他例子，都代表了宗教语言及其相关行为使美国人参与极其广泛的社会生活的方式。美国文化的观察者很容易注意到文化中的大量娱乐节目——范围包括从高文化机构（博物馆和交响乐团）到大众文化消遣——这些娱乐节目深入到美国社会的许多角落，同时也为主流性目标进行动员。应该认识到的是，宗教以其多样性和活力也以类似的方式介入美国文化，并且完全应被视为也在表达美国文化的主题。

本章已指出，如果我们强调宗教整体上的衰退和边缘化，而未能认识到某些特定的信仰与行为一直在与社会的其他方面互动，既与其协力，又受其制约，那么我们便无法理解宗教在美国社会中的重要性。如果我们接受这一研究进路，那么我们会怎样来设想宗教作为特殊的原因性因素，或看来宗教充其量也只不过是某种应变量呢？我的观点是，只有对宗教有足够时间的观察，以致可对其运作有所认知，那样我们才能了解宗教的力量。在此前的几章里，我们讨论了文化人类学如何帮助我们理解宗教，那就是通过让人们去关注宗教如何以被证明是对民众有吸引力的方式在建立团体、维持积极性以及阐述价值观方面所长期扮演的角色。那些利用宗教语言来倡导某些目标和目的之人士，通常只有当他们最终在某种动态系统的框架内披上“可能性的外衣”时，才给出似乎实际可行的选择。接受这一进路便明确表明，除非我们观察到宗教的长时间运作且与其他因素频繁的联系，否则我们就不能定位或理解宗教作为一个因素的潜在的独立性。虽然在一方面我们用看似理性的单位来衡量时间，然而我们所经历的社会时间原本就是主观的，有伸缩的特征，因此如果我们在决定让宗教有效运作可能需要多长时间方面期待高度的精确性，那将是不明智的。在某些情况下，宗教的影响在短时期内便显而易见，而在另一些情况下尝试观察其影响可能需要很长时间。

如果对宗教作为因果因素的讨论要求承认时间起了决定性

作用，那么我们还应当考虑这样一种观察，那就是宗教作为独立变量的影响大小很可能在“事实发生后”而不是在事实发生前或发生期间才最为明显。这就表明如果宗教所起的作用包括通过为生活在世上之人阐释意义，从而使世界有条理的话，那么我们还可观察到许多由于各种原因而不那么令人信服的错误起点或失败的选择。从这个意义上而言，并且也还要经过很长时间，宗教可被理解为社会中的某种“选择生成器”，这是因为宗教的功能、贡献或活动可使许多社会发展成为可能，尽管不是所有这些发展，更不用说任何具体发展有可能最终实现。

用这些方式来刻画宗教的特征也许会被视为不合适甚至可能是亵渎的。当然，按照这几章所提议的方式来看待宗教以及宗教与社会变革之关系，就像俗话所说的那样要求我们把宗教拉下宝座，而这正是其拥趸通常供奉它的地方。生活在某种宗教传统之中，接受其关于世界的真理的特别阐释，并且相信其对世界如何运作的解释，使得置身于这些范畴之外来争论该宗教传统的重要性变得非常困难。某宗教传统的拥护者从自身的角度出发会因其主张而自豪，并且泰然地不理会其批评者。然而尚不清楚的是某种宗教用以向其信奉者进行自我解释的方式是否能有效地描述它与更广阔社会的关系，而它自身亦生存于其间。这几章提出的构想使得那些不接受或不采取某一特定宗教态度之人从某种功能意义上来理解宗教所具有的重要性成为可能。此构想以此种方法能在旁观者以及那些其看法基于宗教承诺的人们中间开放谈论宗教的可能性。当然，可以理解，如果一个信徒受邀以上述方式参与智识讨论会受到阻力。但如不接受此种“共同点”则将产生严重后果。一方面，这会使信徒与信仰圈外人士无法进行有效交流；另一方面，这会使信徒无从对其宗教立场的影响和后果有真实理解。即使虔信宗教的人们从了解他们与更广阔社会的有力互动中，也要比事实上生活在与全球人类社会隔绝的泡沫中所获更多。

这当然也就使我们对宗教及其在理解美国中地位的考察接近尾声。这些章节的宽泛主题是在 21 世纪之初的美国宗教与社会变革。引出对达尔文主义适应模式的评述使我关于社会变革性质的观点更为清晰。从非常广泛的意义上说，本研究采用了基本上是达尔文主义的观点来认识美国社会及其文化，尤其是其宗教文化，提出这点是颇有助益的。目前在美国的一个有趣争论，就是达尔文主义的生物学观点是否应与另一种或多种观点分享时间与注意力。最近，某种名为“智能设计”的说法作为神创论的一个版本而被提出。这一解释性方案通过假定在人类历史的特定时间点上，标准版本进化论既无法解释新物种的出现，也无法解释现行生物系谱中出现的重要变异性，从而设置了人类在宇宙中的地位。虽然此观点的支持者将其作为进化论的世俗替代观点而提出，但其批评者仍在其中发现了几无掩饰的神学计划来为详尽阐述由圣经基要主义推导出的某种人类经历的版本腾出空间。详细回顾这一争论在此处并无特别目的，无非是进一步说明作用于美国人的宗教观念和行为的令人惊讶的广度。然而此处想说明的观点并不在此，而是主张广义达尔文主义关于宗教地位的观点可能极其有助于理解美国生活之动力。

就其关注焦点为大规模变革而言，达尔文主义思想运用于社会的最初表达方式通常比较粗糙。然而就其核心而言，达尔文所提出的世界观涉及生命形式有效适应其发展环境的显著力量。在这个意义上说，这种力量就不是抽象的假设，而是阐释在多层次复杂有机体（包括人与人之间的社会复杂性）上所观察到的变化的理论。在许多方面这正是前几章所着手探讨的作为理解美国社会中的宗教地位以及宗教在过去和现在所扮演角色的方法。简而言之，我们已经注意到宗教逐渐有效地适应了已成为现代美国的社会中所发生的巨大变革。此外，我们有充分理由认为在可预见的未来，宗教将继续扮演这一（或者这些）角色。

我的责任就是给出关于宗教以及我们应当如何把它作为文化之一部分加以理解的总结性意见。我提议把宗教看成是赋予世界以一致性的某种人类的或文化的产物，从而使人类生活以及世上的活动具有意义。这考虑到种种不同的宗教体系，包括从那些与部族社会相联系以及在 21 世纪初存在于最前沿的商业文化的宗教体系。我认为，使用宗教这一词语倾向于将其假定为一种社会现象，也就是说，这样做把本质归因于现象，虽然这可能并不合适。也许更为可取的是把宗教如形容词般地加以使用，此方法引导人们在时间进程中通过观察动态功能来看待宗教，而不是将其设想为相对静态和分离的研究对象。尤其当转入我们已着手进行的分析，涉及如同我们在美国发现的这样复杂的文化时，分析宗教活动比研究宗教更有帮助，因为后面一种进路把观察者引向机构，就像它们是宗教产生影响的主要途径一般。在此种把宗教议题处理为动态的偏好外，我认为提出宗教或宗教活动包含着两个面向也是重要的。

宗教的一个面向——这肯定为其他因素所共有，尤其在高度发达的社会——是其提供的在人类中促成共同体的潜力。现代社会的其他方面，比如经济就业和政治活动，同样也促成共同体。但如我们所观察到的那样，根据那些特定面向而形成的共同体肯定不能穷尽美国社会共同体建构的全部。在美国社会中，从大众到精英层面，共同体也围绕着许多文化产品而形成。在一个极端，它们围绕着追求闲暇活动而形成（无论以个人爱好还是以通过慈善目标如济贫来界定）。在社会中促进共同体形成的这些因素中，几乎没有能在数量、全社会分布以及重要性上能与宗教面向相匹敌的。

宗教所展现的第二个主要面向同样非其所独有，这涉及出神状态或自我迷离（或团体迷离）的体验。这种体验可采取多种形式，包括较小的喜悦到无法抗拒地深信自身确被送往生界之外（在某些极端情况下可能如此，以与死者的灵魂交流，或与超验的救主相遇）。这种超越平凡生活并且以此种视角对其进行反思的体验——尤其与共同体体验相结合时——就是被确定为宗教的体验。宗教生活或宗教的这两个面向，包含了历史的宗教传统以及当代的宗教体验。出神状态与共同体之间的密切互动基本上界定了美国文化天然具有人性的一个面向。

前几章里所提出的基本论点是按照这样的路线展开的。把宗教理解为在社会中扮演极其特殊角色的文化的一个方面是颇为有益甚至更应说是相当重要的。在美国，社会和文化的这一方面的持续重要性尚未被普遍认识。这在美国当代的学术圈中尤为如此。作为一些非常特殊情况的后果，忽视甚至不理会宗教倾向本身也发展成为现代美国社会处境下的某种看法。使我高兴的是，现在我们达到这样的认识，即如果我们未对宗教进行充分研究，那我们就将蒙受重大损失，尤其在理解 21 世纪的美国方面。这一损失要使美国付出在自我理解方面的代价并对世界其他部分造成被误解之美国的负担。

作者简介

戴维·马丁（David Martin）

英国伦敦经济学院教授

约翰·F. 威尔逊（John F. Wilson）

美国普林斯顿大学宗教系教授

彭小瑜 北京大学历史系教授

徐以骅 复旦大学美国研究中心、国际关系与公共事务学院宗教与国际关系研究中心教授

涂怡超 复旦大学美国研究中心、国际关系与公共事务学院宗教与国际关系研究中心讲师

秦　倩 复旦大学国际关系与公共事务学院宗教与国际关系研究中心讲师

孙艳燕 中国社会科学院世界宗教研究所基督教研究室助理研究员

朱晓黎 华中师范大学政法学院讲师

陶　波 美国耶鲁大学历史系博士研究生

袁　玚 复旦大学国际关系与公共事务学院宗教与国际关系研究中心博士生

何健宇 复旦大学国际关系与公共事务学院宗教与国际关系研究中心博士生

张　珺	复旦大学国际关系与公共事务学院宗教与国际关系研究中心博士生、上海国际问题研究院助理研究员
李　瑶	英国《中国日报》驻京记者
章　远	华东政法大学政治学研究院助理研究员
刘　骞	同济大学政治与国际关系学院讲师
钮　松	复旦大学国际关系与公共事务学院博士后、上海外国语大学中东研究所助理研究员
章志萍	复旦大学国际关系与公共事务学院博士生、上海第二军医大学外语教研室讲师

图书在版编目（CIP）数据

宗教与美国社会——宗教与美国对外关系（第七辑）/徐以骅等主编.—北京：时事出版社，2012.4

ISBN 978-7-80232-232-5

Ⅰ.①宗… Ⅱ.①徐… Ⅲ.①宗教－影响－对外关系－研究－美国 Ⅳ.①D871.22

中国版本图书馆 CIP 数据核字（2012）第 051403 号

出 版 发 行：时事出版社
地　　　址：北京市海淀区巨山村 375 号
邮　　　编：100093
发 行 热 线：（010）82546061　82546062
读者服务部：（010）61157595
传　　　真：（010）82546050
电 子 邮 箱：shishichubanshe@ sina. com
网　　　址：www. shshishe. com
印　　　刷：北京昌平百善印刷厂

开本：850×1168　1/32　印张：18.125　字数：400 千字
2012 年 5 月第 1 版　2012 年 5 月第 1 次印刷
定价：48.00 元
（如有印装质量问题，请与本社发行部联系调换）